本书的出版得到了西北民族大学人才引进专项资金和甘肃省思想政治理论课马玉堂名师工作室经费支持

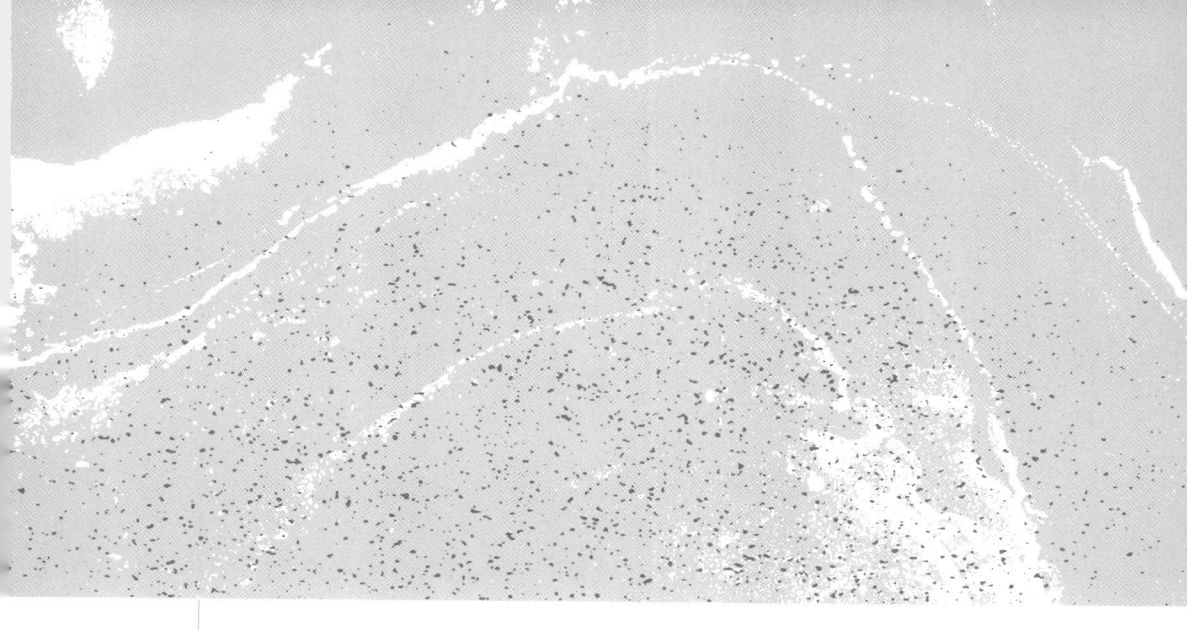

王廷相心性思想研究

李世凯 著

中国社会科学出版社

图书在版编目(CIP)数据

王廷相心性思想研究／李世凯著. —北京：中国社会科学出版社，2022.4
ISBN 978-7-5203-9898-5

Ⅰ.①王⋯　Ⅱ.①李⋯　Ⅲ.①王廷相(1474-1544)—哲学思想—研究　Ⅳ.①B248.44

中国版本图书馆 CIP 数据核字(2022)第 041244 号

出 版 人	赵剑英
责任编辑	韩国茹
责任校对	张爱华
责任印制	张雪娇

出　　版	中国社会科学出版社
社　　址	北京鼓楼西大街甲 158 号
邮　　编	100720
网　　址	http://www.csspw.cn
发 行 部	010-84083685
门 市 部	010-84029450
经　　销	新华书店及其他书店

印刷装订	北京君升印刷有限公司
版　　次	2022 年 4 月第 1 版
印　　次	2022 年 4 月第 1 次印刷

开　　本	710×1000　1/16
印　　张	18.5
插　　页	2
字　　数	303 千字
定　　价	118.00 元

凡购买中国社会科学出版社图书，如有质量问题请与本社营销中心联系调换
电话：010-84083683
版权所有　侵权必究

目 录

前　言 ·· 1

第一章　王廷相的生平、学行与著述 ································ 16
　　第一节　王廷相的生平 ··· 16
　　第二节　王廷相的学行 ··· 17
　　第三节　王廷相的著述 ··· 30

第二章　王廷相的元气实体论 ·· 32
　　第一节　以气为本的理气观 ·· 32
　　第二节　从"理一分殊"到"气一则理一、气万则理万" ········· 66

第三章　王廷相论人性 ·· 95
　　第一节　性气相资的一元人性论 ··································· 95
　　第二节　生之谓性 ·· 111
　　第三节　人性的特点与善恶标准 ·································· 157

第四章　王廷相论人心 ·· 177
　　第一节　心之体用 ·· 177
　　第二节　心缘外物而起 ··· 209
　　第三节　心性关系 ·· 234

第五章　王廷相的人生修养论 ·· 257
第一节　明道莫善于致知，体道莫先于涵养 ························ 257
第二节　知行兼举 ·· 274

参考文献 ·· 285

附　录 ·· 292

后　记 ·· 293

前　言

元仁宗皇庆年间（1312—1313），朝廷规定科举考试科目以朱熹注为标准答案，从此，程朱理学成为官方的经学。元末，朱元璋以布衣起兵，驱元人于漠北，在军旅征战之际，即大兴崇儒兴教之风。《明史·儒林传》中载："明太祖起布衣，定天下，当干戈抢攘之时，所至征召耆儒，讲论道德，修明治术，兴起教化，焕乎成一代之宏规。虽天亶英姿，而诸儒之功不为无助也。制科取士，一以经义为先，网罗硕学。嗣世承平，文教特盛，大臣以文学登用者，林立朝右。"[①] 明初，官方承袭元代科举制度，在洪武三年（1370）设立科举，专取《五经》《四书》为题，《四书》又以朱熹集注为依据，"其文略仿宋经义，然代古人语气为之，体用排偶，谓之八股，通谓之制义"[②]。"（洪武）十七年（1384）始定科举之式，命礼部颁行各省，后遂以为永制"[③]，由此，程朱理学成为科举程式，并渐渐占据学术界的统治地位，成为统一士大夫群体与民众思想的规矩，发挥着维护统治阶级地位和利益的作用。早在开国之初，在宗守朱学的刘基、宋濂等理学家的影响下，朱元璋就逐渐接受了理学是治国之本的观点，后亲与刘基拟定科举考试科目，"专取四子书及《易》《书》《诗》《春秋》《礼记》五经命题试士"[④]。但是，朱元璋本人出身社会下层，对理学在民族文化上的重要意义不是完全能够理解。洪武二十一年（1388）进士解缙，便在其所上封事中言道："臣见陛下好观《说苑》《韵府》杂书与所谓《道德经》《心经》者，臣窃谓甚非所宜也。《说苑》出于刘向，多战国纵横之论；《韵府》出元之阴氏，抄辑秽芜，略无可采。陛下

[①]（清）张廷玉等撰：《明史》，中华书局 1974 年版，第 7221 页。
[②]（清）张廷玉等撰：《明史》，第 1693 页。
[③]（清）张廷玉等撰：《明史》，第 1696 页。
[④]（清）张廷玉等撰：《明史》，第 1693 页。

若喜其便于检阅，则愿集一二志士儒英，臣请得执笔随其后，上溯唐、虞、夏、商、周、孔，下及关、闽、濂、洛。根实精明，随事类别，勒成一经，上接经史，岂非太平制作之一端欤？"① 解缙建议由官方编修理学书籍，以进一步确定程朱理学在思想界的统治地位。明成祖永乐十二年（1414），敕令胡广等人编纂《四书五经大全》，用程朱注，作为科举考试的必读教科书，又编《性理大全》，汇聚周、程、张、朱诸家学说，成祖为序，宣布程朱理学为官方哲学。这标志着宋代经学取代汉唐经学《五经正义》而成为占统治地位的学术形态。

对于这几部大书的编修及其社会作用，顾炎武曾有评论：

> 当日儒臣奉旨修《四书五经大全》，颁餐钱，给笔札，书成之日，赐金迁秩，所费于国家者不知凡几，将谓此书既成，可以章一代教学之功，启百世儒林之绪。而仅取已成之书，抄誊一过，上欺朝廷，下诳士子，唐、宋之时有是事乎！岂非骨鲠之臣已空于建文之代，而制义初行，一时士人，尽弃宋、元以来所传之实学，上下相蒙，以饕利禄，而莫之问也。呜呼！经学之废，实自此始。②

在官方的诱导下，程朱理学获得了空前的地位和影响力，理学士人也成为这个朝代最大的获益者。但在这样的一种氛围中发展着的程朱理学思想，其生命力也逐渐地被禁锢在功名一途，而不再有创造性的发展。其实，针对元代程朱之学被定为官方科举考试的标准答案，黄宗羲便已指出其弊端，他说："至于有元，许衡、赵复以朱氏学倡于北方，故士人但知有朱氏耳。然非能知朱氏也，不过以科目为资，不得不从事焉。"③ 这就是说，当一种学说被官方确定为正统的学术形态，并又结合以学术之外的利禄诱惑后，其原本立说的宗旨就变得面目全非了。在南宋末期，程朱理学与科举仕途之间的制度化链接还未建立起来，作为一种自由的知识和思想，信服程朱的学者们还能

---

① （清）张廷玉等撰：《明史》，第4115—4116页。
② （清）顾炎武著，（清）黄汝成集释，栾保群、吕宗力校点：《日知录集释》，花山文艺出版社1990年版，第812页。
③ 沈善洪主编：《黄宗羲全集》（第六册），浙江古籍出版社1985年版，第646页。

就学术性的问题在学术内部进行探讨，朱熹"多学而识"的学问要领并没有被丢弃，而更辅以身心体验来求得对先圣立说宗旨的把握，① 而当程朱之学被定为科举程式后，学术之外因素的影响使得士人的心思不再专注于圣人学说的本身，而是汲汲于背诵程朱注解，专习制义，以此为资来博取功名。顾炎武便说："愚尝谓自宋之末造以至有明之初年，经术人材于斯为盛。自八股行而古学弃，《（四书五经）大全》出而经说亡，十族诛而臣节变。洪武、永乐之间，亦世道升降之一会矣。"② 在同科举和八股文结合，成为士人学子追求功名利禄的工具后，程朱之学也终于走上僵化、衰颓的道路。

对于科举之法，王廷相也曾有所评论，其云：

> 选举之法，曰德行，曰经术，曰词章，盖古今并用以求士者。自今观之，词章之学，哗世散朴而不适于用，不必论矣。其大者，范俗兴化，莫先于德行，而末流乃有矫言伪行，以邀宠禄者，故有"嵩少仕途捷径"之号，甚至一岁所举，半权幸之姻族，然则德行可恃乎？其次，论道经邦，莫切于经术，而流弊乃至诵帖括以侥幸，故童幼能守一艺，亦足中科，其陋者至纪说《尧典》二字至十万余言。然则经术可恃乎？今之进士之科，即古之经术也，乃以程文求士，故士于平居亦惟务中式之文，以应主司之求，而经术之学，漫不之讲。嘻！此与词章何异，而又何望于德行邪？故有识者之所以切叹也。③

朝廷设科取士本为经邦治国求取人才，但立程文为法，在束缚人的思想的同时也造成了诵帖括以图侥幸，虽童蒙而能守一艺，亦足以应考中举的流弊。以官定学术为程式来遴选人才，其不能适于实用是显然的，更不用说在个人身心性命的修养上会有什么作用。与王廷相同时，经常与他诗文唱和的

---

① 章学诚《文史通义》卷2"朱陆"篇中云："性命之说，易入虚无。朱子求一贯于多学而识，寓约礼于博文。其事繁而密，其功实而难；虽朱子之所求，未敢必谓无失也。然沿其学者，一传而为勉斋、九峰，再传而为西山、鹤山、东发、厚斋，三传而为仁山、白云，四传而为潜溪、义乌，……则皆服古通经，学求其是，而非专己守残，空言性命之流也。"见（清）章学诚《文史通义》，辽宁教育出版社1998年版，第51页。

② （清）顾炎武著，（清）黄汝成集释，栾保群、吕宗力校点：《日知录集释》，第813页。

③ （明）王廷相著，王孝鱼点校：《王廷相集》，中华书局1989年版，第537—538页。

文学家杨慎①便说：

> 宋世儒者失之专，今世学者失之陋。失之专者，一骋意见，扫灭前贤；失之陋者，惟从宋人，不知有汉唐前说也。宋人曰是，今人亦曰是；宋人曰非，今人亦曰非。高者谈性命，祖宋人之语录；卑者习举业，抄宋人之策论。其间学为古文歌诗，虽知效韩文杜诗，而未始真知韩文杜诗也，不过见宋人尝称此二人而已。②

在经济社会的发展方面，经过明代前期一百多年的积累，到弘治、正德以后，农业和工商业都有所发展，特别是商品经济的发展超过了以往的水平，在一些经济发达的地区，还出现了资本主义生产方式的萌芽。据明嘉靖十四年（1535）进士张瀚自述：

> 毅庵祖家道中微，以酤酒为业。成化末年值水灾，时祖居傍河，水淹入室，所酿酒尽败。……因罢酤酒业，购机一张，织诸色纻币，备极精工。每以下机，人争鬻之，计获利当五之一。积两旬复增一机，后增至二十余。商贾所货者常满户外，尚不能应，自是家业大饶。③

明中期人何良俊也提到社会生活和社会阶层的变化：

> 正德以前，百姓十一在官，十九在田。盖因四民各有定业，百姓安

---

① 杨慎字用修，号升庵，四川新都人，生于明孝宗弘治元年（1488），卒年据《明史》为世宗嘉靖三十八年（1559），丰家骅考订为明世宗嘉靖四十一年（1562），见丰家骅《杨慎评传》，南京大学出版社1998年版。杨慎少时聪慧机警，十一岁即能诗文，后入京为当时阁老李东阳所赞赏，令其受业门下。正德六年（1511）杨慎中殿试第一名，授翰林修撰。嘉靖三年（1524）大礼议起，杨慎反对张璁、桂萼等人的议礼主张，反对嘉靖去"本生"而尊兴献帝即嘉靖之生父为"恭穆皇帝"的主张，率群臣二百多人跪伏左顺门哭谏。嘉靖大怒，下杨慎等哭谏群臣诏狱，慎被贬戍云南永昌卫，至死不赦。杨慎在明代以博学见称于世，时人王世贞说："明兴，称博学，饶著述者，盖无如用修。"（《艺苑卮言》卷六）《明史·慎慎传》中也说："明世记诵之博，著作之富，推慎为第一。诗文外，杂著至一百余种，并行于世。"[（清）张廷玉等撰：《明史》，第5083页]

② （明）杨慎撰，王云五主编：《丹铅杂录》（"丛书集成初编"本），商务印书馆1936年版，第85页。

③ （明）张瀚撰，萧国亮点校：《松窗梦语》，上海古籍出版社1986年版，第119页。

前　言

于农亩，无有他志，官府亦驱之就农，不加烦扰。故家家丰足，人乐于为农。自四五十年来，赋税日增，徭役日重，民命不堪，遂皆迁业。昔日乡官家人亦不甚多，今去农而为乡官家人者，已十倍于前矣。昔日官府之人有限，今去农而蚕食于官府者，五倍于前矣。昔日逐末之人尚少，今去农而改工商者，三倍于前矣。昔日原无游手之人，今去农而游手趁食者，又十之二三矣。大抵以十分百姓言之，已六七分去农。①

明代中期发展起来的商品经济，农村自给自足的经济基础遭到破坏，使得地主与农民、地主与商人以及地主阶级内部的矛盾都尖锐化。同时，明代土地兼并剧烈，皇庄和庄田在掠夺民田的基础上猛烈扩张，正德时期，皇庄增至三百多处，仅宝坻县一地的皇庄就达二千七百多顷。伴随皇庄的扩张，大官僚、宦官、勋戚的庄田也急剧扩充。皇庄和庄田扩充，天下税田减少而税额却没有减少，使得农民的负担日益沉重。《明史·食货志》中载："明时，草场颇多，占夺民业。而为民厉者，莫如皇庄及诸王、勋戚、中官庄田为甚。"② 郑晓也说："正德年间，亲王三十位，郡王二百十五位，将军、中尉二千七百位，文官二万四百，武官十万。卫所七百七十二，旗军八十九万六千。廪膳生员三万五千八百，吏五万五千。其禄俸粮约数千万。天下夏秋税粮，大约二千六百六十八万四千石，出多入少，故王府久缺禄米，卫所缺月粮，各边缺军饷，各省缺俸廪。今宗室王二等，将军三等，中尉三等，主君五等，及疏庶人、罪庶人凡五万余。文武官益冗，兵益窜名投占，徒烦抽补召募，名数日增，而实用日减。加以冗费无经，财安得不尽，民安得不穷哉！"③

赋税沉重，造成农民起义风起云涌。身处明中期的王廷相仕宦多年，关注实务，对日益激化的社会矛盾也有着清醒的认识，他说：

夫宗室之所仰给者，皆百姓之供需也，百姓之供需，皆其田地之所出也。田税有定，而宗室之生育无已，祖宗时一人者，迄今有千人者矣，

---

① （明）何良俊撰：《四友斋丛说》，中华书局1959年版，第105页。
② （清）张廷玉等撰：《明史》，第1886页。
③ （明）郑晓撰，李致忠点校：《今言》，中华书局1984年版，第94页。郑晓字窒甫，浙江海盐人，嘉靖元年（1522）举乡试第一，曾官至右都御史、刑部尚书。

今之千人，数年之后，倍千人矣，岂惟千人，将倍数千人矣。今各省田额禄粮，已有十万、二十万、三十万，不及宗室支数者矣，若再倍千人，公家将何所处？况数倍千人乎？今宗室蕃育之府，有一岁支二季、三季者矣，有未及年分而先卖票领者矣，有奔走市廛交易物货者矣，有强暴恃势而抢骗平人财物者矣，有为饥困所迫而忍为盗贼者矣。夫民间税粮有限，宗室所用无穷，欲人人取足，万无是理。既无禄食，则饥困必至。饥困之极，谁不求生？廉耻丧而污伪生，良心灭而奸宄作，将何所不为乎？及今朝廷固执旧法，不为善变之谋，其所食禄粮又非神运鬼输之可得，是坐视宗室之困而致变也，可乎？①

王廷相所著《王氏家藏集》中尚有卷二《怨天谣》描写矿民暴动，《虎人歌》与卷十三《西山行》、卷十八《玄明宫》写宦官之横肆，卷三《赭袍将军谣》及卷五《君马黄》写武宗之荒嬉等。与这些社会矛盾的加深同步相随的是当时社会生活的变动以及社会结构、社会风俗的变化。何良俊在《四友斋丛说·正俗》中说，"宪、孝两朝以前，士大夫尚未积聚，……至正德间诸公竞营产谋利。"② 又说："余少时见人家请客，只是菜五色、肴五品而已。……今寻常燕会，动辄用十肴，且水陆毕陈，或觅远方珍品，求以相胜。"③ 当时社会结构的变化，社会生产的发展，在增加社会物质财富的同时也刺激了人们对财富的欲望，使得营营逐利之风在社会上普遍蔓延开来，旧有的风俗习惯和伦理道德逐渐遭到破坏。

对于明代学术之流变，《明史·儒林传》中说：

原夫明初诸儒，皆朱子门人之支流余裔，师承有自，矩矱秩然。曹端、胡居仁笃践履，谨绳墨，守儒先之正传，无敢改错。学术之分，则自陈献章、王守仁始。宗献章者曰江门之学，孤行独诣，其传不远。宗守仁者曰姚江之学，别立宗旨，显与朱子背驰，门徒遍天下，流传逾百年，其教大行，其弊滋甚。嘉、隆而后，笃信程、朱，不迁异说者，无

---

① （明）王廷相著，王孝鱼点校：《王廷相集》，第874页。
② （明）何良俊撰：《四友斋丛说》，第312页。
③ （明）何良俊撰：《四友斋丛说》，第314页。

复几人矣。要之,有明诸儒,衍伊、洛之绪言,探性命之奥旨,镏铢或爽,遂启岐趋,袭谬承讹,指归弥远。至专门经训授受源流,则二百七十余年间,未闻以此名家者。经学非汉、唐之精专,性理袭宋、元之糟粕,论者谓科举盛而儒术微,殆其然乎。①

《明史》编者认为明初理学特重践履,笃守先儒之正传,这是事实,如被称为"醇儒"的薛瑄就说"自考亭以还,斯道已大明,无烦著作,直需躬行尔"②,但这也并不表明明初诸儒就完全没有自己的特点③,或他们对于后来学术之发展毫无贡献④。《明史》此说以陈献章、王守仁心学为一代学术之开端,未免将明初诸儒的思想成果视同无有。⑤ 事实上,明初理学思想的发展并不是完全恪守程朱成说⑥,而是在躬行践履的同时表现出一定的兼采朱陆思想之所长的特点。

一般的看法,都是以尊德性与道问学作为朱陆学术思想的区别,但这种概括过于笼统,朱熹自己并没有因对于格物穷理之重视而不讲尊德性,陆九渊也不是专主静坐涵养而不教人读书,元代学者即有朱陆和会之论,明初儒

---

① (清)张廷玉等撰:《明史》,第 7222 页。
② (清)张廷玉等撰:《明史》,第 7229 页。
③ 刘蕺山说:"曹端之学,不由师传,特从古籍中翻出古人公案,深有悟于造化之理。吴与弼之学,刻苦奋励,多从五更枕上,汗流泪下得来。"(《明儒学案·师说》中华书局 2008 年版,第 2 页)
④ 林继平认为:"明代理学,乃宋代理学的延续,但在延续中,却有极大的扩展,其思想独特的诣境,往往为两宋理学诸儒所不及。""我们如深一层研究,即使程朱派的理学家,举其著者,如明初的曹月川、薛敬轩、吴康斋,稍后的陈白沙及明代中叶的湛甘泉、罗整庵,稍后有吕泾野,明末更有高景逸、刘蕺山、黄石斋等。……我们可以这么说,如果没有他们,程朱之学在形上哲学中,其诣境之高妙,即不可能完成。这是南宋以来,程朱派思想的重大突破与发展,惜乎近人囿于黄梨洲著《明儒学案》的见解,多把他们思想上的特殊贡献忽略了。"见林继平《明学探微》,台湾商务印书馆 1984 年版,第 6—7 页。
⑤ 陈荣捷认为《明史》此说或有得于黄宗羲,黄宗羲在《明儒学案·姚江学案序言》中曾说:"有明学术,白沙开其端,至姚江而大明。盖从前习熟先儒之成说,未尝反身理会,推见至隐。所谓此亦一述朱耳,彼亦一述朱耳。"陈荣捷更指出,黄氏此论"无疑在强调心学一派思想之独立起源"。见陈荣捷《朱学论集》,华东师范大学出版社 2007 年版,第 215—216 页。
⑥ 陈荣捷指出,朱学中的太极、阴阳、理气等重要之问题已难获明初诸儒之重视,曹端对朱子理气之说力持异议,对格物全未论及。薛瑄虽亦如朱子强调读书与应事,但其穷理之要点则是"由内具于心之理以形成与物理之结合",理不仅在物,亦在心。吴与弼更宣称:"五伦各有其理,而理具于吾心,与生俱生。人之所以为人,以其有此理也。"胡居仁则将穷理与存养紧密衔接,这也就是人心万理咸备,无所不有。"早期明代新儒家,虽仍守程朱旧统,但已趋于新方向,颇为显著。"见陈荣捷《朱学论集》,第 217—219 页。

学内部的总体发展趋势仍是程朱理学与心学的相融,这一点我们可以从曹端、薛瑄、吴与弼、胡居仁等人对于心的阐发、对于敬的重视看出。事实上,明初"新儒学已对形而上学及格物穷理诸论题之知性方面较少兴趣,而于心之存养与居敬诸工夫,则较多关注。当吾人沿此线索而探究,吾人可经常聆到诸多'复性','求放心','复其本心','存养','先立乎其大者','心为之主',此类语句。此实使吾人联想到宋代心学大儒陆象山"①。这说明,理学家中间已经表现出由朱学烦琐的格物穷理转向内在身心体悟的倾向,虽然仍尊"四书五经"周程张朱之书为"道统正传",但也并不排斥特为陆学所重的"本心""涵养良心"之类的心性修养观念。曹端以事心为入道之门,说"事事都于心上做工夫,是入孔门的大路",薛瑄有诗曰"七十六年无一事,此心惟觉性天通",二人之学"皆力主于践履,而归本之于一心",② 显然这也是奉行朱学中躬行居敬的倾向而又融合进陆学中"心即理"的观念而必然有的思想动向,可以说,明代心学运动的端绪已经蕴含于明初儒者的思想中了。

黄宗羲《明儒学案·凡例》中对明代学术界在对心性之学的开拓上所作出的贡献有非常透彻的说明:"尝谓有明文章事功,皆不及前代,独于理学,前代之所不及也,牛毛茧丝,无不辨晰,真能发先儒之所未发。程、朱之辟释氏,其说虽繁,总是只在迹上,其弥近理而乱真者,终是指他不出。明儒于毫厘之际,使无遁影。"③ 明代哲学家理论思维的水平有了很大的提高,这也是宋儒重视义理之学的成果,对哲学中的概念、命题和理论思维的内容及形式都能深入辨其异同。明代学人前有陈献章,中期有王阳明,后期有刘宗周,都以陆象山之"尊德性"为学术宗旨,而对朱子之读书穷理之说持怀疑态度。陈献章说:"学劳攘,则无由见道。故观书博识,不如静坐。"④ 又说:"人之所以学者,欲闻道也。苟欲闻道也,求之书籍而道存焉,则求之书籍可也;求之书籍而弗得,反而求之吾心而道存焉,则求之吾心可也。恶累于外哉!此事定要觑破;若觑不破,虽日从事于学,亦为人耳!……诗、文章、末习、著述等路头,一齐塞断,一齐扫去,毋令半点芥蒂于我胸中,夫然后

---

① 陈荣捷:《朱学论集》,第224页。
② 钱穆:《钱宾四先生全集》第21册,台北联经文化出版公司1998年版,第43页。
③ (清)黄宗羲著,沈芝盈点校:《明儒学案》,第14页。
④ (清)黄宗羲著,沈芝盈点校:《明儒学案》,第85页。

善端可养，静可能也。"① 刘宗周《读书说》中云："学者欲窥圣贤之心，遵吾道之正，舍《四书》《六籍》，无由而入矣。盖圣贤之心，即吾心也，善读书者，第求之吾心而已矣。舍吾心而求圣贤之心，即千言万语，无有是处。阳明先生不喜人读书，令学者直证本心，正为不善读书者，舍吾心而求圣贤之心，一似沿门持钵，无益贫儿，非谓读书果可废也。"② 其《应事说》中有云："学者静中既得力，又有一段读书之功，自然遇事能应。若静中不得力，所读之书，又只是章句而已，则且就事上磨练去。"③ 这正如有学者所指出的，"明代理学的一个特点是理气论的褪色，心性论成为思想家的学说重心"④。但是，理学心性论能成为明代思想家关注的中心也不一定是因为"理气问题已经没有多少继续深入挖掘的空间"，毕竟在明初儒者看来，理气问题还是一个关乎如何将普遍的伦理准则与个体的心性修养结合起来的重要问题，而不单纯是一个"实证"问题。从理论形态上说，程朱理学极富哲学的思辨性，通过将理气、性心等概念的形而上的条分缕析，为儒家伦理原则提供终极层面的证明，使得自先秦儒家以来就在关注的"性与天道"问题初步得到了解决。但是，过度地注重天理的超越性存在也成为程朱之学的弱点，从儒家一贯的内圣外王的追求来看，天理的玄远性使得个体的心性修养难以真正与之契合，而使内圣的一面有落空的危险；"即凡天下之物，莫不因其已知之理而益穷之，以求至乎其极"的穷理过程又是如此的漫长，不免使人对成圣成贤的理想产生畏难心理，⑤ 而对理的价值意义的过分强调也使得穷理之后是否真能于外王事功的一面有所助益成为问题，并且因过多地纠缠在义利王霸之辨中而在事实上成为性理空谈。有学者指出："从理论上看，程朱理学将天理

---

① （明）陈献章著，孙通海点校：《陈献章集》，中华书局1987年版，第974—975页。
② （清）黄宗羲著，沈芝盈点校：《明儒学案》，第1580页。
③ （清）黄宗羲著，沈芝盈点校：《明儒学案》，第1578页。
④ 张学智：《明代哲学史》，导言，第1页。另外，陈荣捷所列举的程朱学派转型之原因第三点是："格物穷理问题，进至明代，反复探究者已达数百年。苟吾国有纯科学之传统，此种探究，或早被导引至一新知识领域。唯缺乏此一传统，故格物穷理之说，不能寻出新疆土以求伸展，乃致僵滞。格物穷理丧失其诱引，渐而衰退。"见陈荣捷《朱学论集》，第226页。
⑤ 王阳明曾说："众人只说格物要依晦翁，何曾把他的说去用？我着实曾用来。初年与钱友同论做圣贤，要格天下之物，如今安得这等大的力量？因指亭前竹子，令去格看。钱子早夜去穷格竹子的道理，竭其心思，至于三日，便致劳神成疾。当初说他这是精力不足，某因自去穷格，早夜不得其理，到七日，亦以劳思致疾。遂相与叹'圣贤是做不得的，无他大力量去格物'了。"（明）王阳明撰，吴光、钱明、董平、姚延福编校：《王阳明全集》，上海古籍出版社1992年版，第120页。

（正统规范的形而上学化）与主体视为对立的二极，强调'他（天理）为主，我为客'。这样，天理实际上是作为外在的绝对命令而宰制主体的行为。深刻的社会危机与程朱理学在避免与挽救危机上的无力，迫使当时的思想家在天理的外在强制之外另辟蹊径。"① 此论不仅解释了王阳明心学产生的思想原因，对于明中期气论思想的产生同样适用。

程朱理学在被悬为科举功令之后，日益成为博取利禄的工具，对于社会事务所能起到的作用非常有限，更难说在克服社会危机、收拾人心方面发挥作用了。明前期燕王朱棣以藩王的身份夺嫡成功，开了藩王袭据正统的先例，此后又有汉王朱高煦、安化王朱寘鐇、宁王朱宸濠的叛乱。这些彼此倾轧的统治者又都以程朱之学为号召，却似乎对程朱之学存天理、灭人欲的思想宗旨视而不见。朱棣继位之后敕令编修《四书五经大全》等书，意为使"家不异政、国不殊俗，大回淳古之风，以绍先王之统，以成熙雍之治"②，但利欲熏心的统治者已经背离了程朱学说的主旨，又怎么能期望整个社会各阶层都能正心诚意而依归于程朱理学的门下呢？显然，朱学形而上的思维建构与个体身心性命之修养工夫之间的隔膜感在逐渐加深。如果说王阳明是属意于将普遍的道德规范与个体的内在道德意识融合为一，以此发动起内在的道德力量来自我做主，有效地规范主体的行为，那么，气学一派主要是王廷相则是要求完全以外在的道德规范来约束人心，属意于"习与性成"的环境的塑造力量。可以说，王阳明心学与王廷相气学所面对的是同一个问题，但他们却是经由不同的路径来解决这个问题。

王阳明比较有名的一句话就是"纵格得草木来，如何反来诚得自家意？"因格竹不成而转向心中求理，从而以格物穷理为求之于外，王阳明要求就人身上体会，完全抛开了在朱熹思想中还占有重要地位的知识积累的问题而不谈，其《朱子晚年定论》所收录的朱子书简几乎完全都是强调本心的重要而以读书讲明义理为无用的议论。显然，在整个社会都为程朱之学所笼罩的情况下，要想将拘守于训诂讲说牢笼中的学者解脱出来，王阳明只有求助于本心这一便捷的途径，因此才说："夫学贵得之心。求之于心而非也，虽其言之出于孔子，不敢以为是也，而况其未及孔子者乎？求之于心而是也，虽其言

---

① 杨国荣：《王学通论》，华东师范大学出版社2003年版，第8页。
② 转引自侯外庐、邱汉生、张岂之主编《宋明理学史》（下），人民出版社1984年版，第12页。

之出于庸常，不敢以为非也，而况其出于孔子乎？"① 余英时曾将儒家内部在读书的态度上出现的两种倾向——必博学以见道与读书博学适足以害道——归结为智识主义与反智识主义的对立，明代儒学偏在尊德性一边，故反智识主义的气氛几乎笼罩了整个明代思想史。但经典整理的工作"自元迄明始终是思想界一伏流"②，罗钦顺针对阳明"心即理"说："学而不取证于经书，一切师心自用，未有不自误者也。"③ 这被余先生看成是"反智识主义高涨的风气下一个微弱的智识主义的呼声"④。当然，正如余先生所指出的，这种求助于经典的、与阳明心学直以本心为价值取向之判准相异的智识主义风气还是微弱的、零散的，它的发展壮大还需要一个浓厚的智识主义的思想氛围。如果说罗钦顺的智识主义的"呼声"表现为求助于经典，王廷相思想中所蕴涵的智识主义则表现为对反身内向、只从心中求取道理这一方法的完全不信任的态度，而要求以知识理性来为道德之善提供担保。王廷相说：

> 智之为性，统明万善，心体苟无昏昧，于仁［则］觉其所以为仁，于义则觉其所以为义，而于众善无不有觉。⑤

在这样一种说法中，仁义之为仁义完全要由智识来做出判断和保证，不是由道德为理性的运用提供正当性的证明，而是要求运用理性的力量为主体的实践指出方向。这是一种非常纯粹的理性主义态度，这样一种态度与阳明心学的当下直觉自然南辕北辙，与朱熹心具万理的说法也有较大的区别。总的说来，朱学中格物致知的一面在明代由于阳明心学之反衬，而始终是存在的。

朱伯崑说："明代各派哲学经过长期的论争，程朱理学由停滞而解体，陆王心学由兴盛而分裂，而气学派的哲学，在同理学和心学的斗争中，不断完善和发展自己的体系，终于以其理论的优势，压倒了对方，作为宋明哲学发

---

① （明）王阳明撰，吴光、钱明、董平、姚延福编校：《王阳明全集》，第76页。
② 余英时：《论戴震与章学诚》，生活·读书·新知三联书店2000年版，第298页。
③ （明）罗钦顺著，阎韬点校：《困知记》，中华书局1990年版，第13页。
④ 余英时：《论戴震与章学诚》，第309页。
⑤ （明）王廷相著，王孝鱼点校：《王廷相集》，第838页。

展的丰硕成果而影响于后世。"① 心学运动兴盛一时而最终走向衰落，气学一派能以其理论的优势影响后世，在我们看来这种优势其实就是承自朱学系统中的格物致知、读书讲明义理的方法论。就王廷相来看，这就是一种智识主义的发扬。

先秦时期孟子提出道德本心的观念，在道德问题上持一种先验论，这种观点在宋明新儒家中得到进一步阐扬。宋儒中陆九渊继承了这一传统，朱熹虽然讲要格物穷理，但所要获取的天理——道德理性、道德意识也是已经先天地存在于人性之中了，后天的穷理工夫只是起到一个唤起的作用。二程、张载一直到朱熹都坚持气质之性与义理之性的区分，认为道德本心虽为人所同具且与生俱来，但因为气质之蔽，在现实中就不能完全表现出来。这样一种思想虽然高扬了人的道德理性的价值，但在面对现实时却总是缺少解释力，更严重的是在实践中流于形式，而造成许多的伪君子。这一问题在明中期商品经济较之以前有极大发展，人们社会生活的范围急剧扩大以后逐渐凸显出来。宋儒坚持人性论上的气质、义理之二分，总是对气质之性持消极的态度。到了明代中晚期，逐渐有人主张气质之性即人的本性，对气质之性的态度由消极转为积极，认为人只有一性，义理之性乃气质所为者，而且认为转化气质之性是不可能的事，因为气质本身就是人存在的基础，完全弃绝气质之性（绝灭欲望）是佛老一派的观点，如阳明就说过佛老离弃此身是"断灭种性"的话。这样一来，基于气质的修身，就必然要正视人性的现实的、自然天成的方面，有学者即指出，明代后期社会风习的改变"使得人们要求在儒家的道德哲学中，必须将现实生活的部分包括进去，而这些新要求的汇聚点，便是对'心'的认识，以及对原来'成圣'的标准出现一系列的质疑。譬如，理学家将人心分先天与后天，现在便要质疑是不是真可以如此分别？人的'先天'是什么？先天的部分是否也是可变的，而后天的引蔽习染是否该完全根除，或它实际上也是成德的必要途径？人性的本体是'无欲'吗？是否要等灭尽情欲才可能有仁义礼智？'欲''情'是否需要克尽，是否能被克尽？当社会风气急遽变化，过去被认为属于人欲的范围扩大，则想完全去除人欲即等于是要人过近乎非人的生活，很自然逼使人们反省过去对人性的本然状态的理解是否正确？是否应该适度承认'欲'及'气质'，认识到它们其实

---

① 朱伯崑：《易学哲学史》第三卷，华夏出版社 1995 年版，第 7 页。

前言

是'性'中原有的东西？而且在实际道德生活中，许多人也感到如果人的本体是如此纯净无染，那么何以在经过艰苦的修养转化工夫后，仍然难以达到人的本来状态？何以改变自己是如此困难？在相当大的程度上，合乎天理，即是合乎儒家的教训，以及官方的规范。可是商业的发展与风俗之变化却使得人们难以遵守这些规范，也就是无法循天理。那么，不是天理的内容有问题，便是人们有问题。如果不能调整儒家的道德哲学，则道德高调与人们的现实生活不相干，儒家必失去引导人们道德生活的力量"[1]。

确是如此，如果一味地把天生而有的气质视为成德的负面因素，这就说明人本身出了问题，即人本不具有成圣的素质，[2] 但这却与儒家对人的成圣之潜质所一贯持有的乐观态度相左。如果说人本身没有问题，则为何人欲始终应灭却又始终灭不了？这个问题的答案就只有从天理一面去找，就要从人性的现实表现方面去重新审视天理的内容。清代颜元说：

> 若谓气恶，则理亦恶，若谓理善，则气亦善。盖气即理之气，理即气之理，乌得谓理纯一善而气质偏有恶哉！譬之目矣：眶、疱、睛，气质也；其中光明能见物者，性也。将谓光明之理专视正色，眶、疱、睛乃视邪色乎？余谓光明之理固是天命，眶、疱、睛皆是天命，更不必分何者是天命之性，何者是气质之性；只宜言天命人以目之性，光明能视即目之性善，其视之也则情之善，其视之详略远近则才之强弱，皆不可以恶言。[3]

气即理之气，理即气之理，由此就不能说理纯善而气质只是恶，而且，也不存在天命之性善而气质却恶的道理，这就正像视觉功能以眼睛这个器官为条件一样，离开了眼睛就无所谓视觉，不能说视觉专看正色，而眼睛只视邪色。这种说法其实已经意味着开始对天理进行重新审视了，要把原先当作恶的、负面的东西纳入天理之中，根本转变对气质的否定、弃绝的态度。

---

[1] 王汎森：《晚明清初思想十论》，复旦大学出版社 2004 年版，第 91—92 页。

[2] 比如颜元就说："变化气质之恶，三代圣人全未道及。将天生一副作圣全体，参杂以习染，谓之有恶，未免不使人去其本无而使人憎其本有，蒙晦先圣尽性之旨而授世间无志人一口柄。"见（清）颜元撰，陈居渊导读《习斋四存编》，上海古籍出版社 2000 年版，第 84 页。

[3] （清）颜元撰，陈居渊导读：《习斋四存编》，第 37 页。

明中期出现的性气一元论就是以气亦即人性的现实表现为基础来界定人性，是一种自然人性论。自然人性论在一定程度上肯定了人性中欲望存在的合理性，但并没有完全走向放纵，反而因其正视了人性中存在的负面因素而转化出一种道德严格主义。"自然人性论与道德严格主义并存的现象有两种理由。第一，心的天然状态既不再是纯然无瑕，所有过去认为先天的、义理的、道德的，可以完全放心拿来作为行为依据的说法，此时皆无法稳稳地站住。既然人欲是天性中本有的，气质亦是性，故心不即是道，心不即是理。那么，人不可以顺顺当当地说，只要我心纯乎天理，或我心公而不私，则心之所发、所行便无不善。现在变成是，不只我心要能无私，而且我之所行还需要刻刻检证是否合乎一个超越我个人气质、才、情等限制的客观规范。因为不再是我心无私念则无不是，而是，我心先天的有一些混浊夹杂之处，所以我更要很小心的反省我自己，以免受气质夹杂的心失了分寸。……新道德严格主义的另一个来源是心一元论。理学到刘宗周身上，所有二元之分逐渐模糊，几皆归为一元。阳明还只是说身心意知物为一件，格致诚正修为一事，刘宗周所涉更广，理与欲，本体与工夫……皆收为一元。但这并不是说道德修养的内在紧张已经不存在了。既然理欲收归为一，皆在一个心中，则米盐凌杂，必须格外小心去辨别省察。义理之性不是在变化了气质之性之后才得到的另一种东西，而是像刘宗周所说的：'性只有气质之性，而义理之性者，气质之所以为性也。'也就是说，重要的是在气的流行上见主宰，从日常的生活实践中，得到义理之性，而不是消除了某一部分，才能有另一部分。人们必须要极度戒慎小心，才能从日用流行，也就是最世俗的生活实践中表现出道德的境界来。"[1]

很明显，这里所说的第一个理由也就是王廷相所主张的"人心""道心"皆为人性所本有，因此，人就要刻刻谨惧、时时省察，以使心之动静合乎义理规范。同时，也会由对于自己所行所为的"检证"而发展出注重实行的理论倾向。另外，这种道德严格主义的工夫论又不同于心一元论基础上的工夫论，基于心一元论的工夫论要求在心体上做工夫，多少还保留着对于人心的乐观看法，王廷相的工夫论则完全转向外在的规范，而走向以义制情、以道裁性的道路。

---

[1] 王汎森：《晚明清初思想十论》，第94—95页。

综上可见，程朱理学在明代的发展无论是就其在社会人心整顿、收束的功能上，还是就其本身的理论主张，都已出现了问题，人们出于现实的考虑在不断地突破程朱理学的思想边界。就王廷相而言，其由对于人性先天善质的不信任而走向以外在的规范塑造人性，以及在此中所表现出来的智识主义的因素，都可看成是他对于时代所提出的问题的回答。

第一章　王廷相的生平、学行与著述

第一节　王廷相的生平

王廷相，字子衡，号浚川，别号平崖，世称浚川先生，河南仪封人，其先自山西潞洲迁河南仪封，遂为仪封人。曾祖思义，祖实一，父增，母田氏。王廷相生于明成化十年（1474）十月二十五日，卒于嘉靖二十三年（1544）九月初七日，父增以上皆隐迹弗耀，因王廷相而显贵，累赠太子太保兵部尚书兼都察院左都御史掌院事。母田氏以上，俱封一品夫人。

王廷相少时丰姿奇秀，读书即求通解，日记千言，十三岁为邑庠生，为文有英气，继进古文，诗赋雅畅。弘治八年（1495），举乡试，弘治十五年（1502），登进士第，选为翰林庶吉士。弘治十七年（1504），授兵科给事中，条论时政，不忌触讳。弘治十八年（1505），父疾疏归，后父卒，哀痛逾礼。正德三年（1508），起复，谪判亳州。

在亳州时，王廷相政务之余，躬诲生徒，得名士薛蕙，因其学而有成，亳州自此科第因不乏。正德四年（1509），升高淳知县，寻取授四川道御史，又巡盐山东，裁势豪私贩诸弊。正德五年（1510），王廷相巡按陕西，宪度益振，贪吏有望风解去者。奏设潼关兵备副使，盗不得逞，全陕以安。当时有阉宦、镇守太监廖鐩煽虐关中，王廷相随事禁革，廖因此怀恨在心。

正德八年（1513），王廷相提学京畿，时有中官王、刘者以纳贿嘱事，王廷相当面焚其书，王、刘乃阴与廖鐩共计诬奏王廷相释憾，合力构陷王廷相下制狱，谪赣榆县丞。正德十一年（1516）王廷相升宁国知县，后一年升松江府同知，数月后升四川按察司提学佥事，阐正闲邪，振扬文教。

正德十六年（1521），王廷相升山东提学副使，考校公严，士人举子纷纷响应称善。嘉靖二年（1523），王廷相升湖广按察使，决狱如神，得民信赖，湘民以"青天"呼之。嘉靖三年（1524），升山东右布政。夏，王廷相丁母忧。

嘉靖六年（1527），王廷相升副都御史，巡抚四川，覃威布信，抚辑有方。先时，蜀地夷人沙保、向汛倡乱日久，王廷相往剿平之，宥降散众，夷境遂安，赐兼金彩段劳之。嘉靖七年（1528），升兵部右侍郎，督修边墙，寻诏还，转左侍郎。嘉靖九年（1530），王廷相升南京兵部尚书，革内外守备各监局科剋、侵占诸弊，军民如出途泥中。以魏国守备年久，宜如各处文武官推代，奏入，上遂更置。

嘉靖十二年（1533），王廷相升都察院左都御史，寻升兵部尚书，督十二团营兼掌院事。认为御史应申明宪纲，慎选差，明宪体，为了振扬风纪、整顿台政，规定考察差回御史六事。嘉靖十五年（1536），考满，加王廷相太子少保。会吏部两考察京官，大朝三经考察外官，皆王廷相简覈当去留，奔竞敛迹。上命扈从山陵，赐飞鱼衣。嘉靖十八年（1539），以献帝神主备迁，嘉靖皇帝欲躬自往视，王廷相具疏留驾，不允，命王廷相扈跸，时蒙召问沿途劳费状。王廷相以直对，裁省甚多，恭和圣制诗篇，赏赉稠叠。行在九年考满，加太子太保，有玉带厩马之赐给。诰赠曾祖祖考皆如王廷相，宫妣皆一品夫人。嘉靖二十年（1541），翊国公郭勋诸不法事觉，朝廷因诘其领营救迟下狱，又因救连名王廷相，遂令罢归。抵家，闭门读书，对亲友不言宦途事迹，时游东园会客，葛巾野服，䜣䜣焉。台谏交荐，吏部举王廷相为户部尚书，再举兵部尚书，不报，至是以疾卒，享年七十有一。

第二节 王廷相的学行

纵观王廷相的一生，三督学政，两为御史，其间因中官构陷而两遭贬谪，在任湖广按察使期间，清审狱囚，甚得民意。嘉靖六年（1527）王廷相五十四岁，这一年可谓他政治生涯的转折点，自此后，他的仕途基本上是顺利的。其间，或为都御史，或为兵部尚书，所面对的事务不是考察选举，就是兵备武事。许讃[①]称其"忠诚不欺""公直不虐",确为王廷相从政经历的真实写照,对此,我们也可以从当时人的记载中得到证明。张瀚[②]曾有记载:

  余始释褐,观政都台,时台长仪封王公廷相道艺纯备,为时名臣。每对其乡诸进士曰:"初入仕路,宜审交游。若张某可与为友。"稍稍闻于余。值移疾请假,公遣御史来视,且曰:"此非诸进士埒。"余感公识别于侪伍中,不可无谢。假满,谒公私第。公延入坐,语之曰:"昨雨后出街衢,一舆人蹑新履,自灰厂历长安街,皆择地而蹈,兢兢恐污其履,转入京城,渐多泥泞,偶一沾濡,更不复顾惜。居身之道亦犹是耳。倘一失足,将无所不至矣。"余退而佩服公言,终身不敢忘。[③]

这里所记载的是王廷相已升左都御史二载、兵部尚书一年以后对臣僚的劝勉之言。王廷相以轿夫之爱惜新履而唯恐其沾污、然一旦沾濡则更不顾惜的事例来比况士人居身之道,并以此来警示新进臣属。其实,清廉自守也是王廷相的自处之道,明人张卤撰《少保王肃敏公传》中有云:"(王廷相)惟好集书册,多至万余卷。公在位时,尝一士人,乃故宦之子,持其家藏宋儒真希元氏所亲笔点窜《诗传》贻公,公见而诧曰:'此汝父所珍藏以贻汝者,今汝贻而吾受,则在汝为不孝,在我为不义,其可!其可!'亟谢而还之。君

---

  ① 许讃(1473—1548),字廷美,号松皋,河南灵宝人,前吏部尚书许进之子,弘治九年(1496)进士。许讃与王廷相同年举于乡,与其兄许诰皆为王廷相数十年之契友。高拱撰《前荣禄大夫太子太保兵部尚书兼都察院左都御史掌院事浚川王公行状》中云:"当是时(即王廷相于嘉靖十三年升兵部尚书,仍掌院事时),灵宝许公(即许讃)为冢宰,厘正官邪,而久与之协心并力,无所回护,由是士气得申,憸佞无所容,一时宦路号为清肃。"许讃曾历官大名府推官,监察御史,刑部侍郎,嘉靖八年(1529)进刑部尚书,嘉靖十年(1531),改任户部尚书,后母丧归养,"服未阕,诏以为吏部尚书,服除始入朝。帝以讃醇谨,虚位待"。累加少保兼太子太保。嘉靖二十二年(1543),入阁与礼部尚书张璧、严嵩一同参与机务,"政事一决于嵩,讃无所可否",数次上疏乞休,忤旨,落职闲住。嘉靖二十七年(1548)七月二十五日卒。后赠少师,谥文简。著有《松皋集》26卷,《明史》卷一八六有传。
  ② 张瀚(1510—1593)字子文,号元洲,浙江仁和人。嘉靖十四年(1535)进士,曾官至南京右都御史、南京工部尚书、吏部尚书。万历时,张瀚为吏部尚书颇得张居正之力,居正夺情事起,希图张瀚为报,"中旨令瀚谕留居正,居正又自为牍,风瀚属吏,以覆旨请",但张瀚毅然不为动,后被勒令致仕。卒,赠太子少保,谥恭懿。《明史》卷二二五有传,称其"以才办称"。
  ③ (明)张瀚著,萧国亮点校:《松窗梦语》,第5页。

子即谓公所好,虽一书之赠,必严辨如此,宜其平生不更知苞苴金帛之为何事者。家人业产,向不一念及之。在官,一于俭素;居家,四时疏布常服,朝夕饮馔惟菜羹疏食数盂,未撤,即置书册于傍。既老归田,犹与诸生时无异。"①

清人笔记中则记录了王廷相的处事智慧:

> 仪封王浚川廷相为左都,持论謇谔。岁当京察,公至吏部,宣言:"工部郎费完宜首黜。"完之女,则夏贵溪子妇也。贵溪力为解,公姑从之。既而考诸吏部,首黜主事史际。尚书许公讚意难之,公曰:"际奴颜于夏氏,昏夜周间,不黜何以戒庶官?吾初欲黜完,正为际耳。即夏氏亦无再求之理。"尚书大敬服。②

明人高拱所撰《浚川王公行状》中云:"莅官以忠诚事上,以公直率下。沉几先物,深毅决谋,期于有济,不在形迹。苟有益于国是,虽负天下之谤不恤;不然即可以致誉者不为也。遇大事,不动声色,处决自得其当;事已济,竟不言其所以。尤善御下人,虽秉道嫉邪无所假借,然不轻发,必伺其便而决去之,使不得逞其反覆之技。人谓狄梁公之处世,不是过也。"③高拱之《行状》有取于许讚所撰《荣禄大夫太子太保兵部尚书兼都察院左都御史掌院事浚川王公墓志铭》,④其对于王廷相从政之事迹的评价当是可信的。从时人的评价以及后人的记载中都可以看出,王廷相确是操守贞定而不执一端,识见精微而又随事而应,并不是一个首鼠两端、圆滑世故的人。⑤

---

① (明)王廷相著,王孝鱼点校:《王廷相集》,第 1498—1499 页。
② (清)张怡撰,魏连科点校:《玉光剑气集》,中华书局 2006 年版,第 438 页。
③ (明)王廷相著,王孝鱼点校:《王廷相集》,第 1495 页。
④ 王论跃说:"许赞(讚)写的《王公墓志铭》比《嘉靖仪封县志》(约写于 1556 年)中的《王廷相传》早十年。后来高拱撰写的《前荣禄大夫太子太保兵部尚书兼都察院左都御史掌院事浚川王公行状》,张卤撰写的《少保王肃敏公传》等都是基于许赞(讚)的《王公墓志铭》写就的。"见氏文《关于王廷相研究的几个问题》,引自孔子 2000 网。
⑤ 何良俊曾说:"今言论崔后渠王浚川二公,朱象玄摘二事议之。余谓后渠淳朴天至,终瑕不掩瑜,若浚川唐神仙一事,诚风德之衰也。"见《四友斋丛说》,第 88 页。

王廷相是明代文坛"前七子"① 之一，文学成就斐然，且有独树一帜的诗论主张，其诗歌"意象"论在明代文坛上有一定的影响。② 与王廷相同时举于乡，后来也是其"五十年契友"的许讚称其："学则该博精邃，读古人书殆尽，文体奇邕清远，诗赋古雅精纯，阴阳卦爻象纬医卜，靡不精究形之制作，所谓学吞九流，辨敌四海，发言而营商应，摇笔而绮绣飞。"③ 许讚是王廷相的同乡，又与王廷相同朝为官数十年，在《墓志铭》中未免有溢美之词，但从《明史》本传所载来看，④ "该博精邃" "学吞九流"之语应当不是虚言。

但是，王廷相自己曾反思其早年一味致力于文学辞藻的得失，他曾自述云：

> 仆早岁问学，无所师承，亦随众致力词藻，伥伥贸贸于无益之途，极十余稔。及壮年以来，知自悔悟，回视少年，已自浪过者多，不可一二追复矣。至今恨煞！大抵体道之学，缓急有用于世。诗文之学，君子故不可不务，要之辅世建绩寡矣，而不适用也。《大学》曰："物有本末，事有终始，知所先后，则近道矣。"言君子之学，不可昧其本末先后之序也。⑤

---

① 明弘治、正德年间（1488—1521）以李梦阳、何景明为首的文学流派。《明史》卷二八六中载："弘治时，宰相李东阳主文柄，天下翕然宗之，（李）梦阳独讥其萎弱。倡言文必秦、汉，诗必盛唐，非是者弗道。与何景明、徐祯卿、边贡、朱应登、顾璘、陈沂、郑善夫、康海、王九思等号十才子，又与景明、祯卿、贡、海、九思、王廷相号七才子，皆卑视一世，而梦阳尤甚。"（第7348页）为区别于后来嘉靖、隆庆年间出现的李攀龙、王世贞等七子，世称"前七子"，成员包括李梦阳、何景明、徐祯卿、边贡、康海、王九思和王廷相七人。

② 朱易安说："王廷相关于'诗贵意象透莹'的看法，曾被认为是明代诗歌'意象'说的代表人物。但明人论诗重意象，是与七子主情，重视比兴艺术手法的观念相联系的，本质上是要剔除宋诗的议论和义理的成分，并非是他的发明。"见朱易安《中国诗学史》（明代卷），鹭江出版社2002年版，第105页。陈书录则持完全相反的看法，他说："王廷相有关诗歌意象的本体论、特征论、方法论都在一定的程度上提升到艺术哲学（美学）的高度，给人耳目一新之感。其内涵之丰富、见解之深刻、理论之系统，不仅在嘉靖前期将逐渐转化中的诗学主张提升到艺术哲学（美学）的高度，呈现出异峰突起之势，而且在有明一代的意象理论中也是首屈一指的，同时在中国诗歌批评史上也闪烁着理论的光辉，至今还值得人们进一步发掘与弘扬。"见氏文《王廷相的诗歌意象论与嘉靖前期诗学演变》，《文学遗产》2009年第5期。

③ （明）朱大韶编，周骏富辑：《皇明名臣墓铭》（荣禄大夫太子太保兵部尚书兼都察院左都御史掌院事浚川王公墓志铭），明文书局1991年印行，第828页。

④ 《明史·王廷相传》称：王廷相"于星历、舆图、乐律、河图、洛书及周、邵、程、张之书，皆有所论驳"（第5156页）。

⑤ （明）王廷相著，王孝鱼点校：《王廷相集》，第482页。

第一章 王廷相的生平、学行与著述

王廷相弘治十五年（1502）登进士第，在翰苑时，即与明代文学复古运动的领袖李梦阳、何景明等诗文往来，① 在文学创作的宗旨上与李、何等人有一定的共同性，但与"前七子"中人在一些具体的观点上也不尽相同。"前七子"反对明前期文坛上出现的"台阁体"以及中唐以后的诗文，主张"古诗以汉魏为师，旁及六朝；近体诗以盛唐为师，旁及初唐，中唐特别是宋元以下则不足法"②，但就王廷相个人而言，他比较重视"文以载道"的主张，他说：

> 见诸文者，非道德之发越，必政事之会通矣。夫今之人，刻意模古，修辞非不美也，文华而义劣，言繁而蔑实，道德政事，寡所涉载，将于世奚益？谓不有歉于斯文也哉？③

何景明是前七子中与李梦阳齐名的诗坛领袖，王廷相有多首诗词与其往来酬答，在督学四川时因与何景明属地相接，二人曾相约论学而未果，在此期间王廷相有《答何仲默》一文，其中表达了自己对于文辞与道德政事之间关系的看法：

> 大抵文字之说盛，而道理之论没；修辞之儒兴，而论德之士寡。间有超轶之流，亦不过循近世儒者之轨，守中人未化之论，就偏附诬，驳乱三才之实，既非精义自得之学，亦无发明羽翼之功。由是，仲尼中正之途荒榛多矣。④

王廷相在前七子中身份比较特殊，他的从政时间很长，几达四十年，除了曾两遭贬谪外，其仕途基本是顺利的，官职亦高至宫保。多年的仕宦经历应当对其文学观有所影响，表现为偏重于以文载道的主张，论诗作文多从经

---

① 葛荣晋引《河南通志》云：王廷相在翰苑时，"工诗古文辞，与李梦阳、何大复等齐名，时称'七子'。"（《河南通志》卷五七）"七子"之名作为明中期文学复古运动的指称，其成员并不是一开始就固定的，成员相互间也并不以此作为统一的标识。参见廖可斌《明代文学复古运动研究》，上海古籍出版社1994年版，第175页注。
② 廖可斌：《明代文学复古运动研究》，第127页。
③ （明）王廷相著，王孝鱼点校：《王廷相集》，第418页。
④ （明）王廷相著，王孝鱼点校：《王廷相集》，第491页。

世治国的角度出发，唐龙为《王氏家藏集》所做的序说："道者言之实也，政者言之干也。……斯集也，以道为实者也，以政为干者也。"① 这确实道出了王廷相诗文创作的实情。

明中期的文学复古运动就其文学上的意义而言，是反对宋儒以来的文、道结合而以理压情、以理斥情的文学主张。李梦阳等人主张文学创作应遵循自身的规律，要以充分表达真情为主旨，就某种程度上说，他们所说的"情"是摆脱了"理"的拘缚，而呈现出与宋儒所追求的超越性准则不一致的新精神。李梦阳在其《结肠操谱序》中提出自己对于"情"和"理"的看法：

> 天下有殊理之事，无非情之音。何也？理之言常也，或激之乖，则幻化弗测，《易》曰游魂为变是也。乃其为音则发之情而生之心者也。……感于肠而起因，罔变是恫，固情之真也。②

前七子在诗歌创作上多主"诗缘情"说，李梦阳说："情者，动乎遇者也。……故遇者物也，物者情也。情动则会心，会则契神，契则音所谓随寓而发者也。"③ 何景明也说："夫诗，本性情而发者也。其切而易者莫如夫妇之间，是以《三百篇》首乎《关雎》，六义始乎风，而汉、魏作者，义关君臣朋友，辞必托诸夫妇，以宣郁而达情焉，其旨远矣。"④ 李、何等人的主张反映了文学创作的一般规律，正如有学者所说："人们的情感活动，直接与外在物象相关联。特定的情感，往往由特定的物象引起，于是后者就成为前者特定的表征。情感的内涵往往非常复杂微妙，很难用准确的概念予以表述。只有特定的耐人寻味的物象，才能传达出它的生动丰富性。"⑤ 但这种对于特定物象的关注以及因此而发的特定的情感却正好是程朱理学家所反对的，他们的兴趣主要是如何从具体的杂多上升到普遍的一般，又以通过思维的抽象所得的一般性原则来规范特定的情感。程朱理学家主张"理一分殊"，"理"

---

① （明）王廷相著，王孝鱼点校：《王廷相集》第3页。
② 李梦阳：《空同集》卷五一，（清）永瑢、纪昀等纂修：《景印文渊阁四库全书》，台湾商务印书馆1986年版，第1262—468页。
③ 李梦阳：《空同集》卷五一，第1262—470—471页。
④ 转引自马积高《宋明理学与文学》，湖南师范大学出版社1989年版，第167—168页。
⑤ 廖可斌：《明代文学复古运动研究》，第102页。

第一章　王廷相的生平、学行与著述

是包举一切的最高主宰，它体现在万事万物之中，万事万物的存在都由它证明，具体事物本身的存在特点往往是被忽略的。这反映到文学观上便是过度注重于道，而以道为文学创作的第一原则，甚至取消文学，如程颐就曾说："某素不作诗，亦非是禁止不作，但不欲为此闲言语。且如今言能诗无如杜甫，如云'穿花蛱蝶深深见，点水蜻蜓款款飞'，如此闲言语，道出做甚？"①对此，明人并不赞同，李梦阳认为理主常，情主变，发自内心的声音都是真情，不一定与理相合，他说：

夫诗比兴错杂，假物以神变者也。难言不测之妙，感触突发，流动情思，故其气柔厚，其声悠扬，其言切而不迫。故歌之心畅，而闻之者动也。宋人主理，作理语，于是薄风云月露，一切铲去不为。又作诗话教人，人不复知诗矣。诗何尝无理，若专作理语，何不作文而诗为耶？今人有作性气诗，辄自贤于"穿花蛱蝶""点水蜻蜓"等句，此何异痴人前说梦也。即以理言，则所谓"深深""款款"者何物邪？《诗》云："鸢飞戾天，鱼跃于渊"，又何说也？②

程朱理学主张文学应该表现"理"之正，乖谬悖理的事物是被排斥在文学之外的。李梦阳要求以真情为本，表现人的世界的真实情感，这就不是一个"理"字所能包容得了的。这种观点在哲学上的意义便是性与情的结合，杨慎便说：

《尚书》而下，孟、荀、扬、韩至宋世诸子言性而不及情，言性情俱者《易》而已。《易》曰"利贞"者，性情也。庄子云："性情不离，安用礼乐。"甚矣，庄子之言性情有合于《易》也。……合之则双美，离之则两伤。举性而遗情，何如曰死灰；触情而忘性，何如曰禽兽。古今之言性情者，《易》尽之矣，庄子之言有合于《易》者也。③

---

① （宋）程颢、程颐著，王孝鱼点校：《二程集》，中华书局1981年版，第239页。
② 李梦阳：《空同集》卷五二，第1262—477—478页。
③ 杨慎：《升庵集》卷五，（清）永瑢、纪昀等纂修：《景印文渊阁四库全书》（《升庵集》卷5），第1270—66页。

杨慎以《易》为性情皆具，而宋儒则以《易》来阐发天人性命之理，借以建构其宇宙论、形上学的体系。在朱熹的解释中，《易》之太极即是天理，是脱离了形下世界的纯粹理性原则，杨慎此解完全将"太极"拉向了形下的生活世界，特别是与情联系起来，情在朱学系统中是属于气的一边的，所以，杨慎之解未免混形而上、下为一，但却突出了情的地位。

在诗歌创作上，王廷相也认同"诗缘情"的主张，他说：

> 君臣朋友夫妇，其道一致，而夫妇之情，尤足以感人。故古之作者，每藉是以托讽，而孤臣怨友之心，于此乎白，因之感激以全其义分者，多矣。是故温柔敦厚者，诗人之体也；发乎情，止乎义理者，诗人之志也；杂出比兴，形写情志，诗人之辞也。故以意逆志，皆可劝也。①

明人在文学创作上由于对情的重视而扩大了文学的表现内容，在一定程度上突破了"理"的束缚。李梦阳进一步批评了宋儒所主张的文"皆欲合道"的观点：

> 宋儒兴而古之文废矣。非宋儒废之也，文者自废之也。古之文：文其人，如其人便了，如画焉，似而已矣。是故贤者不讳过，愚者不窃美。而今之文：文其人，无美恶皆欲合道，传志其甚矣。是故考实则无人，抽华则无文，故曰宋儒兴而古之文废。或问何谓？空同子曰：嗟！儒曰理，不烂然欤？童稚能谈焉，渠尚知性行有不必合邪？②

人性是复杂的，人的情感表现也是多样的，人不可能始终遵循同一的理性原则行动，在现实中，人的行为甚或还会表现出反理性、反道德的一面。文学创作的规律就是要表现真实的人生，描写人物复杂的思想、行为和性格，这才能达到生活的真实和艺术的真实。程朱理学以天理来规范人性，"文其人，无美恶皆欲合道"，只能产生没有真情的虚假文学，实际上是对文学的摧残和对文艺创作才能的扼杀。

---

① （明）王廷相著，王孝鱼点校：《王廷相集》，第369页。
② 李梦阳：《空同集·论学》，第1262—604页。

第一章 王廷相的生平、学行与著述

对于诗赋应表现真情的观点，王廷相并不反对，但若专以"浮华""俳丽"为文，只属意于文学创作的形式美而不以阐道为主旨，这却是王廷相所反对的，他说：

> 文以阐道，道阐而文实。《六经》所载皆然也。晋、宋以往，竞尚浮华，刻意俳丽，刘勰极矣。至唐韩、柳虽稍变其习，而体裁犹文。道止一二，文已千百，谓之阐道，眇乎微矣。今之言者曰：宋儒兴而古之文废，以其人无美恶，皆欲合道传志，故考实而无人，抽华而无文。嗟乎？岂其然哉？夫人有蹈道之言，有见道之言，安论性行一轨？言而不欲合道传志，将何为邪？故知文士之言靡而寡用。①

这说明，王廷相还是以继承儒道自任而汲汲于兴道济世的外王事功的，这种潜藏于内心的行道诉求反映到其文学观上，便是文以载道的主张。只是，王廷相更注重"蹈道之言"与"见道之言"的分别。"蹈道之言"是发自真心，实有体悟，因此，所传之文有实质内容；"见道之言"只是得自文字，在以文相传时总是与真实的生活隔着一层，所以，文道关系上并不能因宋儒过度强调道而矫枉过正，走向单纯追求文字的华美而陷入没有实质内涵的形式主义。

我们这里专注于对王廷相文学活动的探讨，实质上也是为了找到一个理解其哲学思想的路径，有学者就指出："文学要单独反映所谓'道'，专门表现和倡导所谓道理之性，便是不可能的，或者是不真实的。文学要展示人性，就必须描写其丰富复杂的感情生活。王廷相的哲学思想与重情的文学主张之间，应该有内在联系。"②

钱锺书曾说："有明弘、正之世，于文学则有李、何之复古模拟，于理学则有阳明之师心直觉。二事根本抵牾，竟能齐驱不倍。"③ 这是从文学与哲学的领域分别地看，明中期的文学复古运动与阳明心学都不满于宋代以来强调情、理之对立的观点，要求肯定情的合理地位，虽然在理论形式上有所区别，

---

① （明）王廷相著，王孝鱼点校：《王廷相集》，第843页。
② 廖可斌：《明代文学复古运动研究》，第112页。
③ 钱锺书：《谈艺录》，生活·读书·新知三联书店2001年版，第613页。

但在突破天理的束缚，要求回复人的真性情，提倡个性精神方面是一致的。杨慎可谓批评程朱理学最有力的文学家，他以为理学的盛行恰是文学衰落的原因，"近世以道学自诡而掩其寡陋，曰吾不屑为文。其文不过抄节宋人语录，又号于人曰：吾文布帛菽粟也。予常戏之曰：菽粟则菽粟矣，但恐陈陈相因，红腐而不可食耳。一座大笑"①。创新是明中期文学复古运动的一个特点，当然，这是从其"诗缘情"的主张以及与宋儒将情、理对立起来的做法相矛盾的意义上说的，毕竟他们在口号上还是宣称复古的。杨慎曾有座右铭曰："训诂章句求朱子以前六经，永言缘情效杜陵以上四始。"他认为宋人以前的六经章句，杜甫以上的诗歌，才是有价值的，这有贬低宋人文学成就的意味。与此相呼应的是王阳明不以朱熹改定的《大学》为据，而直求汉代古本《大学》，② 这两种做法所呈现出的意义是非常耐人寻味的。

王廷相主张不以前人之是非为是非，尤其不以宋人之是非为是非，他经常说的话就是只要默契道真，虽程朱之论亦可正之，比如：

> 不择义而广涉杂陋，不明圣而务偕时俗，不守经而奇尚纬略，秦、汉以来，俗儒寡识，援邪阿世，害道甚矣。南宋诸儒讲明道学，沿习既久，亦所不免，道实日蔽，嗟哉！③

> 或曰：论太极以气，出于庄、列，不可据也。嗟乎！是何言哉？儒者之为学，归于明道而已。使论得乎道真，虽纬说稗官，亦可信从，况庄、列乎？使于道有背驰，虽程朱之论，亦可以正而救之。④

> 大抵近世学者，无精思体验之自得，一切务以诡随为事。其视先儒之言，皆万世不刊之定论，不惟遵守之笃，且随声附和，改换面目，以为见道；致使编籍繁衍，浸淫于异端之学而不自知，反而证之于《六经》

---

① （明）杨慎撰，王云五主编：《丹铅杂录》，第84页。
② 对王阳明弃朱熹改本《大学》不用，而径取汉儒的做法，当时人即有评论，郑晓说："今人专指斥阳明学术，余不知学，但知《大学》恐不可直以宋儒改本为是，而以汉儒旧本为非，此须虚心静思得之。若宁藩反时，余时年二十一，应试在杭，见诸路羽书，皆不敢指名宸濠反。或曰江西省城有变，或曰江西省城十分紧急，或曰江西巡抚被害重情，或曰南昌忽聚军马船只，传言有变。惟阳明传报，明言江西宁王谋反，钦奉密旨，会兵征讨。安仁谓阳明学本邪说，功由诡遇。又曰王某心事，众所共疑。何其不谅至此！"（明）郑晓撰，李致忠点校：《今言》，中华书局1984年版，第175页。
③ （明）王廷相著，王孝鱼点校：《王廷相集》，第832页。
④ （明）王廷相著，王孝鱼点校：《王廷相集》，第597页。

第一章 王廷相的生平、学行与著述

仲尼之道，日相背驰，岂不大可哀邪！愚自知道以始，日有所得，论述不忍置，今积数万言，未尝出一以示人，惧夫习染稔熟之心见之，骇听而以为狂矣。执事①谓言一出口，必将群嚣而共斥之，是也。于今乃知孟子之辩诚有不得已焉者，尚何言哉！②

在学术上，王廷相贵自得，在知人论世上，他也不随俗，而是坚持自己的见解。比如明初方孝孺之殉难，王廷相的看法是：

方逊学忠之过者与！要亦自激之甚致之。忘身殉国一也，从容就死，不其善耶？激而至于覆宗，义固得矣，如仁孝何哉？轻重失宜，圣人岂为之？文山国亡彼执，数年而后就死，人孰非之哉？③

在王廷相的心目中，仁孝是第一位的，方孝孺博得了忠义之名，但身受十族诛灭之祸，失去宗族延续的可能，显然是没有认清事情的轻重、要领，完全可以像文天祥一样先保存宗族之血脉，再从容赴死。王廷相又说：

古圣智之人，虽任直道而行，亦酌乎时措之宜，盖明哲自处，保身为重耳。是故仲尼居乱国而无虞，箕子遭恶主而获免。后人不量时势而进，卒至以身尝祸，虽徼赫赫之名，终失大雅之度矣。④

从这里，我们隐约可以看到王廷相对于嘉靖朝大礼议中士人之行止的态度。王廷相认为对于时势的审察、思考是决定自身进退的前提，直道而行是大的原则，但也要"量时势而进"。嘉靖朝大礼议中文官集团的领袖是时任内阁首辅的杨廷和，他多次封驳嘉靖皇帝的旨意，最终被逐出朝廷，其子杨慎是王廷相好友，在嘉靖三年（1524）因带领文官士大夫哭谏左顺门而名闻天

---

① 此处"执事"是指许诰，这段话是王廷相在督学四川期间与许诰论学之书信中语，即《王氏家藏集》卷二七《答许廷纶》。由王廷相自述"日有所得，论述不忍置，今积数万言"等语来看，此时王廷相已经在撰写他的哲学著作《慎言》，而其中也很有一些非常异乎寻常所习见的观点的。
② （明）王廷相著，王孝鱼点校：《王廷相集》，第487—488页。
③ （明）王廷相著，王孝鱼点校：《王廷相集》，第824页。
④ （明）王廷相著，王孝鱼点校：《王廷相集》，第846页。

下。在这次嘉靖追尊亲生父母所涉及的礼仪之争中，大批的士大夫遭受廷杖之辱，甚至丧命，杨慎也被贬谪云南永昌卫，终老于蛮荒之地。士大夫集团为礼仪名分与皇权抗争的举动在王廷相看来其实是没有气度，缺乏灵活应变的思考与处事能力。① 当然，这并不是说王廷相在为人方面特别圆滑而没有原则，他一贯坚持的是"礼本乎人情"的观点，② 世宗追宗本生的问题正好与其所持观点有接榫之处，我们不宜夸大这种共同性在王廷相政治生涯中所起的作用，③ 当然也不能完全不考虑在嘉靖处于孤立的境况时这种观点给予其心理上的支持作用。④

总体上看，王廷相并不是非常崇信程朱之学，而是以六经孔子之道为自己学术追求的目标，他曾有论学诗一首，从中我们也可窥见其为学宗旨：

水调歌头（奉和夏桂洲论学）

六经垂大训，千古治攸关。要在礼行分定，民物总归安。慨自山颓木萎，生有异端邪说，波荡不知还。修身兼济物，此是圣门丹。讲虚空，述训诂，总戕残。大道何曾禅补？徒使语成闲。若究本来真性，出自元气种子，火热水终寒。支离今日甚，无处扣尼山。⑤

---

① 李贽曾对杨慎之父杨廷和在大礼议中的思想和实践评论道："予谓公只是未脱见闻窠臼耳！若其一念唯恐陷主于非礼，则精忠贯日可掬也。故谓公之议有所未当则可，谓公之心有一毫不忠则不可。……公之议大礼也，可以许其忠，未敢以许其妙。"（《续焚书》卷十二《内阁辅臣》）

② 王廷相作有《汉哀追尊恭皇论》一文，阐发自己对于"大礼议"的观点。

③ 廖可斌说：王廷相嘉靖六年以后，"因'议大礼'合世宗之意，又交好当时炙手可热的翊国公郭勋，故官运亨通"。这么说似乎把问题简化了。见廖可斌《明代文学复古运动研究》，第174页。

④ 嘉靖以小宗入继大统，心里面是有自卑和不安的，为了消除内心的这种自卑，另建立一个新的宗系，为自己没有做过皇帝的生父争得一个皇帝的名号是极为可行的一种方法，并且能够使他将来的统治不受朝臣过多的掣肘。但是，在当时文官系统一面来说，一方面这样做会开一个危险的先例，就是皇室世系的中断，而使得篡夺和叛逆的事件重演；另一方面，大礼议并不是一个简单的礼仪问题，从当时事件的发展走向看，这里面还涉及君权和相权、皇权专制和文官集团要求参与国家权力的意愿之间的矛盾与冲突。所以当时绝大多数朝臣都站在主张既继统又继嗣的内阁首辅杨廷和一边。世宗虽多次召见杨廷和，"从容赐茶慰谕，欲有所更定"（《明史·杨廷和传》，第5037页），而杨廷和始终不肯顺从。时礼部尚书毛澄召集群臣多次集议，并从儒家经典中找出各种根据，录程颐《代彭思永议濮王礼疏》、魏明帝《诏书》进览，使朝臣的主张有了更为凿实的经典依据。杨廷和也认为："前代入继之君，追崇所生者，皆不合典礼。惟宋儒程颐'濮议'最得义理之正，可为万世法。"（《明史·杨廷和传》，第5037页）可见不论是从当时朝臣的倾向上看，还是从儒家经典的依据上说，嘉靖都是处于非常孤立无援的境地。

⑤ （明）王廷相著，王孝鱼点校：《王廷相集》，第953页。

第一章　王廷相的生平、学行与著述

王廷相在学术上尊信六经孔子之道,他认为六经之大训在以礼经世,自古以来这就是社会能够平治的关键,但是近世却有一种异端邪说,或"讲虚空",或"述训诂",与六经之修身济物为主旨的学术相异。王廷相曾有《与彭宪长论学书》一文,集中阐述了自己的学术观点:

> 六经删述,仲尼所以启万世也。其为道也,范围乎造化,经纶乎名理,中正以为常,变通而不执,智者不能辩,博者不能少也。若以近世儒者跻而并之,仆恐言也寡所会,道也寡所一,有不胜其伦拟者矣。何也?体道之妙由于识,具识之至谓之圣,是故圣人所以为道之宗也。……
>
> 盖六经仲尼之道,嘉谷也;异端邪说,莨莠也。嘉谷待种而难植,莨莠不种而易茂,譬圣道中庸,而异端怪诞幽玄,易以惑人也。使不揭其乱道之实以排斥之,百世之后,迷其本源,邪正同途,仲尼之道将与巫史异端同祖宗、并赏罚也,岂不大可惧乎?故于儒者之论,合于圣者,即圣人也,则信而守之;戾于圣者,即异学也,则辩而正之,斯善学道者也。若夫人者,舍置古人之善,昧昧焉炫其私智,摘其疵而议之,斯轻躁迫切之徒,非忠厚之道也。若曰出于先儒之言,皆可以笃信而守之,此又委琐浅陋,无以发挥圣人之蕴者尔,夫何足与议于道哉!齐客有善为鸡鸣者,函关之鸡闻之皆鸣,不知其非真也。学者于道,不运在我心思之神以为抉择取舍之本,而惟先儒之言是信,其不为函关之鸡者几希矣!……
>
> 若曰"天下之理,先儒言之,皆善而尽,但习以守之可也",是不知道无终穷,忽忽孟浪之徒尔,谓之诬道。若曰"后世之人必不能及于古之儒者",是不知造化生人,古今一轨,中人以下,以己而论量天下者也,谓之诬人。是皆流俗积习,贵耳贱目,任书籍而不任心灵者也,亦何望于圣人大方之域也哉?[①]

王廷相的学术主旨是恪守六经仲尼之道,抵制各种异端邪说,但同时,他也反对不出于自己的精心思考、切身体验的墨守成规和笃信先儒,他还将

---

① （明）王廷相著,王孝鱼点校:《王廷相集》,第509—510页。

此种固守陈说的学者讥讽为"函关之鸡"。明初儒者多注重于躬行践履，而缺少理论上开创新局的意识，薛瑄说"自考亭以还，斯道已大明，无烦著作，直需躬行尔"，表明这一时期的学者还处于程朱理学的笼罩之下，以程朱之学为道之根柢。但在王廷相看来，"道无终穷"，前人不可能完全发明道的意蕴，而且，造化生人并不厚此薄彼，今人的才智聪明并不与前人有非常大的差距，若说"后世之人必不能及于古之儒者"，其实是按照自己的才智水平来评论估量天下人，是在污蔑别人而已。这里充分显示出王廷相对于自己为学宗旨的自信与自负，这种学术自信我们同样可以在王阳明那里看到，王阳明主张"学贵得之心"，虽然王廷相与王阳明在哲学观点上多有抵牾，但在崇尚个人独立思考，提倡以自心自得为学术宗旨方面是有一致性的，由此也可看出明中期思想界创新求异的风气。

王廷相与王阳明年岁只差两载，阳明为长，两人之间似未曾有论学之书信往来，这一点与罗钦顺不同，罗钦顺与王阳明曾有过学术交流。但我们从王廷相的一些诗文中还是可以看出他对于阳明心学的看法，如其诗云：

　　澄心白坐谁传此？后进沾沾总误参。若问唐虞何事业，安民平世岂空谈！①

王廷相反对空谈心性，在他看来，六经孔子学术就是"修身兼济物"，是以安民平世为宗旨，所以，澄心白坐、章句训诂都是于大道有害的，不是圣学之真蕴。

第三节　王廷相的著述

王廷相在政务之余勤于著述，主要有《王氏家藏集》《王浚川所著书》二种。关于《王氏家藏集》的构成，高拱《浚川王公行状》云："在翰苑有《沟断集》，为侍御有《台史集》，在赣榆有《近海集》，在松江有《吴中稿》，在四川有《华阳稿》，在山东有《泉上稿》，守制时有《家居集》，在湖广有《鄂城稿》，为侍郎有《小司马稿》，在南京有《金陵稿》，总括之为《王氏家

---

① （明）王廷相著，王孝鱼点校：《王廷相集》，第914页。

藏集》云。"张卤《少保王肃敏公传》则云："撮公平生所著，有《沟断集》《台史集》《近海集》《吴中稿》《华阳稿》《泉上稿》《家居集》《鄂城稿》《小司马集》《金陵稿》《丧礼备纂》《慎言》《雅述》，总之为《王氏家藏集》六十卷。"高、张二人所记互有重叠，据今人葛荣晋考证，张卤所说六十卷本的《王氏家藏集》是"王廷相死后，由后人在四十一卷本的基础上增补而成"①。《王氏家藏集》的内容由王廷相的诗文构成，多节选而非全部收录。

《王浚川所著书》的内容有八种，即：《慎言》凡十三卷，《雅述》凡两卷，《内台集》凡七卷，《浚川内台集》（又名《覆奏语略》）凡三卷，《浚川公移集》凡三卷，《浚川驳稿集》（又名《祥刑集》）凡两卷，《丧礼备纂》凡两卷，《浚川奏议集》凡十卷。

中华书局于1989年出版发行《王廷相集》凡四册，由王孝鱼据明刻本标点校勘，将《王氏家藏集》《王浚川所著书》等主要著作全部收录其中，并附录有葛荣晋的《王廷相著作考》一文，以及收集到的王廷相的佚文、传记资料。本书所用资料即以此书为准。

---

① （明）王廷相著，王孝鱼点校：《王廷相集》，第1465页。

第二章 王廷相的元气实体论

王廷相的理气观是直接针对程朱对于理气关系的看法的，他以一气来贯通太极、道体、太虚等理学家所惯用的观念，将太极的实质内涵规定为气，从世界本原论的基础上根本扭转朱熹对于太极的界定。并且，在思想方法上，王廷相也反对世界本原的形而上、下之划分，而将元气作为"通极上下造化之实体"，认为气是根本的、生成论上的本体，理则是气的属性、规律。在理气关系上，王廷相比较有特色的观点是"气一则理一，气万则理万"，他以此来反驳程朱之"理一分殊"说，在说明世界的多样性的同时，也在一定程度上突破了程朱理学的泛道德论思想。

第一节 以气为本的理气观

一 元气之外无太极

朱熹曾说："《四子》，《六经》之阶梯；《近思录》，《四子》之阶梯。"[①] 在朱熹和吕祖谦合作辑成的总数十四卷的《近思录》中，列为首卷的便是《道体》。[②] 朱熹《论语集注》注解"子在川上曰：逝者如斯夫，不舍昼夜"一句曰："天地之化，往者过，来者续，无一息之停，乃道体之本然也。然其可指而易见者莫如川流，故于此发以示人。"朱熹在此并引述了程颐的解释，曰："此道体也。天运而不已，日往则月来，寒往则暑来，水流而不息，物生而不穷，皆与道为体，运乎昼夜，未尝已也。是以君子法之，自强不息。及

[①] （宋）黎靖德编，王星贤点校：《朱子语类》，中华书局1986年版，第2629页。
[②] 朱熹对于《近思录》内容的去取、篇目的安排极为慎重，相关论述可参陈荣捷《朱学论集》，第80—81页。

第二章　王廷相的元气实体论

其至也，纯亦不已焉。"① 认为天地日月、昼夜寒暑的变化，以及宇宙万物的盛衰化生，都是一个永不停息的过程，君子应当效法此天地宇宙的运转生化之德而不断进学。但是，我们如果仅仅以为"道体"就是天地之化的总过程，还不能真正了解朱熹所意指的"道体"的确切意义。

在《近思录·道体》中，朱熹把周敦颐所作《太极图说》列为第一条。周子《太极图说》并没有"道体"一词，但朱熹以为《太极图说》"大抵推一理、二气、五行之分合，以纪纲道体之精微，决道义、文辞、利禄之取舍，以振起俗学之卑陋"②，可以看出，朱熹将《太极图说》所表述的思想视为道体的实质内容。

《易传》中太极一词是就宇宙万有的化生过程而被确立为最高范畴，在由太极而两仪而四象、八卦的生成过程中，太极是作为万化之根本处于这个生成序列的始源位置。周敦颐《太极图说》依托于《易传》"易有太极"之语而阐发自己的宇宙论思想，其核心范畴是太极，太极就是宇宙万化之根本。③朱熹解《太极图说》首句"无极而太极"曰："上天之载，无声无臭，而实造化之枢纽，品汇之根柢也，故曰'无极而太极'，非太极之外复有无极也。"④《易传》之太极是指宇宙生成的本源，周敦颐、朱熹都是在这个意义上来理解太极的。但太极的性质究竟是什么，朱熹与周敦颐的观点并不相同。朱熹认为周子所谓太极是"合天地万物之理而一名之耳。以其无器与形，而天地万物之理，无不在是，故曰无极而太极。以其具天地万物之理而无器与形，故曰太极本无极也。是岂离乎生民日用之常，而自为一物哉！其为阴阳、五行造化之赜者，固此理也。其为仁义、礼智、刚柔、善恶者，亦此理也"⑤。朱熹并且认为："无极而太极，只是说无形而有理。"⑥"总天地万物之理，便是太极。"⑦ 可见，朱熹是以太极为理，太极是天地万物之理的总合。朱熹以

---

① （宋）朱熹撰：《四书章句集注》，中华书局1983年版，第113页。
② （宋）周敦颐：《元公周先生濂溪集》，岳麓书社2006年版，第71页。
③ 杨柱才认为："从宇宙化生论看，无极而太极侧重于追寻客观世界的最终根据和生化根源，是对客观世界的自然演生及其历史过程的根源状态的描述和高度浓缩的提升。……太极具有动静两种性能，……是太极作为宇宙万物的根源的内在规定性，也就是说，太极并不具有形质的规定性，而是性能的规定。"见杨柱才《道学宗主》，人民出版社2004年版，第243页。
④ （宋）周敦颐：《元公周先生濂溪集》，第7页。
⑤ （宋）周敦颐：《元公周先生濂溪集》，第202页。
⑥ （宋）黎靖德编，王星贤点校：《朱子语类》，第2365页。
⑦ （宋）黎靖德编，王星贤点校：《朱子语类》，第2375页。

理本论来解读周敦颐的《太极图说》，①借助《太极图说》的宇宙生成论模式，朱熹将理确定为万化之根，亦即天地万物的本体，道体的实质内涵便是理之本与由理决定的宇宙万化两个方面的内容。②

朱熹以理来解释太极，将《太极图说》置于作为《四子》之阶梯的《近思录》的第一篇，其用意十分明显，"盖由太极而阴阳而五行以至于万物化生与圣人之立人极，为朱子哲学之轮廓，亦成为数百年后理学一贯之哲学轮廓"③。在朱熹看来，太极实即理，是造化之枢纽，品汇之根柢，是天地之化、过往续来、无一息之停的道体。以太极一理为宇宙生化之根，既要从自然的生成序列上追溯万有之本原，也要为人伦社会提供价值基础，这也就是朱熹所谓"其为阴阳、五行造化之赜者，固此理也。其为仁义、礼智、刚柔、善恶者，亦此理也"。

朱熹以理释太极的思想影响非常大。明初理学一以朱熹为依归，曹端、薛瑄号称明代理学之冠、一代醇儒，恪守朱熹之说，在太极理气的问题上也是墨守朱熹的说法，如曹端说："太极，理之别名耳。天道之立，实理所为。""太极者，象数未形而其理已具之称，形器已具而其理无朕之目。"④ 不赞同以气释太极的说法。薛瑄也认为："无形而有理，所谓'无极而太极'，有理而无形，所谓'太极本无极'。形虽无而理则有，理虽有而形则无，此纯以理言，故曰'有无为一'。"⑤ 明中期与王廷相同主"理在气中"的学者罗钦顺，也以太极为理，如其云："夫《易》乃两仪、四象、八卦之总名，太极则众理之总名也。"⑥ "圣人所谓太极，乃据易而言之，盖就实体上指出此理以示人，不是悬空立说，须仔细体认可也。"⑦

对以理释太极的说法，王廷相表示了极大的不满，他说：

---

① 对《太极图说》的解释，自南宋以来即有不同的看法和争论，现代学界的观点也纷纷不一，具体情况可参杨柱才《道学宗主》，第240—242页。
② 《张岱年全集》第五卷，第492页。
③ 陈荣捷：《朱学论集》，第82页。
④ （明）曹端著，王秉伦点校：《曹端集》，中华书局2003年版，第1页。朱熹在《易学启蒙》卷二中本有"太极者，象数未形而其理已具之称，形器已具而其理无朕之目，在河图洛书皆虚中之象也"等语，曹端显然是在重述朱熹的思想。
⑤ （清）黄宗羲著，沈芝盈点校：《明儒学案》，第114页。
⑥ （明）罗钦顺著，阎韬点校：《困知记》，第5页。
⑦ （明）罗钦顺著，阎韬点校：《困知记》，第33页。

第二章　王廷相的元气实体论

南宋以来，儒者独以理言太极而恶涉于气。如曰："未有天地，毕竟是有此理。"如曰："源头只有此理，立乎二气五行万物之先。"如曰："当时元无一物，只有此理，便会动静生阴阳。"如曰："才有天地万物之理，便有天地万物之气。"嗟乎！支离颠倒，岂其然耶？①

很明显，这里王廷相所举的南宋以来的儒者的说法主要就是朱熹的说法。在王廷相看来，理只是"虚而无著"之名，宇宙万化则是一实实在在的过程，从虚无之理之中怎能化生出万事万物来呢？朱熹把这虚无之理当作自身能动静生阴阳的宇宙万有的根源，实在是"支离颠倒"之论，空虚之理不可能是造化之实体。

王廷相于嘉靖六年（1527）撰成他的第一部哲学著作《慎言》。《慎言》凡十三卷，第一卷即名为《道体篇》，这明显是针对朱熹《近思录》以"道体"开卷，以《太极图说》为第一条，并以理释太极的做法。

《慎言·道体篇》开头便说：

道体不可言无生有，有无。天地未判，元气混涵，清虚无间，造化之元机也。有虚即有气，虚不离气，气不离虚，无所始，无所终之妙也。不可知其所至，故曰太极，不可以为象，故曰太虚，非曰阴阳之外有极有虚也。二气感化，群象显设，天地万物所由以生也，非实体乎？是故即其象，可称曰有；及其化，可称曰无，而造化之元机，实未尝泯。故曰道体不可言无生有，有无。②

此段文字可谓王廷相元气实体论哲学思想的纲领，极短的篇幅中涉及了道体、元气、太极、太虚、元机、实体，以及有、无等重要哲学范畴，集中阐述了王廷相对于宇宙本原的看法。此段首句"道体不可言无生有，有无"。中华书局1989年王孝鱼点校本断句为："道体不可言无，生有有无。"张岱年认为，这里有标点错误，"'生有有无'不成句，应以'无生有'逗，'有无'句，意谓道体不能说从无生有，不能说有无，文义系从《正蒙》'知太虚即气

---

① （明）王廷相著，王孝鱼点校：《王廷相集》，第596页。
② （明）王廷相著，王孝鱼点校：《王廷相集》，第751页。

则无无'来"①。这一说法可谓抓住了王廷相思想的核心,是符合王廷相元气实体论哲学思想的断句。王廷相继承张载气本论的基本倾向,以气之实有来反对在气外再设立任何先于气或气之所由以生的实体的做法。如果说张载是以气之实来破佛老之空、虚,其矛头所向是释氏"以心法起灭天地"之说,那么王廷相就是以气之实来破理之虚,其矛头所向就是朱熹以空虚之理为"造化之枢纽,品汇之根柢"的思想。

朱熹解《太极图说》"无极而太极"为"无形而有理",认为:"天地之间,只有动静两端,循环不已,更无余事,此之谓易。而其动其静,则必有其所以动静之理焉,是则所谓太极者也。圣人既指其实而名之,周子又为之图以象之,其所以发明表著,可谓无余蕴矣。原极之所以得名,盖取枢极之义,圣人谓之太极者,所以指夫天地万物之根也。周子因之而又谓之无极者,所以著夫无声无臭之妙也。"② 太极(理)是"天地万物之根",无极则是对太极之理之"无声无臭"的修饰,"'无极而太极',只是说无形而有理。所谓太极者,只二气五行之理,非别有物为太极也。又云:'以理言之,则不可谓之有;以物言之,则不可谓之无。'"③ 与程颐一样,朱熹认为阴阳之化有时而尽,理作为万化之根不仅先于阴阳,也是万古长存的。事实上,朱熹之解突出了理之实有,而有将气视为虚、无的倾向。王廷相以太极为气,认为"有"即气已形而有象的情况,而"象者,气之成"④,"无"则是气已化而不显的情况,但即使化,也并不是说气就完全是无,而是返归于虚,即所谓"气至而滋息,伸乎合一之妙也;气返而游散,归乎太虚之体也。是故气有聚散,无灭息"。"造化自有入无,自无为有,此气常在,未尝渐灭。"⑤

张载曾说:"太虚不能无气,气不能不聚而为万物,万物不能不散而为太虚。循是出入,是皆不得已而然也。"⑥ 王廷相则认为:"天地未形,惟有太空,空即太虚,冲然元气。气不离虚,虚不离气,天地日月万形之种,皆备于内,一氤氲萌蘖而万有成质矣。是气也者乃太虚固有之物,无所有而来,

---

① 《张岱年全集》第四卷,第523页。
② 朱杰人、严佐之、刘永翔主编:《朱子全书》,上海古籍出版社、安徽教育出版社2002年版,第2071页。
③ (宋)黎靖德编,王星贤点校:《朱子语类》,第2365—2366页。
④ (明)王廷相著,王孝鱼点校:《王廷相集》,第751页。
⑤ (明)王廷相著,王孝鱼点校:《王廷相集》,第596页。
⑥ (宋)张载著,章锡琛点校:《张载集》,中华书局1978年版,第7页。

无所从而去者。"① 显然，王廷相继承了张载以太虚为气之本然状态的说法，认为"气不离虚，虚不离气"，虚、气名虽二但实为一，万物皆以气为生成之本原，有聚散之形态的转化，但却不可以"有""无"来加以区分。这种观点实质上是反对有绝对的虚空的存在，②因此，道体就不能以"有""无"来言说，道体的实质就是"有"，并不是空虚无物的理。

朱熹以《太极图说》为"纪纲道体之精微"者，但以理释太极，"独以理言太极而恶涉于气"，从王廷相所主张的气一元论的立场看，这是"支离颠倒"之论。在对朱熹之太极论进行批驳的基础上，王廷相确定太极的实质内涵为气，由此，他构建起了太极元气论的思想体系。首先，王廷相基于气一元论的立场改造了朱熹理学体系中的道体、太极、理等概念。王廷相说：

> 天地之先，元气而已矣。元气之上无物，故元气为道之本。③
>
> 太极者，道化至极之名，无象无数，而天地万物莫不由之以生，实混沌未判之气也，故曰元气。④
>
> 气者造化之本，有浑浑者，有生生者，皆道之体也。⑤
>
> 元气之上无物，不可知其所自，故曰太极；不可以象名状，故曰太虚耳。⑥
>
> 太极之说，始于"易有太极"之论。推极造化之源，不可名言，故曰太极。求其实，即天地未判之前，太始浑沌清虚之气是也。虚不离气，气不离虚，气载乎理，理出于气，一贯而不可离绝言之者也。故有元气，

---

① （明）王廷相著，王孝鱼点校：《王廷相集》，第 849 页。
② 有人认为，王廷相这里所说的虚就是指空间，"是气也者乃太虚固有之物"即是说气存在于太空之中。这种观点实质上没有理解，张载与王廷相的理论主旨都是以气之实反对绝对的空虚，虚即气之散而非绝对的无。传统的气论哲学思想并不把气与空间分开，并不认为气存在于一个不同于气的单独空间中，如果这样理解，那就把气设想成了有形体的、间断性的存在了。陈宜山认为："元气论者承认自然界有虚与实的对立，即有形物与把它们间隔开来的虚空的对立。……但是，他们不认为这种虚空是空无一物的，而认为它充满着无形、连续的气。""王廷相'虚不离气'说的实质，是认为虚空不能脱离物质单独而存在。"见陈宜山《中国古代元气学说》，湖北人民出版社 1986 年版，第 177—179 页。
③ （明）王廷相著，王孝鱼点校：《王廷相集》，第 835 页。
④ （明）王廷相著，王孝鱼点校：《王廷相集》，第 849 页。
⑤ （明）王廷相著，王孝鱼点校：《王廷相集》，第 755 页。
⑥ （明）王廷相著，王孝鱼点校：《王廷相集》，第 849 页。

即有元道。①

  有形亦是气，无形亦是气，道寓其中矣。有形，生气也；无形，元气也。元气无息，故道亦无息。是故无形者，道之氐也；有形者，道之显也。②

  王廷相以一气亦即元气，贯通道体、太极以及太虚等概念。王廷相认为道之本体就是气，有浑浑者、有生生者，浑浑者即大始浑沌、清虚未判之元气，生生者即有形的处于不断生化、推衍状态的气。③王廷相认为，道体就包含着气化和气本两个方面的内容，生生者是从气化上说，侧重于万有之生成、衍化的过程；浑浑者是从气本上说，侧重于万有之构成的本原。④在张载的气本论哲学中，道的实质内容是指气化的过程，所谓道就是指气的迭运往来之变化，如他说："由太虚，有天之名；由气化，有道之名。"⑤气化是指气之聚、散与化生万物的运动过程，此过程可以"道"名之。王廷相继承了张载的这一观点，认为"有气即有道"，气与道是一而二、二而一的关系，针对朱熹以理为道体的说法，王廷相提出以元气为道之本（道之氐），以有形之气的生成变化为道之显。

  王廷相认为，太极就是指推极造化之源而不可名言者，实质即是元气。太虚则是指元气之无形无象的状态，有时王廷相又以太虚指称天地未形之前的混沌状态，如其云："太古鸿蒙，道化未形，元气浑涵，茫昧无朕。不可以象求，故曰太虚；不知其所始，故曰太极。"⑥但即使在这种状态中，也是充满元气的。既然太极、元气、太虚名虽不同而其实则一，那么王廷相就可以说：

---

① （明）王廷相著，王孝鱼点校：《王廷相集》，第596页。
② （明）王廷相著，王孝鱼点校：《王廷相集》，第751页。
③ 蒋国保认为：王廷相所说"浑浑者""生生者"是指："'气'有两种形态，一种是无迹不可凭感官感知的浑然状态，一种是生化状态，这两种状态的'气'，都是'道'所托载的实体。"见氏文《王廷相"气本"论的内在理路》，《江淮论坛》1996年第2期。
④ 张学智说："王廷相的'道'，包括元气实体和气化流行两个方面。"见氏著《明代哲学史》，第344页。
⑤ （宋）张载著，章锡琛点校：《张载集》，中华书局1978年版，第9页。
⑥ （明）王廷相著，王孝鱼点校：《王廷相集》，第715页。

第二章　王廷相的元气实体论

> 元气之外无太极，阴阳之外无气。以元气之上，不可意象求，故曰太极。以天地万物未形，浑沦冲虚，不可以名义别，故曰元气。以天地万物既形，有清浊、牝牡、屈伸、往来之象，故曰阴阳。三者一物也，亦一道也，但有先后之序耳。不言气而言理，是舍形而取影，得乎？①

实质上，太极、元气、阴阳三者在王廷相的思想中是表征物质本体的同级范畴，它们的关系如王廷相所说，是"三者一物"亦即"一道"，有先后之序而无本质的不同，都用以指称造化之实体：太极侧重于表述此造化实体在生成序列上不可再向前追溯的至极性，元气侧重于表述此实体之浑沦的存在样态，阴阳则是指天地万物化生出之后呈现出来的矛盾对立之性能。依据王廷相自己的表述，阴阳是一个功能性的概念，其实质仍是气。

王廷相又把元气与气并提，根据他对于元气特征的表述，其所谓元气即张载的太虚之气。王廷相将元气的特点归结为浑沦冲虚、无形、浑沌未判，将气的特点归结为生生、有形，已有了阴阳对立的分化，其实这都是就着万物生化的序列而做的区分，其实质都是一气。

王廷相从气化与气本的角度来确定道体的内涵，认为道体不仅表现为一个过程，且是以实体性的气为这一过程得以展开的主体，他说：

> 气者造化之本，有浑浑者，有生生者，皆道之体也。生则有灭，故有始有终；浑然者充塞宇宙，无迹无执，不见其始，安知其终？世儒止知气化，而不知气本，皆于道远。②

王廷相以气化论道的思想与张载有密切联系。张载以气作为宇宙万有的本体，以太虚之气为气的本然状态，是散而未聚者；气聚而为万物，气散又复归于太虚，这个聚与散的流行变化过程就是道体的实质内容。与张载不同，程朱理学家比较注重从形而上的层面探讨气之所以要如此聚散的原因、本原，也就是说不仅要看到现实的气化过程，而且要追究此现实过程之背后的决定者，他们依托《易传》"一阴一阳之谓道""形而上者谓之道，形而下者谓之

---

① （明）王廷相著，王孝鱼点校：《王廷相集》，第597页。
② （明）王廷相著，王孝鱼点校：《王廷相集》，第755页。

器"的说法来解释道体的内涵。唐孔颖达曾释"形而上者谓之道，形而下者谓之器"曰："道是无体之名，形是有质之称。凡有从无而生，形由道而立，是先道而后形，是道在形之上，形在道之下。故自形外已上者谓之道也，自形内而下者谓之器也。形虽处道器两畔之际，形在器，不在道也。既有形质，可为器用，故云'形而下者谓之器'也。"① 这是以有形质的器物为用、为有，而用由道而立，有从无而生。这种玄学化的解释为二程所接受，他们以感性的存在者为形而下之器，以理性思维能够把握的东西为形而上之道，认为："《系辞》曰：'形而上者谓之道，形而下者谓之器。'……又曰：'一阴一阳之谓道。'阴阳亦形而下者也，而曰道者，惟此语截得上下最分明，元来只此是道，要在人默而识之也。"② 朱熹继承二程以形而上、下划分道、器的说法，以形而上者为理、为道，形而下者为气，他说："形而上者，指理而言；形而下者，指事物而言。"③ "理也者，形而上之道也，生物之本；气也者，形而下之器也，生物之具也。"④ 朱熹明确以"道"（"理"）为"体"，亦即"生物之本"，而以阴阳之气为道之用，是"生物之具"，这一思想在他与陆九渊就"无极"所展开的辩论中有充分的阐发，他说：

  《大传》既曰形而上者谓之道矣，又曰一阴一阳之谓道，此岂真以阴阳为形而上者哉？正所以见一阴一阳虽属形器，然其所以一阴而一阳者，是乃道体之所为也。故语道体之至极则谓之太极，语太极之流行则谓之道，虽有二名初无二体。周子所以谓之无极，正以其无方所，无形状，以为在无物之前而未尝不立于有物之后，以为在阴阳之外而未尝不行乎阴阳之中，以为通贯全体无乎不在，则又初无声臭影响之可言也。今乃深诋无极之不然，则是直以太极为有形状有方所矣，直以阴阳为形而上者，则又昧于道器之分矣。⑤

陆九渊不主张无极之说，不主张在阴阳和道之间再做形而上与形而下的

---

① 十三经注疏整理委员会整理：《周易正义》，北京大学出版社2000年版，第344页。
② （宋）程颢、程颐著，王孝鱼点校：《二程集》，第118页。
③ （宋）黎靖德编，王星贤点校：《朱子语类》，第1935页。
④ 朱杰人、严佐之、刘永翔主编：《朱子全书》，第2755页。
⑤ 朱杰人、严佐之、刘永翔主编：《朱子全书》，第1568—1569页。

第二章　王廷相的元气实体论

区分，认为阴阳本就是形而上者。朱熹则坚持程颐所说"'一阴一阳之谓道'，道非阴阳也，所以一阴一阳，道也"①，认为一阴一阳之所以是道，一阴一阳只是气的往来运动，若以阴阳为道则是形而上、下者不分。朱熹事实上是以"理"为道体，气则是形而下者，是由道体所发出的作用，形而上之理与形而下之气是体用关系。《易传》中"一阴一阳之谓道"的说法本可有多种解释，若就阴阳之气的往来变化说，其中无疑蕴涵着气之运动变化是有规律的思想，程朱理学家看到了这一点，指出了事物发展的规律性、必然性，规律之发挥作用不以某个个别事物的存在为转移，具有一定的独立性、稳定性的特点，这反映出人的理性思维在对于事物内在本质的认识上有了很大的进步，② 但是，"理学更加明确和自觉地从哲学上夸大规律法则的某些特点，把规律和规律所依赖的物质条件对立起来，从而使规律成为一种绝对"③。从思想方法上说，程朱理学家注重运用形上思维对理、气做然与所以然的划分，但是，以理为事物发展演化的一般性规律、法则没有错，以为这种规律、法则对于它所由以产生的事物具有规范性的、约束性的作用也没有错，但若以为这种规律、法则能够脱离其所由以产生的事物而独立、不因其所由以产生的事物的存在、发展、变化而改变自己的存在和起作用的方式，这就完全陷入了形而上学的陷阱。

王廷相说"世儒止知气化，而不知气本，皆于道远"，显然是看到了朱熹在这方面存在的问题，那就是从气化的角度入手能够认识到气之迭运化生必有其所以然的规律性的东西，但却不知"气本"，不知这种规律性的东西其根源是气，以为"气有变，道一而不变"，或以为"道"可离气而论，都是不了解"气有常有不常，则道有变有不变"的道理。王廷相从气化与气本结合的角度论道体，从气之于万有的本原性上说明气化万有之规律即理对于气的依赖性，认为"气载乎理，理出于气"，因此，那种认为理能够离气而论、理万古不朽的说法就是"痴言"。王廷相说：

---

① （宋）程颢、程颐著，王孝鱼点校：《二程集》，第67页。
② 程朱理学家这方面的思想主要是继承了玄学，冯友兰曾指出程颐所说的理是一类事物之所以为一类事物者，这个问题类同于王弼说的"物无妄然，必由其理"的问题，这所涉及的是一般和特殊的问题。见冯友兰《中国哲学史新编》（下），人民出版社1999年版，第120—121页。但程朱理学家强调形而上与形而下的对立，使得一般成为独立于特殊的存在，这就走向了真理的反面。
③ 陈来：《朱子哲学研究》，华东师范大学出版社2000年版，第153—154页。

> 儒者曰："天地间万形皆有敝，惟理独不朽"，此殆类痴言也。理无形质，安得而朽？以其情实论之，揖让之后为放伐，放伐之后为篡夺；井田坏而阡陌成，封建罢而郡县设。行于前者不能行于后，宜于古者不能宜于今，理因时致宜，逝者皆刍狗矣，不亦朽敝乎哉？①

这里，王廷相并不是说理同有形物一样是可以随着气的朽敝而朽敝的，对于理，王廷相曾屡屡强调是"虚而无著"者，是"无形质"者，既然是虚，怎能以"朽敝"来称述呢？也就是说，朽敝与否的说法只能适用于实体性的存在，理因其无形质，是附属于气的属性，所以只可说随着气之变化而"因时致宜"，不能以"朽敝"说，否则就仍是把理当成了一种实体性的存在。这里，王廷相所侧重的是理对于气的从属性，理"因时致宜"的一面。朱熹以太极之理与由太极之理所决定的宇宙万有的生成演化为道体的内涵，王廷相则以元气为道体，认为"气即道，道即气"，同时从时间序列上将气确立为万有生成之终极本原，这就在气化与气本的内在统一上确定了道体的内涵，以气之实反驳理之虚，根本改变了朱熹对"道体"之内涵的规定。

朱熹在太极阴阳五行的关系上本是接受程颐体用一源、显微无间和动静无端、阴阳无始的观点，② 这是一种本体论的讲法，后来朱熹又有理先气后说。③ 在理气关系的问题上，朱熹的思想有一个逐渐发展变化的过程，但其以形而上、下划分道器、理气，以形而上之道为体、形而下之器（气）为用的

---

① （明）王廷相著，王孝鱼点校：《王廷相集》，第 887 页。
② 陈来说："（朱熹）《太极解义》所表现的主要是一种从体用角度理解理气关系的'本体论'思想。……朱熹在当时主要是用体用的观点来解释太极与阴阳动静的关系。"见氏著《朱子哲学研究》，第 78 页。
③ 陈来认为，朱熹在与陈亮辩论中所说，"若论道之常存，却又初非人所能予，只是此个，自是亘古亘今常在不灭之物"，这是"后来理先气后说由以出发的认识基础"。而朱熹以初学者为对象阐述周易象数的《易学启蒙》中已包含有理先气后的思想，"易学思想所反映的世界观在朱熹理气思想的形成和演变中有不容忽视的作用"，"朱熹理在气先思想正是在早年'本体论'思想基础上进一步吸收了象数派的宇宙论思想，而这一吸收是以对易学的象数研究为桥梁的"。到了朱熹晚年，则以理的逻辑在先说为定论。见氏著《朱子哲学研究》，第 83—99 页。金春峰则认为："1. 朱熹从早年到晚年一直坚持'阴阳无始，动静无端'的思想；认为理不先而气不后，理不离气，气不离理，理气都是永恒常存的，并没有一个时期朱熹放弃了这一观点。2. 逻辑上理在气先的说法，实质即本体论思想，不过表述方式不同而已。3.《易学启蒙》、《答陆子静》书与《大学或问》中某些说法引人误解，但究其实质，亦是本体论思想。"见金春峰《朱熹哲学思想》，（台北）东大图书股份有限公司 1999 年版，第 117 页。

第二章 王廷相的元气实体论

说法则是基本的思想倾向，因此，其所谓"在无物之前而未尝不立于有物之后，在阴阳之外而未尝不行乎阴阳之中"的说法会使人产生理可以离气而论，理在先、气在后，理可以生气的想法，况且，朱熹在这一问题上又容纳了远超出于一个单纯的哲学问题所能容纳的内容。① 王廷相对于朱熹理气关系的批评正是从宇宙生成论的角度说的。王廷相说：

> 万理皆出于气，无悬空独立之理。造化自有入无，自无为有，此气常在，未尝澌灭。所谓太极，不于天地未判之气主之而谁主之耶？故未判，则理存于太虚；既判，则理载于天地。程子所谓"冲漠无朕，万象森然已具"，正此谓耳。②

这里，王廷相从万有的生成序列上确定气先于理、有气方有理，当天地未判时理存于太虚，亦即元气之中，天地已判，理存于天地。王廷相又说：

> 老、庄谓道生天地，宋儒谓天地之先只有此理，此乃改易面目立论耳，与老、庄之旨何殊？愚谓天地未生，只有元气，元气具，则造化人物之道理即此而在，故元气之上无物、无道、无理。③

> 元气者，天地万物之宗统。有元气则有生，有生则道显。故气也者，道之体也；道也者，气之具也。以道能生气者，虚实颠越，老、庄之谬谈也。儒者袭其故智而不察，非昏罔则固蔽，乌足以识道！④

---

① 朱汉民认为，朱熹晚年提出"理先气后""理能生气"的观点表明朱熹是从时间性的因果关系来追溯天地万物的终极本体，而朱熹思想之所以会有这些变化，主要原因有三：一是理本论自身的要求。朱熹把理看成是决定天地万物的内在本质，从而肯定理是"生物之本"的世界本体。但是，由于理气同时并存而无先后之分，理往往会失去绝对性、永恒性的根本特征，而不能作为宇宙本体；二是朱熹在与陈亮及陆九渊的论战中，为了应对他们在学术上的诘难和挑战，朱熹感到必须把理看成是时间上先于气物的绝对的独立存在，才能完全确立理的本体地位。因而皆强调理（太极、道）在时间上的永恒性、绝对性；最后，朱熹注意吸收周敦颐、邵雍从时间线索追溯终极存在的思想，认识到周敦颐的本体论在时间关系方面的重要特征，其所谓"周子所以谓之无极，正以其无方所，无形状，以为在无物之前而未尝不立于有物之后，以为在阴阳之外而未尝不行乎阴阳之中"的说法显然是这种从时间上进行本体追溯的尝试理论的表现。见氏著《宋明理学通论》，湖南教育出版社 2000 年版，第 244—245 页。
② （明）王廷相著，王孝鱼点校：《王廷相集》，第 596 页。
③ （明）王廷相著，王孝鱼点校：《王廷相集》，第 841 页。
④ （明）王廷相著，王孝鱼点校：《王廷相集》，第 809 页。

王廷相反复强调，天地之先，只有元气，元气是实，道（理）是虚，不能生气，以为道（理）能生气是虚实颠越之"谬谈"。这里，王廷相说"元气之上无物"其意指元气就是自身能运动化生的实体，在元气之上再没有什么主宰者（"物"），这明显是针对程朱理学家将"理"视为一阴一阳之所以、"理"类同于阴阳之主宰者的观点而发。当王廷相说"元气之上无物、无道、无理"时，他是将道、理与物视为同一层级的概念，而道、理不是与元气等量齐观的实体性存在，只有元气才是实体性的世界万有之生成本原，因此，王廷相以元气为太极亦即"道化至极之名"的实质内涵。在王廷相的表述中，对于太极有"不可知其所至"，"不可知其所自"，"元气之上，不可以象求"，"道化至极之名"等说法。"所至"即终，"所自"即始，因元气本就是浑沦冲虚、混沌未判，因而不可名象，是谓太极；因元气为万有之生化之极处，到此不可再追溯，故名为太极。因此，元气的基本特点便是无始无终、无迹无执。从这样的理解出发，王廷相批评了那种认为在元气之前还有一个绝对空无、虚霩的阶段的观点，他说：

《列子》曰："太易者，未见气也；太初者，气之始也；太始者，形之始也；太素者，质之始也。"此语甚有病，非知道者之见。天地未形，惟有太空，空即太虚，冲然元气。气不离虚，虚不离气，天地日月万形之种，皆备于内，一氤氲萌蘖而万有成质矣。是气也者乃太虚固有之物，无所有而来，无所从而去者。今曰"未见气"，是太虚有无气之时矣。又曰"气之始"，是气复有所自出矣，其然，岂其然乎？元气之上无物，不可知其所自，故曰太极；不可以象名状，故曰太虚耳。①

王廷相认为，世界是无始无终的永恒的生成演化过程，并不是先有一个绝对空无的阶段，然后才过渡到气的生化阶段。"天地未形，惟有太空，空即太虚"，这是说在天地还未形成时，只有太虚，太虚即元气。"虚"可理解为无限之空间，但在传统思想中，空间即是气，用王廷相的话说就是"气不离

---

① （明）王廷相著，王孝鱼点校：《王廷相集》，第849页。

第二章　王廷相的元气实体论

虚，虚不离气"，作为一种具有无限性和普遍性之特征的存在，气既是生成万有之本原，又是充满于天地之间的实体。

王廷相继承了张载的气本论思想，但比较注重于从宇宙论的角度表述气一元论的观点，其对于"元气"概念的使用便表现出这种理论旨趣。"元气"一词始于汉代，但王廷相使用元气一词并不说明其思想就是一种思想史上的"返祖"① 现象，其所谓元气实即是气，二者异名而同指，虽然王廷相在概念表述上较为侧重二者的不同，但元气与气在本质上指称同一种实体性的存在。王廷相之所以使用"元气"这一概念，是直接针对朱熹理先气后、理可以独立于气而生气的观点的。

"元气"之"元"或者是指开始，如《春秋公羊传·隐公元年》中曰："元年者何？君之始年也。"或者是指气，如东汉何休注《公羊传·隐公元年》时曰："变一为元，元者，气也，无形以起，有形以分，造起天地，天地之始也，故上无所系，而使春系之也。"② 另外，"元"也有本原的意思，如《易·乾卦·象》中载："大哉乾元，万物资始，乃统天。"孔颖达《正义》曰："'大哉乾元'者，阳气昊大，乾体广远，又以元大始生万物，故曰'大哉乾元'。"③ 认为乾元是万物资始之本，是万物产生的最初根源。在解释太极时孔颖达用了"元气"一词，其谓"太极谓天地未分之前，元气混而为一，即是太初，太一也。……又谓混元既分，即有天地，故曰'太极生两仪'"④，柳宗元曾谓"彼上而玄者，世谓之天；下而黄者，世谓之地；浑然而中处者，世谓之元气；寒而暑者，世谓之阴阳"⑤。这里，元气既是指天地未分之前的元气，也指天地之间气的整体，即处于天地之间的存在。王廷相说"元气者，天地万物之宗统"，又说"太极，元气混全之称"，以太极——元气为总括天地万物的具有最大统一性的概念，而当他说"太极……即天地未判之前，大

---

① 杨儒宾认为，王廷相的元气论具有纯粹经验论的性格，是以经验层的元气论来反驳任何脱离了经验层的超越的理，是向汉代思想的复返，由于这一思想史上的"返祖"现象，"理学帝国的形上世界"便被拉回了此岸，使得"儒学盘据的又只剩下经验界的领域了"。见杨儒宾《儒家身体观》，(台北)"中央研究院"中国文哲研究所筹备处 1996 年版，第 393 页。
② 十三经注疏整理委员会整理：《春秋公羊传注疏》，第 7 页。
③ 十三经注疏整理委员会整理：《周易正义》，第 9 页。
④ 十三经注疏整理委员会整理：《周易正义》，第 340 页。
⑤ （唐）柳宗元：《柳宗元集》，中华书局 1979 年版，第 442 页。

始浑沌清虚之气是也"时,① 又是从造化之本原的角度指出了元气在时间序列上的始源性、至极性。王廷相认为"易有太极"是"推极造化之源,不可名言,故曰太极",将"易有太极"之"易"解释为造化,造化之实体即是大始浑沌清虚之气,这是继承张载的观点。张载曾说:"乾坤,天地也;易,造化也。圣人之意莫先乎要识造化,既识造化然后其理可穷。彼惟不识造化,以为幻妄也。不见《易》则何以知天道?不知天道则何以语性?"又说:"不见易则不识造化,不识造化则不知性命,既不识造化,则将何谓之性命也?"② 这里,张载认为"易"就是"造化","易"本指气之"一阴一阳"的变易,张载也曾说"一阴一阳是道也"③,所以,造化就是指阴阳之气"聚散、出入"的运动、化生,这也就是天道的实质内涵。王廷相接受了张载以"易"为造化的观点,进一步明确了此造化的实体就是"大始浑沌清虚之气"。其实,所谓"浑沌清虚之气"即是张载所谓的"太虚之气",王廷相在张载提出的"太虚之气"上加上"大始"二字显然是结合了汉代元气论的思想,把太极视为不仅是构成论上的本体,而且是生成论上的本源。

我们看到,在对"易有太极"的看法上,王廷相并不像朱熹那样表现出特别浓厚的形上思辨性,而是直接在生成论的意义上把太极规定为"大始浑沌清虚之气"。王廷相把此"大始浑沌清虚之气"称为浑浑者,把永恒地处于生化、推衍状态的气称为生生者,其目的无非是要从气化与气本两个方面将道体的内涵确定为实体性的存在——气,以改变理学家只从气化的角度论道,从而将道(理)单独抽出确立为具有绝对性、独立性、永恒性的并具有时间序列上的始源性、至极性的终极存在的看法。

王廷相以气为太极之实质内涵,将其视为生成论上的实体,自然就会从气之自身来说明阴阳动静的根源。因此,对于朱熹理能动静而生阴阳的观点,王廷相是不同意的,他说:

---

① 在王孝鱼点校本《王廷相集》中,王廷相之《太极辩》此句作"即天地未判之前,大始浑沌清虚之气是也"。朱伯崑《易学哲学史》引用此句作"太始浑沌清虚之气是也"。认为王廷相是"以太极为造化之极限或根源,认为此极限即'太始浑沌清虚之气'。'太始浑沌',取汉易中的太极元气说;'清虚之气',取张载的'太虚之气'或清虚一大说。见氏著《易学哲学史》第三卷,第199页。未知孰是。本书认为,依据王廷相"宗统""混全""天地未判之前"等说法,元气应不仅有"始"的意义,也有"大"亦即万有之统一体的意义,似以"大始"为当。

② (宋)张载著,章锡琛点校:《张载集》,第206页。
③ (宋)张载著,章锡琛点校:《张载集》,第187页。

第二章 王廷相的元气实体论

若谓"只有此理，便会能动静生阴阳"，尤其不通之论！理，虚而无著者也。动静者，气本之感也；阴阳者，气之名义也。理无机发，何以能动静？理虚无象，阴阳何由从理中出？①

夫万物之生，气为理之本，理乃气之载，所谓有元气则有动静，有天地则有化育，有父子则有慈孝，有耳目则有聪明是也。②

这里，王廷相认为动静是气所本有的感发之性能，理无"机发"，所以不能自己动静。阴阳之气是实体性的存在，而理则是"虚而无象、无著"者，从虚无中不能产生实体性的气。王廷相继承了张载关于动静之"机"③的思想，认为：

存乎体者，气之机也，故息不已焉；存乎气者，神之用也，故性有灵焉。体坏则机息，机息则气灭，气灭则神返。神也返矣，于性何有焉！④

天之转动，气机为之也。虚空即气，气即机，故曰天运以气，地浮以虚。⑤

王廷相以气机为能动静的原因，是气本有的性能，他说："阴阳也者，气之体也。阖辟动静者，性之能也。屈伸相感者，机之由也。"⑥认为阴阳是气之本体具有的对立方面，由此而有动静阖辟之性，"机"就是因气所本有的这种动静阖辟属性而有的屈伸相感的机能。王廷相是通过气所本有的阴阳之对立面来说明动静的原因，从而把动静归结为事物本身固有的属性、机能。张载曾说："凡圜转之物，动必有机，既谓之机，则动非自外也。"⑦ 圜转之物

---

① （明）王廷相著，王孝鱼点校：《王廷相集》，第596页。
② （明）王廷相著，王孝鱼点校：《王廷相集》，第597页。
③ 许慎《说文》中谓："主发谓之机。"《礼记·大学》中云："一家仁，一国兴仁；一家让，一国兴让；一人贪戾，一国作乱；其机如此。"郑注："机，发动所由也。""机"是指事物、现象产生的根据、原因或必然性。《列子·天瑞》中曰："万物皆出于机，皆入于机。"这就有了本原论的意义。佛教中又有"佛机""禅机"之说，意为参悟佛理之关键所在。
④ （明）王廷相著，王孝鱼点校：《王廷相集》，第766页。
⑤ （明）王廷相著，王孝鱼点校：《王廷相集》，第888页。
⑥ （明）王廷相著，王孝鱼点校：《王廷相集》，第754页。
⑦ （宋）张载著，章锡琛点校：《张载集》，第11页。

如恒星、日月等的昼夜出没、循环回转必有其因，这也就是"机"，既然称运动的原因为"机"，则就已经表明是事物内在的因素导致了运动。事实上，在张载一物两体的太和论中，动静本就是太虚之气自身的一种性能，如他说："太和所谓道，中涵浮沈、升降、动静、相感之性，是生絪缊、相荡、胜负、屈伸之始。"① 道就是太和所内涵的浮沉、升降、动静、相感的性能，由此产生相激相荡、胜负屈伸往来的运动变化。王廷相说"动静者，气本之感也"，这与张载之说是一致的。但比较特别的是王廷相在对理能动静生阴阳的批评中将理不能动静的原因归结为理无动静之机，这意味着理并不包含内在对立的两个方面，当然就不能动静生阴阳，这表明在王廷相看来，理只是一种形式化的、非实体性的存在，不具有能动静生阴阳的作用。

从王廷相对朱熹理能动静生阴阳的批评来看，他主要是从生成论的、实体化的角度出发来阐明自己的看法，特别是从实体化的角度理解，因为气本就涵有阴阳之对立的方面，所以才能动静阖辟而化生万物，正是在这一实体化的理解上，王廷相才说："若曰'气根于理而生'，不知理是何物？有何种子，便能生气？"② 事实上，朱熹对于理气动静问题的说法是比较复杂的，其思想的一贯性也在这一问题上表现出某种程度的矛盾，③ 而就王廷相的批评要点来看，他主要还是集中在生成论的层面上指出"虚而无著"之理不能化生阴阳，运动的主体是气而不是理，动静则是气之性能。这种说法实际上还是其以道体为实、为有而展开的说明。

在对王廷相太极元气论的理解上，我们还须注意他与其辩友何瑭④就造化之本体所展开的讨论。王廷相以元气论道体，说道体本有本实，这除了是针对朱熹以太极之"理"论道体外，也是针对何瑭认为道体可以兼有、无而发的。

---

① （宋）张载著，章锡琛点校：《张载集》，第7页。
② （明）王廷相著，王孝鱼点校：《王廷相集》，第603页。
③ 参陈来《朱子哲学研究》，第101—106页。
④ 何瑭（1474—1543），字粹夫，号柏斋，怀庆府（今河南焦作武陟）人。明弘治十四年（1501）中河南乡试第一名，次年会试中进士，选为庶吉士。历官翰林院修撰、开州同知、东昌府同知，浙江提学副史，南京太常寺少卿、正卿，北京工部右侍郎、户部右侍郎，南京都察院右都御史。明嘉靖十年（1531），何瑭告老还乡，成立"景贤书院"，设馆讲学，著书立说。"是时，王守仁以道学名于时，瑭独默如。尝言陆九渊、杨简之学，流入禅宗，充塞仁义。后学未得游、夏十一，而议论即过颜、曾，此吾道大害也。"（《明史》卷二八二，第7256—7257页）著作有《阴阳律吕》《儒学管见》《柏斋集》等。

第二章　王廷相的元气实体论

何瑭对于道体的认识主要由两个方面组成，首先他以易象为主来论造化，认为："先圣作《易》，见造化之妙，有有形、无形之两体，故画奇偶以象之，谓之两仪；见无形之气又有火之可见者，有形之形又有水之可化为气者，故于奇之上又分奇偶，偶之上亦分奇偶，谓之四象。是画《易》之次第，即造化之实也。"① 这表明何瑭是把卦画当成了造化的图示。朱伯崑先生曾指出，何瑭的易学思想是"来于邵雍的先天八卦次序图。他认为此图式不仅是画卦的程序，也是造化万物的图式"②。从这样的易学观出发，何瑭以卦象之变化来推演物象之相互的生成转化。邵雍以四正卦——乾坤坎离为体，震巽兑艮为用，何瑭就把天地水火当作造化之实体，而风雷山泽则是由天地水火变化而来。对此，王廷相认为："'《易》有太极，是生两仪，两仪生四象，四象生八卦'，此圣人推论画《易》之原，非论天地造化本然之妙用也。"而何瑭则是"欲以《易》卦之象，附会于造化"③，与圣人画《易》之原相去甚远，也没有触及造化的根本原因究竟为何。

针对何瑭以天地水火为造化之本的说法，王廷相指出："山泽水土，气皆入乘之，造化之大宅也，故洪而育物。"④ 并且说：

> 四者（即天地水火）皆自元气变化出来，未尝无所待者也。天者，气化之总物，包罗万有而神者也。天体成，则气化属之天矣。故日月之精交相变化而水火生矣，观夫燧取火于日，方诸取水于月，可测矣。土者水之浮滓，得火而结凝者，观海中浮沫久而为石，可测矣。金石草木，水火土之化也，虽有精粗先后之殊，皆出自元气之种。谓地与天与水火一时并生，均为造化本体，愚切以为非然矣。⑤

王廷相认为："《易》之八卦，伏羲杂取两间阴阳法象之大者以发挥《易》理耳，与六十四卦所取大同，非合并以论造化之义也。后之儒者，不精

---

① 转引自（明）王廷相著，王孝鱼点校《王廷相集》，第969—970页。
② 朱伯崑：《易学哲学史》第三卷，第185页。
③ （明）王廷相著，王孝鱼点校：《王廷相集》，第970页。
④ （明）王廷相著，王孝鱼点校：《王廷相集》，第751页。
⑤ （明）王廷相著，王孝鱼点校：《王廷相集》，第972页。

致思，遂援《易》以解释造化，复作图以论消长。"① 这是说，以易卦来解释造化，并画图以说明万物演化的程序的做法其实并不是圣人作《易》之本旨。

在以易象论造化的基础上，何瑭提出太极是造化之实体，是生成万物的本原，他说："予窃谓论道体者，《易》象为至，老子周子次之，横渠为下，盖以其不知神形之分也。"② 易象即《易传》乾、坤、坎、离、巽、震、艮、兑八卦所取天、地、水、火、风、雷、山、泽之物象，何瑭认为乾、兑、离、震四卦为阳，坤、巽、坎、艮四卦为阴，合而言之则为太极，分而言之，则为两仪。何瑭以太极为阴阳"合而未分"的合体，是造化万有的本原，说："造化之道，合言之则为太极，分言之则为阴阳，谓之两仪。阴阳又分之，则为太阴太阳少阴少阳，谓之四象。四象又分之，则为天地水火风雷山泽之象，谓之八卦。天地水火常在，故为体；雷风山泽或有或无，故谓之变。此皆在造化之中，而未生物也，其既合，则物生矣。"③ 何瑭以八种卦象和物象分属阴阳，阴阳两仪互相配合而化生万物，因此，何瑭又说："造化之道，一阴一阳而已矣。阳动阴静，阳明阴晦，阳有知阴无知，阴有形阳无形。阳无体以阴为体；阴无用待阳而用。二者相合，则物生；相离，则物死。微哉，微哉！"④

值得注意的是，何瑭以体用、形神论阴阳，阴为形，阳为神，阴形阳神相合才能化生万物，就阴形而言，聚则可见，散则不可见，就阳神来说，则无聚散之迹，如其所说："造化之道，阳为神，阴为形，形聚则可见，散则不可见，神无聚散之迹，故终不可见。"⑤ 形聚可见为有，而无聚散之迹的神为无，造化之道兼有无，所以说，"太极者，阴阳合一而未分者也。阴有阳无，阴形阳神，固皆在其中矣"⑥。何瑭如此区分阴阳的理论后果便是阴阳成为可以分立的，因之，形神亦成为可以相离的两种东西。

何瑭虽以阴阳两仪论太极，认为太极是阴阳合而未分之混合体，但他并不认为阴阳就是二气，而以为是天地水火之实体的"虚名"，即用以标识、区

---

① （明）王廷相著，王孝鱼点校：《王廷相集》，第 668—669 页。
② （明）王廷相著，王孝鱼点校：《王廷相集》，第 972 页。
③ （清）黄宗羲著，沈芝盈点校：《明儒学案》，第 1170 页。
④ （清）黄宗羲著，沈芝盈点校：《明儒学案》，第 1165 页。
⑤ （清）黄宗羲著，沈芝盈点校：《明儒学案》，第 1167 页。
⑥ （明）王廷相著，王孝鱼点校：《王廷相集》，第 963 页。

别实体的类名,他说:"予窃以为阴阳者,虚名也;天地水火者,实体也;二而一者也。……人知水之为水,而不知寒凉润泽皆水也;人知火之为火,而不知温热光明皆火也。天宰之以神,地载之以形,水火二者交会变化于其间,万物由是而生,由是而死,造化之能事毕矣。"① 可见,在何瑭看来,阴阳并非气一元论所认为的实体性存在,而是用以指称天地水火之实体的造化之能的"虚名",太极亦非阴阳浑沌未分的中和之气,而是阴形和阳神未分之合体,即天地水火未分之本体。何瑭说:"太极乃阴阳合而未分者也,阴形阳神皆在其中。及分为阴阳,则阳为天火,依旧为神;阴为地水,依旧为形。"② 在何瑭看来,作为造化之实体的天地水火,分属阴形阳神,天火为其神,地水成其形,形神合则物生,形神离则物死,因而,作为阴形阳神之合体的太极就是造化之本原,而太极既非阴阳未分之中和之气,亦非理。由此出发,他批评了张载以太虚之气的聚散说明万物之生灭的气论思想,他说:"老子谓'有生于无',周子谓'无极太极而生阴阳五行',张子谓'太虚无形而生天地糟粕',所见大略相同。但老子、周子犹谓神生形,无生有。至张子则直谓虚无形,止为气之聚散,不复知有神形之分,此则又不同也。"③ 在何瑭看来,形体为阴,故有聚散之可见;其运动的机能为阳,为神,无聚散之形迹,张载所谓的太虚之气只有形而无神,张载以气之聚散说物之生死,只是说到了形而未说神,若以张载所谓"清通而不可象为神",即以太极为清虚之气,则又表明太极不含有阴形,有阳而无阴,④ 同样不能成为造化之本原。

由上可见,何瑭认为太极并非阴阳未分的中和之气,而是阴形与阳神未分的合体,神无而形有,既然道体(太极)是阴形与阳神的合体,因此就可说"道体兼有无"⑤,万物之化生乃是由阴形与阳神的分合所造成。这种观点的本质是在形神关系上持一种形神分立的实体化观点,认为神可离形而独存。

对于何瑭的这种观点,王廷相坚决加以反对,他从气一元论出发来论证造化之过程本实、本有,他说:

---

① (清)黄宗羲著,沈芝盈点校:《明儒学案》,第1166页。
② (清)黄宗羲著,沈芝盈点校:《明儒学案》,第1171页。
③ (清)黄宗羲著,沈芝盈点校:《明儒学案》,第1171—1172页。
④ 何瑭说:"若太极本体,止有神而无形,则分后地水之形,何从而来哉?由此化生人物,其心性之神,则皆天火之神所为也,其血肉之形,则皆地水之形所为也。"(清)黄宗羲著,沈芝盈点校:《明儒学案》,第1171页。
⑤ (明)王廷相著,王孝鱼点校:《王廷相集》,第964页。

愚谓道体本有本实，以元气而言也。元气之上无物，故曰太极，言推究于至极，不可得而知，故论道体必以元气为始。故曰有虚即有气，虚不离气，气不离虚，无所始无所终之妙也。气为造化之宗枢，安得不谓之有？①

这是认为元气是道体的实质内容，元气之上再没有能生的实体，所以以太极来名之。针对何瑭"造化之道，阳为神，阴为形，形聚则可见，散则不可见，神无聚散之迹，故终不可见"的说法，王廷相认为"天地万物不越乎气机聚散而已"②，气是充实于天地之间的实体性存在，气中本就有自身能动之机能——气机，所谓万物之可见不可见只不过是气之聚散而已。王廷相认为：

元气之上无物，有元气即有元神，有元神即能运行而为阴阳，有阴阳则天地万物之性理备矣，非元气之外又有物以主宰之也。③

神是元气本身就具有的，有"元神"即能从元气的运行中分化出阴阳，神并不是专就阳来说，形也不是专就阴来说，有元气即有神，王廷相说："万物各有禀受，各正性命，其气虽出于天，其神则为己有。地有地之神，人有人之神，物有物之神。"④ 这即是说人物在禀气而生时就已经有神了，因禀得的气不同，其神也就不同。需要指出的是何瑭以阴阳为两仪，完全是从卦象上说，王廷相则是以天地为两仪，这是从造化之实有上说。从两仪上说，阴阳自可分别代表不同的卦象，而从造化之实上说，则不能截然就一气中分出阴、阳，所以王廷相说：

如气中有蒸而能动者，即阳即火，有湿而能静者，即阴即水，道体安得不谓之有？且非湿则蒸无附，非蒸则湿不化，二者相须而有，欲离之不可得者，但变化所得有偏盛，而盛者尝主之，其实阴阳未尝相离也。

---

① （明）王廷相著，王孝鱼点校：《王廷相集》，第 964 页。
② （明）王廷相著，王孝鱼点校：《王廷相集》，第 758 页。
③ （明）王廷相著，王孝鱼点校：《王廷相集》，第 517 页。
④ （明）王廷相著，王孝鱼点校：《王廷相集》，第 973—974 页。

其在万物之生，亦未尝有阴而无阳，有阳而无阴也，观水火阴阳未尝相离可知矣。①

综上所述，通过与何瑭就造化之本原以及阴阳、形神问题的辩论，王廷相阐述了道体为实、为有的观点，在将太极归结为气的基础上，以实体性的存在解释道体，认为道体的实质就是气化的总过程。

二　气者，通极上下造化之实体也

唐代诗人柳宗元曾说："彼上而玄者，世谓之天；下而黄者，世谓之地；浑然而中处者，世谓之元气。"② 上、下是指天、地，我国古人一般认为存在于天地之间的广漠的虚空都是充满了气的。朱熹注屈原《天问》篇中"遂古之初，孰传道之？上下未形，何由考之？"一句时曰："遂，往也。道，言也。上下，天地也。言往古之始，元气虚廓无形，天地溷沌未分……"③ 对此，王廷相注解认为："太古鸿蒙，道化未形，元气浑涵，茫昧无朕。不可以象求，故曰太虚；不知其所始，故曰太极。"④ 屈原《天问》所追问的是天地还未生成、宇宙之初究竟是一种什么样的情形。对此，朱熹与王廷相的看法一样，都认为在天地产生之前是"元气浑涵""虚廓无形""茫昧无朕"的状态，天地既分之后，王廷相认为气依然存在，他说："两仪未判，太虚固气也。天地既生，中虚亦气也。是天地万物不越乎气机聚散而已。"⑤ 认为天地还未判分时可说是一种太虚的状态，但太虚并不是空无一物，或绝对的虚无，而是本身就是浑沌未分的清虚之气，即所谓"大始浑沌清虚之气"；天地既生，存在于天地之间的也是气，只不过是处于永恒的生化运行之过程中的生生之气。

张载曾说："太虚无形，气之本体，其聚其散，变化之客形尔；至静无感，性之渊源，有识有知，物交之客感尔。客感客形与无感无形，惟尽性者一之。"⑥ 这里把太虚之气的聚散变化等状态称为"客形"，而无形则是太虚

---

① （明）王廷相著，王孝鱼点校：《王廷相集》，第974页。
② （唐）柳宗元：《柳宗元集》，第442页。
③ （明）王廷相著，王孝鱼点校：《王廷相集》，第714页。
④ （明）王廷相著，王孝鱼点校：《王廷相集》，第714—715页。
⑤ （明）王廷相著，王孝鱼点校：《王廷相集》，第758页。
⑥ （宋）张载著，章锡琛点校：《张载集》，第7页。

之气的本然存在状态。张载认为只有对有无、隐显、神化、性命之理有深刻的认识，才能把握客感客形与无感无形其实就是一气之流行的道理。王廷相认为元气就是实有，所谓的"无"或"空"只是元气聚散变化状态之改变，并不意味有一个绝对的空、无，这显然是承续了张载的说法。需要指出的是，王廷相在说明元气的实体性时，使用了"气种"的说法，如他说："天地之间，无非气之所为者，其性其种，已各具于太始之先矣。金有金之种，木有木之种，人有人之种，物有物之种，各各完具，不相假借。"① "天地、水火、万物皆从元气而化，盖由元气本体具有此种，故能化出天地、水火、万物。"② 大至天地，小至万物，其各自不同的构成形质与可能性早在元气中就已经具备了。对于王廷相"气种"说的理论意义，可以有不同的理解。③ 而就王廷相以元气为万物化生之本原，"天地日月万形之种，皆备于内"的说法看，气种的说法包含着元气之中蕴含气化万有之多种可能性与其发展演变规律的意思。正是基于这种理解，元气就是一个区别于"虚而无著"之理的实有，所以可说："天地、水火、万物皆生于有，无'无'也，无'空'也。其无而空者，即横渠之所谓'客形'耳，非元气本体之妙也。"④

正如我们在讨论王廷相的太极元气论时所指出的，如果联系到王廷相就道体问题而展开的同何瑭的"道体有无"之辩论，以及针对朱熹理可离气而论、理生气的说法提出的"万物之生，气为理之本，理乃气之载"，"虚不离

---

① （明）王廷相著，王孝鱼点校：《王廷相集》，第598页。
② （明）王廷相著，王孝鱼点校：《王廷相集》，第974页。
③ 李存山认为："中国古代气论与伊奥尼亚哲学的物质观相通，而王廷相的气论似可说是气论与阿那克萨戈拉'种子'说的叠加。这种叠加存在着逻辑的矛盾，王廷相并没有认识到、更没有着手解决这一矛盾，但此中却也埋藏着中国古代的物质观有可能发生转变的种子。"见氏文《王廷相思想中的实证科学因素》，《人文杂志》1993年第6期。陈来认为：气种说"反映了王廷相认为现存世界的每个事物（指自然事物），在宇宙的原始物质中已经具备了发展的潜在可能性，……在某种意义上他提出的是一种宇宙基因学说"。见氏著《宋明理学》，第242页。张学智认为："气种说在说明万物的差别上却比朱熹的理气说倒退了。……朱熹的格物穷理，包括穷究体现在事物上的条理、法则，也包括探究形成此事物的根据、原因。这样的探究对于事物是全面的、科学的。而气种说则只能探讨表现于事物之上的条理、法则，事物的成因则因为它的先在性、强制性、自生性而不在探究之列。这虽不是王廷相所言，却是他的学说合乎逻辑的推论。朱熹曾说，只探讨事物已成的现象是不够的，已成者是'已'辞，还要探讨事物之所以成的各种根据、条件。从这里看，王廷相的气种说在说明事物的成因上不如朱熹的理气说深刻。也正因为如此，王廷相关于格物的学说没有朱熹那样精细。"见氏著《明代哲学史》，第345—346页。
④ （明）王廷相著，王孝鱼点校：《王廷相集》，第974页。

第二章 王廷相的元气实体论

气，气不离虚，气载乎理，理出于气，一贯而不可离绝言之"等观点，"气种说"的提出显然有着以气之实（有）对理之虚（无）的意义，特别是从生成论的层面上理解，作为气之属性与条理的原则如何能生出气来，从经验上显然是难以说明的，所以王廷相说"理虚无象，阴阳何由从理中出？"① 在王廷相看来，"生"只能是"有生于有"，而不能是"有生于无"，为了突出元气在生成论意义上的实在性，王廷相将作为万物之本原的元气确定为"有"，所谓空、无则是元气聚散变化之"客形"，非元气"本体之妙"，元气就是统合了时空、有无、隐显于自身中的实体性存在。王廷相提出气种的说法，其意是在强调元气虽是浑沌未判、冲然清虚、无形无象的存在，但因其已经包含着后来由其所化生的万有的可能，所以并不是虚无、空无。

王廷相从实体化的、生成论的意义上来阐明自己的本体论思想，在他的太极元气论思想中，本体主要是从作为万有之始源的生成者意义上来理解的，在他对于元气、太极的种种界说中，时间性的特征非常明显。而时间是一个可经验的存在，王廷相注重从时间序列上来说明本体，这种思想具有鲜明的经验论特点，与宋代理学那种"玄想的、理智的、个人的、哲学的"② 思想特点相比，显然更接近汉代思想的特点。

程朱理学家考虑问题具有玄想的、形而上的特点，对本体的思考主要从构成论入手，但对于经验性的现象并没有视而不见，朱熹曾说："且如天地间人物草木禽兽，其生也莫不有种，定不会无种子白地生出一个物事，这个都是气。"③ 这是在有人问"理气先后"问题，朱熹回答时所举以说明的例子。不考虑朱熹此语的前后语境，仅就此例来说，它反映的是一个经验事实。经验上，自然物种之生成演化的过程总是表现为一个先后相继的序列，从生物学的角度理解，自然生物之代代延续都是由母到子的生化过程，其中有遗传和变异，这一点王廷相也看到了，如他说："万物巨细柔刚各异其材，声色臭味各殊其性，阅千古而不变者，气种之有定也。人不肖其父，则肖其母，数世之后，必有与祖同其体貌者，气种之复其本也。"④ 当然，王廷相这里有些夸大了遗传的作用。朱熹说人物草木禽兽之生"莫不有种"，这也反映的是生

---

① （明）王廷相著，王孝鱼点校：《王廷相集》，第596页。
② 朱维铮编：《周予同经学史论著选集》，上海人民出版社1983年版，第114页。
③ （宋）黎靖德编，王星贤点校：《朱子语类》，第3页。
④ （明）王廷相著，王孝鱼点校：《王廷相集》，第754页。

物学上的事实，但是，朱熹的主要关注点并不是经验现象，而是经验现象之所以然，是经验现象之所以如此呈现的依据，所谓本体就是经验现象背后的"所以然"者。

二程曾借助《易传》"一阴一阳之谓道"以及"形而上者谓之道，形而下者谓之器"的说法来发挥自己的本体论思想，① 如程颐说："一阴一阳之谓道，道非阴阳也，所以一阴一阳，道也，如一阖一辟谓之变。"② "离了阴阳更无道，所以阴阳者是道也。阴阳，气也。气是形而下者，道是形而上者，形而上者则是密也。"③ 程颢也说："'形而上者谓之道，形而下者谓之器。'若如或者以清虚一大为天道，则乃以器言，而非道也。"④ 二程认为阴阳之气是形而下者，道是形而上者，在对道与阴阳之气进行形上与形下、本体与现象、体与用、本与末区分的基础上，把形而上之道规定为本体。⑤ 按照二程对于本体的理解，"道体物不遗，不应有方所"，而张载以太虚之气为本体，其所谓"清虚一大"的本体规定性已是落于特定的方所、囿限于具体的形态，因此，不能确立为形而上之道。⑥ 二程曾说过"心所感通者，通极于道"，心指人的理性思维能力。二程认为只有理性思维才能把握所以一阴一阳背后的所以然者，它是无形体的，反映的是一般的本质或规律性，是理性思维观照的对象；气则是有形质的，是由感官来把握的器物，代表着杂多的具体存在，是形而下之器。其实，在对本体的规定性的说明上，张载与二程并无不同，

---

① 庞万里认为二程对形而上、形而下的区分意义不同：程颢是从运动变化的源泉、动力来讲所以然的，程颐是从运动变化的原理、根据来讲所以然的。因此程颢所谓的所以然是神的功能，而程颐的所以然是理的规则。程颢把理、神、帝都作为形上道体的不同方面，以生生之易为宇宙的道体，又以易为神，认为二者都是同一个天道的内容。程颢所谓道是具体的，包括神、仁、诚和万物的生意等。程颐的道则是抽象的，他的形上的道只是单纯的理，他把神、易等都归入形下的器、气、用的范围。程颐把形上和形下明确地归结为理与气，除了理外，其余的都属于气的范畴，把形上形下关系等同于理气关系。见氏著《二程哲学体系》，北京航空航天大学出版社1992年版，第89—90页。
② （宋）程颢，程颐著，王孝鱼点校：《二程集》，第67页。
③ （宋）程颢，程颐著，王孝鱼点校：《二程集》，第162页。
④ （宋）程颢，程颐著，王孝鱼点校：《二程集》，第118页。
⑤ 庞万里说："程颢的所以然是指活动的原动力而言；程颐的所以然是指现象的原理而言，其所以然即是所以然之理。"见氏著《二程哲学体系》，第92页。
⑥ 方光华认为，二程之所以不能认同张载以太虚之气为本原的原因是：一，二程认为周、张二人从天道阴阳气化去描述本体有理论上的缺陷：本体应是不落方所、形域的，气则落于清浊之不同的规定性之中，而且气本身是有生灭的，并不是如张载所讲的是万物的归宿处。二，二程认为凡从阴阳气化去描述天人关系者，大都有分辨天人，由天而人的局限。见方光华《中国古代本体思想史稿》，中国社会科学出版社2005年版，第308—311页。

第二章 王廷相的元气实体论

张载曾说：

> 体不偏滞，乃可谓无方无体。偏滞于昼夜阴阳者物也，若道则兼体而无累也。以其兼体，故曰"一阴一阳"，又曰"阴阳不测"，又曰"一阖一辟"，又曰"通乎昼夜"。语其推行故曰"道"，语其不测故曰"神"，语其生生故曰"易"，其实一物，指事而异名尔。①

若只是就对于本体的语言描绘与逻辑论证上看，"兼体而无累"与"道体物不遗，不应有方所"的说法实在也没有什么区别。但张载是从太虚之气上说"兼体无累"，太虚之气克服了为阴则不能为阳、为阳则不能为阴的缺陷，是超越具体形气的本体。二程则从理上说"体物不遗"，认为理才是超越阴阳、清浊、虚实的本体，所谓"兼体"之说仍是囿限于阴阳、清浊、虚实的具体形态，所以，太虚之气是形而下者，不是本体。

张载曾说："运于无形之谓道，形而下者不足以言之。"② 又说："形而上者，得辞斯得象矣。"③ 这是张载对于形而上与形而下的理解，他认为无形之气是形而上者，所谓形而上之道即是指太虚之气化创生万物的过程。张载又说："'形而上'是无形体者，故形以上者谓之道也；'形而下'是有形体者，故形以下者谓之器。无形迹者即道也，如大德敦化是也；有形迹者即器也，见于礼义是也。"④ 认为形而上与形而下的区别是指成形与否，形而上即成形以前，形而下即成形以后，形而上、下是指物之具体的形体形成之前与具体的形体形成之后。太虚之气就是形而上者，太虚之气反清为浊，有了形体，也就是从太虚之气中化生出万物，这就是形而下者。当然，从张载所谓"道""神""易""其实一物，指事而异名"的说法看，他又是把气之属性、功能也当作形而上者的。

与张载从太虚之气的成形与否区分形而上、下不同，二程从经验现象与经验现象之"所以然"上界定形而上、下，二程以理性思维的分析方法进行本体阐发，如此所得到的作为万有之"所以然"的理具有形式化的特点。但

---

① （宋）张载著，章锡琛点校：《张载集》，第65—66页。
② （宋）张载著，章锡琛点校：《张载集》，第14页。
③ （宋）张载著，章锡琛点校：《张载集》，第16页。
④ （宋）张载著，章锡琛点校：《张载集》，第207页。

在二程看来，经过理性抽象所得的理并不仅仅是一个形式化的原则，还是天地万物生成的本原，与张载的太虚同样具有生成论的意义，如程颐就说："道则自然生万物。今夫春生夏长了一番，皆是道之生……道则自然生生不息。"①

朱熹继承了二程（主要是程颐）的思想，如其注解"一阴一阳之谓道"时曰："阴阳迭运者气也；其理则所谓道。"又说："理也者，形而上之道也，生物之本也；气也者，形而下之器也，生物之具也。"② 需要指出的是，朱熹在理气、道器之间划分了先后次序，他虽然说过理气先后"皆不可得而推究"的话，但当弟子一再追问时，他也只能说："理与气本无先后之可言，但推上去时，却如理在先，气在后相似。""要之，也先有理。只不可说是今日有是理，明日却有是气；也须有先后。且如万一山河大地都陷了，毕竟理却只在这里。""然必欲推其所从来，则须说先有是理。然理又非别为一物，即存乎是气之中；无是气，则是理亦无挂搭处。""理形而上者，气形而下者，自形而上下言，岂无先后？"③ 应当说，先、后这样的词汇既可从逻辑上说，也可从时间上说，从逻辑上说的先后带有着一种形上学的本体论意义，从时间上说的先后则是一种宇宙论上的生成序列。从朱熹思想发展的实际看，这两种意义都有。④ 但是，通过理论思维的抽象而得到的形而上之理根本上反映的是事物存在的依据，而不是事物生成的原因，也就是说，形上之理的"先"是本体论上的"先"，是指在宇宙万有的存在上，理起着决定的、根据的作用；形下之气的"后"则是指在宇宙万有的存在上气处于从属、听命、被构造的地位，并不是说具体事物都是由理所直接生成的。事实上，朱熹认为气才是构成天地万物的物质材料，他说，"一元之气，运转流通，略无停当，只是生出许多万物而已"，"盖气则能凝结造作"，"气则能酝酿凝聚生物也"。⑤ 但气虽能凝聚、造作、生成万事万物，却是依照了理的原则，这也就是朱熹所说的"若论本原，即有理然后有气"⑥，"天道流行，发育万物，有理而后有气。

---

① （宋）程颢，程颐著，王孝鱼点校：《二程集》，第149页。
② 朱杰人、严佐之、刘永翔主编：《朱子全书》，第2755页。
③ （宋）黎靖德编，王星贤点校：《朱子语类》，第3—4页。
④ 陈来认为朱熹的理气先后说有一个发展演变的过程，金春峰则认为自始至终朱熹都是从本体论上说理先气后的。分见陈来《朱子哲学研究》第三章，金春峰《朱熹哲学思想》第三章第二节。
⑤ （宋）黎靖德编，王星贤点校：《朱子语类》，第3页。
⑥ 朱杰人、严佐之、刘永翔主编：《朱子全书》，第2863页。

虽是一时都有，毕竟以理为主，人得之以有生"①。

陈来说："区分形上形下是程朱理气论的方法论基础，从思维抽象及其对对象的把握方面来说，反映了人类认识的某种深入，在宋明理学的发展中有其合理的作用。但是形上形下统一于客观事物之中，规律、共相不能脱离事物独立存在，朱熹的错误不在乎区分形上与形下，而在于他把形上形下割裂开来，认为形上可以先于或独立于形下，这就从区分形上形下这种还比较接近真理的立场多走了一步。"② 客观地说，朱熹这多走的一步造成了人们在理解理气关系上往往把存在论上的依据当成了生成论上的本源，王廷相就主要是从这个角度来理解朱熹有关理气关系的说法的。

王廷相继承张载的思想，以气为形而上的实体性存在，并不在理气之间做形而上、形而下的划分，而直接以气来贯通形而上、形而下，指出："天内外皆气，地中亦气，物虚实皆气，通极上下造化之实体也。是故虚受乎气，非能生气也；理载于气，非能始气也。"③ 王廷相认为气是"通极上下造化之实体"，这既说明天地未分之前只是元气浑涵的状态，也是指天地已分之后气充满两间的情形，同时，"通极上下"的说法也是针对程朱理学家在理、气之间区分形而上、形而下，把理归属于形而上者，作为宇宙万有之本原的观点，是为了说明宇宙的本原不是理，而是气。

程朱理学家在道器、理气之间划分形而上、下，多是借助《易传》"形而上者谓之道，形而下者谓之器"之成语，王廷相则认为："《易》曰：'形而上者为道，形而下者为器。'然谓之形，以气言之矣。"④ 道、器之形而上与形而下之分完全基于气而言，气之无形者为形而上，为道；气之已成形者为形而下，为器，但不管成形与否，其本体始终是气。朱熹以理为形而上之道，认为是"生物之本"，以气为形而下之器，认为是"生物之具"，王廷相则针锋相对地提出："气，物之原也。理，气之具也。器，气之成也。"⑤ 气是生物之本，理则是气之具，即气所具有的材质、性能，器是气聚已成形之具体

---

① （宋）黎靖德编，王星贤点校：《朱子语类》，第36—37页。
② 陈来：《朱子哲学研究》，第86页。
③ （明）王廷相著，王孝鱼点校：《王廷相集》，第753页。
④ （明）王廷相著，王孝鱼点校：《王廷相集》，第751—752页。
⑤ （明）王廷相著，王孝鱼点校：《王廷相集》，第751页。

器物。① 显然，所谓形而上、形而下在王廷相而言就是指本原之气的不同形态——无形与有形。为了说明这一点，王廷相以"元气"来指称"无形"，以"生气"来指称"有形"，他说："有形亦是气，无形亦是气，道寓其中矣。有形，生气也；无形，元气也。元气无息，故道亦无息。是故无形者，道之氏也；有形者，道之显也。"② 又说："有元气则有生，有生则道显。故气也者，道之体也；道也者，气之具也。"③ 无形之元气亦即张载所谓的太虚之气，王廷相称为"道之氏"，即是说"虚廓无形""茫昧无朕"之气是造化之根柢、宇宙之本原；所谓"道之显"则指已经呈现出具体象态的、参与到具体的化生过程中的气，是元气的转化形态，"有形者，道之显"意即因元气所本有的创化万物的性能而使得无形之气在具体的化生过程中显现出来。张载曾说"太虚无形，气之本体，其聚其散，变化之客形尔"，太虚之气的本然状态是无形，太虚之气之"聚散"是宇宙万化之暂时的状态，张载称之为"客形"，亦即有形之气。王廷相与张载对气的形态的转化在具体的用词上虽有不同，但他们所要表达的意思是一致的，即无论有形无形、聚散攻取百途，造化之本原始终是气，气就是贯通形而上与形而下的造化之实体。

可以看出，王廷相在对于形而上、形而下的理解上继承了张载的思想，直接以气之形态的转化，即无形、有形来区分形而上、形而下，同时指出无形之太虚即是元气，是造化之根柢，元气化生万物的过程即是道体之内涵，宇宙万有从本原上说都统一于元气。

程朱理学家不满于把气作为本原，其中一个原因就是认为气是有生灭的，如程颐就说：

> 凡物之散，其气遂尽，无复归本原之理。天地间如洪炉，虽生物销铄亦尽，况既散之气，岂有复在？天地造化又焉用此既散之气？其造化

---

① 朱伯崑说：按照王廷相这里所说，"理作为气的性能，无形体，故为道；气作为物之原，成为形体，故为器，无形之理和有形之物都不能脱离气。"见氏著《易学哲学史》第三卷，第173页。王廷相这里所说的"道"仍是就气说，是指浑浑者，"器"是指气聚成形之具体存在，是指生生者，王廷相在说到"道"时总是指气化的总过程，除非在针对程朱"理为气本"之论提出批评时才会把理等同于道。

② （明）王廷相著，王孝鱼点校：《王廷相集》，第751页。此处"显（顯）"字，《明儒学案》误为"体（體）"字。

③ （明）王廷相著，王孝鱼点校：《王廷相集》，第809页。

第二章 王廷相的元气实体论

者，自是生气。①

又说：

若谓既返之气复将为方伸之气，必资于此，则殊与天地之化不相似。天地之化，自然生生不穷，更何复资于既毙之形，既返之气，以为造化？②

对此，王廷相提出元气无息、无灭的观点，他说：

气至而滋息，伸乎合一之妙也；气返而游散，归乎太虚之体也。是故气有聚散，无灭息。雨水之始，气化也；得火之炎，复蒸而为气。草木之生，气结也；得火之灼，复化而为烟。以形观之，若有有无之分矣，而气之出入于太虚者，初未尝灭也。譬冰之于海矣，寒而为冰，聚也；融澌而为水，散也。其聚其散，冰固有有无也，而海之水无损焉。此气机开阖、有无、生死之说也。三才之实化极矣。③

程颐也曾以海水为喻来说明气的生灭，他说："至如海水潮，日出则水涸，是潮退也，其涸者已无也，月出则潮水生也，非却是将已涸之水为潮，此是气之终始。"④ "至如海水，因阳盛而涸，及阴盛而生，亦不是将已涸之气却生水，自然能生，往来屈伸只是理也。"⑤ 这里程颐所谓潮水是指海水的一部分，若以抽象之理与具体器物来划分，潮水就是指具体的器物。程颐此喻说明他对气的看法多是就具体存在上说，在自然造化过程中，一切包括张载所谓的太虚之气，都在产生和消灭，而理则是永恒的，是没有改变的。王廷相"冰之于海"的例子则是说明海水因寒冷而结为冰是水之聚而为有形，冰融化为水而复归于海则为无形，冰、水之转换虽有形体之变化、有无之区

---

① （宋）程颢、程颐著，王孝鱼点校：《二程集》，第163页。
② （宋）程颢、程颐著，王孝鱼点校：《二程集》，第148页。
③ （明）王廷相著，王孝鱼点校：《王廷相集》，第753—754页。
④ （宋）程颢、程颐著，王孝鱼点校：《二程集》，第163页。
⑤ （宋）程颢、程颐著，王孝鱼点校：《二程集》，第148页。

分，但对于海水的总体而言则没有增减。这实质上是要说明元气化生万物，万物虽有形体的变化，但作为造化之本原的气则是永恒常在的，具体事物有生有灭，但只是气之聚散状态的转化，从总量上说，太虚元气并无增减，更没有灭失。王廷相这一"冰、海"之喻表达了本体——元气所具有的无限性、永恒性和相对于具体存在的稳定性，有具体形态的万物总是变迁的、流动的、暂时的，元气则是永恒的、无灭息的。气聚生物而有形，气散复入于太虚而无形，"以形观之"，似乎有有（形而下）无（形而上）之别，但气之本并未灭息。换句话说，未化无形时是"浑浑"之元气，已化有形后是"生生"之气，但不管是"浑浑者"还是"生生者"，其本体皆是气。

王廷相以元气本体与具体存在之间的形态转化来说明元气之无息、无灭，因为元气本体的无息、无灭，元气创化万物的过程就是无始无终的，这也就是王廷相所说"元气无息，故道亦无息"的意思。从元气无息、无灭的论断出发，王廷相反对那种认为在天地之初存在一个没有气的绝对空无的阶段，也不认为随着具体事物的消灭，作为其构成本原的气也会消失，也就是说并没有一个完全不存在气的阶段。与此同时，王廷相认为在这一总的创化过程中，元气所化生的具体的存在是有生灭的，他说："山泽水土，气皆入乘之，造化之大宅也，故洪而育物。气乘之无息，故育物而无息。生而循化者，造化之小物也，与日俱销矣，气不得久而乘之也。尽化其初，气乃已。"[1] 山泽水土是造化之大宅，元气入乘于其中施其"洪而育物"之功，"生而循化"者则不能为气"久而乘之"，所以是"与日俱销"。"生而循化"又可称为"形化"，不由元气直接化生而成。王廷相说：

> 天者，太虚气化之先物也，地不得而并焉。天体成，则气化属之天矣；譬人化生之后，形自相禅也。是故太虚真阳之气感于太虚真阴之气，一化而为日星雷电，一化而为月云雨露，则水火之种具矣。有水火，则蒸结而土生焉。日卤之成醝，炼水之成膏，可类测矣。土则地之道也，故地可以配天，不得以对天，谓天之生也。有土，则物之生益众，而地之化益大。金木者，水火土之所出，化之最末者也。[2]

---

[1] （明）王廷相著，王孝鱼点校：《王廷相集》，第751页。
[2] （明）王廷相著，王孝鱼点校：《王廷相集》，第752页。

第二章　王廷相的元气实体论

　　天是元气最先化生者，天生成之后，宇宙万有之化生就由天来完成。元气化育不已，天地万物皆为其化生，同时天地山泽水土又是元气造化万物之"大宅"，为万物"形化"之本。与传统的阴阳五行观不同，王廷相认为造化之本是元气，五行之中水火最先化生，水火蒸结而生土，金木又是水火土聚合而生，所以，五行并不是生成万有的本原。① 这里，王廷相把作为生化之本的元气与由元气所化生之具体存在加以分别，认为元气所化生之具体存在有生灭，而元气本身则是无息、无灭的。事实上，按照王廷相的观点，元气即形而上者，由元气所化生的具体存在是形而下者，从造化之本与造化之过程上说，形而上者与形而下者是完全同一的，元气就是"通极上下造化之实体"。

　　元气所化育之物"与日俱销"，而元气本体则始终育物而不息。王廷相认为元气所化育之具体存在物在气化的整体序列中是暂时的，但元气作为造化之本以及造化之过程的主体则是恒常不灭的，由此说明了元气之为万有之生成本原的确然性。这正如有学者所说："循化所生之物，是有时空形量等限制的，故虽为不息之气机所乘入，但有形物之自身，仍会与日俱销而无余，则气机自不能再乘入之。虽不再乘入，但仍乘有此一无时空限制之最终元气。此在强调气之所乘之物，虽有生化，但其生化是有限量的小物，乘物之气则无限量，足为生化无息之本体的。"②

　　从根本上说，元气之所以无息、无灭乃是由于元气本身所涵有的内在的生化不已的性能，即气机。王廷相说："气通乎形而灵。人物之所以生，气机不息也；机坏则魂气散灭矣。恶乎灵？有附物而能者，亦乘其气机者也。"③ "或问生，曰：'气机也。'问死，曰：'气机也。''孰机之？'曰：'大化呼吸之尔。'"④ 万物之生灭皆为气机主之，所谓"大化呼吸"只是说元气之无所不生的自主性与无限性。王廷相用以说明元气之化生不已的气机概念事实上等同于阴阳，是气本身所内涵的对立统一的两个方面。王廷相认为："凡有形体以至氤氲葱苍之气可象者，皆阴也；所以变化、运动、升降、飞扬之不可

---

① 王廷相曾说："水火，元气之先化，水火具而后土生，有土则万物生而大化备矣。金木者，与人物同涂也，谓五行六府急于民生之用可也，与水火并立而为生人物之本源，此则邪术小道之傅会也。"见（明）王廷相著，王孝鱼点校《王廷相集》，第671页。
② 王俊彦：《王廷相的元气无息论》，载善同文教基金会编《章太炎与近代中国学术研讨会论文集》，（台北）里仁书局1997年版，第508页。
③ （明）王廷相著，王孝鱼点校：《王廷相集》，第753页。
④ （明）王廷相著，王孝鱼点校：《王廷相集》，第764页。

见者，皆阳也。"① 这是说，阴阳统一于气之中，孤阴不育，孤阳不生。因为气本身的这种对立统一，气就有化生之性能，所以气可说"先天"地就是化育不息的，而且这种化育又是自主自发、不能自已、无所用心的。王廷相说："物不求化而化至，故物生而不感；化不为物而物成，故化存而不任。"② 又说："万物累天地，而天地不以为功，故化育不息。"③ 这就是说，气之化育不息并没有一个确定的目的，并不服从于某一个外在的要求，而完全是自然而然、势之不得已的，因而也就是不受具体的时空、特定的方所之囿限，其育物无息只是自己生化无已之性能的一种展现。

总的来看，王廷相对于天地、阴阳、气机以及水火土等在造化过程中所处的位置、所起的作用的观点是：

> 阴阳，气也；变化，机也。机则神，是天地者，万物之大囿也。阴阳者，造化之橐钥也。水火土，阴阳之大用也。故气得土之郁而含，得水之润而滋，得火之燥而坚。气有翕聚，则形有萌蘖，而生化显矣。气有盛衰，则形有壮老，而始终著矣。④

阴阳本质上就是气，是造化之本原，因其内在的对立方面而成为造化过程之发动者（"橐钥"），天地是阴阳所成之万物的总体，水火土则是阴阳之气借以施展其造化之能的工具。气之"翕聚"使气本身或形或不形，使万物繁育不息，具体器物之气有盛有衰，从而表现出生成、灭息的具体样态。

程朱理学家为了说明理的本原性，非常强调理的独立性、恒常性，他们通过区分"然"与"所以然"的形上思考，将一般规律、共相从具体存在中抽象出来，确立为万物的存在依据和宇宙的本原。但是思维的抽象所获得的一般本质和规律性缺少活泼泼的、创化万有的生机，由此而获得的太极本体只是一"枯寂无用之物"⑤，牟宗三将朱熹之所谓理概括为"只存有不活动"，在一定意义上是符合朱熹思想的实际的。王廷相对于气之化育无息、无灭的

---

① （明）王廷相著，王孝鱼点校：《王廷相集》，第752页。
② （明）王廷相著，王孝鱼点校：《王廷相集》，第764页。
③ （明）王廷相著，王孝鱼点校：《王廷相集》，第760页。
④ （明）王廷相著，王孝鱼点校：《王廷相集》，第754页。
⑤ （明）薛瑄著，孙玄常等点校：《薛瑄全集》，山西人民出版社1990年版，第1252页。

阐发就气之作为本体而言，事实上克服了朱熹在本体问题上被牟宗三所指摘的缺陷，而更符合造化之本原的要求。而且，王廷相所谓"物不求化而化至""化不为物而物成"的思想同样达到了本体所要求的脱离特殊、具体之限定的一般、共相，当然，这其中多少含有道家的思想因素。

  中国古代气论哲学中作为本原的气是一连续性的存在，是处在永恒地变易、不断地自我更新的过程中，这种连续性的一个突出表现便是气既是造化之本原，又是体现其所生成之万物的统一性的本体。本原之气是生机无限的、自发自主自动的、持续不断的、创化不息的，虽然是一连续性的创化实体，却无形体可见，在这种意义上气可谓是"形而上者"。有形的宇宙万物则是本原之气的凝聚状态，是本原之气所化生的有具体形态者，气学思想家称之为"形而下者"。与气学家的理解不同，朱熹的理气论在涉及生成的问题时总是要区分出参与具体的生成过程中的生成者与生成所依据的原则、规律，所谓"形而上者"就是生成之所以然、原则、规律，这是经由人的理性思维的抽象而得到的一般、共相。正如冯友兰所说，红色的共相并不红，朱熹认为："盖气则能凝结造作，理却无情意，无计度，无造作。"① "理"作为气之运动化生之所以然与一般原则，并不如气那样凝聚、造作、计度，这种看法显然是正确的，但是朱熹为保持作为本体之理的"纯洁性"，将这种经由思维抽象所得的一般原则与具体的存在分割开来，并将其实体化，这受到了王廷相的批评，王廷相以"通极上下造化之实体"的说法来纠正朱熹离气而论理的思想倾向，表现出气学在对本原的解释上的鲜明特点。

  与气的存有的连续性紧密联系在一起的是气的"实体"义。与此相应的是，王廷相反复申说程朱理学家所谓的理是"虚而无著"的，宇宙中并没有"悬空独立之理"，"理无机发"，不能动静生阴阳，并非造化之本原，根本上说，理的存在需要气来保证，理只是气所具有的性能、属性，是第二性的存在。因此，王廷相认为气才是"造化之实体"，气作为宇宙万有之生成的本原，是实实在在的存有，而不是主观臆造的、虚悬无象的东西，他说："二气感化，群象显设，天地万物所由以生也，非实体乎？"② "二气"即阴阳，也就是王廷相批评朱熹的理所缺少的"机发"。这里，王廷相以反问的语气肯定

---

① （宋）黎靖德编，王星贤点校：《朱子语类》，第 3 页。
② （明）王廷相著，王孝鱼点校：《王廷相集》，第 751 页。

了气才是实体，从阴阳之矛盾运动创生万物的实际情形来说明气的实体性、客观性，这正说明："中国哲学的'气'范畴，从'实体'不限于形体、形质的意义上讲，与'无''理''良知'一样，也可称为'实体'；当然，'气'作为中国古代的物质性范畴，尽管它是指无形的、连续的存在，但与西方原子论的'原子'所承担的角色一样，也是从万物构成或'化生'之本原意义上讲的'实体'。""'实体'在气论哲学中主要是客观存在的物之本原义。"①

为了说明"气"是实实在在的物质实体，王廷相说："气虽无形可见，却是实有之物，口可以吸而入，手可以摇而得，非虚寂空冥无所索取者。"② 这种说法，将物质的具体形态等同于哲学意义上的物质实体，表现出王廷相在对物质的具体存在特征与从其中通过思维的抽象而得到的物质实体的概念的不同还没有准确的把握，但这也说明，"中国哲学的'气'……是从常识性的气（如蒸气、云气、寒暖之气、呼吸之气等）升华而来，与常识性的气在物理实在的意义上没有根本的区别"③。

常识性的气可谓形而下者，作为"造化之实体"的气可谓形而上者，王廷相认为气本是"通极上下"的造化实体，表明在他而言，常识性的气与作为"造化之实体"的气在客观性、实在性上是没有区别的，哲学意义上的本原之气与常识性的气通一无二、浑融无间。王廷相对于形而上与形而下的理解充分表明了中国传统气论思想的特征，这就是："从'形而上'与'形而下'就是无形之气与有形之物的相互转化来说，中国气论的'形而上者'不仅是哲学意义的，而且是'物理学'意义的。"④

第二节 从"理一分殊"到"气一则理一、气万则理万"

一 "理一分殊"源流

"理一分殊"的命题是程颐在回答杨时对张载《西铭》"言体而不及用，

---

① 李存山：《气论与仁学》，中州古籍出版社2009年版，第42页。
② （明）王廷相著，王孝鱼点校：《王廷相集》，第973页。
③ 李存山：《气论与仁学》，第41页。
④ 李存山：《气论与仁学》，第202页。

恐其流遂至于兼爱"的疑问时提出的。张载《西铭》之作曾得到二程的极大表彰，大程说："《西铭》某得此意，只是须得他子厚有如此笔力，他人无缘做得。孟子以后，未有人及此。得此文字，省多少言语。"① 小程说："《订顽》之言，极纯无杂，秦、汉以来学者所未到。""孟子而后，却只有《原道》一篇，其间语固多病。然要之大意尽近理。若《西铭》，则是《原道》之宗祖也。《原道》却只说到道，元未到得《西铭》意思。据子厚之文，醇然无出此文也，自孟子后，盖未见此书。"② 二程认为张载《西铭》是孟子之后没有人能及得上的文字，其所蕴含的纯粹无杂的儒家仁义道德思想是秦汉以来学者所未曾发明出来的，韩愈《原道》虽然提出了儒家道统，但还未将仁之理一与义之分殊统一起来，其所谓"博爱之谓仁"的说法有流于墨氏兼爱无分之弊的危险，这是二程所不同意的。据二程看来，张载《西铭》之真义乃在于理一分殊。

二程对《西铭》的推崇自然影响到其弟子，杨时与游酢、谢良佐等人在北宋元丰初年入太学师事二程，二程便以《大学》《西铭》为教开示杨时等人。杨时认为《西铭》深刻地阐明了圣人的"微意"，但却"言体而不及用"，张载本意要打通天人，以天道为仁义道德奠定本体基础，但"乾称父，坤称母"之名义会使人错认父母，最终与墨氏兼爱无别。

针对弟子的疑问，伊川说："横渠立言，诚有过者，乃在《正蒙》。《西铭》之为书，推理以存义，扩前圣所未发，与孟子性善养气之论同功，岂墨氏之比哉？《西铭》明理一而分殊，墨氏则二本而无分。（自注：老幼及人，理一也。爱无差等，本二也。）分殊之蔽，私胜而失仁；无分之罪，兼爱而无义。分立而推理一，以止私胜之流，仁之方也。无别而迷兼爱，至于无父之极，义之贼也。子比而同之，过矣。"③

程颐认为，儒家主张的老幼及人的仁爱原则是理一，仁爱必由爱亲开始，再推及他人，其仁爱原则的实现是有差别的，并因此种差别而承担不同的伦理责任，这就是"分殊"。仁是本体，义是仁的作用，仁是理一，义是分殊，由仁及义便是"理一而分殊"。墨氏兼爱"无分"于爱之亲疏远近之差等，

---

① （宋）程颢、程颐著，王孝鱼点校：《二程集》，第 39 页。
② （宋）程颢、程颐著，王孝鱼点校：《二程集》，第 22 页。
③ （宋）程颢、程颐著，王孝鱼点校：《二程集》，第 609 页。

只讲爱而不讲仁的实现是有差别的，即不讲义之分殊，这就是"无义"。因此，墨氏兼爱是"二本而无分"，此所谓"二本"①之确切含义就是程颐指出的"爱无差等"，因为照墨家的主张，爱人之父当如爱己之父，对别人的父亲要给予一视同仁的无差别的爱，这在事实上是认他人之父为己父，在一个人的生命中就出现了两个父亲。朱熹曾说："'爱无差等'，何止二本？盖千万本也。"②显然，推行兼爱的结果何止会出现两个父亲，便是千万个父亲也不止，最终只会如程颐所说"至于无父之极"而破坏儒家所坚守的"父父、子子"之人伦秩序。

程颐之解答，在厘清墨氏兼爱与《西铭》仁爱主旨的区别的基础上，一方面说明了天人一体的仁爱之理是践行伦理行为的依据，一方面阐发了由"分立而推理一"的伦理实践方法。但是，就《西铭》的文本而言，张载对"理一分殊"之阐发并不明显。《西铭》全文为：

> 乾称父，坤称母。予兹藐焉，乃浑然中处。故天地之塞，吾其体；天地之帅，吾其性。民吾同胞，物吾与也。大君者，吾父母宗子；其大臣，宗子之家相也。尊高年，所以长其长；慈孤弱，所以幼其幼；圣，其合德；贤，其秀也。凡天下疲癃、残疾、惸独、鳏寡，皆吾兄弟之颠连而无告者也。于时保之，子之翼也；乐且不忧，纯乎孝者也。违曰悖德，害仁曰贼，济恶者不才，其践形，惟肖者也。知化则善述其事，穷神则善继其志。不愧屋漏为无忝，存心养性为匪懈。恶旨酒，崇伯子之顾养；育英才，颖封人之锡类。不弛劳而底豫，舜其功也；无所逃而待烹，申生其恭也。体其受而归全者，参乎！勇于从而顺令者，伯奇也。富贵福泽，将厚吾之生也；贫贱忧戚，庸玉女于成也。存，吾顺事；没，吾宁也。③

张载以太虚之气为宇宙本体，在天人一气的基础上来论定天人合一的理

---

① "二本"之语源于孟子，《孟子·滕文公上》载："夫夷子，信以为人之亲其兄之子为若亲其邻之赤子乎？彼有取尔也。赤子匍匐将入井，非赤子之罪也。且天之生物也，使之一本，而夷子二本故也。"
② （宋）黎靖德编，王星贤点校：《朱子语类》，第1313—1314页。
③ （宋）张载著，章锡琛点校：《张载集》，第62—63页。

想。《西铭》"民胞物与"的理想境界其实就是在天人一气的本体论基础上向人生修养论的逻辑推演。张载认为宇宙万有统一于太虚之气,人也是气化运动的产物。所谓"乾称父,坤称母"并不是说乾坤就是人的父母,张载曾说:"《订顽》之作,只为学者而言,是所以订顽。天地更分甚父母?只欲学者心于天道。若语道则不须如是言。"① 这说明对乾父坤母不能从字面上去理解。乾坤即天地,在张载的哲学体系中,乾坤、天地与气实为异名而同指,只是言之的角度不同,张载说:"物物象天地,不曰天地而曰乾坤者,言其用也。乾坤亦何形?犹言神也。人鲜识天,天竟不可方体,姑指日月星辰处,视以为天。阴阳言其实,乾坤言其用,如言刚柔也。乾坤则所包者广。"② 之所以不说天地而说乾坤,是为了突出气的无形无体、变化莫测,以及气所内在的对立统一等方面的规定性。张载认为天地万物都是气化而成,"推本而言",气是宇宙万物的本原,所以说乾坤天地"当父母万物"。③ 张载使用"乾称父,坤称母"这样的说法,表明他是把天地万物当成一个大家庭,把社会化的人伦关系推衍到了天地万物,表达了一种建立在天人一气基础上的社会政治理想。按照张载的设想,因为人与天地万物都是太虚之气聚合而成,充塞于宇宙中的只是气,所以,别人与我就是同胞兄弟的关系,万物与我也是同伴的关系,因而我对他人、对万物就相应地负有一定的责任和义务。所谓"民胞物与"的理想,既表达了儒家仁民爱物的精神关怀,也坚持了儒家一贯主张的在仁爱基础上履行相应伦理义务、承担相应伦理责任以落实仁爱原则的社会价值目标。张载在文中使用父母、宗子、大君、大臣等意味特殊社会责任的社会角色性词汇,其意义就在于使天人一气基础上的仁爱原则通过具体的伦理实践得以落实,就此而言,程颐理一分殊的解说并不错。

张载从天人一气的前提出发而提出的"民胞物与"的道德理想成为之后儒家知识分子所共同尊奉的理想追求,二程推崇《西铭》"扩前圣所未发",在很大程度上是因为它更为直接而深刻地表达了儒家一贯所主张的以天地万物为一体、超越个体的穷达生死而只以自身道德的修养完善为依托来践行其

---

① (宋)张载著,章锡琛点校:《张载集》,第313页。
② (宋)张载著,章锡琛点校:《张载集》,第177页。
③ 陈俊民说:"'乾父坤母'之旨,不是'理一而分殊',而是'天人一气,万物同体',亦即关于世界统一性的'天道'宇宙本体论学说。"见陈俊民《张载哲学思想及关学学派》,人民出版社1986年版,第91页。

作为天地之子的道德责任的理想境界，同时，《西铭》从宇宙本原论的高度论证了仁的普遍本质与"爱从亲始""爱有差等"的关系。但是，程颐对于张载借以奠定其"乾坤父母""民胞物与"的天人合一理想的太虚本体并不满意，因杨时之问而发的"理一分殊"之语，其问题意识主要聚焦于"二本"之爱对于儒家伦常秩序的破坏和怎样践行儒家仁爱之原则方面，完全抛开了张载《西铭》中所隐含的贯通天人的本体论根基，是直接从人生修养论入手的，所以，以理一分殊来概括《西铭》之本旨其实表达的是程颐自己的"性即理"的本体论思想，其云《西铭》"推理以存义"，实乃是以仁之理及仁、义之体用关系来重新诠释《西铭》，发挥的是仁体义用、仁之理一与义之分殊的伦理思想。

二 朱熹对"理一分殊"的发挥

与二程一样，朱熹也极为推崇《西铭》，但不同的是朱熹同时也非常重视周敦颐的《太极图说》，他告诉弟子："自孟子以后，方见有此两篇文章。"[1]朱熹把《西铭》和《太极图说》放到同等重要的位置来看待，并且在注解《太极图说》之后不久即做《西铭解》，显然是二文所共具的宇宙本原论思想因素能够满足朱熹形上思辨的兴趣。朱熹曾说周子《太极图说》"阐夫太极阴阳五行之奥，而天下之为中正仁义者，得以知其所自来"[2]，认为《太极图说》为人性的究极根源亦即"所自来"提供了说明。客观地说，周子的"太极阴阳五行"之生成论模式满足了朱熹对人性之善之根源的本体论思考。与《太极图说》一样，《西铭》也涉及"所自来"的问题，朱熹说："所以《太极图》说，'五行一阴阳也，阴阳一太极也'，二气交感，所以化生万物，这便是'天地之塞吾其体，天地之帅吾其性'。只是说得有详略，有急缓，只是这一个物事。"[3]《太极图说》和《西铭》虽然说得"有详略""有急缓"，但都揭示了"中正仁义"之"所自来"的终极本源。

事实上，朱熹之所以要关注"所自来"的问题，其目的是要为人性之善找到一个终极根源，并且能够将道德实践上的应然与人性之自然统一起来，

---

[1]（宋）黎靖德编，王星贤点校：《朱子语类》，第3307页。
[2] 朱杰人、严佐之、刘永翔主编：《朱子全书》，第3768页。
[3]（宋）黎靖德编，王星贤点校：《朱子语类》，第2387页。

解决本体与价值的统一问题。这样一种思想诉求直接促使朱熹把人类社会的伦理原则推至形上，要从宇宙本原的高度来贞定人性，从而将伦理道德上的应然化为人性之自然。由此，天道与人道的贯通便是他要思考的首要问题，朱熹"按照天人之学的内在逻辑要求，采取了一种双向互动的思维模式，一方面援引天道来论证人道，另一方面又依据人道来塑造天道，务求使自然主义与人文主义形成一种有机的结合而不流入一偏。……为了论证儒家的性善之理，必须见得上面一层的道体，从天命之谓性的价值的源头处说起"①。这就是说，天人贯通的内在要求是以天道为人道提供价值根源，以人道之当然来反射天道之自然，实现人的存在之实然与当然的统一。朱熹说："天下万物当然之则，便是理；所以然底，便是原头处。……但圣人平日也不曾先说个天理在那里，方教人做去凑。只是说眼前事，教人平平恁地做工夫去，自然到那有见处。"② 朱熹认为理是天下万物的当然之则，此当然之则的"原头处"在所以然，而所以然其实就是物之为物的内在本质和规律，此乃是天命而有。朱熹以宇宙本原论上的所以然为价值论上的当然之则的"原头"，是要为价值奠定宇宙本原论的基础，以存在的"所以然"之理为价值的"所当然"之理的根源，由此说明二者的统一。但是这种统一还只是停留在由天道而下贯于人道的层面，还没有从人道上达于天道，这就需要从眼前事"平平恁地做工夫"，不断修养和体验，从所当然之事中体认其所以然，在人的生活实践中真正实现二者的统一。

由此看来，深探宇宙造化之理与人性之存在根基的《太极图说》与《西铭》为朱熹所重视便不是偶然的了，朱熹需要《太极图说》的宇宙生成论来解释人性的价值源泉，而《西铭》所阐发的乾坤父母、宗子家相的伦常体系从理一分殊的层面为下学而上达指出了一条切实的路径，经由这一"所当然"之伦理实践便可实现天人合一。当然，朱熹对这两篇文章的注解贯穿了理本论的立场，其解"无极而太极"为"无形而有理"，解"乾父坤母"之义为"有生之类，无物不然"的"理一"，将《太极图说》与《西铭》纳入理学的体系中加以改铸，依托于"太极阴阳五行"和"乾坤父母"的宇宙论体系，以理学的核心观念——"理"来阐发天道之真与人性之善双向贯通的思想逻

---

① 余敦康：《汉宋易学解读》，华夏出版社 2006 年版，第 512—529 页。
② （宋）黎靖德编，王星贤点校：《朱子语类》，第 2825 页。

辑，将理提到天命亦即天道流行的高度来加以认识，通过理之所以然与所当然合一的理论勾画，最终实现了人性之自然与伦理之当然的统一，将仁义道德确定为人的本体性存在特征，最终达到了儒家伦理原则的形上化。

程颐针对杨时之问而提出"理一分殊"的命题，其本来的目的是要厘清墨家兼爱说与儒家仁义之道的分际，其伦理的意味是很强烈的。但是，要应对有丰富形上思辨性的佛老之学的挑战，仅限于从伦理的角度去阐发理一分殊的意蕴还是不够的，还必须开显儒家仁义之道的形上根基。朱熹把《太极图说》与《西铭》结合起来加以融会贯通，显然很好地完成了这个任务。与此同时，理一分殊说也具有了比原来程颐提出这个命题时丰富得多的意蕴。陈来在谈到朱熹对于理一分殊命题的发展时说："一个哲学命题开始提出的时候其意义有时是比较具体的。而一个哲学命题一旦取得了一定的文字形式，以后的人们便可以在文字形式允许的范围内从不同角度或方面去理解它和运用它，从而超出提出它时的具体意义。特别是由于文字的多义性使这一点表现得更为明显，甚至在某些情况下还超出了按照文字形式所规定的意义范围去运用前人思想资料。"[①] 事实上，在朱熹而言，理一分殊不仅是指普遍的伦理原则与具体道德规范之间的关系，还指本体与现象、一与多、普遍性与特殊性等之间的关系。理一之理已经不只是一个普遍的仁爱之伦理原则，而是成为天地万物之所以存在和变化的形上根据；分殊也不仅是指具体的伦理实践，还指与形上之理区别开的所有形下界的存在，理一分殊命题在朱熹已成为一个包含着丰富的多层次内容的、"世界观与方法论相统一、智的认识论与德的修养论相统一的本体论模式"[②]。

纵观理一分殊命题在朱熹哲学体系中的意义，至少有这样几方面是值得注意的：一是理一分殊之"理"乃形上之理，理一与分殊所涉及的是形上和形下、本然和实然的问题，理一属于形上界，分殊属于形下界，理一分殊的这种形而上、下之划分使得儒家仁义之道由形下界升至形上界的同时，也使朱熹之形上学笼罩着道德化的色彩，这与其形上学的构建是通过道德的进路

[①] 陈来：《朱子哲学研究》，第113页。
[②] 束景南：《朱熹的"理一分殊"及其认识论指向》，《四川师范大学学报》（社会科学版）2006年第2期。

达成有关。① 也就是说，虽然朱熹在用理一分殊来论证世界的统一性时采取了客观描述的方法，但其理论的出发点和落脚点都不是一般意义上的存在问题，而是由人的生命存在参与其中并占据主导地位的伦理问题，是着重于存在与价值的统一而归向价值问题的。

朱熹认为，天地万物皆有当然之则，这是天之所赋而非人为的自然之理。人立身处世，遵循君臣父子夫妇长幼朋友之当然之则，这也是自然之理。有学生曾问："《或问》，物有当然之则，亦必有所以然之故，如何？"朱熹答曰："如事亲当孝，事兄当弟之类，便是当然之则。然事亲如何却须要孝，从兄如何却须要弟，此即所以然之故。如程子云：'天所以高，地所以厚。'"②

理是所以然与所当然的统一，所以然之故可谓客观规律，所当然之则可谓道德原则。当然，自然界的事物是不可能遵循什么道德法则的，但在朱熹而言，问题不在于自然界是否存在道德法则，而是要指出，物之存在必有其所以如此存在的理由，有其所以如此存在的条件，若不能满足这个条件，物之存在就是不可能的。朱熹说："天下之物，皆实理之所为，故必得是理，然后有是物。所得之理既尽，则是物亦尽而无有矣。"③ 这是认为事物的本质与规律（"所得之理"）就是它的存在条件，从这个意义上说，物之存在条件亦可谓当然之则。如果从存在的整体性来看，本没有所谓的所当然之则与所以然之故的划分，但朱熹做出这种划分，目的是从本体论的高度为现实的事亲从兄等伦理行为做出说明，将人的自然性存在统合到价值论上，以伦理道德上的应然统摄人的自然性存在。更重要的是，在朱熹这种合所以然与所当然而为一的论证中暗含着一种内在的合目的性原则，朱熹说"四时行，百物生，莫非天理发见流行之实"④。一方面，物之生成与存在皆是理之所为；另一方面，物之现实存在又无不体现着天理之当然，表征着天理的完满性与至善性。朱熹说，"太极只是天地万物之理"，"若无太极，便不翻了天地"，⑤ 又说，

---

① 牟宗三曾说："后者（按：即道德的形上学）则是以形上学本身为主（包含本体论与宇宙论），而从'道德的进路'入，以由'道德性当身'所见的本源（心性）渗透至宇宙之本源，此就是由道德而进至形上学了，但却是由'道德的进路'入，故曰'道德的形上学'。"见牟宗三《心体与性体》上册，上海古籍出版社1999年版，第120页。

② （宋）黎靖德编，王星贤点校：《朱子语类》，第414页。

③ （宋）朱熹撰：《四书章句集注》，第34页。

④ （宋）朱熹撰：《四书章句集注》，第180页。

⑤ （宋）黎靖德编，王星贤点校：《朱子语类》，第1—2页。

"太极只是个极好至善底道理。人人有一太极，物物有一太极。周子所谓太极，是天地人物万善至好底表德"①。这说明，太极作为天地万物的内在本质又并非某种实体，而是一极好至善的道理，既是天地万物之获得存在之现实性的依据，也是万物所应趋向的标准。"原'极'之所以得名，盖取枢极之义。圣人谓之'太极'者，所以指夫天地万物之根也。"② 以枢极、万物之根为言，强调"人人有一太极，物物有一太极"的存在论事实，所要传达的信息是宇宙的生化因为有了太极的主宰，才使得世界有了秩序，也具有了价值属性，而万物的生成与存在只有在展现出这种秩序性并不断地趋向于"万善至好"的标准时，才可说是现实的，而且其自身也就获得了无尽的生机，就此而言，朱熹所谓理一之理不单单是体现了万物之统一性，也是一种合目的性的原则。从这个意义上说，牟宗三对于朱熹"理生气"的解释可谓确当，牟宗三认为朱熹"理生气"的"生"并没有生成论上的产生之义，其内涵"不是从理中生出气来，只是依傍这理而气始有合度之生化。就人言，则是依这理引生心气之革故生新。心气通过其心知之明之认识理而向往理而依之，则引申（似应为'生'，引者注）心气之合度之行，不依之，则昏沉堕落而暴乱"③。

这就是说，理对气有一种规范性，要规范气的生成与运动，但"气虽是理之所生，然既生出，则理管他不得。如这理寓于气了，日用间运用都由这个气，只是气强理弱"④。气一旦生成，理便"管他不得"，这样气在运动中就不能不有溢出理之规范之外的可能，这就是恶的来源。但是，毕竟理是气运动的标准，要是没有形上之理对于气的规约，气化世界便是无序的、无意义的，甚或连其存在的可能性都是值得怀疑的。在朱熹看来，"若无太极，便不翻了天地"，"未有无气之理"，"若无此理，便亦无天地，无人无物，都无该载了"⑤，可见，理为这个世界提供了存在依据并赋予其意义，气在其运动中就应不断地趋向于理。朱熹一方面说气有凝聚、造作的能动性，是生物之本，理则是一个洁净空阔的世界，这落实到人生论上就是要求人发挥其主体

---

① （宋）黎靖德编，王星贤点校：《朱子语类》，第2371页。
② （宋）黎靖德编，王星贤点校：《朱子语类》，第2366页。
③ 牟宗三：《心体与性体》下册，第461页。
④ （宋）黎靖德编，王星贤点校：《朱子语类》，第71页。
⑤ （宋）黎靖德编，王星贤点校：《朱子语类》，第1—2页。

第二章　王廷相的元气实体论

的能动性，以人心为道德实践的主体和发动者；但另一方面，人心因其落在气一边，而有不服从理之规范、约束的可能，所以就要有敬义夹持、涵养与致知并进的修养工夫。

理一分殊对于朱熹哲学体系所具有的第二个方面的意义在于，借着理一分殊的分析模式，朱熹把本体论、宇宙论和人性论绾结起来，在论证天道之"理"的事实规律性与道德价值性合一的同时，为人性之善提供本体论的证明，对现实中的人性之恶做出合理解释。这一理论任务是通过以理一分殊的解释模式结合"性即理"的论断完成的。

程颐提出性即理，认为性是作为宇宙本原的"理"在人、物上的体现，理则是自尧舜至于途人完全没有分别的纯善的本体。程颐说："性字不可一概论。'生之谓性'，止训所禀受也；'天命之谓性'，此言性之理也。"① 程颐接受张载天命之性、气质之性的说法，但以理为天命之性，以生之谓性为气质之性。程颐与程颢一样主张"论性不论气不备，论气不论性不明"，但是，他更强调理气之分，将理概括为"所以一阴一阳"者，从本体论的角度说明理是气之所以然，而不是从宇宙生成论的角度做理气先后的安排，理气二者可说是平行地横向联系着的，因此天命之性与气质之性就可以是分别来自理和气。② 朱熹则在这平行的关系之上拈出天道来笼罩理气双方，从宇宙论的层面给理气与天道做出安排，而"天命之谓性"的生成论模式显然是最应手的可资借用的工具。有学者分析朱熹此处的注解说："在这里，'性即理'的架构是通过'天命之谓性'的生成序列得以发明的。气与理的地位在这里是并列的，天的范畴对气理双方起着统合、主导的作用。正是由于天之作用，气与理合而生成人物。"③ 这是认为朱熹是以天为万物生成的根源，从"天命之谓性"的下贯链条而言，天所赋予万物的是整体性的性理；而从人物之具体存在来看，则是理气之合而成者，理与气是同时性的相对并存关系。这说明天命所赋予的性是从源头上说的性，其本质虽然也是理，但这与"于是人物之生，因各得其所赋之理"的理是不一样的，不在一个层次上，从源头上说的

---

① （宋）程颢、程颐著，王孝鱼点校：《二程集》，第313页。
② 程颐将气质之性又称为才，他说："性即是理，理则自尧、舜至于涂人，一也。才禀于气，气有清浊。禀其清者为贤，禀其浊者为愚。"[（宋）程颢、程颐著，王孝鱼点校：《二程集》，第204页] 才有善有恶，性之本即理，是纯善的。
③ 向世陵：《理气性心之间——宋明理学的分系与四系》，人民出版社2008年版，第310页。

"天命之性"是从天道流行的整体而言的,朱熹说:"自'性与天道'言之,则天道者,以天运而言。自'圣人之于天道'言之,则天道又却以性分而言。这物事各有个顿放处。"又说:"譬如一条长连底物事,其流行者是天道,人得之者为性。乾之'元亨利贞',天道也,人得之,则为仁义礼智之性。"① 所谓"各有个顿放处"便是在天命之流行与人物各得之之间有了分别。这种从流行的角度说的理与"各有顿放处"说的理若用理一分殊来说明,就可以指普遍之理一与具体的规律、特殊之理,"分"就可以从"分散、分开"以及"性分"的角度理解,"理一分殊便可以用来阐发本源与派生的关系从而包含本体论的意义"②。从本体论的意义上说的理就是天命之性,朱熹说:"大本者,天命之性,天下万理皆由此出,道之体也。"③"天命之性,万理完具;总其大目则仁义礼智,其中遂分别成许多万善。""性只是理,万理之总名。此理亦只是天地间公共之理,禀得来便为我所有。"④

朱熹认为,从天道流行的角度而言,其内容就是元亨利贞,天道流行而化生万物,便把这整体性的天命之性下贯于人物而成人物的本然之性,此本然之性从天命流行的角度说是"理亦赋焉"之理,从万物的禀受或天理的顿放处说是"人物之生,因各得其所赋之理"的理,本然之性"总其大目则仁义礼智",这也是天地间公共之理的实质内容。本然之性是从万物之禀赋上说的性,虽然其内容与天命之性完全一致,具备了太极本然的原貌,是万物的根本之性,但是,因为本然之性需要气质来安顿,气质的粹驳不一,就使得在事实上事物不能完全具备本然之性,表现在现实的人性上,就是有善有不善。

但在这里,气质的粹驳与否并不是问题的核心,朱熹关键是想以理一分殊的论证方式来说明太极之理在万物之中的表现是绝对同一的。朱熹《通书解》在《理性命》章下注曰:"自其本而之末,则一理之实,而万物分之以为体,故万物各有一太极。"⑤ 有人以为此处之分乃是从太极之理中分得了一部分,因而自身就有了太极之理,太极本身是可分的。这种理解是把太极当

---

① (宋)黎靖德编,王星贤点校:《朱子语类》,第725页。
② 陈来:《朱子哲学研究》,第113页。
③ (宋)朱熹撰:《四书章句集注》,第18页。
④ (宋)黎靖德编,王星贤点校:《朱子语类》,第2816页。
⑤ (宋)周敦颐著,陈克明点校:《周敦颐集》,中华书局2009年版,第31页。

成了由部分所组成的整体，对此，朱熹解释道："本只是一太极，而万物各有禀受，又自各全具一太极尔。如月在天，只一而已；及散在江湖，则随处可见，不可谓月已分也。"① 朱熹明确指出此"分"并不是分得，也不意味着太极本身的分裂，而是指万物对太极之理的禀有，他强调此禀有是完整的获得，是每一物的"自各全具"，每一物所"自各全具"的太极之理与统体之太极并没有分别，也就是说："合而言之，万物统体一太极也；分而言之，一物各具一太极也。"② 为了说明物物各具之太极与统体之太极是绝对的同一，朱熹引用佛教的说法："'一月普现一切水，一切水月一月摄。'这是那释氏也窥见得这些道理。濂溪《通书》只是说这一事。"③ 月映万川之喻生动地说明了万物各具之太极与统体之太极的关系，但是比喻毕竟不同于思想本身，它有助于我们不断靠近思想真正想表达的东西，但它和思想的真实之间的距离却是永远无法消除的。就月映万川之喻来说，映在万川中的月只是一种映像，而不是月亮本身，而朱熹真正想表达的意思是每一事物所禀有的太极之理与作为宇宙本体的太极是绝对同一的。事实上，朱熹所举的苗木的例子更能说明问题，他说："周子谓：'五殊二实，二本则一。一实万分，万一各正，大小有定。'自下推而上去，五行只是二气，二气又只是一理。自上推而下来，只是此一个理，万物分之以为体，万物之中又各具一理。所谓'乾道变化，各正性命'，然总又只是一个理。此理处处皆浑沦，如一粒粟生为苗，苗便生花，花便结实，又成粟，还复本形。一穗有百粒，每粒个个完全；又将这百粒去种，又各成百粒。生生只管不已，初间只是这一粒分去。物物各有理，总只是一个理。"④ 每一粒粟所含具的生生之理与"初间只是这一粒分去"的粟所含具的生生之理是一样的，虽然一穗中的百粒粟各有其特点，但这百粒粟中含具的生生之理是完全同一的。

按照朱熹的看法，天地万物总体是一个太极，这是宇宙的本体，是天命之性，是理一，此理随着天命之流行而贯注到每一事物中。每一事物都禀有此理而成分殊之理，宇宙万物都禀有此作为宇宙本体的太极作为自己的性理（本然之性），这样，理一分殊就在性理的意义上说明了万物的统一性。但这

---

① （宋）黎靖德编，王星贤点校：《朱子语类》，第2409页。
② （宋）周敦颐著，陈克明点校：《周敦颐集》，第4页。
③ （宋）黎靖德编，王星贤点校：《朱子语类》，第399页。
④ （宋）黎靖德编，王星贤点校：《朱子语类》，第2374页。

并不是说具体事物没有自身的规定性，就具体事物的现实存在而言都是"理与气杂"，所以又各有其气质之性，气质之性说明了事物的特殊性。①

朱熹从天道流行的层面说理一而分殊，将人物之性分为本然之性与气质之性，目的是论证人性是善，其云："性，以赋于我之分而言；天，以公共道理而言。天便脱模是一个大底人，人便是一个小底天。吾之仁义礼智，即天之元亨利贞。凡吾之所有者，皆自彼而来也。故知吾性，则自然知天矣。"②天之元亨利贞即人性之仁义礼智，朱熹之所以把作为自然规律之理的元亨利贞（自然物的"生长遂成"）与作为道德准则的仁义礼智"牵强附会地结合起来"③，是为了奠定人性本善的本体论基础，实现人的自然存在与价值存在的统一。朱熹说："这理是天下公共之理，人人都一般，初无物我之分。不可道我是一般道理，人又是一般道理。将来相比，如赤子入井，皆有怵惕。知得人有此心，便知自家亦有此心，更不消比并自知。"④ 又说："近而一身之中，远而八荒之外，微而一草一木之众，莫不各具此理。如此四人在坐，各有这个道理，某不用假借于公，公不用求于某，仲思与廷秀亦不用自相假借。然虽各自有一个理，又却同出于一个理尔。如排数器水相似；这盂也是这样水，那盂也是这样水，各各满足，不待求假于外。然打破放里，却也只是个水。此所以可推而无不通也。所以谓格得多后自能贯通者，只为是一理。"⑤ 显然，传统的性善论经过理一分殊的论证，其理论的圆满性和确定性得到了加强。

孟子在说到恻隐之心人皆有之时，还只是从经验观察所得的现象入手而缺少本体论的说明，虽然说四端之心是天之所与，但这种说法多少含有硬说的成分，在论证的精确与细密程度上、在对实然与应然的本体统一的说明上

---

① 在此，陈来的解释对我们的理解是有帮助的，他说："朱熹讲的具体万物之'理'，有时是指事物内部所禀得的天理，即仁义礼智之性；有时则是指具体事物的规律，本质。如果用传统的概念来分疏，朱熹所谓'物理'的概念有两种意义，一是上述前者之意即'性理'，一是上述后者之意即'分理'。当朱熹宣称万物之理无差别的时候，他是指万物的'性理'，即万物禀受于天而成就的性，并不意味着他认为万物的具体规律，如舟之可行于水、车之可行于陆、大黄附子、厅堂桃李之理都是无差别的。所以，所谓一理与万理的关系对于性理和分理是不同的，从而理一分殊对二者的意义也不相同。"见氏著《朱子哲学研究》，第113—114页。
② （宋）黎靖德编，王星贤点校：《朱子语类》，1426页。
③ 《张岱年全集》第四卷，第496页。
④ （宋）黎靖德编，王星贤点校：《朱子语类》，第399页。
⑤ （宋）黎靖德编，王星贤点校：《朱子语类》，第398—399页。

难以与朱熹的理一分殊说相比。

理一分殊对于朱熹哲学体系所具有的第三个意义便是在提供人性善的证明的同时,也赋予了自然界以伦理价值,使之成为一个道德的世界。

朱熹将天道流行的内容规定为元亨利贞,认为太极是极好至善的道理,这表明在朱熹而言,宇宙并不是死寂的、冰冷的,而是充满着"生生不已"之创化仁理的,此"生生不已"之仁理就是宇宙万物的本体,此本体创发万物而又内在于万物之中,可说是一既超越又内在的本体。在这种不断的生命创造的过程中,既有超越的普遍法则即理一,又有个别原则即分殊,理一与分殊之间的关系从宇宙论上说是生成与被生成、赋予与禀受,从本体论上说是所以然与然、本体与实在,这种关系最终都在"生生不已"的基础上达到了统一,实现了人与自然的统一,太极之一理与万殊之物(理)的统一。借助理一分殊的思维方法,理成为朱熹沟通人文与天道的本体基础,"当他(理)内在于事物,成为其动静变合的'原理'的意义上,是自然法则;但作为本然之性,而内在于人类的身上时,则毋宁是人类行为所当效法的规范。换言之,朱子学的理,是物理而同时是道理;是自然而同时是当然。于是,自然法则和道德规范是连续着的。……这个连续,不是对等的连续,而是从属的连续。物理对于道理,自然法则对于道德规范,完全从属着,是不能承认他的对等性的"①。因而,宇宙自然之于朱熹就是一有生机的、满含着创造之价值的宇宙,是一天道与人道相贯通的人文宇宙。但是,也正如前面所指出的,在这种充满生机、满含价值的宇宙中是没有自然法则的独立地位的,对于自然物理的追求也都从属于印证天理的道德实践。

由此我们可以说,朱熹通过理一分殊的论证模式将太极之理提升到宇宙本原的高度,所构建起来的形上学并不是纯粹意义上的,而是从属于其人性论的,有学者即指出:"(朱熹思想发展过程的特点)不是由一般的天道观而引申出人性论、心性论,而是相反,由心性论以建立天道观、宇宙图式。"②因此,"对于这形而上学,终不能予以最良的意义的'第一哲学'的荣誉。朱子学里的宇宙论以及存在论,毋宁是只占着人性论的'反射'的地位"③。人

---

① [日]丸山真男:《日本政治思想史研究》,徐白、包沧澜译,台湾商务印书馆1980年版,第19页。
② 金春峰:《朱熹哲学思想》,第115页。
③ [日]丸山真男:《日本政治思想史研究》,第19页。

性论对于宇宙论、存在论的"反射"鲜明地表现在朱熹以天道之元亨利贞等同于人道之仁义礼智，以人道之仁理回照自然之生长遂成的普遍规律，并直接等同于宇宙万物的存在本质。这表明，在朱熹的本体论思考中，其对于理气、然与所以然这样的实存分析从来都不是单纯的，而是以构建一个合理的人伦秩序、宇宙秩序为指向的，在这样一种思维的大前提下，有关本体的、宇宙论的思考就不是完全独立的，而是在人性论的观照之下进行的，为了奠定人伦秩序的终极合理性，朱熹甚至直接以人类社会的伦理原则为宇宙原则，如其所云："宇宙之间，一理而已。天得之而为天，地得之而为地，而凡生于天地之间者，又各得之以为性。其张之为三纲，其纪之为五常，盖皆此理之流行，无所适而不在。"① 这样做的结果便是将宇宙万有都笼罩在性善论的理解模式之下，② 从而走向了泛道德主义。

"所谓'泛道德主义'，就是将道德意识越位扩张，侵犯到其他文化领域（如文学、政治、经济），去做它们的主人，而强迫其他文化领域的本性，降于次要又次要的地位；最终极的目的是要把各种文化的表现，统变为服役于道德，和表达道德的工具。"③ 这是从文化的一般性角度来分析泛道德论的渗透与影响。事实上，从程朱理学的泛道德论思想去理解，人以及人周围的世界本质上都是道德的存在。朱熹说太极是"天地人物万善至好底表德"，这不仅说明了世界是一个道德的存在，同时也说明了太极是宇宙万有的终极标准，而这个标准的具体内容就是"万善至好"。朱熹所谓的太极实质上是从道德本心或性理上讲的本体，虽然他用了对宇宙万物之然与所以然进行客观的抽象分析的方法，但这都是为了说明宇宙的全体是以"万善至好"为终极目的的，④ 理一分殊的方法则更加确证了这一点。

三 罗钦顺对"理一分殊"的继承

朱熹理一分殊的观点可以用作解释有关本原与派生、普遍与特殊等方面

---

① 朱杰人、严佐之、刘永翔主编：《朱子全书》，第3376页。
② 李存山说："程朱理学既然以道德伦理为世界的本原，那么按照'体用一源，显微无间'的思维模式，道德伦理便遍在于世界万物，'无所适而不在'。此即程朱理学的泛道德论思想。"见氏文《试析程朱理学的泛道德论思想》，《人文杂志》1991年第4期。
③ 韦政通：《儒家与现代中国》，上海人民出版社1990年版，第88页。
④ 冯友兰说："太极在朱熹系统中的地位，相当于柏拉图系统中'善'的理念。"见冯友兰《中国哲学简史》，北京大学出版社1985年版，第341页。

第二章　王廷相的元气实体论

的问题，当用作解释宇宙本原与万物的关系时，就包含理为气本的意思。明代哲学的主要关注点在心性问题上，因此对于理一分殊的问题阐发不多。到明中期，罗钦顺接过朱熹的这一理论方法来阐发其心性论思想。

罗钦顺在理气关系上主张理在气中，反对将理视为一种实体，他说：

> 自夫子赞《易》，始以"穷理"为言。理果何物也哉？盖通天地，亘古今，无非一气而已。气本一也，而一动一静，一往一来，一阖一辟，一升一降，循环无已。积微而著，由著复微，为四时之温凉寒暑，为万物之生长收藏，为斯民之日用彝伦，为人事之成败得失。千条万绪，纷纭缪轕而卒不可乱，有莫知其所以然而然，是即所谓理也。初非别有一物，依于气而立，附于气以行也。①

罗钦顺认为理是体现在万物的运动当中、使万物之运动呈现出某种秩序的规律，理并不是一种实体性的存在，理就在气中。罗钦顺认为理当于气之转折处观之，在气的运动转折中所体现出来的"莫知其所以然而然"者就是理。

朱熹认为事物都由理气两方面结合而成，没有无理之气，也没有无气之理，但在理气关系上坚持理为气本，当以理一分殊的模式来探讨宇宙的本原与其派生物时，理为气本的倾向就更加明显，并且在事实上将理当作实体性的存在。罗钦顺说理就是气之运动转折中体现出来的规律，显然在理气关系的说明上克服了把理视为一物的实体化倾向。但是，罗钦顺之所谓理虽是从气之往来屈伸处所说的规律，是从事物发展的过程上所理解的规律、法则，但更主要的是指物我一体、天人一体的理，是带有伦理意义的理，而这与他接受了程朱性即理的思想有很大的关系，② 其云：

> 人固万物中之一物尔，须灼然见得此理之在天地者与其在人心者无二，在人心者与其在鸟兽草木金石者无二，在鸟兽草木金石者与其在天

---

① （明）罗钦顺著，阎韬点校：《困知记》，第4—5页。
② 罗钦顺曾说："人只是一个心，然有体有用。本体即性，性即理，故名之曰道心。"（明）罗钦顺著，阎韬点校：《困知记》，第124—125页。

地者无二，方可谓之物格知至，方可谓之知性知天，不然只是揣摩臆度而已。盖此理在天地则宰天地，在万物则宰万物，在吾心则宰吾身，其分固森然万殊，然止是一理，皆所谓纯粹精也。以其分之殊，故天之所为，有非人所能为者，人之所为，有非物所能为者。以其理之一，故能致中和，则天地以位，万物以育。中，即纯粹精之隐于人心者也；和，即纯粹精之显于人事者也。自源徂流，明如指掌，故曰"圣人本天"。……殊不知万物之所得以为性者，无非纯粹精之理，虽顽然无知之物，而此理无一不具。不然，即不得谓之各正，即是天地间有无性之物矣。①

所谓天下没有无性之物，其实就是指天下没有无理之物，此理遍在于天地、人心、鸟兽草木甚至金石等顽然无生命物质中，其实质内容都是相同的，这实际就是程朱之天理。罗钦顺又说：

> 天理，通天地人物而言，《易》所谓"性命之理"是也。仁字专就人身而言，《易》所谓"立人之道，曰仁与义"是也。盖天地人物，原无二理，故此理之在人心者，自与天地万物相为流通，是之谓仁。果认得天理分明，未有不识仁者。②

显然，罗钦顺之所谓理是与仁处于同一层次的概念，都是伦理道德的总称。这样的理解与朱熹并没有什么不同。

在人性论上，罗钦顺从气本论的观点出发，认为人、物之性皆来自气，他说：

> "天命之谓性"，自其受气之初言也；"率性之谓道"，自其成形之后言也。盖形质既成，人则率其人之性，而为人之道；物则率其物之性，而为物之道。均是人也，而道又不尽同，仁者见之则谓之仁，知者见之则谓之知，百姓则日用而不知，分之殊也，于此可见。③

---

① （明）罗钦顺著，阎韬点校：《困知记》，第 123 页。
② （明）罗钦顺著，阎韬点校：《困知记》，第 125 页。
③ （明）罗钦顺著，阎韬点校：《困知记》，第 9 页。

第二章　王廷相的元气实体论

自受气之初看，皆是一性，亦可谓一理，成形之后其所循由之规律则各不相同，所以说人有人之性、物有物之性，此可谓分殊。从这样一种认识出发，罗钦顺认为将性划分为天命之性与气质之性就是不必要的。他说：

> 曰"天命之性"，固已就气质而言之矣，曰"气质之性"，性非天命之谓乎？一性而两名，且以气质与天命对言，语终未莹。朱子尤恐人之视为二物也，乃曰"气质之性，即太极全体堕在气质之中"。夫即以堕言，理气不容无罅缝矣。惟以理一分殊蔽之，自无往而不通。①

由此可见，罗钦顺是要用理一分殊的方法来解决天命之性与气质之性的二元化问题。罗钦顺认为天命之性就是指气质之性，是就人受气之初来说的，根据其理气为一的本体论，性来自气，是指气之生理与气联系在一起，所谓气质之性就是天命通过气禀而赋予人的性，天命之性须从气质上认取，离了气质，就无所谓天命之性。

罗钦顺具体分析了程朱天命、气质之性的观点，认为：

> 理一分殊四字，本程子论《西铭》之言，其言至简，而推之天下之理，无所不尽。在天固然，在人亦然，在物亦然；在一身则然，在一家亦然，在天下亦然；在一岁则然，在一日亦然，在万古亦然。持此以论性，自不须立天命、气质之两名，粲然其如视诸掌矣。但伊川既有此言，又以为"才禀于气"，岂其所谓分之殊者，专指气而言之乎！朱子尝因学者问理与气，亦称伊川此语说得好，却终以理气为二物，愚所疑未定于一者，正指此也。②

程颐所谓"才禀于气"即是指气质之性，由于先天气禀的清浊、厚薄而有现实人性的不同，其以理一分殊论《西铭》则是就伦理规范的普遍性与具体伦理义务的特殊性而言。罗钦顺则认为以理一分殊论性，只需一性（气质之性）即可尽性命之妙，而不须立天命、气质之两名。罗钦顺说：

---

① （明）罗钦顺著，阎韬点校：《困知记》，第7—8页。
② （明）罗钦顺著，阎韬点校：《困知记》，第9页。

· 83 ·

一性而两名，虽曰"二之则不是"，而一之又未能也，学者之惑，终莫之解，则纷纷之论，至今不绝于天下，亦奚怪哉！愚尝寤寐以求之，沉潜以体之，积以岁年，一旦恍然，似有以洞见其本末者。窃以性命之妙，无出理一分殊四字，简而尽，约而无所不通，初不假于牵合安排，自确乎其不可易也。盖人物之生，受气之初，其理惟一，成形之后，其分则殊。其分之殊，莫非自然之理，其理之一，常在分殊之中。此所以为性命之妙也。语其一，故人皆可以为尧舜，语其殊，故上智与下愚不移。①

罗钦顺认为人、物之生皆源于阴阳二气，此谓之"理一"，但虽同为气所生，而人与物又不相同，"人则率其人之性，而为人之道；物则率其物之性，而为物之道"，即使同为人，而其道也不尽同，此即所谓"分殊"。可见，罗钦顺是以自然规律（道）来解释人物之性的不同，因为"理只是气的规律，如果气是单一的，理也必然是单一的；气若是多样的，理也必然是复杂的"，②罗钦顺从实体与其运动规律的角度正确地说明了"气一则理一，气万则理万"的道理，理一分殊的命题从气本论的角度就可解释为气一分殊。

按照朱熹的说法，天命之性纯善无恶，天命之性"堕"入气质之中，因气禀的不同而表现出善恶不一的气质之性。罗钦顺认为这样的理解是把天命与气质对立起来，"语终未莹"，气质之性实际就是因天命而有，天命之性正是从气质之性上体现出来的。如果用理一分殊来理解，理一即是"天命正于受生之初"的性，也就是人皆可以为尧舜的"性善"，分殊则是成形之后人性在现实表现上有性善有性不善。罗钦顺说："'性善'，理之一也，而其言未及乎分殊，'有性善，有性不善'，分之殊也，而其言未及乎理一。"③ 罗钦顺以人物皆为受气而生，人物成形之后又有各自的特殊性，这在坚持气本论的观点、以气来解释性的同时，涉及了人物之间的一般性与特殊性问题，④ 在说明客观世界的构成上体现出一定的真理性。但是，罗钦顺使用理一分殊的方法

---

① （明）罗钦顺著，阎韬点校：《困知记》，第7页。
② 陈来：《宋明理学》，第233页。
③ （明）罗钦顺著，阎韬点校：《困知记》，第7页。
④ 陈来说，罗钦顺"从理是气自身的规定这一立场出发，坚持用一般和特殊的关系来处理性理与分理"。见氏著《宋明理学》，第236页。

其目的并不在于说明世界构成的一般和特殊、共相与殊相问题，事实上他对于客观世界是如何构成的也并不感兴趣，之所以用这一方法是要修正、弥合朱熹人性论上天命之性与气质之性的"罅缝"，为了解决天命之性、气质之性不能合一的问题。在罗钦顺看来，善是人的天性，在人受生之际就已为人所禀赋，这是人人所同的理一之性，从后天的性上看有善有不善，但人的本性则是无不善的。罗钦顺这样处理天命之性与气质之性的问题，事实上仍然表现出性二元论的倾向，① 而与其"理只是气之理"和他所赞同的气一则理（性）一、气万则理（性）万的观点相矛盾。本来罗钦顺已经说过："伊川既有此言（指理一分殊，引者注），又以为'才禀于气'，岂其所谓分之殊者，专指气而言之乎！"② 认为程颐理一分殊之论与其气禀论相矛盾，而罗钦顺自己却又主张有一个同一的绝对的性善之理一超离于多样的气质之性，这就背离了他自己的气异故理异之说，回到了朱熹理同而气异的观点。

总的来看，在解决朱熹的理气先后、本末问题上，罗钦顺坚持了气本论的立场，从而比较接近于客观真理，但是在人性论问题上仍然不能脱出程朱理学的范围，而表现出性二元论的倾向。另外，罗钦顺认为天下万物都有理，但他又说天下无性外之物，通天地人物草木鸟兽金石皆有这同一之理、之性，而理一的实际内容即是价值论上的善，这显然是一种在朱熹那里就表现得很突出的泛性善论的思想。③

四　气一则理一，气万则理万

真正将气一则理一、气万则理万的观点贯彻到底的是与罗钦顺几乎同时的王廷相。④

王廷相坚持彻底的气一元论立场，其气一则理一、气万则理万的思想从根本上使理摆脱了与性善论的纠缠，改变了那种总是把理用作解释人性之善

---

① 张学智认为："罗钦顺把'理一'作为人人共有的东西，把'理一'在各各不同的气质中的表现作为人与人、人与物区别的根据。这就势必导致理在气外别为一物的结论。按罗钦顺的理气论，世间万物的不同，应是由禀气的不同而有的理的不同，即'气异理异'，而罗钦顺的心性论却是'理同气异'。"见氏著《明代哲学史》，第331页。
② （明）罗钦顺著，阎韬点校：《困知记》，第9页。
③ 李存山说："本源之性与气质之性的思想，不仅综合了传统儒家的人性论诸说，而且从传统儒家的性善论发展到新儒家的泛性善论。"见氏著《气论与仁学》，第460页。
④ 罗钦顺是弘治六年（1493）进士，王廷相是弘治十五年（1502）进士。

的做法，而将其视为附属于气的属性，去除了程朱理学附加在理上的价值论色彩。

王廷相首先将道理解为事物内在的规律，认为道与气密不可分，"离气无道，离造化无道"。气是不断变化的，因此道也随事物的发展变化而不停运动，程朱"道一而不变"的观点是不对的。王廷相说：

> 元气即道体。有虚即有气，有气即有道。气有变化，是道有变化。气即道，道即气，不得以离合论者。或谓气有变，道一而不变，是道自道，气自气，岐然二物，非一贯之妙也。且夫道莫大于天地之化，日月星辰有薄食彗孛，雷霆风雨有震击飘忽，山川海渎有崩亏竭溢，草木昆虫有荣枯生化，群然变而不常矣，况人事之盛衰得丧，杳无定端，乃谓道一而不变，得乎？气有常有不常，则道有变有不变，一而不变，不足以该之也。为此说者，庄老之绪余也，谓之实体，岂其然乎？①

程朱理学家从形下之气的运动变化中抽象出其运动变化的规律，认为作为事物运动、发展及其存在的根据，道永存且不会随着形下之气的变化而变化，变化的只是气，形上之道则是恒常不变的。王廷相从元气即道体的前提出发，指出气是不断变化的，因而道也随着事物的变化而变化。在对道体的理解上，王廷相与程朱不同，他认为道与气本身即是一体，一物而两名，所以"不得以离合论"，而程朱则坚持"气有变，道一而不变"，这就将道与气歧然分为二物，将道当成了实体，这是不正确的。从天地万物的变化繁衍、人事的兴盛衰落等现象上看，也不存在一个固定不变的原则。王廷相又说：

> 道无定在，故圣人因时。尧、舜以禅授，汤、武以征伐，太甲、成王以继序。道无穷尽，故圣人有不能。尧、舜之事，有羲、轩未能行者；三代之事，有尧、舜未能行者。②

王廷相从人事的兴衰得丧上论道，在这种意义上，道就是人类社会发展

---

① （明）王廷相著，王孝鱼点校：《王廷相集》，第848页。
② （明）王廷相著，王孝鱼点校：《王廷相集》，第763页。

所遵循的原则。王廷相认为"道无定在""道无穷尽",这表明他是主张一种发展变化的历史观,历史发展的实际状况决定了人们不可能始终遵循一个原则不变。而从根本上说,社会的变动与发展都是时势推动的结果,所谓时势就是历史发展的必然方向和趋势,其实质内容是指随着社会历史的发展与变动而在特定的历史时期所造成的影响人们社会活动的综合因素。王廷相认为,即使圣人也不可能脱离这种历史发展所造成的综合因素的约束。他曾说:

> 天下有不可返之势,故有不可为之时。机在人也,圣贤且奈何哉?孟子之道不得行于战国,岂皆齐、梁之君之罪哉?亦其势然尔。当是时,秦为富强之国,其民勇于战斗,视山东之国,不啻什之二矣。六国之合纵,亦岂其势之得已哉?使为秦者休兵自绎,修德睦邻,与天下之民乐生,则六国之君亦得以修德行仁,养民求贤,乘时以自治矣。然而秦不如是也,恃其兵力,日蚕食乎三晋、荆楚之域。攻己国也,不得不以兵应之;攻与国也,不得不以兵应之;秦人一出,而六国之人皆动。当是时也,民求免于死亡困苦,不可得矣。虽有圣王不忍之心,仁义之政,安所从而施之?故曰势之不可为也。然则为六国计,当奈何?亦曰养民任贤,效死勿去,听命于天而已矣。①

王廷相曾说秦行郡县,"势也,非秦也","世道之高下,时势之变,不容己者乎"②,不同时期人们的社会活动只能适应历史发展的趋势,即使圣人也要顺应这种趋势而因时致宜。不仅如此,因为历史发展的无穷性,处于特定历史时期的人们对于时势的认识与把握是有限的,不可能穷尽历史发展的全部。王廷相认为,当六国与秦对抗之际,孟子的仁政不能行之于世,也是时势使然,非个人的力量所能左右。所以,作为社会发展所遵循的原则其实际表现就是"行于前者不能行于后,宜于古者不能宜于今,理因时致宜,逝者皆刍狗矣"③,人们只能顺应时势的变化而不断地作出调整,而不可能固定不变。

---

① (明)王廷相著,王孝鱼点校:《王廷相集》,第796—797页。
② (明)王廷相著,王孝鱼点校:《王廷相集》,第795页。
③ (明)王廷相著,王孝鱼点校:《王廷相集》,第887页。

王廷相对于道的看法与朱熹是完全不同的。朱熹在与陈亮的辩论中曾提出："若论道之常存，却又初非人所能予，只是此个，自是亘古亘今常在不灭之物。"①"夫人只是这个人，道只是这个道，岂有三代、汉、唐之别？但以儒者之学不传，而尧、舜、禹、汤、文、武以来转相授受之心不明于天下。"②朱熹坚持道的恒常性、绝对性，表达了一种政治理想，内蕴着朱熹的政治诉求，③这种理想与诉求成为朱熹理解理气关系问题的外援意识。陈来曾就朱熹以道为"亘古亘今常在不灭之物"的说法指出："朱熹在这里极力地突出了道（理）的永恒性与绝对性，这些思想也就是后来理先气后说由以出发的认识基础。"④显然，历史观的不同以及思想家对于现实政治的理想设计可以解释思想家在世界本原问题上的不同看法。王廷相认为"道无定在""道无穷尽"，这种说法和朱熹坚持的"道只是这个道"，"自是亘古亘今常在不灭之物"的观点形成了鲜明的对比，这种不同反映出王廷相与朱熹对于历史的认识是不同的。王廷相眼中的社会历史是一个发展的、渐次推进的过程，人的活动要受到诸种非主观意愿所能左右的环境或社会条件的影响，时势的因素在历史的演进中有很大的作用；朱熹则从平治天下的理想和建构道统以范围君权的实际出发，以为三代相传之道自三代以后虽未尝一日行于天下，但这并不妨碍道本身的完满无缺，朱熹希望能以此恒常不灭之道来范围势，以道批势或引势入道。⑤换句话说，王廷相对历史持一种客观的态度进行现实的观察与规律的总结，朱熹则是在一种政治理念的指导下来重构历史，以便为自己的政治理想张目，这就不免在历史观上呈现出某种理想化的色彩。

----

　　① 朱杰人、严佐之、刘永翔主编：《朱子全书》，第1583页。
　　② 朱杰人、严佐之、刘永翔主编：《朱子全书》，第1588页。
　　③ 对于朱熹与陈亮就王霸之辩中所呈现出来的微言大义，余英时曾有说明，他认为："以'道统'言，朱熹之所以全力建构一个'内圣外王'合一的上古三代之'统'，正是为后世儒家（包括他自己在内）批判君权提供精神的凭借。因此'尧、舜相传之心法，汤、武反之之工夫'变成了君德成就的最高标准，可以用来'就汉祖、唐宗心术隐微处，痛加绳削'。再就'道学'言，他之所以强调孔子'继往圣，开来学'也首先着眼于'治天下'这件大事。孔子所'继'的是'尧、舜、禹相传之密旨'，所'开'的则是阐明此'密旨'（或'心法'）的'道学'。"见余英时《朱熹的历史世界》，生活·读书·新知三联书店2004年版，第23页。这就是说，朱熹以道为亘古亘今常在不灭之物，并建构了一个三代相续的道统，以孔孟为创始者的道学谱系，其意旨是为儒家批判君权提供精神上的凭借，是要以道来范围势，以儒家知识分子所掌握的"尧、舜、禹相传之密旨"来引导在位君主平治天下。基于这样的政治理想，朱熹把道视为"亘古亘今常在不灭之物"便也不是偶然的。
　　④ 陈来：《朱子哲学研究》，第83页。
　　⑤ 余英时：《朱熹的历史世界》，第23页。

第二章 王廷相的元气实体论

王廷相说"气有常有不常，则道有变有不变"，这是从道即气、气即道的本体论出发而有的结论，但如果我们把气理解为社会历史发展的实际过程、推动社会历史发展的诸种因素，那么这一命题也具有人们的历史活动所应遵循的原则（道）应该顺应历史的实际而不断变化、调整的意思。① 以这种注重于实际的思想理念来观照理气问题，王廷相就提出了"气一则理一，气万则理万"的命题。他说：

> 天地之间，一气生生，而常而变，万有不齐，故气一则理一，气万则理万。世儒专言理一而遗万，偏矣。天有天之理，地有地之理，人有人之理，物有物之理，幽有幽之理，明有明之理，各各差别。统而言之，皆气之化，大德敦厚，本始一源也；分而言之，气有百昌，小德川流，各正性命也。若曰天乃天，吾心亦天，神乃神，吾心亦神，以之取喻可矣。即以人为天，为神，则小大非伦，灵明各异，征诸实理，恐终不相类矣。②

王廷相以气为"通极上下造化之实体"，在理气关系上主张"气为理之本，理乃气之载"③，理只是气的属性，④ 是不能独存的"空虚无著"之名，有气才有理。从根本上说，万有皆为一气所化，从气化的具体过程上说，天是"太虚气化之先物"，"天体成则气化属之天矣"，由此而有阴阳气化而生水火土之类，"有土则物之生益众，而地之化益大"。基于这样的认识，王廷相认为气化生物的实际过程是丰富的，从本原上说虽然都是一气，但气之实际运转化生并不是单一的，"阴阳之化，杳无定端，有常气而禅者，有间气而化者"⑤，这样，气之中的理就不会表现为单一的形式。由此王廷相认为，程、朱只讲"理一"不讲"理万"，是偏颇之论。

---

① 王廷相对于"道"的理解，一是指气本与气化的总体，一是指在气化过程中体现出来的规律，另外也指人事活动中所体现出来的原则。
② （明）王廷相著，王孝鱼点校：《王廷相集》，第848页。
③ （明）王廷相著，王孝鱼点校：《王廷相集》，第597页。
④ 蒙培元认为，王廷相所谓的理"是气所具有的属性。理不仅不是普遍的绝对原则，也不像罗钦顺那样，承认理能起某种类似'主宰'的作用"。见氏著《理学范畴系统》，人民出版社1989年版，第26页。
⑤ （明）王廷相著，王孝鱼点校：《王廷相集》，第791页。

朱熹的理一分殊若从本原与派生的角度理解，是指理为气本，这从王廷相的气本论立场上说则是"虚实颠越"，不识造化之本。理一分殊还有一个意思就是指一理含万理，万理只是一理，而王廷相则从气的实际变化过程种类繁多、"杳无定端"的角度指出理有一也有万。朱熹认为本体之理一与分殊之万理是同一的，他把这一思想表述为"统体一太极，物物一太极"，王廷相则认为：

> 儒者曰："太极散而为万物，万物各具一太极"，斯言误矣。何也？元气化为万物，万物各受元气而生，有美恶，有偏全，或人或物，或大或小，万万不齐，谓之各得太极一气则可，谓之各具一太极则不可。太极，元气混全之称，万物不过各具一支耳，虽水火大化，犹涉一偏，而况于人物乎？①

前面我们曾指出，朱熹理一分殊说的一个意义是为性善论进行论证，所谓物物一太极的意思就是指人的本然之性都是同一的、无差别的善。罗钦顺不同意天命之性、气质之性之分，他用理一分殊的模式解决性二元论的矛盾，从一般与特殊的角度看待人物之性的异同，但仍然认为人的本性都是同一的善，这在实际上没有走出朱熹理学的范围。王廷相说"太极，元气混全之称，万物不过各具一支耳"，单就这句话看，他是从整体与部分的角度理解太极（元气）与其所化生的万物之关系的。王廷相曾提出气种说来解释万物的多样性存在，他说"气不离虚，虚不离气，天地日月万形之种，皆备于内"，认为宇宙万有之本原皆在于太虚之气，从形质上看万有各不相同，这都是由于造化万有之气种本身各不相同。王廷相又说过"天地、水火、万物皆从元气而化，盖由元气本体具有此种，故能化出天地、水火、万物"这样的话，表明元气就是一个化生万有之气种之集合。从整体与其组成部分或组成元素的角度看，太极（元气）之化生万物就是从整体分解为部分，而不是说万有禀得了完整的太极之理而自身中的理与作为本体的太极之理没有差别。从整体与部分的角度把太极解释为"元气混全之称"，说明王廷相更关注事物中体现差别性的理，气一则理一、气万则理万的命题在逻辑上与气种说是完全契合的，

---

① （明）王廷相著，王孝鱼点校：《王廷相集》，第849—850页。

是气种说在理气关系问题上的必然结论。

程朱理学家对理气问题的讨论总是与他们对于心性问题的看法结合在一起的。朱熹主张理为生物之本，气为生物之具，理实际上就是善，以此观照人性，人性之本体就是善的，但在"堕入"气质后为气质所熏染而有所蔽，从而在事实上呈现出善恶不一的气质之性，这种说法是把性（理）当成了实体性的存在。罗钦顺认为理不是实体，赞同气一则理一、气万则理万的说法，但却在心性论上同样将性（理）视为绝对的、同一的存在，陷入了"不能自一其说"的困境。王廷相注重于事物的实际存在状态，不承认有一个绝对不变的理的存在，因而人性的现实状况就是"美恶、偏全万万不齐"，他通过经验观察指出：

> 自世之人观之，善者常一二，不善者常千百；行事合道者常一二，不合道者常千百。昭昭虽勉于德行，而惰于冥冥者不可胜计。读书知道者犹知廉耻而不为非，其余嗜利小人，行奸侥倖而无所不为矣。故谓人心皆善者，非圣人大观真实之论，而宋儒极力论赞，以号召乎天下，惑矣。[1]

这是认为人性并不都是纯一的善，而是有善有恶的。事实上，王廷相与罗钦顺都主张人只有一性，罗钦顺说"天命与气质对言，语终未莹"，王廷相说"离气无性。气外有本然之性，诸儒拟议之过也"[2]，都是就气论性，反对天命之性与气质之性之分。但是，罗、王二人的人性论思想有很大不同。罗钦顺以理一分殊的思想方法论证人人皆有同一的善性，这与朱熹的观点差别并不大，若将这种观点与他所接受的性即理的观点联系来看，罗钦顺事实上也就将善性由人推向了宇宙万物，从而也主张一种泛性善论思想。王廷相则以气种说推导出气一则理一、气万则理万的结论，认为人性都是万万不齐的。王廷相与罗钦顺乃至程朱在人性论上的这种不同从根本上说是由于王廷相并不像朱熹那样将世界视为一个充满了价值和意义的有情世界，换言之，王廷相是从实然的经验论立场来对世界进行现象描述，而罗钦顺、程朱等人则是

---

[1] （明）王廷相著，王孝鱼点校：《王廷相集》，第835—836页。
[2] （明）王廷相著，王孝鱼点校：《王廷相集》，第814页。

从应然的价值论立场来设定世界的发展趋势。由此,世界向王廷相呈现出的只是现象或蕴藏在现象中的规律、法则,向朱熹呈现出的则是生生之仁理,此理在天为元亨利贞,在人为仁义礼智。朱熹说:

> 天地以此心普及万物,人得之遂为人之心,物得之遂为物之心,草木禽兽接着遂为草木禽兽之心,只是一个天地之心尔。①
> "人皆有不忍人之心"者,是得天地万物之心为心也。盖无天地生物之心,则没这身。才有这血气之心,便具天地生物之心矣。②

天地生物之心就是仁,即万物一体之仁。人禀赋了此天地之仁德——天地之心,因而人才有"不忍人之心","恻隐之心"。天地之心不独为人所禀赋,也为草木禽兽所赋得,这是把世界当成了一个价值世界、意义世界,世界万物的生存不仅在事实上体现出天地生生之仁理,而且其发展的目的也是趋向于最高的本体——太极即极好至善的道理。与这种看法截然相反,王廷相并不认为天地之生化中存在着什么目的,他说:"大抵造化鬼神之迹,皆性之不得已而然者,非出于有意也,非以之为人也,其本体自如是耳。"③此所谓"性之不得已而然"即是指气本身包含的阴阳对立的两个方面使得气本身就有生化之性能,因为此气并非价值充盈的存在,而完全是自然的自为的造化实体,所以气化创生物的过程是自然而然的,没有什么目的性在其中。王廷相说:

> 天地之生物,势不得不然也,天何心哉!强食弱,大贼小,智残愚,物之势不得不然也,天又何心哉!世儒曰天地生物为人耳,嗟乎!斯其昧也已。五谷似也;断肠裂腹之草,亦将食人乎!鸡豚似也;蚖蜒蝮蝎之属,亦将为人乎!夫人之食夫物,固曰天之为夫人之生之也,然则虎狼攫人而食,谓天为虎狼生人可乎!蔽于近小而不致大观也矣。④

---

① (宋)黎靖德编,王星贤点校:《朱子语类》,第5页。
② (宋)黎靖德编,王星贤点校:《朱子语类》,第1280页。
③ (明)王廷相著,王孝鱼点校:《王廷相集》,第969页。
④ (明)王廷相著,王孝鱼点校:《王廷相集》,第806页。

第二章 王廷相的元气实体论

　　这种看法将朱熹所赋予世界的道德意义完全消杀了。在王廷相看来，宇宙万有的存在完全是自在的、自然的，都遵循着自己的法则——势，其中并没有什么有意识的、有目的的主宰者。事实上，王廷相之所以有这样一幅世界图像，是与其所主张的气种说、"气一则理一，气万则理万"的观点相一致的。因为王廷相并不认为世界万有都遵循着同一个超越的法则，或以为都是同一个法则、原理的现实表现，所以他并不从某个确定的原则出发去理解世界，而是注重于从经验观察中获取事实，从经验事实出发，当然不会以人为天，以人伦世界的道德法则为天地造化的原理，或以为天地造化之神直接就等同于人的精神活动。在王廷相看来，可以从比喻的意义上将人与天理解为是相互贯通的，但若真以为人就是天，人的精神创造直接等同于天地造化之神，这就是"小大非伦，灵明各异，征诸实理，恐终不相类矣"。

　　前面我们曾提到，朱熹在以理一分殊的方法来为性善论作论证的同时，也走向了泛道德论，将世界理解为一个道德世界，这样做的结果使得天道与人文相互贯通，体现了天人合一的理想追求。有学者曾指出："天人合一是中国哲学包括各家各派在内的共同的信念和最高理想，作为一种基本的原动力，驱使着中国的哲学家研究天道不能排除对人道的关怀，研究人道也不能排除对天道的兴趣。……理学发展的基本线索，大体上就是在天人之学的张力结构的作用下不断寻求自然主义与人文主义的互补，并且最后落实到人性的本质与心性的修养的层面上来。"① 显然，在这样一种"基本的原动力"的驱使下，朱熹运用理一分殊的方法很好地完成了这样一个任务。不仅如此，从具体的方法论角度看，理一分殊也为天人合一理想信念的达成提供了可靠的保障。陈来曾对朱熹理一分殊说在方法论上的意义做了很好的说明，他认为理一分殊"为朱熹提供了认识论与方法论的基础。分殊决定了积累的必要性，理一决定了贯通的可能性。理会分殊是贯通一理的基础和前提，贯通一理是理会分殊的目的和结果"②。从泛道德论的意义上理解，理一就是善，分殊之万物的本性虽然也是善，但因具体气质的遮蔽而不能完全体现出来，所以需要从分殊之物物上不断穷理，最终积累渐多，就会达到"一旦豁然贯通，则众物之表里精粗无不到，而吾心之全体大用无不明"的天道与人文相互贯通、一

---

① 余敦康：《汉宋易学解读》，第512页。
② 陈来：《朱子哲学研究》，第122页。

体圆融的境界。需要指出的是，在朱熹的致知论中虽然主张一种物物穷格的方法，因而也包含通向知识论的因素，但在泛道德论的范围下，通过经验观察以获取客观知识的做法从来都不具有独立的地位，而只是为了印证心中本就完满存在的性理。有学者指出："不论就原始的天神，或由天神演化而成的天道看，儒家心目中的宇宙，不是物质的，而是有情的。有情的宇宙，只可成为膜拜的对象，引发人的敬畏之情，不会诱导人去从事理智的探究。儒家的有情宇宙观，是中国缺乏知识论，缺乏科学研究的主要原因之一。在目前，这种宇宙观的坚持，将是我们走向科学化的大障碍。科学中的宇宙，是可以数量化的。科学家面对如是之宇宙，亦并非全无敬畏之情，而是竭力自觉地运用理智的光辉，对宇宙万象的秩序从事观察，暂时把情感方面的成分剔去，使认知特征抬头。因此科学对原始宗教遗留下来的神话迷信的揭穿，最具功效。在今日，要提倡对自然研究的兴趣，传统儒家全凭主观臆测的宇宙观，在这一目标下必须彻底放弃。因旧宇宙观的放弃，人生论也必然可以获得解放。"① 朱熹以天地之心为宇宙万有的存在基础，将宇宙万有都纳入仁心、仁理的统率之下，如此建构起来的世界就是一个有情的世界。王廷相并不承认天地之间有什么生物之心，世界只是一个多样的自然存在，所以，他才会真正实地去观察验证"冬雪六出，春雪五出"，"螟蛉有子，蜾蠃负之"等说法的确切性。

应当说，泛道德论的宇宙观是不主张从经验观察的角度去对世界进行事实性的描绘，它只需要人去相信世界是有意义的，是满含着价值的，世界的原理在根本上与蕴含于人心中的价值体系相同，因而对于世界原理的追寻只须反求内心、尽心知性就可以了。朱熹运用理一分殊不仅论证、强化了这样一种世界图像，而且从具体的方法上为人追求世界的终极本体做出了保证。由此反观王廷相所提出的"气一则理一，气万则理万"的命题以及"天何心哉"的论断，显然是对由理一分殊所造成的这样一个有情世界的摧破，其意义正如有学者已指出的："王廷相提出'气一则理一，气万则理万'，天、地、人物之理'各个差别'，这样就使客观之物理（自然规律）有了区别于社会伦理的相对独立性，人们的认识就不再仅仅聚焦于'尽心知性'，'格物致知'的目的就不再仅仅是为了'一旦豁然贯通'而穷得那个'极好至善'的'性命之理'。"②

---

① 韦政通：《儒家与现代中国》，第71页。
② 李存山：《王廷相思想中的实证科学因素》，《人文杂志》1993年第6期。

第三章　王廷相论人性

明代思想家批评朱熹理气二元论的矛盾，提出理在气中的主张，与此相应，明代论性的一般趋向是统合性与气而讨论人性。宋代理学家性二元论的思想是明代学术界共同的学术资源，也正是在对天命之性、气质之性二元人性论的批判中，思想家各自从理学、心学、气学的立场提出了性一元论的主张。王廷相不满于程朱理学分本然与气质为二论性的观点，回到张载汲取气论的思想资源，在元气实体论的本体基础上主张性气相资的性一元论。

第一节　性气相资的一元人性论

王廷相的人性论直接针对宋儒的性二元论而发，是以其元气实体论为基础的，由其在理气关系上气为实体，理为气之属性，无气则无理的观点出发，在性气关系上王廷相主张"性与气相资而有，不得相离"，从宇宙本原论的角度探讨性的本质，对于儒家传统上比较重视的"性与天道"问题力求从元气实体论的层面加以解决。

"性与天道"问题是自原始儒家开始就在思考的一个问题。北宋张载以"太虚即气"的天道论观照人性论，以太虚之气为人性的本原，在一定程度上解决了"人性与天道"的关联问题。张载说：

> 由太虚，有天之名；由气化，有道之名；合虚与气，有性之名；合性与知觉，有心之名。[1]
>
> 湛一，气之本；攻取，气之欲。口腹于饮食，鼻舌于臭味，皆攻取

---

[1] （宋）张载著，章锡琛点校：《张载集》，第9页。

之性也。知德者属厌而已，不以嗜欲累其心，不以小害大、末丧本焉尔。①

性于人无不善，系其善反不善反而已，过天地之化，不善反者也；命于人无不正，系其顺与不顺而已，行险以侥幸，不顺命者也。形而后有气质之性，善反之则天地之性存焉。故气质之性，君子有弗性者焉。②

张载认为性是"合虚与气"而有，"虚"即太虚之气，"气"即气质，是万物散殊时各有所得之气。太虚之气的特点是湛一无形、清通无碍，即张载所谓"太虚为清，清则无碍"，太虚"反清为浊，浊则碍，碍则形"，由此而有气质之性。张载说："性其总，合两也。"③ 性由太虚与气质合两而成，"两"即"性者，万物之一源"的天地之性和万物各有所得的气质之性。张载认为人也是太虚之气凝聚而成，因而人性本原于太虚之性，即其所谓："天性在人，正犹水性之在冰，凝释虽异，为物一也。受光有大小、昏明，其照纳不二也。"④ 此处所说"天性"即太虚之气的本性，亦即"天地之性"，此性与气聚成形之后的具体人性——"气质之性"有区别。张载认为天地之性"于人无不善"，其实就是人的仁义礼智之性，"仁义礼智，人之道也；（自注：亦可谓性）"⑤。"气质之性"，则是指人的口腹饮食、鼻舌臭味等攻取之性，也就是对外物欲求的自然本性，有德君子不以此性害、丧其天地之性。

张载所提出的天地之性、气质之性的概念受到二程、朱熹等理学家的重视，在以理本论的思想对其进行新的解释后，"天地之性"与"气质之性"并举的人性二元论成为宋明理学人性论的最大特点。

张载性二元论的天道依据在"太虚即气"与"合虚与气，有性之名"，朱熹对于张载性二元论的解读和改造就从这里开始。朱熹认为张载所谓"太虚"是指理而言，"如'由太虚有天之名，由气化有道之名，合虚与气有性之名，合性与知觉有心之名'，亦说得有理"⑥。张载"太虚"本是就气之本体

---

① （宋）张载著，章锡琛点校：《张载集》，第22页。
② （宋）张载著，章锡琛点校：《张载集》，第22页。
③ （宋）张载著，章锡琛点校：《张载集》，第22页。
④ （宋）张载著，章锡琛点校：《张载集》，第22页。
⑤ （宋）张载著，章锡琛点校：《张载集》，第324页。
⑥ （宋）黎靖德编，王星贤点校：《朱子语类》，第2533页。

第三章　王廷相论人性

而言，并以"清虚一大"规定其存在属性，这在当时即受到程颢的批评。对此，朱熹也认为张载之"太虚"在形而上下之处"不分明"：

> 问："横渠有'清虚一大'之说，又要兼清浊虚实。"曰："渠初云'清虚一大'，为伊川诘难，乃云'清兼浊，虚兼实，一兼二，大兼小'。渠本要说形而上，反成形而下，最是于此处不分明。"①
> 明道说："气外无神，神外无气。谓清者为神，则浊者非神乎？"后来亦有人与横渠说。横渠却云："清者可以该浊，虚者可以该实。"却不知"形而上者"还他是理，"形而下者"还他是器。既说是虚，便是与实对了；既说是清，便是与浊对了。②

朱熹重视理气之间的形而上下之辨，从形上学的意义看，张载所谓"清虚一大"确有着较多的规定性，更重要的是张载将其与"浊""碍"对举，这就不能避免朱熹的批评。"虚"在张载那里本是指气而言，虽"虚"而实有，针对老庄"无生有"和释氏以世界为虚妄、为绝对的虚无，张载提出"太虚"的概念就是为了"一有无"，将有无以"太虚"统一起来。但在朱熹看来，"太虚"无形无相，虽然略可以"无极"当之，但无极"该贯虚实清浊而言"，太虚则偏在一边，③所以不如说"无极而太极"、虽无形而实有理说得圆融。

张载以太虚之气为万有的本原，具体的气物有生灭，但太虚本体之气则是恒常存在的，但在朱熹看来，这种说法无异于佛教之"轮回"说，④气有散有灭，理则不可以聚散言，所以从根源上说，理才是宇宙万有的本体。其

---

① （宋）黎靖德编，王星贤点校：《朱子语类》，第2538页。此处"伊川诘难"应为明道。
② （宋）黎靖德编，王星贤点校：《朱子语类》，第2533页。
③ 《朱子语类》卷九九载：问："横渠'太虚'之说，本是说无极，却只说得'无'字。"曰："无极是该贯虚实清浊而言。'无极'字落在中间，'太虚'字落在一边了，便是难说。"见（宋）黎靖德编，王星贤点校《朱子语类》，第2533页。
④ 二程认为："凡物之散，其气遂尽，无复归本原之理。天地间如洪炉，虽生物销铄亦尽，况既散之气，岂有复在？天地造化又焉用此既散之气？其造化者，自是生气。至如海水潮，日出则水涸，是潮退也，其涸者已无也，月出则潮水生也，非却是将已涸之水为潮，此是气之终始。"见（宋）程颢、程颐著，王孝鱼点校《二程集》，第163页。朱熹也说："气之已散者，即化而无有矣，而根于理而日生者，则固浩然而无穷也。"见（宋）黎靖德编，王星贤点校《朱子语类》，第48页。这是将气视为具体事物的构成质料，因而是有生灭的，理则无生灭之可言。

实，张载以太虚之气为万有之本原是有生成论意义的，朱熹将张载之气说成有聚散生灭的形而下者是基于其理本论的立场，是从构成论的意义上理解的，从构成论的意义上说，理因其不能造作营为，才能显示其为本体的意义。这种理解表现出朱熹的理气论有着极强的思辨性。但是，为了解决理对于万有的本体地位，理气之间在时间上究竟何者在先的问题成为朱熹比较纠结的所在。① 在朱熹注解《中庸》和《孟子》的文本中有"气异理异"与"理同气异"两种矛盾的说法，也是这种矛盾心理的表现。

从"理同气异"的观点出发，对性的看法就是：宇宙万有包括人都有本然之性，性即是理，气质之性是在具体器物上表现出的性，是本然之性堕入气质中转化出的器物的现实特性。② 因此，朱熹说："未有此气，已有此性。气有不存，性却常在。虽其方在气中，然气自气，性自性，亦自不相夹杂。"③ 这种说法意味着朱熹实际上主张理能生气，具体的气质之性有生灭变化，本然之性则是恒常存在的。

对于朱熹的这种性论观点内涵的逻辑理路，王廷相是有着准确认识的，他说：

> 世儒谓"理能生气"，即老氏道生天地矣；谓理可离气而论，是形性不相待而立，即佛氏以山河大地为病，而别有所谓真性矣，可乎？不可乎？由是，"本然之性超乎形气之外"，"太极为理，而生动静阴阳"，谬幽诬怪之论作矣。④

王廷相曾说理是"虚而无著"者，不能生气，气才是造化万有的终极存在，理能生气是和老氏之"道生天地"无别的观点。张载曾批评释氏以万象

---

① 有学者曾就朱熹哲学中理气关系表述之变化总结出："朱熹的理气论经历了三种不同说法的变化发展。在第一阶段，他着眼于空间结构的形而上与形而下的区分，确立了以理为本的学说。到第二阶段，他着眼于时间上的因果关系，提出了'理能生气'的本体学说。只是到了第三阶段，他才提出理'逻辑在先'的学说，使得理在时间和空间两个向度上皆成为宇宙世界的终极存在。"朱汉民：《宋明理学通论》，第248页。
② 陈来认为在朱熹哲学中，"本然之性是比气质之性更深一个层次的概念。……本然之性与气质之性被规定为两层而不是两个人性，在这种意义上亦可谓采取了一元而多层次的形式。"见《朱子哲学研究》，第208页。
③ 朱杰人、严佐之、刘永翔主编：《朱子全书》，第2147页。
④ （明）王廷相著，王孝鱼点校：《王廷相集》，第753页。

第三章　王廷相论人性

为太虚中所见之物，形性、天人不相待而有，从而以山河大地为见病，王廷相继承了张载此论，认为理气分离之说的结论必然是以本然之性为离乎形气的释氏之所谓"真性"，同样陷于以山河大地为见病之"谬幽诬怪之论"。显然，王廷相认为朱熹性二元论的理论基础在于主张理能生气、理可离气的观点。

陈来曾就朱熹本然之性的说法分析说："性之本体的观念一方面指天地之性是一切直接的现实人性未受气质熏染前的本然状态，另一方面，由于朱熹对理的理解是实体化的，所以又多强调理在气质之性中而'未染'，故说'才是说性，便已涉乎有生而兼乎气质，不得为性之本体。然性之本体亦未尝杂，要人就此上面见得其本体未尝离、亦未尝杂。'"① 从本然未染的意义上解释性，性的恒常性、超越性表现得非常鲜明，而且，从实体化的角度理解，在理还未"堕入""顿放"于具体物上时，很容易把理、性当成脱离了具体器物的抽象存在。王廷相曾与其好友许诰谈到这一点，认为这与佛老空虚之论是同途并轨。王廷相说：

> 宋儒力诋虚无，以排二氏，及自为论，亦以太极人性为理，堕于佛老而不自知。后学习染深稔，不能研虑摄契，以辨真妄，遂至沦胥，为世大迷。闻荒鸡而鸣，焉适其时？拾唾核而啖，安知其味？不有豪贤以呼招于世，则道日支离，将与二氏空虚之学同宗祖，并途辙矣。岂不可伤！公（即许诰，引者注）乃论太极曰"气理兼备"，不涉于无，论性曰"理气浑全"，本无支离，俱不可专以理言。斯拟也，诠择精真，解惑千古，卓乎命世之见矣。正德末，余行经灵宝，会公。谈及诸儒理气神性之误，公曰："辩此何难！若是除去形气，直问宋儒要那神与性理何处安顿便了。"乃与公相视大笑。②

朱熹曾说："既有天命，须是有此气，方能承当得此理。若无此气，则此理如何顿放！"③ 按照朱熹的说法，理本是无形无象的形而上者，从纯形式的

---

① 陈来：《朱子哲学研究》，第207页。
② （明）王廷相著，王孝鱼点校：《王廷相集》，第982页。
③ （宋）黎靖德编，王星贤点校：《朱子语类》，第64页。

角度说，作为本体，理并不能以"承当""顿放"等词汇来说明，使用这样的词汇是很容易让人将"理"领会为某种实体性的存在的。王廷相与许诰之论可谓抓住了朱熹对"理"言说上的漏洞。王廷相认为，宋儒要排佛老，但在理气关系的认识上陷于离气认理而"专以理言"的误区，认为性可以离气而有，这实质上还是释氏之不生不灭的本觉真性。王廷相说：

> 佛氏教人任持自性。持自性者，执自己之本性也。言一切众生皆有本觉，谓本性之灵觉处，虽流转六道、受种种身，而此觉性不曾失灭，故以此为真性、为圆觉。其有生而能解识者，为众生悟入知见皆从觉性生出，故云圆觉生出菩提、涅槃及波罗蜜。菩提，觉也，无法不知之义。涅槃，圆寂也，谓觉性既圆，无法不寂也。波罗，彼岸也；蜜，到也，言到彼岸也。谓离生死此岸，度烦恼中流，到涅槃彼岸，永归寂灭，不生不死也。由此观之，佛氏之大旨尽矣。儒者不达性气一贯之道，无不浸浸然入于其中。朱子谓本然之性超乎形气之外，其实自佛氏本性灵觉而来，谓非依旁异端，得乎？大抵性生于气，离而二之，必不可得。佛氏养修真气，虽离形而不散，故其性亦离形而不灭，以有气即有性耳。佛氏既不达此，儒者遂以性气分而为二，误天下后世之学深矣哉！①

此段议论可注意者有两个方面：一是在王廷相看来，释氏之"本性灵觉"虽"流转六道、受种种身"，但其本身则永不"失灭"，依此永不"失灭"之"真性""圆觉"就可以脱离生死此岸而到"不生不死"的彼岸。朱熹之所谓本然之性虽与具体器物结合而转化为具体器物的现实属性，但其本身则超乎形气之外而不以具体器物之存亡而存亡，不会随着具体器物的灭失而灭失，这其实就是"自佛氏本性灵觉而来"，与释氏之"本性灵觉"无异。二是，王廷相认为释氏之"真性"与朱熹之本然之性不随具体器物之灭失而消亡，朱熹以人之生为性与气合而成者，这都是把性视如一物，是把性实体化了。王廷相说：

> 朱子答蔡季通云："人之有生，性与气合而已。即其已合而析言之，

---

① （明）王廷相著，王孝鱼点校：《王廷相集》，第875页。

则性主于理而无形,气主于形而有质。"即此数言,见先生论性劈头就差。人具形气而后性出焉,今曰"性与气合",是性别是一物,不从气出,人有生之后各相来附合耳,此理然乎? 人有生气则性存,无生气则性灭矣,一贯之道,不可离而论者也。如耳之能听,目之能视,心之能思,皆耳目心之固有者,无耳目,无心,则视听与思尚能存乎?①

从王廷相所举耳听、目视、心思之例可见,其所理解之性是指附属于某种实体的功能、作用,有此实体则必有此功能、作用。就人性而言,无人无生,性就是不存在的,不能说性在人生以前已存在于某处,等到气聚人生、形体已成之后,性就来与形体相合。王廷相认为,从性气一贯、性生于气的观点看,无论是释氏之本性灵觉还是朱熹之本然之性,都不是能够脱离气的实体性存在。事实上,在王廷相的气本论体系中,只有气能够称得上是实体性的存在,理、性等概念的存在是要通过气来说明的,从万有之生成本原上说,有气方有性,"性者缘乎生者也",本质上,性只是附属于气的处于第二位阶的存在,是相对于气之"实"的"虚"。

从以上的理解出发,王廷相将朱熹之本然之性视同释氏之"真性"。其实,王廷相这里对于朱熹本然之性的批评主要是基于朱熹以本然之性之于气质的不离不杂、超然形气之外之上而类同于一永恒不变的实体而言,在王廷相看来,朱熹之本然之性与释氏之"真性"的共同处就是不与形气相始终,是一种"不生不死"的实体。

需要说明的是,王廷相所见到的这种相似性只具有形式上的意义而没有涉到二者的实质,王廷相在如此比较的时候并没有意识到:朱熹之本然之性说与释氏之"真性"说所蕴含的价值立场是截然相反的。有学者曾指出:"佛教教义……皆视'世界'为无明所生之障累。换言之,'世界'是虚妄,是阴暗(所谓'无明')。因此,若欲在虚妄阴暗处要求实现某种理,则本身又是一迷执。由此,佛教所讲之觉悟、超升等义,乃只就一'真我'说,而不就一'世界'说。换言之,在佛教基本观点下,此'世界'即是'不可成为合理者'。因之,'世界'乃'舍离'之对象,自我只在舍离处完成价值,而

---

① (明)王廷相著,王孝鱼点校:《王廷相集》,第851页。

不能在'世界'中完成价值。如此,可知佛教所持乃'否定世界之态度'。"①反观朱熹对于世界的态度,虽然其所构建的理本论具有超验的性格,但并不以世界为"无明"所生,"理"的实质内涵是儒家所坚守的仁义之道,这与佛教所立本体的内涵只是个"本性灵觉"差之甚远。所以,朱熹对世界的价值立场并不是一种否定的、舍离的立场,而是要求主体以一种肯定的、积极投入的态度参与到道德实践中,建构一个合乎儒家理想的人伦世界。

本然之性说始于张载,张载由"太虚即气"的本体论而提出天地之性、气质之性说,其实是从人的社会存在与自然存在两面对于人性进行规定,其对于世界所持的肯定态度从其以气之"有无混一之常"驳斥佛老之空、虚即可看出。朱熹不满于以"虚"来论说万有的本原,从形上学的立场改造张载的"太虚即气"命题,在对人的社会性、自然性存在加以肯定的同时,以形而上、下二元划分的理论形式将社会性存在的一面超验化、形上化,增加了对于可实现世界的理想化色彩而并不对现实世界采取超离的态度,这是一种理论形式上的变化,其所坚守的儒家的价值立场并没有改变。

按照劳思光的说法,建立"肯定世界"之态度的理论途径有"存有论""形上学""心性论"三种形式。以"存有论"的立场而肯定世界是指对于当前的实际世界持一种现实面对的态度而肯定其已由一最高的"理"即"天道"所决定,当前世界即由此最高原则"理"即"天道"生出,亦循此"理"即"天道"而演变运行,在此世界中,"事"与"理"互不相离。以"形上学"的立场肯定世界则是在万有之外肯定有一"理"的存在而不重视理之"已实现于万有",亦即肯定"理"为实有但并不认为当前之世界已是受"理"之决定的。持"存有论"以肯定世界将面对"生"与"生之破坏"同为实有之矛盾、困难,②若承认"天道"中本就有此种"矛盾",则不仅"天地之大德曰生"的天道观毫无意义,主体的道德实践亦成为空无,且无法处理存有中的违理事实。若不承认此种呈现于生命界中之矛盾为"天道"之

---

① 劳思光:《新编中国哲学史》(三上),广西师范大学出版社2005年版,第58页。
② 此即劳思光所谓"本性实现中之冲突问题"[《新编中国哲学史》(三上),第43页]。劳思光认为,天道以"生生"为原则,但"生"又是与"生之破坏"相对待的,他举例说,人杀鱼以养生,于人为全生尽性的同时对鱼之生则是破坏而为恶。与此相类,虎为实现其本性要食羊,羊若实现其本性则虎饿死。因此,若"只是以'本性之实现'为价值基础时,面对本性实现间彼此之冲突,即将发觉价值标准难于定立。而此困难若不能克服,则'世界之肯定'亦难圆满建立"[《新编中国哲学史》(三上),第44页]。

第三章　王廷相论人性

本有内容,亦即不承认现实世界是依循天道运行或全由其决定者,则肯定世界就"不必坚持世界本来合于'理',只须肯定'理'本身及其在'气'中之实现历程即可。'气'中纵有种种阴暗,皆可不碍'理'之为'理',而道德实践问题,亦可收到人之意识行为中'理'与'气'之关系上说"①。这也就是理学中程朱一系注重于区分"义理之性"与"气质之性"的原由。以"形上学"的立场肯定世界,虽能避开"存有论"所面对的"本性实现中之冲突"的问题,而将现实世界中存在之"生命界之内在矛盾"归属于"气"来解释,但理自身之实现又成为问题。劳思光认为,理本身若能克服气之限制应早已克服,理本身既不能一定克服气之限制,则"'世界之肯定'若依于'理之实现'而成立,则必须对'理'之'能实现'求一说明。此种说明,若不立'主体'观念,则不可能。立'主体'观念,则此说明即可顺'主体'之'主体性'而建立"②。这样就导向第三种肯定世界的形式——"心性论"。"心性论"以涵有"最高自由"及"主宰性"之主体为价值标准,既可以自身之正面活动使世界展现出"理",而世界中的违理成分亦可视为当然,但因主体所具有的"最高自由",此未合于"理"者就可由主体之活动变为合"理","道德文化之努力即亦可获得真实意义"③。

以劳思光所谓肯定世界的这三种理论形式来观照,王廷相所取的态度显然是"存有论"的途径,即认为世界由气所生成,并完全依循气化之原则自然而然地运行,现实世界本就存在着"本性实现中之冲突问题",所以从经验事实出发,王廷相并不认为人性中必然存在善的因素。

王廷相对于世界所持之"存有论"的肯定态度首先突出地表现在他的"气种说"上。王廷相说:

> 愚尝谓天地、水火、万物皆从元气而化,盖由元气本体具有此种,故能化出天地、水火、万物。④
>
> 天地之间,无非气之所为者,其性其种,已各具于太始之先矣。金

---

① 劳思光:《新编中国哲学史》(三上),第62页。
② 劳思光:《新编中国哲学史》(三上),第64页。
③ 劳思光:《新编中国哲学史》(三上),第65页。
④ (明)王廷相著,王孝鱼点校:《王廷相集》,第974页。

有金之种，木有木之种，人有人之种，物有物之种，各各完具，不相假借。①

气是王廷相哲学体系的最高范畴，但为了更好地说明世界的多样性，王廷相从元气本身寻找事物特殊性的原因，认为"元气本体具有此种，故能化出天地、水火、万物"。这可谓是传统气论思想史上的一个创见。对于王廷相"气种说"的理论意义，学者已多有评论，这里我们主要从王廷相与朱熹在性论上的辩争方面探讨这个问题。

正如我们前面借助劳思光的理论分析所看到的，朱熹将理作为实有，但又不把现实世界作为已经完满实现了理的世界，理对于世界是一种求实现而还未实现的关系，之所以还未实现是因为气的限制，朱熹有"气强理弱"的说法，此即表明他对于理的这种应有而未能有的性格的认识。这样，在朱熹的观念中，就有两个世界，理代表着一个理想的，而理想还未能实现的世界，现实的世界则是由气所构成，其中是可以存在种种矛盾、悖理的事实的。当然，这绝不是说在朱熹那里存在着本体界与现象界、理念世界与现存世界截然分化的"两个世界"。②佛教的两个世界一真一妄，理念论的两个世界一为"原型"，一为"摹本"，我们这里所说的两个世界既不是从本真与幻象的意义上也不是从理念原型与现实摹本的意义上说，而是从为求得对于现实世界中所存在的"本性实现中之冲突问题"的解决、为奠定主体之道德实践的意义而做出的划分。③事实上，在朱熹看来，理作为形而上的普遍原理、法则，不同于具体的材料，但理也并不是独立的存在，从现实的角度说，理不能离开气而存在，理只能在气中存在；从理气关系上说，朱熹的理论内部并不存在并列的两个世界。按照朱熹理气论的内在思想取向，朱熹以理为赋予万有以秩序的超越性法则、原理，这种超越性法则的实现要靠气，但气并不完全

---

① （明）王廷相著，王孝鱼点校：《王廷相集》，第598页。

② 蒙培元认为："朱子是从两个不同层面论述理气关系的。一个是从观念论出发，运用分析的方法，论述理气之'不杂'；一个是从存在论出发，论述理气之'不离'。"见氏著《朱熹哲学十论》，中国人民大学出版社2010年版，第27页。

③ 这里，我们暂不讨论因理之不能一定克服气之限制而转向对于理之"能实现"的说明，因而要求提出一个具有"最高自由"之"主体"观念，才能最终获得肯定世界之效果，由此就有第三种肯定世界的理论形式——心性论。事实上，劳思光倾向于以心性论为能解决"生命界之内在矛盾"问题而从终极存在上肯定世界的最佳理论形式，并且也将其视为自孔孟儒家以来的正脉。

能实现这种法则，它对理的实现有限制。这样，从主体对于现实世界的态度上说，一方面，不必坚持现实的世界就是一个已经实现了理的、合乎理的世界；另一方面又不能因现实世界的既成的悖理的事实而放弃主体的道德实践，现实的气的世界虽然有着种种阴暗面，但这不会影响到理的存在，因而主体的道德实践也不会失去其意义。

王廷相对于世界的肯定则是直接从经验事实出发，不认为在现实的气的世界之外还存在一个理想的还未能实现"理"的世界。在王廷相的思想中，只有面前的这个现成世界是人的真实的生活世界。在某种意义上，气种说的提出从最终极的层面对我们所面对的世界做了强力的肯定。按照气种说的逻辑，并不存在一个恒常的、同一的、超验的理世界，气一则理一，气万则理万，宇宙万有各自的理在元气之中就已经是区别开的。王廷相说：

> 万物巨细柔刚各异其材，声色臭味各殊其性，阅千古而不变者，气种之有定也。人不肖其父，则肖其母，数世之后，必有与祖同其体貌者，气种之复其本也。①
>
> 雪之始，雨也，下遇寒气乃结。花必六出，何也？气种之自然也。草木枝干花叶，人耳目口鼻，物蹄角羽毛，胡为而然耶？气各正其性命，不得已而然尔。应阴数，有诸？曰：附会之拟矣！孰主宰为之？花萼亦有然者矣，四出、五出、六出同时而成，又奚应哉？②

"气种之有定"和"气种之自然"的说法表明王廷相所理解的世界是一个已由元气、"气种"所决定的多元的现成世界。在这样一个世界中根本不需要外设一个理来作为万物应遵循的、应趋向的原则，宇宙万有的运行法则在它们生成之初就已经由气种预先给定了，气种之于由其所生成的万有的"先在性、强制性、自生性"③ 使得在万有本身之外再构造一个理的做法完全是多余的。就万有之个体来看，如果有性的话，这也只能是在其生成之初得自气种的分殊的气质之性，除此之外，并没有一个超验的、共同的本然之性。朱

---

① （明）王廷相著，王孝鱼点校：《王廷相集》，第754页。
② （明）王廷相著，王孝鱼点校：《王廷相集》，第757页。
③ 张学智曾将王廷相解释万物之成因而提出的"气种"概念的特点确定为"先在性、强制性、自生性"，见氏著《明代哲学史》，第346页。

熹曾就事物的特殊性提出其原因在于理"所居之位"不同,以理来解释物质的多样性,而在王廷相看来,特殊性源于"气各正其性命",这种气之不得已而然的趋势造就了各个殊别的万物。

朱熹以理说明世界的统一性,而理的人文意涵实即仁义原则,是非常突出的,这种有着内在确定性的统一性原则落实到现实世界,就体现为万有皆具的五常之性。如其云:

> 如牛之性顺,马之性健,即健顺之性。虎狼之仁,蝼蚁之义,即五常之性。但只禀得来少,不似人禀得来全耳。①

> 在人在物,虽有气禀之异,而其理则未尝不同。……虽鸟兽草木之生,仅得形气之偏,而不能有以通贯乎全体,然其知觉运动,荣悴开落,亦皆循其性而各有自然之理焉。至于虎狼之父子,蜂蚁之君臣,豺獭之报本,雎鸠之有别,则其形气之所偏,又反有以存其义理之所得,尤可以见天命之本然,初无间隔,而所谓道者,亦未尝不在是也。②

《周礼·王制》中云:"獭祭鱼,然后虞人入泽梁。豺祭兽,然后田猎。鸠化为鹰,然后设罻罗。"这是说人的生产活动应以特定时间段出现的自然现象为依据,这些自然现象中存在着类似于人类社会的比如祭祀的活动,这与朱熹所说"虎狼之父子,蜂蚁之君臣,豺獭之报本,雎鸠之有别"等自然现象一样,其实都是出自自然本能的活动,但朱熹以"虎狼之仁,蝼蚁之义"的提法来说明万物都有本然之性,而这本然之性是善的。对此,王廷相并不认可,他从自然的存在本身来解释这些现象,他说:

> 或问:"豺祭兽,獭祭鱼,鹰祭鸟,然乎?"曰:"非也。时鸟兽鱼多,食不可尽,故狼藉陈之如祭耳。彼物也,岂知祭其祖先?若曰祭兽鱼鸟之先,以其类而祭之,尤为不通。此出上古质朴之见,后人弗察而信之,过矣。上古无义理之事,后世因仍不改者甚多,不独此。"③

---

① (宋)黎靖德编,王星贤点校:《朱子语类》,第1490页。
② 朱杰人、严佐之、刘永翔主编:《朱子全书》,第550页。
③ (明)王廷相著,王孝鱼点校:《王廷相集》,第865页。

第三章 王廷相论人性

獭祭献鱼，何也？《礼疏》云："祭天也。"獭食鱼，故祭以鱼。何以祭也？鱼始出潜，获多也。陈之如祭，故谓之祭。大要示人以候尔。豺祭兽亦如之。①

朱熹认为自然世界中存在着的具有类人行为特点的现象都是体现着理的，是天命所赋予万物中的本然之性的显露，只是因物本身之气质所限而不能完全实现其所赋得的天命之性，但尽管如此，也还是多少透露出点滴的仁性之灵光，以此可见，"天命之本然，初无间隔，而所谓道者，亦未尝不在是也"。王廷相则完全不接受这种将自然世界价值化的做法，在他看来，现实世界的种种现象皆是气化之自然过程的表现，并没有某种合目的性的外在力量的主宰使之如此。就豺祭兽、獭祭鱼这样的现象来说，那也只是出于古人的质朴之见，并非这些动物因禀赋了什么义理之性而有这样的活动。

相反，朱熹眼中的世界则是一个有情世界，万事万物无不体现着理的法则与光芒，无不遵循着一个内在的目的性的原则生成并运行。为了说明世界的合目的性亦即至善性，朱熹以属人的社会性作为世界万物的原则，其注解《中庸》"天命之谓性"句时说："性，即理也。天以阴阳五行化生万物，气以成形，而理亦赋焉，犹命令也。于是人物之生，因各得其所赋之理，以为健顺五常之德，所谓性也。"② 这样说，是把属人的道德法则，即善，也当作了宇宙的运行法则。宇宙万物虽有具体形质的差别，但在本质上都具有这种同一的善性。毫无疑问，在朱熹的观念中，世界的内在秩序、内在的合目的性原则就体现在万物皆有的无差别的善性上，本然之性的提出不仅仅是其理气观在本性论上的推导，更蕴涵着一种人文价值理想在其中。但从王廷相纯经验论的角度看，现实世界的图像则是："强凌弱，众暴寡，智戕愚，通万物而皆然，虽天亦无如之何矣。"③ 世界本不存在什么价值论上的意义，没有丝毫的道德属性，世界完全按照它自己的法则生成、运行，这种内在的自然法则其实就是一种丛林法则。传统思想中的天有主宰之义，在程朱的天理论中，天又是价值的源泉，而在王廷相看来，即使是天也不能对万有的自然运行有

---

① （明）王廷相著，王孝鱼点校：《王廷相集》，第676页。
② 朱熹撰：《四书章句集注》，中华书局1983年版，第17页。
③ （明）王廷相著，王孝鱼点校：《王廷相集》，第853页。

丝毫的干预。基于这样的立场，王廷相指出，本然之性的提出完全是为了迎合性善论的虚构，他说：

> 性生于气，万物皆然。宋儒只为强成孟子性善之说，故离气而论性，使性之实不明于后世，而起诸儒之纷辩，是谁之过哉？明道先生曰："性即气，气即性，生之谓也。"又曰："论性不论气，不备；论气不论性，不明。二之，便不是。"又曰："恶亦不可不谓之性。"此三言者，于性极为明尽，而后之学者，梏于朱子本然气质二性之说，而不致思，悲哉！①

又说：

> 又谓主理故公而无不善，有质故私而或不善。且以圣人之性亦自形气而出，其所发未尝有人欲之私，但以圣人之形气纯粹，故其性无不善耳；众人形气驳杂，故其性多不善耳，此性之大体如此。万世之下有圣人生焉，亦不易此论矣。而先生乃以本然气质分而二之，殊不可晓。②

这就是说，本然之性说的一个理论意义是为了给性善论一个理论上的支持，为了"强成"孟子的性善论而认为在气质之外还有一个万物皆有而无别的性。正如我们已指出的，王廷相从经验世界的事实出发说明宇宙万有运行的法则是自然而然的，绝非有任何外来的价值原则以为其根源，从而破除附加在自然世界上的种种道德论色彩，王廷相否定本然之性的存在，事实上也就否定了世界万有所内蕴的价值论意义。与此同时，王廷相又从性之本原上说明性乃是由气所生，抽走本然之性说的宇宙论基础。王廷相说：

> 天之气有善有恶，观四时风雨、霾雾、霜雹之会，与夫寒暑、毒厉、瘴疫之偏，可睹矣。况人之生，本于父母精血之辏，与天地之气又隔一层。世儒曰："人禀天气，故有善而无恶"，近于不知本始。③

---

① （明）王廷相著，王孝鱼点校：《王廷相集》，第837页。
② （明）王廷相著，王孝鱼点校：《王廷相集》，第851页。
③ （明）王廷相著，王孝鱼点校：《王廷相集》，第840页。

第三章　王廷相论人性

离气无性。气外有本然之性，诸儒拟议之过也。①

王廷相认为，性源于气质，气质清明的人性善，气质浊驳的人性恶，由于人的气禀有清浊粹驳之不同，所以不可能都是纯善无恶的，即使圣人之善性也是因其所禀得的形气的纯粹而然，而且，"人之生，本于父母精血之辏，与天地之气又隔一层"，天地之气本就有善有恶，怎么能说人性就一律是善的呢？所以，主张"性善"的说法就是"近于不知本始"。王廷相说，"善固性也，恶亦人心所出，非有二本"②，宋儒区分"本然之性"与"气质之性"犯了"拟议过贪"的错误。王廷相认为，人性只有"一本"，即出于气质的有善有恶的气质之性，根本没有脱离开气而不受气影响的本然之性。

朱熹曾有"理同气异"说，以此解释人与万物皆禀有源自天命的本然之性，现实人性的差异则是由于各自气质的所限，使得所禀之理呈现出多少、偏全的不同。从本体上说，每个人的性都是全体具备、不相假借而又无所亏欠的。为了说明这一点，朱熹曾用灯笼之喻来加以说明：

> 且如此灯，乃本性也，未有不光明者。气质不同，便如灯笼用厚纸糊，灯便不甚明；用薄纸糊，灯便明似纸厚者；用纱糊，其灯又明矣；撤去笼，则灯之全体著见。其理正如此也。③

在朱熹提出的另一个宝珠之喻中，也表达了这样的思想，都是要说明人的道德属性本质上是无差别的，人性现实表现上的善恶差异完全取决于气禀的清浊是否隔蔽性理。至于人与动物的区别，则除了动物形气的昏浊偏塞隔蔽性理之外，其所禀得的理本身也是偏而不全的。在这里，朱熹事实上是把性当作实体，具体的人性都是由此实体转化出来，这也就是朱熹所说的，气质之性都是本然之性"堕入"气质中而转化出的一种性。这其实隐含着一个理论上的矛盾，从时序上说，必然先有气质的存在，方可说本然之性的"堕入"，朱熹本人也曾说过"若无气，此理如何顿放"的话，但他似乎并没有从

---

① （明）王廷相著，王孝鱼点校：《王廷相集》，第 814 页。
② （明）王廷相著，王孝鱼点校：《王廷相集》，第 609 页。
③ （宋）黎靖德编，王星贤点校：《朱子语类》，第 1572 页。

时间上考虑必先有气质，本然之性才有可能"堕入"其中。这样就要问，在本然之性"堕入"气质之前，气质还有没有性？从空间上说，现实的人性无不受到气质的影响，既然气质影响了本然之性，那么气质本身的性还有没有呢？针对朱熹人性论上的这些矛盾，陈来曾指出：

> 从哲学上说，在理气同异的问题上，有些理论上的矛盾朱子并未解决，其中主要是气质蒙蔽说与气异理异说的矛盾，如果按照气异理异说，人禀得何种气即禀得何种理，禀得何种气多，则禀得何种理多，这个说法必然导致只承认有气质之性，而不能承认有本然之性，本然之性说是与气质蒙蔽说联结在一起的。气质的清浊虽然可以蒙蔽性理，但并不影响到性理的完具或欠阙。而照气异理异说，不善的原因并不是因为气质蒙蔽了作为性之本体的理，而是由于所禀受的气质的偏驳本身决定了所禀得的理的偏少。
>
> 这两种不同的思想涉及到了本体论上理气观的两种不同立场，如果说宇宙之间，理是作为气之中的一种实体存在的，那么就自然地导出在人性论上的性之本体说和气质蒙蔽说。如果坚持气异理异说，那么推而上之，必然得出结论，即理并不是气之中的某种本体、实体，而只是气的属性，气的条理。而后一种论点就不是理学的本体论，而近于气学的气本观点了。朱子虽然也强调气异理异之说，但他并没有意识到，这一观点坚持到底，就要求在本体论上确立气本论，而他自己始终仍是一个理学的本体论者。同时，从构成论上究竟如何阐述本然之理到气质之理的转化，也是一个未被解决的问题。①

事实上，朱熹更为主要的是采用了气质蒙蔽说来解释不善的原因，从气质蒙蔽上解释就会导致把本然之性当成一种实体性的存在。王廷相提出"性生于气""性出乎气质"的观点，其理论意义就在于从宇宙论的层面上把性视为源于气并附属于气的属性、功能，而从气质本身解释性善或性恶的原因，这就避免了朱熹理本论中存在的矛盾。

---

① 陈来：《朱子哲学研究》，第142—143页。

第二节 生之谓性

一 先秦时期以生言性的思想传统

王廷相说"人有生气则性存，无生气则性灭矣"，这是基于元气实体论而提出的性论主张，在对性的看法上秉承了以生言性的中国古代人性论的传统。

在孟子与告子就人性之实质内涵的辩论中，告子提出"生之谓性"的说法。孟子认为人之异于禽兽的"几希"之处方是人性的实质，告子则就自然生成的趋势与本能方面讨论人性，《孟子·告子上》记录了告子人性论的主要观点：

> 告子曰："性，犹杞柳也，义，犹桮棬也；以人性为仁义，犹以杞柳为桮棬。"
> 告子曰："性犹湍水也，决诸东方则东流，决诸西方则西流，人性之无分于善不善也，犹水之无分于东西也。"
> 告子曰："生之谓性。"
> 告子曰："食色，性也。仁，内也，非外也；义，外也，非内也。"

告子以杞柳譬性、以桮棬譬仁义，是要说明性是自然天成的，而仁义则是后天人为塑造的。从杞柳的自然生长过程看，其趋势并不会以桮棬为指向，若以杞柳为桮棬，则杞柳的自然生长过程就会中断，同样，若以仁义为人性，也是对人性之自然发展过程的干预。告子"生之谓性"的说法代表着一种人性论上的自然主义看法，继承了孔子之前就已存在的以生言性的传统。

在古代汉语中，"生""性"二字为同源字，可以互训。甲骨文、金文等古文字材料中，只有"生"字而无"性"字，"性"字是"生"字派生而来。徐灏《说文解字笺》中说："生，古性字，书传往往互用。《周礼》大司徒辨五土之物生，杜子春读生为性。《左氏》昭八年传，民力雕尽，怨讟并作，莫保其性，言莫保其生也。"[①] 现代学者傅斯年、徐复观、牟宗三等人都就

---

① 转引自徐复观《中国人性论史》（先秦篇），上海三联书店2001年版，第6页。

"生""性"的意义及其关联进行了探讨,其中一些观点存在分歧。① 在"生之谓性"的语言结构中,"性"的内涵是由"生"来解释、确定的,即性者,生也。"生"是指天生、生成、生长,与"生"连在一起的"性"就表示生长、生成的趋势,同时也表示与生俱来的自然的、不可分离的属性。按照《说文解字》,"生"的意义是"象草木生出土上",这既可以从动词性的生长之义上解释,也可以从名词性的生命之义上解释。② 徐复观认为:"性之原义,应指人生而即有之欲望、能力等而言,有如今日所说之'本能'。其所以从心者,心字出现甚早,古人多从知觉感觉来说心;人的欲望、能力,多通过知觉感觉而始见,亦即须通过心而始见,所以性字便从心。其所以从生者,既系标声,同时亦即标义;此种欲望等等作用,乃生而即有,且具备于人的生命之中;在生命之中,人自觉有此种作用,非由后起,于是即称此生而即有的作用为性。"③ 徐复观以性为人生而即有的欲望、能力,这与告子"食色性也"的意义类似。同时,以生言性又不是将性只固化于生而即有的本能上,性还有就此本能逐渐向上、向外扩展的多种可能之意义,这是从生之动词(生长)义上说。唐君毅认为:"一具体之生命在生长变化发展中,而其生长变化发展,必有所向。此所向之所在,即其生命之性之所在。此盖即中国古代之生字所以能涵具性之义,而进一步更有单独之性字之原始。既有性字,

---

① 傅斯年曾认为"性"源于"生",认为"生"字之本义即是古代"性"字之义,并引金文"永令弥厥生"来解释《诗经·大雅·卷阿》中"伴奂尔游矣,优游尔休矣。岂弟君子,俾尔弥尔性,似先公酋矣"一句,认为:"《大雅》所谓'弥尔性',按之金文,乃是'弥厥生',皆与性论无涉。"见氏著《性命古训辩证》卷上,载《中国现代学术经典·傅斯年卷》,河北教育出版社1996年版,第41页。徐复观不同意傅氏完全以"生"来代替"性"的观点,认为:"性字之含义,若与生字无密切之关联,则性字不会以生字为母字。但性字之含义,若与生字之本义没有区别,则生字亦不孳乳出性字。"见氏著《中国人性论史》(先秦篇),第5页。牟宗三在详细考察了生、性在先秦典籍中的用法后,指出:"(生、性)字面虽可互用,然有时义同于生,有时义同于性;自义(观念)言,生性究是两义。大抵造字先有生字,后渐孳乳性字。自性之观念言,其初只是直接就生而言性。所谓实然之性即是自生而言性也。自生言性,性非即生也。初民文字简略,字可互代义。虽可通用互代,而观念既生,则义实有别。生与性各自有义。究从生,抑从性,则由上下文语脉决定。不能消灭性字之独立义,而谓性即是生也。自生言性只表示自'自然生命'之特征言之耳。"见氏著《心体与性体》(上册),第176页。
② 《吕氏春秋·仲春纪第二·贵生》中曰:"全生为上,亏生次之……所谓全生者,六欲皆得其宜也。所谓亏生者,六欲分得其宜也。"又有:"圣人深虑天下,莫贵于生。夫耳目鼻口,生之役也。耳虽欲声,目虽欲色,鼻虽欲芬香,口虽欲滋味,害于生则止。在四官者不欲,利于生者则弗为。"这里,生还有生理欲望之义。
③ 徐复观:《中国人性论史》(先秦篇),第6页。

第三章　王廷相论人性

而中国后之学者，乃多喜即生以言性。"① 由此看，告子杞柳桮棬之喻以及湍水之喻的重点在于从自然的生命之存在、发展的趋势上确定性的内涵，即"生之谓性"的说法就是从具体生命物之生长发展变化的过程与趋势上论性。这正如唐君毅先生所说，"以生言性"之涵义，包括"有生即有性""性由生见"之意。

"生之谓性"的表述说明性的观念是从生而来，但生与性虽有字源上的联系，二者仍然是两个不同的概念：生表达了性的来源、性的获得途径，是从本源的角度确定性的内涵；性则表明自然物之生长发展的趋势、性向。这里一方面说明性产生于生，无生即无性，另外也隐含着生不同性即不同的意思。如《性自命出》中便说："牛生而长，雁生而伸，其性使然；人而学或使之也。"古人通过自然观察，发现不同生命物皆有其生，由此自然会认为不同生命物之"生"性不同，牛生而体形庞大，雁生而脖子长，兔生而腿长皆是它们的"生"性使然。告子"生之谓性"所表达的正是"性"由"生"见之意，是侧重于从具体的生命物之"生"的过程上来理解其性，而不是通过对生命现象演变之过程的概括、抽象来求得客观存在之静态的性质。所以，在对人性善、恶的认识上，告子并不拘定在静态的价值论的判别上，而是借水流之喻来说明"生"性的无限定性和发展的多种可能性。与告子不同，孟子从内在的、本质主义的层面观照人性，针对告子的流水之喻，孟子说："水信无分于东西，无分于上下乎？人性之善也，犹水之就下也。人无有不善，水无有不下。"孟子认为水流固然可东可西，但其本性则是无不向下的，人之本性无有不善正如湍水之无有不下。事实上，告子举湍水之喻又何尝不知水流总是向下的现象呢？告子说湍水"决诸东方则东流，决诸西方则西流"，这并不与水流总是向下之现象矛盾，告子此喻的重点在于以湍水之或东流或西流之无定向来说明性之生长发展的多种可能性。正如其杞柳桮棬之喻一样，以告子"生之谓性"的基本观点而论，性只是表明一个自然生长的过程、趋势，是没有任何外来人为因素之掺杂的素朴存在，其后天之发展具有多种可能性，如果以桮棬为无论是顺还是逆杞柳之性而发展出的最终趋向，以向下为无论东流还是西流之湍水的本性，这就不是"生之谓性"的意思，而是孟子的观点了。孟子借用告子"生之谓性"的语言表述形式加以推理，认为"生之谓

---

① 唐君毅：《中国哲学原论（原性篇）》，中国社会科学出版社2005年版，第6页。

性犹白之谓白",最终得出了人之性犹牛、犬之性的荒谬结论。事实上,孟子"白之谓白"的表述与"生之谓性"的说法是不同的。在"生之谓性"的说法中,生与性虽有联系,但却是各有其意义的。孟子"白之谓白"的说法则是同语反复,只有在说到"白羽""白雪""白玉"之白时才有了一种概念的抽象,但这仍与告子从具体的生命物之生长的过程论性不同。从生之谓性的立场出发,"白"之于"白羽""白雪""白玉"而言皆是它们与生俱来的属性,但是按照孟子的观点,性与白是性质不同的两个概念,性所要表达的是一类事物的根本属性,是不能与此类事物分离的、只能为同一类事物所共同具有,而白则表达事物的抽象共性,可以与具体事物分离而为不同类的事物所分有的属性。① 孟子认为人之性之所以与动物不同,是因为在人的类本质里有道德价值存在,而动物则没有。孟子的说法其实涉及人性的具体内涵究竟为何的问题。告子认为人性的内涵就是"食色",这仍然是从"生"的角度作出的判定,其理论思路是宇宙生成论式的。而孟子认为在"食色"的基础上并不能将人之性与牛、犬之性区别开,因此提出了人禽之辨,认为"几希"之性,即道德理性,才是人之异于禽兽的人之为人的本性,孟子的这种思路带有本质主义的色彩。相比较而言,告子从宇宙论的角度将性的实质内涵确定为与生俱来的生理欲望和本能,就没有将人的独特性显露出来,而且没有进一步指出人应当怎样设计自己的人生,怎样度过自己的人生。孟子强调人禽之辨,强调人的道德本性之为人存在的特殊性和特殊意义,并且,其在性善的实然论断中蕴涵着人生当如何进行的价值应然,这都是不同于告子的地方。

"生之谓性"的说法所表达的以生言性的思想传统可追溯到《诗经》时代,这种说法的关注点在于性的宇宙发生论依据,物有其生即有其性,从生成的过程、趋势上说,这种性显得自然、松散、无定限,正如水之东流或西流,是有着多种可能性的。从这种立场出发来看人性,只能是一无善无恶的自然属性。孔子曾说"性相近,习相远",孔子弟子子贡说:"夫子之文章,可得而闻也。夫子之言性与天道,不可得而闻也。"(《论语·公冶长》)《论

---

① 焦循在"凡物生同类者皆同性"一句下注曰:"赵氏盖探孟子之旨而言之,非告子意也。"[(清)焦循撰,沈文倬点校:《孟子正义》,中华书局1987年版,第737—738页]认为"物生同类者皆同性"实际是孟子的主张,告子的"生之谓性"反倒不包含这一层含义。

第三章 王廷相论人性

语》文本中仅有的这两处论性的话语虽然触及了人性的问题，但仅从"相近"以及不可得而闻的"性与天道"上，我们不能了解孔子究竟是主张性善还是性恶。事实上，"孔子所谓性，乃与习相对的。孔子不以善恶讲性，只认为人的天性都是相近的，所来的相异，皆由于习"①。说到天性，那么人性的实质内容还是要从生上说，也就是说，孔子之性论仍是处于以生言性的传统中。从以生言性的传统考虑，孔子所谓相近之天性当是指人与生俱来的才质、才能，②而人的才质、才能只可以智愚言而不可以善恶言。如果不从天命与性的连续性考虑，孔子"性近习远"的叙述并没有对性给出善恶的评断，其性、习对举的论说模式显然更为主要的是从性的自然发展，从环境、教化和习染的角度来考虑问题，这种说法很难说与告子有什么区别。但是，联系到孔子对于天命所采取的敬畏、承当的态度，③我们可以说孔子在自身生命存在的过程中所体认出的德性，显然不是经验界中的有限的存在，而是上达于天命、天道的，是与天命、天道处于同一存在序列而为个体所禀受的德性。④这样来看，性在孔子虽说是相近的，但其发展的趋势、其价值归向是指向善的，当子思说"天命之谓性，率性之谓道，修道之谓教"时，这种天命与性的内在联系便直接建立起来了。

处在以生言性的传统中，孟子在展开自己的性善论体系时，也借用了天命论的模式，他说：

人皆有不忍人之心……今人乍见孺子将入于井，皆有怵惕恻隐之心。

---

① 《张岱年全集》第二卷，第211页。
② 蒙培元曾说："孔子所谓'性相近，习相远'，指人的善恶之性和才质、才能两方面内容。"见氏著《理学范畴系统》，第179页。
③ 《论语》中载：子曰："君子有三畏：畏天命，畏大人，畏圣人之言"。(《季氏》) 子曰："天生德于予，桓魋其如予何？"(《述而》)
④ 徐复观、牟宗三等人皆以为孔子所谓相近之性就是从善的意义上说的，代表着一个有别于以生言性传统的儒家所特有的积极的人性论新传统。徐复观认为："孔子五十所知的天命，乃道德性之天命，……他的知天命，乃是对自己的性，自己的心的道德性，得到了彻底地自觉自证。"见氏著《中国人性论史》(先秦篇)，第79页。牟宗三则认为孔子所说的"相近"与孟子所谓"其日夜之所息，平旦之气，其好恶与人相近也者几希"句中所说的"相近"是一致的，"如是，'相近'即是发于良心之好恶与人相同。孔子恐亦即是此意。如是，孔子此句之'性'当不能是'自生而言性'之性，亦不必如伊川讲成是气质之性"。自生而言的气性才性不是孔子所积极正视而讨论的问题，孔子的"心思是向践仁而表现其德行，不是向'存有'而表现其智测。他没有以智测入于'存有'之幽，乃是以德行而开出价值之明"。见氏著《心体与性体》上册，第185、188页。

非所以内交与孺子之父母也，非所以要誉于乡党朋友也，非恶其声而然也。由是观之，无恻隐之心，非人也；无羞恶之心，非人也；无辞让之心，非人也；无是非之心，非人也。恻隐之心，仁之端也；羞恶之心，义之端也；辞让之心，礼之端也；是非之心，智之端也。人之有是四端也，犹其有四体也。（《孟子·公孙丑上》）

孟子以人皆有之、天生而成的恻隐之心也就是类的同情心为人的本性，这与告子以生理欲望为人性的实质内涵类似，同样是从人的感性存在、从人的自然生命出发对人的自然情感活动的实然肯定。但在孟子看来，如果只从生理欲望方面界定人性的内涵，则不能把人与其他同样具有生理欲望的动物区别开，也就是说，孟子所谓人之性并"不是生而即有的全部内容，仅指的是生而即有的内容中的一部分"，① 也就是所谓的"几希"之性。孟子以仁为恻隐之心，这是对于人内在的情感心理活动状况的事实性刻画，与耳目口鼻之类的生理活动比较，恻隐之心能够给他人、群体带来利益，而耳目口鼻之欲则只是满足了个体一己的利益，孟子以恻隐之心为仁，从精神企向上继承了孔子的仁学思想。② 由恻隐之心对于他人、集群的意义而观，此种情感心理活动的道德价值是显而易见的，因此，孟子赋予这种经验实然的心理情感以道德的价值，将其规定为性善的内容与根据。③

孟子抓住人皆有恻隐之心、同情心这一经验事实，但又不仅仅停留在经验实然的层面，而是对这一心理活动给予道德评判，将其从经验现象中超拔出来，从与生俱来的其他生理欲望中剥离出来，从普遍人性的角度将之绝对化。徐复观说："'乍见'二字，是说明在此一情况之下，心未受到生理欲望

---

① 徐复观：《中国人性论史（先秦篇）》，第148页。
② 劳思光说："'仁'即是视人如己，净除私累之境界。此一境界自是一自觉境界，不假外求，不受约制，故孔子又即此以言自我之主宰性。"见氏著《新编中国哲学史》第一册，第88页。孟子以恻隐之心为仁，在"视人如己，净除私累"以及"不假外求，不受约制"方面是与孔子之仁的观念相通的，但仁在孔子更多是从一种境界、从仁爱的精神表现方面来说，仁之表现是广大、丰润、饱满的，而孟子则将这种境界落实到人的类的同情心中，更多是从人的自然亲情上来定义仁，将仁的饱满、丰润的意义展现而收束到单一化的同情心上了。
③ 可注意的是，孟子虽然不以感官欲望为性，但在以心善论证性善时，采用的则是以自然的感官欲望作类比的方法，在这种类比中，心是同耳目口鼻处在同一层次的感觉器官，只是心这一器官所欲望的不是仅能满足自身的对象，而是带有普遍性价值的、为他（人）的、能给社会集群带来利益的对象，由此，孟子将本心与感官欲望区分为"大体"与"小体"。

的裹胁,而当体呈露,此乃心自身直接之呈露。……由此心呈露而采取救助行动,并非有待于生理欲望之支持,而完全决定于此一呈露之自身,无待于外。"① 这说明,孟子所抓住的恻隐之心是一种脱离了认知之心的参与和生理欲望的裹挟,完全发自生命深处同类相通的同情感,这种情感活动在"乍见"孺子入井的急迫情况下自然地流露出来。心体的当下呈露既可在美色面前表现为好色,在污浊的环境中表现为恶臭,也可在乍见孺子即将坠落的情形下表现为同情恻隐,因此,从天生而有的生理欲望的角度说,恻隐之心与好好色、恶恶臭并没有什么区别,尽管其道德意义的区别是显而易见的。孟子以经验领域中心体的自然活动为依据说明人性之善,这与告子一样是从天命的角度论性的,所谓恻隐之心虽"显现于经验事实之中,但并不为经验事实所拘限,而不知其所自来,于是感到这是'天之所与';亦即是'人之所受以生'的性"②。这样,孟子将仁(恻隐之心)的本体依据由人的生命事实推向了超越之天,经这一由心到性的转换,原本只是经验现象的恻隐之心(情)脱离了经验的局限,而在超越的天道那里立定了本体根基。

告子"生之谓性"的观念中含有天命论的自上而下赋予的意义,这种赋予完全是一自然的、无定限的赋予,个体并不能从中体会到敬畏、庄严以及责任。孔子、子思将性与天命连接,使得原本无定限的生(性)收束到一种确定的内涵上,而具有了非常狭窄而定限的意指,根本转变了那种自然的、松散的和无定限的天之所赋的内涵,孟子又将其明确地表述为四端之心,以心善来论定性的实质内涵,这使得性善论既有现象界的实然表现,又有超越的天道根源。

孟子与告子所争论的主题是人性,但他们所论及的人性之实质内容并不相同。孟子所谓人性是人之所以为人的能够与禽兽区别开的类本质,告子所说的人性则是指自然天成的"生之谓性",具体而言就是"食色"之性。但是,"食色"之性(这实际上是自然的欲望)与仁爱之情都有着天命论的依据,从本原上说,都可谓是"生之谓性",都是人与生俱来的本性。《礼记·礼运》中曰:"何谓情?喜怒哀惧爱恶欲七者,不学而能。"这是把爱与欲放在一起当作不学而能、自然天成的情之内容。处于孔孟之间的儒家文献《性

---

① 徐复观:《中国人性论史(先秦篇)》,第 149 页。
② 徐复观:《中国人性论史(先秦篇)》,第 151 页。

自命出》中云："喜怒哀悲之气，性也。及其见于外，则物取之也。"又云："道始于情，情生于性。"这里喜怒哀悲之气实际就是情，借用《中庸》"未发""已发"的概念，"喜怒哀悲之气"即是"未发"，此气因外物"取之"而"见于外"即是"已发"，这都是从天生而有的内在的生理、心理素质与外在的情感表现上论性，这正如有学者所指出的："'喜怒哀悲未发之气'……即是指情之未发时一种情感上的心理、生理状态，它是产生情感的根据。这种状态是天生就有的、天赋的，是人的本有的天性。这种天性为外物所动则生成喜怒哀乐之情，这就是'情生于性'说。"① 情源自性，性则是天生的素质，与表征生命存在的气有内在的逻辑关联，先秦文献《管子》《庄子》中，气就是用来说明生命现象的概念。荀子也认为："水火有气而无生，草木有生而无知，禽兽有知而无义，人有气、有生、有知，亦且有义，故最为天下贵也。"（《荀子·王制》）这是说气与生命构成有关。而且，气不仅是指形体生命，还与精神有关，可用来说明精神现象，如《礼记·祭义》中云："气也者，神之盛也。"《性自命出》认为性是人的喜怒哀悲之气，属于"内"，及其"见于外"则属于情，这种以气论性的思想应当说是比较常见的，② 而以气论性与以生言性应当说有着内在的一致性。

孔子说"仁者爱人"，孟子说仁即是恻隐之心，这是从情上论仁，以仁为类的同情心。按照前面的分析，仁爱之情事实上也是天生的一种素质，因此，主张"生之谓性"的告子也认为："仁，内也，非外也。"但是，在"义"的问题上，告子则持与孟子截然相反的看法，他以"吾弟则爱之，秦人之弟则不爱也"和"长楚人之长，亦长吾之长"作对比，来证明"仁内义外"。告子说："彼长而我长之，非有长于我也；犹彼白而我白之，从其白于外也。"长或白是属于客观对象的特征，当然是外于主体而存在的，但"长之""白之"则是主体依据一定的判断标准而做出的行为，告子把主体"长之""白之"的行为和这个行为的对象混为一谈，同时又把客观存在的"白""长"与主体"白之""长之"的行为混为一谈，从而将主体"白之""长之"的行

---

① 许抗生：《〈性自命出〉〈中庸〉〈孟子〉思想的比较研究》，《孔子研究》2002 年第 1 期。
② 《大戴礼记·文王官人》中云："民有五性，喜怒欲惧忧也。喜气内畜，虽欲隐之，阳喜必见。怒气内畜，虽欲隐之，阳怒必见。欲气内畜，虽欲隐之，阳欲必见。惧气内畜，虽欲隐之，阳惧必见。忧悲之气内畜，虽欲隐之，阳忧必见。五气诚于中，发形于外，民情不隐也。"这也是以为人的五性就是喜怒欲惧忧五气，五气"畜"于"内"，发于外则是情。

为与"白""长"一起放置在主体之外,最终所要达到的结论就是"义,外也,非内也"。告子之所以以"义"为外,是因为他始终坚持性乃一种自然生成的素质,若以为仁义是人性所本有,这就不是"生之谓性"说所意涵的那种松散的、无定限的人性论,而趋向于孟子的立场。

告子的"仁内义外"说根本上与"生之谓性"的观点一致,坚持了人性论上的自然主义性质,但其逻辑性错误是非常明显的,朱熹便指出了问题的实质,认为告子没有明白,"义不在彼之长,而在我长之之心",从主体认识判断的角度说明了"义"在内而非在外的道理。这里实际上涉及人的认识能力的问题,"长之之心"其实就是一种主体内在的认识能力。告子因为坚持仁义之性是外在的强加,因而虽然也以为仁爱是天生的情感,但并不把这种情感予以价值论上的贞定,没有挖掘出这种自然情感中蕴含的社会性意义。孟子以恻隐之心为仁,恻隐之心实为恻隐之情,同样是一种自然的情感,但孟子没有将之局限于自然天成的亲情之爱,而是将其视为仁之"端",要求以此为起点而亲亲、仁民、爱物,正是在这一仁爱之情的不断向外推扩的过程中,原本只具有自然意义的情感便被赋予了社会性的意义。告子虽然也将仁爱视为内在的、自然的情感,但没有像孟子那样发掘出仁爱之情的社会性意义,因而不能在人与其他动物之间做出区分,面对孟子"犬之性犹牛之性,牛之性犹人之性"的诘问而陷于理屈词穷的境地。告子的这种理论缺陷在同样持以生言性观点的荀子那里得到了克服。荀子直接把群、辨、义作为人之所以为人的本质,从社会性功能的角度考察人性,提出了一个由感官情欲、感知思维能力以及社会性行为能力构成的多层次人性结构。

《性自命出》、告子、荀子都是以生言性,把人的生而即有的自然欲望、自然情感当作性,但与《性自命出》、告子不同的是,荀子在说出"生之所以然者谓之性。……不事而自然谓之性"(《正名》),"凡性者,天之就也,不可学,不可事……不可学、不可事而在人者谓之性"(《性恶》)的话,以自然禀赋的材质为性的时候,荀子并没有停留在只是做出"天之就"的事实陈述上,而是从此推进一步,考察这种自然材质之发展所带来的社会性效应,并从这种社会效应上论证性恶(自然材质本身是无所谓善或恶的)。所以,荀子说:

> 人之性恶,其善者伪也。今人之性,生而有好利焉,顺是,故争夺

生而辞让亡焉；生而有疾恶焉，顺是，故残贼生而忠信亡焉；生而有耳目之欲，有好声色焉，顺是，故淫乱生而礼义文理亡焉。然则从人之性，顺人之情，必出于争夺，合于犯分乱理而归于暴。故必将有师法之化，礼义之道，然后出于辞让，合于文理，而归于治。用此观之，然则人之性恶明矣，其善者伪也。（《荀子·性恶》）

若是坚持以自然材质为性的立场，那就必然也要以自然的情感为性，荀子说："情者，性之质也；欲者，情之应也。""性之好、恶、喜、怒、哀、乐谓之情。"（《荀子·正名》）荀子又以"好恶喜怒哀乐"为"天情"（《荀子·天论》）。从情的自然而然上说，孟子所谓的恻隐之心（情）也是生而即有的，这与告子、荀子是一致的，都有以情论性的方面，但是告子、荀子所抓住的情侧重在自然官能的好恶之欲上，① 而孟子抓住的则是作为"大体"的心之不忍之情。这两种情虽然都是生而即有，但从其对于社会造成的结果看是截然不同的：自然官能之好恶的发展只会带来个体欲望的满足，从社会层面看，若不加节制就会"犯分乱理，而归于暴"②；心之不忍之情则反映出人之作为道德存在的意义，其扩充会给社会、他人（而非个人）带来利益。因为所关注的性之实质亦即自然情感的方面不同，孟子、荀子尽管都涉及了本性之发展所可能产生的社会效应，但孟子坚持以"不忍人之心"行"不忍人之政"，走向内在的一面，而荀子则将社会的礼法作为人类道德的源头，要求从外在的"师法之化，礼义之道"出发养成人的善性，更注重于外在的礼法对自然之性的化成。

由此，在对人的界定上，荀子不仅以生而即有的本能欲望为性的内容，更是从本能欲望所造成的社会性影响的角度讨论人性，从人的群体性的社会生活以及群体性社会生活的建立和保障上界定人性的内涵。荀子说：

人之所以为人者，何已也？曰：以其有辨也。饥而欲食，寒而欲暖，劳而欲息，好利而恶害，是人之所生而有也，是无待而然者也，是禹、

---

① 徐复观认为荀子之性论有两个方面：一是官能的能力，一是由官能所发生的欲望。见《中国人性论史（先秦篇）》第八章。

② 徐复观认为荀子的性恶论是从自然欲望的流弊上说的，就欲望的本身而言并无所谓善恶之分。这是很恰当的，事实上，说到流弊，只能是从社会效应的角度说，而不是此流弊对于个体的影响。

第三章　王廷相论人性

桀之所同也。然则人之所以为人者，非特以二足而无毛也，以其有辨也。今夫狌狌形笑，亦二足而毛也，然而君子啜其羹，食其胾。故人之所以为人者，非特以其二足而无毛也，以其有辨也。夫禽兽有父子而无父子之亲，有牝牡而无男女之别，故人道莫不有辨。（《荀子·非相》）

水火有气而无生，草木有生而无知，禽兽有知而无义，人有气、有生、有知，亦且有义，故最为天下贵也。力不若牛，走不若马，而牛马为用，何也？曰：人能群，彼不能群也。人何以能群？曰：分。分何以能行？曰：义。故义以分则和，和则一，一则多力，多力则强，强则胜物，故宫室可得而居也。故序四时，裁万物，兼利天下，无它故焉，得之分义也。故人生不能无群，群而无分则争，争则乱，乱则离，离则弱，弱则不能胜物，故宫室不可得而居也，不可少顷舍礼义之谓也。（《荀子·王制》）

荀子曾说："凡以知，人之性；可以知，物之理。"（《荀子·天论》）又说："心有征知。征知，则缘耳而知声可也，缘目而知形可也。然而征知必将待天官之当簿其类，然后可也。"（《荀子·正名》）认为人有天赋的认识能力，人心对于事物的存在及其变化规律的"征知"能力也是生而即有的人性的内涵之一。告子说"生之谓性"，从自然生成的角度论性，只是将性局限在欲望方面，荀子则进一步认识到，心的认识能力也是由自然禀赋而来，是人的本性，而且正是这种"征知"、能"辨"的本性使人与动物区别开来。

荀子说："辨莫大于分，分莫大于礼，礼莫大于圣王。"（《荀子·非相》）认为"辨"是直接与对人的社会分层的认识进而与对礼法制度的认识连在一起的。有"辨"，则人对于自己与完全受着自然规律支配的自在的存在物的差别就能够认识清楚，在此基础上，遵照一定的角色、分工组织合理的社会秩序，就能脱离自然控制而"序四时，裁万物，兼利天下"，而成为一自为的存在。由此我们可以说，荀子所谓的"辨"就是"人之所以为人"的类本质属性。"征知""辨"作为一种认识能力附属于自然器官，这反映了一个自然的存在事实，就此而言，荀子以"辨"为性并不与告子"生之谓性"的思想有什么不同，但荀子此说毕竟突破了告子只以"食色"为性的狭隘性，扩展了"生之谓性"的范围，使得"辨""征知"这种自然属性因其与人的社会性存在特征发生关系而成为人的类本质结构中的一个必不可少的组成部分。

王廷相心性思想研究

孟子主性善，荀子主性恶，若说孟子和荀子在人性论上有什么相似点的话，即心以论性可以说是二者的异中之同，他们二人都从心的角度讨论性，但孟子以心善论性善，关注的是人的自然情感（恻隐之心）中所显发出来的道德意义，荀子以心知论性，认为心的与生俱来的认识能力是性，关注的是心在认识论上的价值。从心这一自然器官所具有的认识能力出发并不能对其作出善恶的判断，但是荀子同时还从人的口目耳鼻、四肢等自然器官的欲望出发论性，认为顺着这种自然欲望发展则会带来社会的争夺、混乱，所以性是恶。这后一方面的问题孟子也注意到了，但孟子宁可不把这看作人的本性。可见，相对于荀子综合地从人的自然存在的角度出发论性，孟子所抓住的只是心的恻隐之情这一部分，其人性论中排除了荀子所认为是人性之本质的很大一部分内容。①

由这一关注角度的不同，荀子就不把善看作人性本有的东西，而是视为外在礼仪教化的结果，"人之性恶，其善者伪也"，"性伪之分"应当是我们理解荀子人性论的关键。

> 问者曰："人之性恶，则礼义恶生？"应之曰：凡礼义者，是生于圣人之伪，非故生于人之性也。故陶人埏埴而为器，然则器生于工（陶）人之伪，非故生于人之性也。故工人斫木而成器，然则器生于工人之伪，非故生于人之性也。（《荀子·性恶》）

荀子此段论述类似于告子的杞柳桮棬之喻，从以生言性的立场说，只有先天生成而不可改变的才是性，后天人为而形成的都不是性，"性者，本始材朴也；伪者，文理隆盛也。无性则伪之无所加，无伪则性不能自美"（《荀子·礼论》）。"本始材朴"完全是一种事实性的、经验性的概念表述，② 这与孟子将同样属于生而即有的类的同情心从经验中超拔出来加以形上化、本体

---

① 张岱年指出荀子论性是主张不事而自然者方是性，礼义等是有待于学习才能在人性中形成的，故不是性。性不只是萌端，须学而完成的便非性。孟子所谓性善在荀子看来是生而辄离的性，"性之于善，必须如目之于明，耳之于聪，无待扩充而不易丧失，然后乃可谓性善，否则实不当以善为性"。见《张岱年全集》第二卷，第218页。

② 荀子思想的经验论性格是非常明显的，徐复观从三个方面总结了荀子思想的经验性格，见氏著《中国人性论史（先秦篇）》第八章第一节。

第三章 王廷相论人性

化,确定为人的本性的理路显然是不同的。荀子说性不能"自美"而必得要有"伪"加于其上,这就把人的作为当成了人之善行形成的原因。荀子如此区分性、伪,自然使得礼义成为外在的使本始材朴之性发生转变的工具。荀子说:

> 礼起于何也?曰:人生而有欲,欲而不得,则不能无求;求而无度量分界,则不能不争;争则乱,乱则穷。先王恶其乱也,故制礼义以分之,以养人之欲,给人之求,使欲必不穷乎物,物必不屈于欲,两者相持而长,是礼之所起也。(《荀子·礼论》)

荀子认为,礼是圣王在区分和调节不同的利益关系中形成的,圣王为了达到"欲必不穷乎物,物必不屈于欲",制礼以维持公共秩序的正常运行,礼实质上就是一种外在的协调人与人的利益关系、人的欲望与物质资源的供给关系的制度。圣王以此来化性,"性伪合而天下治"(《荀子·礼论》),由此,礼义的工具价值在荀子的人性论中凸显出来。劳思光认为:"依儒学观念发展历程看,孔子为释'礼'之'本',故由义溯仁,立'仁、义、礼'之统。其意义即在于以价值自觉为制度之基础。孟子之说,详论价值自觉为一切价值之源,故为补成孔子之说者。今荀子只识自然之'性'、观照之心,故不能在心性上立价值之源,又不欲取'法自然'之义,于是退而以'平乱'之要求为礼义之源。如是,礼义之产生被视为'应付环境需要'者,又为生自一'在上之权威'者。就其为'应付环境需要'而论,礼义只能有'工具价值';换言之,荀子如此解释价值时,所谓价值只成为一种'功用'。另就礼义生自一'在上之权威'而论,则礼义皆成为外在(荀子论性与心时,本已视礼义为外在),所谓价值亦只能是权威规范下之价值矣。"[1]

劳思光因为荀子未能光大孟子之重德哲学,而认为荀子是儒学发展之歧途,"荀子倡性恶而言师法,盘旋冲突,终堕入权威主义,遂生法家,大悖儒学之义。学者观见此处之大脉络,则益可知荀学之为歧途,固无一可置疑者"[2]。这当然是从道德形上学的立场做出的判断。无可否认,孟子发掘出人

---

[1] 劳思光:《新编中国哲学史》(一),第258页。
[2] 劳思光:《新编中国哲学史》(一),第250页。

的善良本心，这对于确立人之价值存在的意义，唤醒主体的价值自觉，挺立主体的道德能动性方面有着积极的意义。但是，从经验论的角度看，认为人天生就具有善良的本性，将仁义礼智先天地确定为人性的内容，这种观点无事实依据，是不可验证的，因此荀子说其"甚僻违而无类，幽隐而无说，闭约而无解"。而且，以善良之本心论证人性，不免有内在化、单一化的问题，以此善良本心笼罩人的一切言行动止，并由此出发推论理想社会的形成，显然是一种道德理想主义的美好愿望。

天道与性命的贯通问题，即"天人合一"的问题，从孔子以来就为儒家学者所关注，子贡说"夫子之言性与天道，不可得而闻也"，在孔子那里，这一问题还不明确，但孔子也说："唯天为大，唯尧则之。"（《论语·泰伯》）这含有天人合一的思想因素。《中庸》中说"天命之谓性，率性之谓道，修道之谓教"，这就把天道与性命联系了起来。孟子顺此一路，主张性善，认为人心之善是"天之所与我者"（《孟子·告子上》），此善在天为命，在人为性。孟子虽然承认人的生物自然性也是来自天命的性，但将道德价值之性与生物自然性加以区别，认为："求则得之，舍则失之，是求有益于得也，求在我者也。求之有道，得之有命，是求无益于得也，求在外者也。"（《孟子·尽心上》）道德性是能自我做主的、内在的，而自然属性则是在外的、不能自我做主的。对于个体而言，仁义道德之性就是能够"尽心知性知天"而与天道相契接、相贯通的属性。因此，借助个体存心养性的道德实践就能上达天命，体悟天命赋予主体的内在的道德责任，从而推动个体生命突破有限而走向无限，实现天道与性命的贯通。

《中庸》中云："唯天下至诚，为能尽其性；能尽其性，则能尽人之性；能尽人之性，则能尽物之性；能尽物之性，则可以赞天地之化育；可以赞天地之化育，则可以与天地参矣。"至诚尽性是参赞天地之化育的渠道，孟子承接这一理路，认为君子通过自身的道德修养可以与天沟通，理解人所不能控制的更广大而深远的天命的意义，由此开启主体的道德自觉，并且由这种道德自觉实现了道德理性对于个体生命存在的完全渗透。孟子曰："君子所性，仁义礼智根于心。其生色也，睟然见于面，盎于背，施于四体，四体不言而喻。"（《孟子·尽心上》）由道德的自觉与仁义的积累而造就的生命是遍体浸润着道德理性的、脱离了自然欲望控制的自为的生命，这样一种生命存在才是孟子所追求的能够尽心知性而上达天命、承担裁成辅相之大任的生命。我

第三章　王廷相论人性

们看到，子思、孟子一路的天人贯通完全是内在超越的，就孟子而言，这又是通过性命之分，将能够自我作主的道德性从浑沦的天命之性中剥离出来而确立主体的道德能动性，并以此来完成天道与性命的贯通。显然，这实质上是一种精神境界的贯通，所走的是道德形上学的路径，其中缺少知识论的支撑。

荀子当然也关注天道性命的贯通，但与将仁义内在化、本体化，通过尽心而知性、知天，达到天人合一的思路不同，他是在作出天人相分的前提下以认知之心所成就的知识论来实现的。荀子说：

> 大天而思之，孰与物畜而制之？从天而颂之，孰与制天命而用之？望时而待之，孰与应时而使之？因物而多之，孰与骋能而化之？思物而物之，孰与理物而勿失之也？愿于物之所以生，孰与有物之所以成？故错人而思天，则失万物之情。（《荀子·天论》）

在认知之心的帮助下，人能够"制天命而用之""应时""骋能""理物"，通过对于天道的认识和把握来支配宇宙万物，如果说这也是一种天人合一的话，显然只能是在知识理性基础上的天人合一，是在掌握了宇宙万物之规律基础上发挥人的认知力、实践力而达至的天人合一。《易传》中云"财（裁）成天地之道，辅相天地之宜"（《象传》），"备物致用，立成器以为天下利"（《系辞上》），这是主张人在与天地之道相协调的同时也能对自然界加以裁制，利用自然界的器物来实现人类自身的发展。人在天地之中所承担的裁成辅相之责也为《中庸》、孟子所关注，但这是通过主体的道德自觉来实现的。荀子则以为："天能生物，不能辨物也；地能载人，不能治人也；宇中万物、生人之属，待圣人然后分也。"（《荀子·礼论》）荀子认为天、地、人各有其能，人之能就是"辨""治""分"，这是一种不同于德性自觉的能力，而是奠定在认知心上的分辨、理解客观事物的认识能力以及社会性行为能力，通过发挥这种能力，个体同样可以承担起裁成辅相的责任。与孟子纯向内用力对比，荀子以认知心观照万物来求得参赞化育的责任则是向外的，更符合儒家外王的理想，客观地说，荀子这种通过认知心所成就的天人合一也是儒家天人性命之学的一个组成部分。

二 二程对"生之谓性"的诠释

"生之谓性"所表达的是自然主义的人性论,其对于人性之本原和内涵的揭示基于经验事实,是以自然之生化过程所结成者为性。自然人性论是先秦思想界的主流,而孟子的性善论"在先秦儒学中反而是独特而少有的"[①]。从经验观察出发,人性中既存在善的价值取向,也存在可能导向恶的生理欲望,孟子所看到的人皆有之的"恻隐之心"是一种经验事实,荀子所谓人生而即有的"好利""疾恶""耳目之欲"也是常常能见到的经验现象,明乎此,我们自然可以说性善或者性恶,也可以说性无善无不善或者性就是善恶相混的。这正是先秦以后直至汉唐时期人性论多种观点纷纭杂陈的现实。

在整个汉代,性三品说占据着儒家人性论的主流地位,到韩愈,性三品说有了一个总结。同时,性三品说也面临着内外两方面的挑战,而逐渐酝酿着分化瓦解的因素。从内在的方面看,性三品说以自然人性论为其理论展开、铺陈的原点,董仲舒、王充等人以阴阳之气或气禀的厚薄多少来说明人性的善恶,天地之气化不齐,所以人性有或善或恶的不同,情在这一气化生成的序列中被纳入性范畴中而被视为性之质,其与性的区别并不明显,毋宁说情直接就是性的外在表现。孟子以心善说性善,其所谓恻隐之心实为情,荀子以自然之欲和本能说性恶,这也是以情论性。汉儒调和孟荀之争而提出性三品论,其实也是从情上所做的区分。韩愈不仅将性分为三品,也将情分为三品,认为性与生俱生,情则接于物而生。性有三品,其内容为仁义礼智信;情亦有三品,表现为喜怒哀惧爱恶欲。人之于五常之性或全具或偏于一,由此而有上中下三等人性。韩愈将性的实质内容归结为仁义礼智信,这在理论上脱离了经验论的以既成之善恶论性,而进入了概念抽象的领域。本来,性三品论所谓的三品之性是善、中、恶之性,对三品之性的判定是基于现实人性的表现。现在韩愈要说性就是仁义礼智信,这就很难再以善恶来界定性本身,而有了把或善或恶的"杂质"(相对于五常之性而言)交由情来承担的倾向,这样一来,就会得出性善情恶的结论。在自然主义的"生之谓性"的立场上,性、情都是生而具有的自然资质,论人性之善恶其实都是在性情浑然一贯的基础上论说的,而性善情恶的主张则偏离了"生之谓性"的立场,

---

① 陈来:《郭店楚简之〈性自命出〉篇初探》,《孔子研究》1998年第3期。

第三章　王廷相论人性

以为世界上有有性无情之人或有情无性之人，① 这就造成了性、情的绝对对立，而当性善情恶论逐渐占据人性论的主流时，性三品论也就走到了尽头。我们看到，在韩愈的弟子李翱那里，性三品论已经完全见不到踪迹。

李翱说："人之所以为圣人者，性也；人之所以惑其性者，情也。喜、怒、哀、惧、爱、恶、欲七者，皆情之所为也。情既昏，性斯匿矣。非性之过也，七者循环而交来，故性不能充也。……情不作，性斯充矣。"② 李翱认为性是纯粹至善的，情则是感性的负面因素，桀纣之性与尧舜之性本来无别，但桀纣放任嗜欲好恶之情，因而不能复返本来纯善的性。李翱又说："无性则情无所生矣。是情由性而生，情不自情，因性而情；性不自性，由情以明。"③ 性是情的根据，情是性的表现，一方面性情不离，另一方面性决定情，性产生情。李翱同时吸收佛教心性、性情的思想，对纯善之性何以产生妄情、邪情作出说明：

> 问曰："人之性犹圣人之性，嗜欲爱憎之心何因而生也？"
> 曰："情者，妄也，邪也，邪与妄，则无所因矣。妄情灭息，本性清明，周流六虚，所以谓之能复其性也。"④

李翱提出复性思想，受到了佛教的影响。佛教以性为绝对超越的真实本体，情欲则是一切烦恼的根源之一，性为"净"，情为"染"，性情之别既是"净""染"之别，也是清净本性与妄情、邪情的区别，因此，在工夫论上佛教主张断灭情欲，回复本来清净之性。李翱以为本性清明，如此则邪妄之情的产生就和性没有关系，而只能从七情本身的相互冲突来解释恶情的产生。李翱说："情之所昏，交相攻伐，未始有穷，故虽终身而不自睹其性焉。"⑤ 邪妄之情是七情本身"交相攻伐"而引起的，性虽产生情，但邪妄之情是由情之过与不及所产生，在性中恶情是无根的，如此一来，复性才能完全回复

---

① 荀悦曾说："性善情恶，是桀纣无性，而尧舜无情也。"（《申鉴·杂言下》）
② 中国社会科学院哲学研究所中国哲学史研究室编：《中国哲学史资料选辑·复性书上》，中华书局1984年版，第930页。
③ 《中国哲学史资料选辑·复性书上》，第930页。
④ 《中国哲学史资料选辑·复性书中》，第935页。
⑤ 《中国哲学史资料选辑·复性书上》，第930页。

到本体清净的真性。

作为韩愈的弟子，李翱对性三品论应当非常熟悉。韩愈性三品论从现实的善恶出发论性，其对于儒家成圣之践履工夫论述不详，其工夫论缺乏内在的心性依据，还是以学问、教化等外在力量为成圣的助缘。[①] 李翱提出性善情恶论，从先天本体出发论性，认为性静而情动，性一旦动而为情，则就有了现实善恶之表现，如此将恶从性中剥离出来而转归于情，性不必再为现实的善恶负责，由此，李翱提出以灭情复性的工夫为成圣的途径，这对于性三品论的道德修养论是一个发展。但李翱的理论创造也表明性三品论已经走向了解体。

"性三品说主要是一种对现实人性做出的价值判断，它并没有向前追溯和解释善恶之性的先天根据和理论基础。因此，从善恶回溯性之本身，力求从形上的层面阐明善恶与性究竟是何关系，成为了性论发展的迫切的要求。"[②] 李翱提出性善情恶论，将目光从现实的人性表现转向人性的先天根据，在性情对立的逻辑结构中考察善恶与性的关系，可谓这种"迫切的要求"的一种表现，对于性三品论的发展而言，这是来自儒家内部的一种分裂因素；从外在的方面看，佛教的心性论和道家精密的形而上理论思维结构则对传统的性三品论构成了真正的挑战。

唐宋之际，佛教以其精致细密的心性论思想逐渐占据当时思想界主流，儒家学者内部对佛教的心性论有浓厚的兴趣，佛家弟子自己对此也非常自信，如唐代华严宗大师宗密就说："策万行，惩恶劝善，同归于治，则三教皆可遵行；推万法，穷理尽性，至于本源，则佛教方为决了。"[③] 与佛教相比，儒家的心性论偏重于修齐治平之术，心性修养更多体现为一种工具价值而缺乏超越的本体论支撑，作为性三品论哲学基础的"元气"论在佛家看来也是执迷于人心生灭妄想所变现的虚幻之境的一种虚妄构造。性与天道的问题本是中国传统哲学本体论固有的思想资源，但在汉唐占主导地位的性三品论的思想

---

① 朱熹曾评论韩愈："盖韩公之学见于《原道》者，虽有以识夫大用之流行，而于本然之全体，则疑其有所未睹，且于日用之间，亦未见其有以存养省察而体之于身也。是以虽其所以自任者不为不重，而其平生用力深处，终不离乎文字言语之工。"转引自朱汉民、肖永明《宋代〈四书〉学与理学》，中华书局2009年版，第68页。
② 向世陵：《理气性心之间——宋明理学的分系与四系》，第1页。
③ 石峻等编：《中国佛教思想资料选编》（第二卷第二册），中华书局1983年版，第387页。

第三章 王廷相论人性

体系中却没有得到重视，这就无怪乎在心性论的领域佛教之学尽骋其长了。

面对佛教的冲击，唐宋之际儒家内部兴起了一股复兴儒学的思潮，"儒学的复兴，关键在'复性'，复归或找回被长期丢弃的哲学本体——性与天道"①。在经历了由传统的经传训诂注解向搜求经典内在义理的治学方法的转变，以及从强调儒学正统、伦常纲纪、夷夏之辨及经济因素等方面排击佛老的过程之后，儒家学者认识到"加强自身理论建设是战胜佛道之学的关键"，"佛道之学在理论上的长处及其吸引人们的原因在其精致的心性理论"，这样，建构儒家自己的心性之学就是势在必然了。②

对于志在复兴儒家固有传统的士人来说，汉唐粗疏简陋的宇宙论、神学目的论形态已经不能有力回应佛老的挑战，从儒家经典中发掘材料，并以之为基础整合佛道有用的思想资料，构建伦理道德为本体的哲学体系，成为儒学实现复兴的主要任务。在传统的思想资料中，性与天道问题显然是可资以对抗佛老的思想资源。性与天道所涉及的是天人之际的问题，按照何晏的说法："性者，人之所受以生也。天道者，元亨日新之道，深微，故不可得而闻也。"③ 这是认为人性乃禀天道而得，其根源在于天。当然，从玄学本体论的立场说，不可得而闻的天道与性是相对于有形有象的人事活动而言，前者为无、为本，后者为有、为末，如此，天人之际的问题就转换为有无、本末的关系问题，这相对于汉代宇宙论经验性的天人比附显然要精致得多。但是，以有、无、本、末置换性与天道，有使儒家极看重的人伦道德虚无化的危险，因此，宋代初期的思想家仍然要从宇宙论的层面论说天人之际，周敦颐、张载等人一定要从天道推究人性之本源。相反，二程则将关注点直接放在人性论，通过提出"性即理"的命题，把道德理性本体化，极大地影响了后世的思想界。

在追溯人性的根源时，二程延续了以生言性的传统，但在其中加进了自己的创造而表现出既不同于孟子即心以论性的内向体证，也不同于告子、荀子只从自然资质上论性。④

---

① 向世陵：《"生之谓性"与二程的"复性"之路》，《中州学刊》2005年第1期。
② 朱汉民、肖永明：《宋代〈四书〉学与理学》，第85页。
③ 十三经注疏整理委员会整理：《论语注疏》，北京大学出版社2000年版，第67页。
④ 二程学术之异同，前辈学者如冯友兰、张岱年、牟宗三等已有详尽分析。为行文简便，本书不对二程思想作严格区分。

"生之谓性"是告子的人性论观点，二程赞同告子此说，认为：

> 告子言生之谓性，通人物而言之也。孟子道性善，极本原而语之也。生之谓性，其言是也。然人有人之性，物有物之性，牛有牛之性，马有马之性，而告子一之，则不可也。①

> 告子云"生之谓性"则可。凡天地所生之物，须是谓之性。皆谓之性则可，于中却须分别牛之性，马之性。是他便只道一般，如释氏说蠢动含灵，皆有佛性，如此则不可。②

二程以告子之"生之谓性"为"通人物而言"，又说"凡天地所生之物，须是谓之性"，这表明二程所理解的"生之谓性"并不是如告子所谓的从生之自然资质上说的性，而是从生的过程以及宇宙化生的整体来理解的"生之谓性"。③ 这里的关键是二程对于"生"的理解，明道曾说：

> "天地之大德曰生"，"天地氤氲，万物化醇"，"生之谓性"（注：告子此言是，而谓犬之性犹牛之性，牛之性犹人之性，则非也）。万物之生意最可观，此元者善之长也，斯所谓仁也。人与天地一物也，而人特自小之，何耶？④

《易传》中所谓"生"是指在宇宙阴阳大化流行之总过程中所体现出来的能生之德，天地之道是阴阳对立运化的过程，天地之德就是其能孕育万物于其中而使之生生不息的创造动能。⑤ 这种创造动能在二程看来可以一"仁"字概括，此"仁"字说明天地之"生"意是无处不在、通贯万物而不会停顿的。如此理解，"生之谓性"的重心就落在天地能"生"之理上，就是指表现为"天地之大德"的生生流行之"生"理。二程说：

---

① （宋）程颢、程颐著，王孝鱼点校：《二程集》，第1253页。
② （宋）程颢、程颐著，王孝鱼点校：《二程集》，第29页。
③ 劳思光认为："明道所谓'生之谓性'，即就'天地之大德曰生'讲。"见氏著《新编中国哲学史》（三上），第153页。
④ （宋）程颢、程颐著，王孝鱼点校：《二程集》，第120页。
⑤ 张岱年认为程明道所谓的生即是创造。见《张岱年全集》第二卷，第88页。

第三章 王廷相论人性

> "生生之谓易",是天之所以为道也。天只是以生为道,继此生理者,即是善也。善便有一个元底意思。"元者善之长",万物皆有春意,便是"继之者善也"。"成之者性也",成却待他万物自成其性须得。①

天道只是个生生,天的存在表现就是一个生生不息的动能,其能被称为"道",是从其生而又生的流行中说的。万物在天地之间生化不已的事实本身在不断地彰显着天道的创生之德,所以,天之所以能被称作"道",即在于其生生不息之功。告子所谓"生之谓性"显然不是从天道之创生的本体上说,而是已经落实到了具体的已生成之物的构成材质上而言,换句话说,告子是从天道之生已灌注到个体之物上论性,是从既生之后的事实上说,所以有"食色,性也"之说;二程所谓的"生之谓性"则是从天道流行的整体过程来说的能生之理,天道其性即是能生之理,② 所谓"继之者善"就是将此能生之理在人世间承续下去。

二程认可告子"生之谓性"说,指出天地所生之物皆有性,同时又借《中庸》"天命之谓性"的架构来解释本原之性与殊别之性的关系。二程说:

> "天命之谓性,率性之谓道"者,天降是于下,万物流形,各正性命者,是所谓性也。循其性而不失,是所谓道也。此亦通人物而言。循性者,马则为马之性,又不做牛底性;牛则为牛之性,又不为马底性。此所谓率性也。人在天地之间,与万物同流,天几时分别出是人是物?"修道之谓教",此则专在人事,以失其本性,故修而求复之,则入于学。若元不失,则何修之有?是由仁义行也。则是性已失,故修之。"成性存存,道义之门",亦是万物各有成性存存,亦是生生不已之意。天只是以生为道。③

---

① (宋)程颢、程颐著,王孝鱼点校:《二程集》,第29页。
② 二程所理解的"生"一般是指能生之理,但又不局限在这种理解上,程颢说"万物之生意最可观","生"又是能为人所感受得到的,在观鸡雏、观鱼的具体场景中,人可以真切地感受到宇宙万物的盎然"生"意。如果我们说天地之能生之理表述的是"生德"的话,则万物之生意可称为"生相",二程对于"生之谓性"的理解就包含着这两个方面。能生之理说明了天地之大德是遍在于万物之中的,揭示的是"生德"的普遍性;万物之具体的生则是落于形相的"生相",这二者是可以形而上、形而下来称之的。
③ (宋)程颢、程颐著,王孝鱼点校:《二程集》,第29—30页。

天只是以生为道，天并不在人与物之间进行轻重、厚薄的拣别，其赋性于万物的过程是自然的，体现着一种不得不如此的趋势，①此为本原之性；"万物流形，各正性命"，这就有了物物相异的分殊之性。从天道之能生的性能上说，万物皆为其"生"性的体现，虽说万物各循、率其性，万物各有成性，但是，二程说"循其性而不失，是所谓道也。此亦通人物而言"，这就是说万物之各循其性也是天命流行之总体——道的表现，《中庸》所谓"天命之谓性，率性之谓道"的说法反映的就是本原之性与殊别之性的辩证关系。

二程即"生"以言性，此所谓"生"如前所分析的，是从天道创生的本体上说，是指天道流行之总过程及其中所体现出来的能生之德，在这个意义上，二程赞同"生之谓性"的说法，它从天道流行的整体过程标示了"生"性之于万物的普遍存在，而从万物自身之循性、率性、成性的角度，又体现出各不相同的殊别之性。从天道化生的总过程说，性即是生，即是易，即是理，其中有一个"元"的意思。"万物流形，各正性命"，这就已由天地化生之本原进到了个体之生成，从个体之生成上说，又有一个"生之谓性"，"万物各有成性存存，亦是生生不已之意"，但这是承接天道之能生之理后的"生之谓性"，不是原初的、本原的"生之谓性"了，从本原上说的"生之谓性"也可说是"天命之谓性"。二程借助与"生"相关联的这两种论性架构，即"天命之谓性"与"生之谓性"，结合经典文本很好地解释了性之来源，但在理本论的立场上看，还没有解释性的本体论依据，因此，就需要在"天命之谓性"与"生之谓性"之间作出区分。程颐认为：

> "生之谓性"，与"天命之谓性"，同乎？性字不可一概论。"生之谓性"，止训所禀受也。"天命之谓性"，此言性之理也。今人言天性柔缓，天性刚急，俗言天成，皆生来如此，此训所禀受也。若性之理也，则无不善，曰天者，自然之理也。②

"性字不可一概论"，这即是将性分为了气质之性和本然之性，"天命之谓性"是说的本然之性，本然之性是理，"生之谓性"说的是万物各自从天命本

---

① 于此处也可见，天之生物也是其性分使然。
② （宋）程颢、程颐著，王孝鱼点校：《二程集》，第313页。

原所禀有的殊别之性，此殊别之性是与本然之性相对应的气质之性。如此一来，告子与孟子之争就可以在性之本与气之禀的框架内得到解决，而孔子所说的性相近之性其实就是气禀之性，因此程颐说："'性相近也'，此言所禀之性，不是言性之本，孟子所言，便正言性之本。"① 孟子主性善，对告子以生言性之论并不赞同，但我们已指出孟子所谓的恻隐之心其实也是人与生俱来的情感表现。程颐即生以言性，与告子的观点有交汇处，因此他又说："孟子言性，当随文看。不以告子'生之谓性'为不然者，此亦性也，彼命受生之后谓之性尔，故不同。继之以'犬之性犹牛之性，牛之性犹人之性与？'然不害为一。若乃孟子之言善者，乃极本穷源之性。"② 事实上，孟子并没有性之本与气禀的说法，程颐说孟子所言就是性之本，其实是要以理、气二元的逻辑架构来整合告子、孟子以及孔子论性的观点，程颐说："且如言人性善，性之本也；生之谓性，论其所禀也。孔子言性相近，若论其本，岂可言相近？只论其所禀也。告子所云固是，为孟子问他，他说，便不是也。"③ 有差别，才可说相近，若本体则只是个纯一，这就不能以相近而言了。二程认为性即理，这是从性之本，即本然之性上说；气禀之性有善有恶，因而可以相近言之。万物气禀之性上的这种相异，程颐又以隙中之光来比拟："犬、牛、人，知所去就，其性本同，但限以形，故不可更。如隙中日光，方圆不移，其光一也。惟所禀各异，故生之谓性，告子以为一，孟子以为非也。"④ "人之于性，犹器之受光于日，日本不动之物。"⑤ 隙中之光因隙之有方有圆而有形状的不同，但从来源上说，只是一个日光。气禀之性之所以各不相同，正是由其形体所限。因此说人性虽源自一本之性而来，但"器"不同，气质之性也就不同。

气质之性的说法来自张载。张载以太虚之气为世界的本原，认为天地万物皆由太虚之气而成，气之本然的存在状态是太虚，太虚之气不能不凝聚而为有形质之物，有形质之物朽坏又复归于太虚之气。从本体上说，万物皆是气，万物之性皆禀受太虚之气之本性而有，此即天地之性。但太虚之气既聚

---

① （宋）程颢、程颐著，王孝鱼点校：《二程集》，第252页。
② （宋）程颢、程颐著，王孝鱼点校：《二程集》，第63页。
③ （宋）程颢、程颐著，王孝鱼点校：《二程集》，第207页。
④ （宋）程颢、程颐著，王孝鱼点校：《二程集》，第312页。
⑤ （宋）程颢、程颐著，王孝鱼点校：《二程集》，第67页。

而为物，则就有了具体的形质，由无形而为有形，有形之物因其形体各有差异而有其特殊的性质，此即气质之性。"合虚与气，有性之名"，虚即太虚，气即气质，性之名即是指天地之性与气质之性。张载又说："天性在人，正犹水性之在冰，凝释虽异，为物一也；受光有小大昏明，其照纳不二也。""性于人无不善，系其善反不善反而已。……形而后有气质之性，善反之则天地之性存焉。故气质之性，君子有弗性者焉。"① 张载以水、冰之喻形象地说明了人性当中所包含的天地之性与气质之性的关系。气质之性是形而后才有，但其本然之性是天地之性，只是因为气质所限而不能显露出天地之性。学者之事即在自求变化气质，若能自反，便可知其本有天地之性，只有天地之性才是君子应以为本性的。

程颐接受了气质之性的说法，但与张载在气一元论的基础上以气之聚散的不同形态界定天命、气质之性不同，程颐并无太虚、气质的划分，而是直接以理、气二元对立的方式处理天命之性与气质之性的问题，"伊川的宇宙论本可以说是两元论，认世界为理与气所成，由之而讲人性两元，颇为自然。理性即是为宇宙究竟本根之理，气质之性则源于气"②。这就是说，在程颐，气质之性直接就是因气禀而有的殊别之性，所以才会在有生之后，亦即人性的现实表现上有或善或恶的不同。

在人性论上，程颐的说法比其兄程颢要简明，他以理、气二元对立的架构区分本然之性与气质之性，程颢则说得比较浑然圆转，这种特点突出地表现在程颢的一段话中：

> "生之谓性"，性即气，气即性，生之谓也。人生气禀，理有善恶，然不是性中元有此两物相对而生也。有自幼而善，有自幼而恶，是气禀有然也。善固性也，然恶亦不可不谓之性也。盖"生之谓性""人生而静"以上不容说，才说性时，便已不是性也。凡人说性，只是说"继之者善"也，孟子言人性善是也。夫所谓"继之者善"也者，犹水流而就下也。皆水也，有流而至海，终无所污，此何烦人力之为也？有流而未远，固已渐浊，有出而甚远，方有所浊。有浊之多者，有浊之少者。清

---

① （宋）张载著，章锡琛点校：《张载集》，第22—23页。
② 《张岱年全集》第二卷，第244页。

· 134 ·

第三章　王廷相论人性

浊虽不同，然不可以浊者不为水也。如此，则人不可以不加澄治之功。故用力敏勇则疾清，用力缓怠则迟清，及其清也，则却只是元初水也。亦不是将清来换却浊，亦不是取出浊来置在一隅也。水之清，则性善之谓也。故不是善与恶在性中为两物相对，各自出来。此理，天命也。顺而循之，则道也。循此而修之，各得其分，则教也。自天命以至于教，我无加损焉，此舜有天下而不与焉者也。①

程颢此一段文字极难理解，朱熹就说："（程颢）生之谓性一条难说，须仔细看。""此一段极难看。但细寻语脉，却亦可晓。"② 张岱年先生曾说："明道论性的话不多，又皆浑沦圆转，所以也不易了解。他的思想，实颇近于告子，他最赞成告子'生之谓性'之说。虽又说有'人生而静以上'的天命之性，但认为不容说，可说者只是'生之谓性'之性；此性是无善无恶而可善可恶的。"③ 诚然，程颢论性确是"浑沦圆转"，没有程颐说得那么简明。这种"浑沦"其实与程颢论性虽赞成告子"生之谓性"说，而又与"天命之谓性"结合起来的做法有关。程颐认为"天命之谓性"是言性之理，"生之谓性"是说气禀之性，一为理，一为气，天命之性与气禀之性的内涵非常明确。而程颢论性多夹杂气说，④ 其实说"夹杂"亦不能明确程颢论性的特点，因为在程颢那里性与气本就是一体而不可分的。程颢说"性即气，气即性，生之谓也"，此"即"字是不即不离之义，程颢认为性与气虽有分别但并不是截然分开的二物。在程颢而言，说到"生"就必得带着气说，⑤ 不是脱离了气而空谈一个生之理，而在能生之气中即有性在，因此论性必须是就着所生来谈，但所生已经是涉乎具体的有形质的东西了，所以就着所生而谈的性已不是性之本体，性之本体其实是"不容说"的，可说的已是形而下的气禀之

---

①（宋）程颢、程颐著，王孝鱼点校：《二程集》，第 10—11 页。
②（宋）黎靖德编，王星贤点校：《朱子语类》，第 2426 页。
③《张岱年全集》第二卷，第 244 页。王国维也认为程颢论性之意与告子相同，见氏文《论性》，载《王国维学术经典集》，江西人民出版社 1997 年版，第 15 页。
④ 牟宗三认为程颢"性即气，气即性""是性气滚在一起之意，说粗一点，是性气混杂、夹杂在一起，"见氏著《心体与性体》中册，第 139 页。
⑤ 朱熹曾说："天命流行，必二气五行交感凝聚，然后能生物也。"见朱杰人、严佐之、刘永翔主编《朱子全书》，第 3275 页。朱熹此句对于理解程颢"性即气，气即性，生之谓也"的意思是极有帮助的。

· 135 ·

性了。

钱穆认为从程颢这一段话可见其"周旋为难处",程颢"既要如孟子般主张性善,又说气禀理有善恶,故不得不说成'恶亦不可不谓之性',又说成'才说性时便已不是性',因此性已落禀受,已有恶的夹杂,故已不是本原至善之性。于是又说孟子说性,只说了一个'继之者善',亦未说到本原的性上。如是则二程所谓'本原之性',乃是一悬虚的,不着实际的。落到实际,则陷入了'气'的拘限中。如此则就本原言,人、禽皆属善;就气质言,人亦不能无恶。其所以与孟子相异,则因兼采了《易传》与《中庸》。惟因二程要迁就孟子,因此把恶的部分诿罪于气质,如此则不仅异于孟子,亦又异于《易传》与《中庸》矣"①。程颢要论性之本原,必然要采取"天命之谓性"的理论架构,但本原之性落实到具体的人、物时必须与气结合起来,这就有了气禀的不同,由气禀可以解释善性与恶性的原因,但程颢又要以孟子所说的性善为本原之性,这就又与其善恶皆性的说法相冲突。显然,程颢这里存在理论上的罅隙。

程颢此处论性、气的说法可以与其论道、器之语相互发明。程颢曾说:"形而上为道,形而下为器,须着如此说。器亦道,道亦器,但得道在,不系今与后,已与人。"② 对道、器作形而上、下的区分,是明道与伊川的相同处,但二人因对道的理解不同,则这种形而上、下的区分的理论后果也不同。程颢认为道不是阴阳,阴阳也不就是道,在道和阴阳之间是有形上、形下之别的。但是,道又不能离开阴阳,正是在一阴一阳的生生不已、变动不居的大化流行中才显现出道的存在。程颢曾说:

> 天位乎上,地位乎下,人位乎中。无人则无以见天地。《书》曰:"惟天地万物父母,惟人万物之灵。"《易》曰:"天地设位,而易行乎其中;乾坤毁,则无以见易。易不可见,则乾坤或几乎息矣。"③

> "生生之谓易,天地设位而易行乎其中,乾坤毁则无以见易,易不可见,乾坤或几乎息矣。"易毕竟是甚?又指而言曰:"圣人以此洗心退藏

---

① 钱穆:《钱宾四先生全集》第 20 册,台北联经文化出版公司 1998 年版,第 381—382 页。
② (宋)程颢、程颐著,王孝鱼点校:《二程集》,第 4 页。
③ (宋)程颢、程颐著,王孝鱼点校:《二程集》,第 117 页。

第三章 王廷相论人性

于密",……易也,此也,密也,是甚物?人能至此深思,当自得之。①

程颢是以道、生、易、理为一,所谓"器亦道,道亦器"就说明道、器之间这种相即不离的关系。事实上,我们所能经验到的都是形而下的器物,器物万变而道体只是一,似乎我们能认识或能把捉到的是与道体隔离的,但程颢认为,道恰恰就体现在天地乾坤的变易中,关键在于人能"默而识之","人能至此深思,当自得之"②。

张岱年认为:"二程子以理为宇宙本根,认为理是事物之根本。明道以为事物之最根本的常则是宇宙本根。伊川认为凡事物皆有其所以,一切事物之究竟所以,是宇宙本根。"③ 这说出了二程在对道的界说上的区别。事物之根本的常则就是易、就是道、就是生,并不能脱离万有之生生、之变易另寻一个事物之根本的常则,这是程颢对宇宙万有之本根的基本看法。程颐则就物之所以然来论定宇宙万有之本原,认为道是一阴一阳之所以,是一阴一阳之迭运变易中不变的恒常的规律,即理。将二程对于道的不同理解推至其对于性、气关系的看法,程颢就认为论性必结合气来说,气与性是非一非异、不即不离的,是一种圆融的、浑沦的、未曾分化的原初关系,所以"生之谓性"是应当结合着"天命之谓性"来说;程颐则严格区分性(性即理)、气,性出于天,才出于气,"天命之谓性"说的是性之理,"生之谓性"说的是气,二者是不同的。

朱熹曾说:

> 孟子言性,只说得本然底,论才亦然。荀子只见得不好底,扬子又见得半上半下底,韩子所言却是说得稍近。盖荀扬说既不是,韩子看来端的见有如此不同,故有三品之说。然惜其言之不尽,少得一个"气"

---

① (宋)程颢、程颐著,王孝鱼点校:《二程集》,第136页。
② 程颢曾说:"《系辞》曰:'形而上者谓之道,形而下者谓之器。'又曰:'立天之道曰阴与阳,立地之道曰柔与刚,立人之道曰仁与义。'又曰:'一阴一阳之谓道。'阴阳亦形而下者也,而曰道者,惟此语截得上下最分明,元来只此是道,要在人默而识之也。"见(宋)程颢、程颐著,王孝鱼点校《二程集》,第118页。道、器之分际要在人善观,既不能认器作道,亦不能离器言道。程颢对于道、器之关系的这种理解可以用唐君毅的话来表述:"言道亦器者,所以免道之虚脱也;言器亦道者,所以免于器之凡俗也。"见唐君毅《中国哲学原论(原教篇)》,第152页。
③ 《张岱年全集》第二卷,第86页。

王廷相心性思想研究

字耳。程子曰："论性不论气，不备；论气不论性，不明。"盖谓此也。①

朱熹将孟子以来直到二程的人性论思想做了一番梳理，认为孟子之性是从性之本然上说，荀子说性恶则是大本已失，扬雄说性善恶混也是见得不明，韩愈总结前人说法，归纳出性三品说，但没有从气质之性的角度考虑人性的问题。只有二程子出来，提出气质之性，结合孟子所论的本然之性，关于人性的问题才既明且备了。朱熹对于气质之性说的提出极表赞同，曾说：

> 孟子未尝说气质之性。程子论性所以有功于名教者，以其发明气质之性也。以气质论，则凡言性不同者，皆冰释矣。退之言性亦好，亦不知气质之性耳。②

又说：

> 此（即气质之性说，引者注）起于张程。某以为极有功于圣门，有补于后学，读之使人深有感于张程，前此未曾有人说到此。如韩退之《原性》中说三品，说得也是，但不曾分明说是气质之性耳。性那里有三品来！孟子说性善，但说得本原处，下面却不曾说得气质之性，所以亦费分疏。诸子说性恶与善恶混。使张程之说早出，则这许多说话自不用纷争。故张程之说立，则诸子之说泯矣。……又举明道云："论性不论气，不备；论气不论性，不明，二之则不是。"且如只说个仁义礼智是性，世间却有生出来便无状底，是如何？只是气禀如此。若不论那气，这道理便不周匝，所以不备。若只论气禀，这个善，这个恶，却不论那一原处只是这个道理，又却不明。此自孔子曾子子思孟子理会得后，都无人说这道理。③

这里，朱熹对张载、二程的"气质之性"说极表赞扬。人性问题自先秦

---

① （宋）黎靖德编，王星贤点校：《朱子语类》，第70页。
② （宋）黎靖德编，王星贤点校：《朱子语类》，第70页。
③ （宋）黎靖德编，王星贤点校：《朱子语类》，第70页。

第三章 王廷相论人性

儒学便已开始讨论，孔子说"性相近，习相远"，这是从形而下的经验事实上对性所做的实然陈述，二程以为此只是论气之禀，而没有说到性之本。孟子道性善，但北宋以前，孟子的性善论并未在思想界占主流，但是其以善论性的观点却与荀子性恶论一道激发了人们对于人性究竟是善还是恶、抑或善恶混的争论，使得对于人性问题的讨论开始与对人性的善恶评价问题直接挂起钩来，这标志着人们在人性论问题上的道德意识开始觉醒。但是，汉唐时期人性论的缺点也是非常明显的，这就是只局限于从事实层面对人性做现象描述，所抓住的都是人性的自然表现，对人性的不同倾向也只是进行价值评价，而不对其做形而上的追问，这种只是从事实层面探讨人性的做法，最终只能是抓住人性的不同侧面而陷于莫衷一是的局面。朱熹认为，汉唐人性论的问题就出在没有把对人性的探讨提高到性之本体、本原的层面，到头来所说的都只是气而没有说到性之本。孟子性善论触及了性之本，但对于事实层面善恶不一的人性缺乏解释，不曾说到气质之性，所以"亦费分疏"。尽管如此，唐代以前还默默无闻的孟子却因其性善论而逐渐成为儒家人性论的主流，经过唐宋之际的"孟子升格运动"，① 孟子及其著作的影响越来越大，最终成为儒家士人必读的经典，孟子本人也进入孔庙配享孔子。②

韩愈首先推尊孟子，他在《原道》一文中虚构了一个儒家仁义之道的传授谱系，以孟子为其中的一个重要人物："尧以是传之舜，舜以是传之禹，禹以是传之汤，汤以是传之文武周公，文武周公传之孔子，孔子传之孟轲，轲之死，不得其传焉。"③ 韩愈提出道统说，认为孟子继承了孔子，但在人性论上韩愈却主性三品论。孟子人性论的价值真正得到阐扬，二程发挥了重要作用，二程子说，"孟子大有功于世，以其言性善也"，"孟子性善，养气之论，皆前圣所未发"。④ 对照汉唐人性论上诸种说法纷纭杂陈的事实，孟子性善论的思想价值显得尤为突出。事实上，孟子性善论能够在理学中确立，气质之性的提出具有重要的意义。气质之性的提出与宋代儒者弥合孔、孟之间人性

---

① 周予同提出"孟子升格"的说法，见朱维铮编《周予同经学史论著选集·群经概论》，上海人民出版社1996年增订本，第289页。徐洪兴在其著作《思想的转型——理学发生过程研究》（上海人民出版社1996年版）第二章中对孟子升格运动做了详细的考论。

② 宋神宗熙宁年间，《孟子》被列为"兼经"，定为科举考试科目。神宗朝廷并且赐封孟子爵号"邹国公"，元丰七年（1084），孟子进入孔庙配享孔子，朝廷要求国子监及天下学庙都塑孟子像。

③ （唐）韩愈著，钱仲联、马茂元校点：《韩愈全集》，上海古籍出版社1997年版，第122页。

④ （宋）朱熹撰：《四书章句集注》，第199页。

论上的不同的努力有关，这种努力实际是以孟子的性善论为主而对孔子的说法进行形上学的重新解释。宋代理学人性论的基本思路就是从性之本与气之禀两方面来说明人性，既从性与天道的层面追寻人性的根源，又要对人性的现实表现做出解释，而且从思想发展的脉络上说，总结以往的人性论成果也是进行理论创造的必然要求。张、程等人提出气质之性的概念从思想史的层面说是对汉唐诸种人性论思想的概括总结，从理学人性论的内在结构看，则是对孟子性善论的补充，即在确认性之本善的同时，以气禀来解释现实人性之恶的来源。朱熹说，程子论性所以有功于名教者，以其发明气质之性也。若将朱熹此话与其对二程"性即理"说的推崇联系起来看，我们就会明白其对于二程之性论"有功于名教"的判语绝非虚言。汉唐人性论的主流是性三品论，这是从事实的角度考察人性，囿于经验层面而缺少形而上的维度，完全无法应对道家形上学和佛教心性论的挑战，反而有使儒家传统所优长的人性论之道德主体性失落的危险。二程以形上学的结构纳传统儒家的人性论于其中，将"性即理"作为一个本体论命题提出，将性之善提升为宇宙的本体，同时以气质的遮蔽作用解释现实层面人性的种种表现，这在理论的精致性、思维逻辑的严谨性上确实是超越汉唐的。

三 王廷相对"生之谓性"的继承

1. 王廷相人性论的自然主义特征

张载、二程提出气质之性，朱熹极为表彰，以为此说极有功于圣门，有补于后学。朱熹并且认为气质之性的提出，使得能够通过性、气二分的理论模式对张、程之前的人性论问题进行理论总结。

确实，宋儒提出的本然之性与气质之性，解决了汉唐儒者局限于经验层面而对人性进行现象描述，却不能上溯至天道层面追讨人性之本原的问题。但是，在王廷相看来，"离气无性。气外有本然之性，诸儒拟议之过也"。论性即是论气质之性，"人有二性，此宋儒之大惑也。夫性，生之理也"[1]。气在化生万物的过程中所具有的规律、准则就是性，就人而言，"人有生气则性存，无生气则性灭矣，一贯之道，不可离而论者也"[2]。"有生则有性可言，

---

[1] （明）王廷相著，王孝鱼点校：《王廷相集》，第518页。
[2] （明）王廷相著，王孝鱼点校：《王廷相集》，第851页。

无生则性灭矣，安得取而言之？是性之有无，缘于气之聚散。"① 人性的存在是以人本身的存在为前提的。从宇宙万物的整体而言，"性生于气，万物皆然"②，人与万物一样都是由气化生成的，所以从根源上说，性依赖于气，无气即无性。

从"生"的角度论性，主张"生之谓性"，这是王廷相人性论的突出特点。他认为：

> 明道先生曰："性即气，气即性，生之谓也。"又曰："论性不论气，不备；论气不论性，不明。二之，便不是。"又曰："恶亦不可不谓之性。"此三言者，于性极为明尽，而后之学者，梏于朱子本然气质二性之说，而不致思，悲哉！③

王廷相所引程颢的这三条材料中第一和第三条材料可以确定是大程子的说法，第二条材料则未注明谁语。在王廷相看来，程颢论性是坚持性气一体，没有在气质之外别立一性，分本然之性与气质之性为二物。王廷相说："程伯子淳粹高明，从容于道，其论得圣人之中正。"④ 在二程兄弟中，王廷相比较推崇明道，虽然也说过"伊川，吾党之先师也"的话，但在哲学精神与理论方向上，王廷相更趋近于程颢。⑤ 程颐严格区分天命之性与气质之性，这恰恰就是将性"二之"，这是王廷相所不认同的，所以，即使称其为"先师"，"但反求吾心，寔有一二不可强同者，故别加论列，以求吾道之是；其协圣合天，精义入神之旨，则固遵而信之矣"⑥。

就王廷相所举出的这三句话来看，其对于程颢性论的认同首先在于程颢

---

① （明）王廷相著，王孝鱼点校：《王廷相集》，第602页。
② （明）王廷相著，王孝鱼点校：《王廷相集》，第837页。
③ （明）王廷相著，王孝鱼点校：《王廷相集》，第837页。
④ （明）王廷相著，王孝鱼点校：《王廷相集》，第819页。
⑤ 王廷相《王氏家藏集》卷十有《望鲁台二程子所筑》诗一首："昔贤崇道轨，企圣洙泗湄。筑台望东鲁，转觉众山卑。鸣铎振前响，击磐追余悲。果协尼山步，允开斯人师。我行出故墟，古台尚崔崔。饥鼯走颓垣，乱藻蔽荒祠。哲人已邈逝，斯道日多歧。四圣兼先天，百代使人疑。寸心倘不灭，梦寐或叩之。"作为理学中人，王廷相对于二程当然是极为尊敬的，但这并不表明，王廷相对于二程的学说只是一味因循固守，而没有自己的思考。诗中最后两句表明王廷相对于宋儒的先天之说是有疑问的，甚至希望梦寐之中能叩问先儒以期获得解答。
⑥ （明）王廷相著，王孝鱼点校：《王廷相集》，第517页。

主张性气不离，性出于气，性是有生之后才有的。王廷相基于元气一元论，从宇宙生成论的进路追溯性之本源，自然对于程颢的说法感到贴切，认为此论对于性的认识"极为明尽"。但是我们知道，程颢之认同"生之谓性"并不是从纯粹自然化生的角度说的，其所谓生是《易传》天道生生之"生"，是有道德创生意义的"生"，所以程颢也直接以"仁"来指称"生"。① 《易传》曰："一阴一阳之谓道，继之者善，成之者性。"程颢以生论性借用了《易传》天道自然化生的理论模式，但其关注的重心不在于仅仅表明天道创生的自然事实，而更在于人、物得"生"以为己性以及主体在自性中展示天道生生之德而"继善成性"的连续性过程。程颢说："'一阴一阳之谓道'，自然之道也。'继之者善也'，有道则有用，'元者善之长'也。'成之者'却只是性，'各正性命'者也。"② 天道之流行化生无处不在，自然而然，生则有成，成性便是承续此道在己身，天地之大德就是生，从天人不二的角度说，成性就是主体如何将天道生生之德体现出来。由此可见，在程颢而言，"生之谓性"的意义在于从天道与人道相贯通的层面为人性奠定本体根基，天道之生所展现的是善，所以成性之内涵就不是指人的自然生命存在的特征，而是道德生命的不断创造与超越的过程。

王廷相对于"生之谓性"的认同则是因为这一命题所表达出来的在性之来源问题上的宇宙生成论向度，从这一角度理解，生只表现为万物之生成的自然过程，由此，其"各正性命"就并不具有道德创生的意义。王廷相说：

> 人物之生于造化，一而已矣。无大小，无灵蠢，无寿夭，各随气之所禀而为生，此天地之化所以无心而为公也，故曰"各正性命"。但人灵于物，其智力机巧足以尽万物而制之，或驱逐而远避，或拘系而役使，或戕杀而肉食，天之意岂欲如是哉？物势之自然耳。故强凌弱，众暴寡，智戕愚，通万物而皆然，虽天亦无如之何矣！③

> 万物各有禀受，各正性命，其气虽出于天，其神则为己有。地有地

---

① 程颢说："万物之生意最可观，此元者善之长也，斯所谓仁也。"见（宋）程颢、程颐著，王孝鱼点校《二程集》，第120页。
② （宋）程颢、程颐著，王孝鱼点校：《二程集》，第135页。
③ （明）王廷相著，王孝鱼点校：《王廷相集》，第853页。

之神，人有人之神，物有物之神。①

所谓"人物之生于造化，一而已矣"是说人物皆由气禀而生，天之生物皆是"无心而为公"，此处之"无心而为公"实为平等之义。天地之化并不偏向于谁，只是自然而然，不是有意要做什么。从造化之过程说只是个自然，从造化之结果看，万物皆由气禀而生，在天地这个大洪炉中各遂其生，并因气禀而各有其神，所以说，"无心而为公"表明了天地造化之于其所生成之物的平等性。

《老子》第五章中有言："天地不仁，以万物为刍狗；圣人不仁，以百姓为刍狗。"王弼注曰："物不俱存，则不足以备载矣。天地不为兽生刍，而兽食刍，不为人生狗，而人食狗。……圣人与天地合其德，以百姓比刍狗也。"②《庄子·天运》篇有"已陈刍狗"，指无所爱惜。王弼注解虽未尽老子之意，但所说明的道理并不与道家之意见相悖。在道家看来，天地不仁，万物虽孕育于其中，却不是有心为之，而是行所无事，并非蓄意造作。王弼说："天地任自然，无为无造，万物自相治理，故不仁也。"③ 认为天地化生万物完全是自然而然的。对于天地生物之无心而为的事实，王廷相虽未以"不仁"来比况，但他说"天之意岂欲如是哉？物势之自然耳"，"物势之自然"显然与"仁"之生意是相对立的，当程颢说"万物之生意最可观，此元者善之长也，斯所谓仁也"时，在他的心目中，是把自然界视为一个充满着价值、充满着意义的世界，而王廷相从经验观察的事实中看到的则是"强凌弱，众暴寡，智戕愚，通万物而皆然，虽天亦无如之何矣！"自然界并不是一个所谓的价值世界，天地之生物也并不是有目的的，而是自然而然、无意、无为的。

需要指出的是，王廷相虽然坚持自然主义的人性论观点，表现出一些与道家思想相通的地方，④ 但王廷相的精神实质与道家之间还有一段距离。道家将天地化生的无目的性、自然性表达为"天地不仁"，同时，道家也讲圣人与

---

① （明）王廷相著，王孝鱼点校：《王廷相集》，第 973—974 页。
② （魏）王弼著，楼宇烈校释：《王弼集校释》，中华书局 1980 年版，第 13—14 页。
③ 王弼著，楼宇烈校释：《王弼集校释》，第 13 页。
④ 《老子》包含有人性体道自然的思想，然而并未具体论及性范畴。庄子说："性者，生之质也。"（《庄子·庚桑楚》）"泰初有无，无有无名。一之所起，有一而未形。物得以生，谓之德；未形者有分，且然无间，谓之命；留动而生物，物成生理，谓之形；形体保神，各有仪则，谓之性。"（《庄子·天地》）这是以自然之资质为性，认为人性是自然的。

天地合其德，即是说要以天地为法，所以更进一步，道家又说"圣人不仁"。钱锺书先生说："求'合'乎天地之'不仁'之'德'，以立身接物，强梁者必惨酷而无慈悯，柔巽者必脂韦而无羞愧。"① 这指出了道家以"无为"处事的消极后果。王廷相虽然在人性论上主张自然主义的观点，与老庄的思想有相通处，但他也认为纯任自然之性必然会导致人们之间"强凌弱，众暴寡，智戕愚"的现象出现，而且，这也从根本上否定了圣人为社会的发展所作出的贡献。王廷相说：

> 老子之道，以自然为宗，以无为为用，故曰："以百姓为刍狗"，任其自为也。吾见其强凌弱，众暴寡，懊然而不平矣，而况夷狄之侵轶乎？又曰："绝圣弃智，民利百倍。"夫民生之利，累世圣智之人遗之也；若然，则尧忧得舜，舜忧得禹，其志亦荒矣，可乎？有为者，圣人之甚不得已也；必欲无为以任其民，大乱之道也。故老子之道，以之治身则保生，以之治国则长乱。②

道家学说以人性为自然，故主张无为而治，但这在王廷相看来是"大乱之道"，"以之治身则保生，以之治国则长乱"。王廷相对于道家无为的批评表明了其所坚持的儒家立场，虽然王廷相认为人性就是一种自然的材质，但他并不主张仅仅依靠这种自然的本性之发展就能使社会无为而治。事实上，在人性的问题上王廷相虽然与道家一样主张自然主义的观点，但老、庄之自然主义的人性论源于其对天道的认识，其以道论性的思路包含着人性本真、人应当反朴以回归于天性的价值判断和要求，因此对于后天的人的一切作为都持否定态度，主张去除名利好恶之情，废去仁义礼乐、刑法赏罚之束缚，以回归足性逍遥的自然状态。在这种思想主张中隐约可以看到道家对人性之基本面的判断并不是负面的、消极的。王廷相主张人性自然，同时也认为纯任自然是不可以治理天下的。王廷相说：

> 天下可以自然治，羲轩尧舜为之矣。民无统主，则强食弱也，众暴

---

① 钱锺书：《管锥编》（二），生活·读书·新知三联书店2007年版，第655页。
② （明）王廷相著，王孝鱼点校：《王廷相集》，第807—808页。

寡也，智死愚也。极也必反之，相戕相贼，报覆相寻，民之获其生者寡矣。是故任其自然者，乱之道也。①

道家主张人性自然，排斥人性中一切人为的、后天附加的成分，因此，圣王在社会治理方面的任何作为都应当废止。王廷相也认为人性是自然的，但正因为是自然形成的，才需要圣王的教化，因为在他看来，"民无统主，则强食弱也，众暴寡也，智死愚也"，所以，"必欲无为以任其民，大乱之道也"。可以看出，在王廷相的这一推理中又隐含着一个前提，即人性的基本面是负面的、消极的，这说明王廷相是以人自然生成的欲望来看待人性的，若任由人的自然欲望发展，就会破坏社会的稳定，"民之获其生者寡矣"，因而需要圣人从为天下求安定的立场出发，设礼乐法制，修道德之教。

"生之谓性"的说法原本代表人性论上的一种自然主义倾向，无论是告子、荀子所主张的"食色性也"，或者本能欲望、自然情感，还是孟子提出的恻隐之心，其实都是自然天成的，其所谓性的实质内容都具有天命论的本体依据。程朱理学家借鉴这种天命论的理论模式将人性论问题提升到形上本体的层面，探求人性的根源，在这样做的时候，他们多吸收佛道的思想资源，但又坚持儒家的基本价值取向，这突出地表现在对于"生"的理解上，不是把"生"如道家那样视为天道自然的化生，而是以价值之应然、道德之善来贞定此自然生成的图景，并由此从本原上论定人性之善。王廷相基于气一元论，也从本原论的层面来解释"生之谓性"，认为性源于气，但他并不认为气化生物是在什么价值之光的照射下合目的性的过程，他从经验事实的观察出发，得出造化创生人物无大小、灵蠢、寿夭"各随气之所禀而为生"，"天地之化无心而为公"的结论，这就淡化了涂抹在天道流行化生过程上的道德油彩。从这样一种自然化生的天命论前提出发，王廷相不认为人性的内涵只是个善，而是以自然生成的才质为人性，从其"民无统主"则"强凌弱，众暴寡，智戕愚"的说法看，这种自然的才质显然是指自然的本能、欲望。王廷相对于人性的这种看法极为类似荀子，不仅如此，王廷相和荀子一样，也从工具价值的意义来理解道德礼乐在化成人性、社会平治方面的作用，并由此论定圣王作为价值之源的意义。我们看到，二程虽然接受了"生之谓性"的

---

① （明）王廷相著，王孝鱼点校：《王廷相集》，第785页。

说法，但这种接受更多地表现为一种理论创构，王廷相在性气一元论的本体的基础上指出"人有生气则性存，无生气则性灭"，这显然是延续了以生言性的自然主义传统。

2. 性者，阴阳之神理

王廷相对朱熹将性、气分而为二的观点非常不满，其对朱熹的批评也是极为尖锐的，他说朱熹所谓"人之有生，性与气合而已"的看法"劈头就差"，也就是说从本原上看是完全错误的。王廷相认为朱熹没有看到性本身就来自气，而把存在于气中的性当成了一种实体性的存在，所以才会将性与气分为各自独立的两个东西，有生以后各自前来附合在一起。按照王廷相的说法，性是因气而有，性生于气、有生即有性，而且性气相资而不能相离。王廷相之诗友顾璘对王廷相论性的这种特点也是非常清楚的，他在为《慎言》所作的序中说："至其原五行，则先水火；辨性本，则主缘生；语学术，则贵经练；品施措，则尚神识。"①"辨性本，则主缘生"，指出了王廷相在性论上坚持有生即有性的观点。

所谓生即表示宇宙论上的一种先后相继的现象存在，王廷相说"人有生气则性存，无生气则性灭矣"，生气是性存在之根基。其实这里还有一些需要分疏之处，即宇宙论意义上的生成序列表达的是一个时间概念，气则是一个表示空间的实体性存在概念，王廷相将生与气联系在一起，表明在他看来，生成与实体是不可分的，说到生成就是指气在生成，实体性的存在才具有生成之性能，实体与其生成之性能是二而一、一而二不可分的关系。王廷相之所以坚持生成与实体的合一，这是因为他认为气本身就内在地具有运动生成之性能，他又把气本有的这种性能称为"机"或"气机"，他说：

天之转动，气机为之也。虚空即气，气即机，故曰天运以气，地浮以虚。②

气通乎形而灵。人物之所以生，气机不息也。③

阴阳也者，气之体也。阖辟动静者，性之能也。屈伸相感者，机之

---

① （明）王廷相著，王孝鱼点校：《王廷相集》，第749页。
② （明）王廷相著，王孝鱼点校：《王廷相集》，第888页。
③ （明）王廷相著，王孝鱼点校：《王廷相集》，第753页。

第三章　王廷相论人性

由也。缊缊而化者,神之妙也。生生不息,叠叠如不得已者,命之自然也。①

王廷相使用"气机"这一概念来说明气本身就具有能动的性能,而气的这种性能源于气本身内在的对立统一的阴阳两个方面,王廷相说"阴阳,气也","阴阳也者,气之体也",阴阳就是气本然的存在状态,阴阳之对立面相互推转、迭运的事实就体现在气之造化生物的实在过程中,此即"一阴一阳之谓道"。

王廷相坚持以气本论造化,自觉地继承宋代张载的学术思想,认为:"《正蒙》,横渠之实学也。"② 张载在其所作《正蒙》中,充分阐述了自己的气本论思想。张载结合着阴阳来说性、说神,神也就相当于性,是从能动的、气之存在状态的角度说的本性,这也是认为气之能动性的来源在于气本身。张载说:"感者,性之神;性者,感之体。(在天在人,其究一也)惟屈伸、动静、终始之能一也,故所以妙万物而谓之神,通万物而谓之道,体万物而谓之性。"③ "感",即阴阳之气的相互作用,亦即阴阳之气的攻取、推移、运转等表现。按照张载的说法,性一方面无形无相,是虚的,一方面能使气物运动变化而显得很"神",所以说能屈伸动静。这种屈伸动静就是感的表现,而感的基础,则是由于事物内在的阴阳之对立统一,"感者性之神",意即感为性之神妙不测的作用,从这个意义上说,性又具有能感的主动性,并不是被动的,或只是一个形式、名义的存在,换言之,性表征了感的潜在能力,是屈伸、动静、终始的主体基础。这是认为气本身就具有能动本性,王廷相使用"气机"这一说法,同样主张动静、屈伸的承担者就是气本身,气之本性(阴阳之对立面)使气能够成为造化之实体,他说:

感应之机无端,故动静无常,皆性之不得已而然也。④
天包地外,二气洞彻,万有莫不藉之以生,藉之以神,藉之以性,

---

① (明)王廷相著,王孝鱼点校:《王廷相集》,第754页。
② (明)王廷相著,王孝鱼点校:《王廷相集》,第821页。
③ (宋)张载著,章锡琛点校:《张载集》,第63—64页。
④ (明)王廷相著,王孝鱼点校:《王廷相集》,第834页。

及其形坏气散，而神性乃灭，岂非生于本有乎？①

这里所说的"性之不得已"表明气之感应作用与动静屈伸之能是气之本体内在的、自然的一种属性，王廷相把这种性能与气化万有之神妙莫测的作用一起归属于阴阳之气。

王廷相以气为造化之本原，认为气之内在的阴阳对立的两方面是气之能动性的根源，这是为了在气本的基础上说明造化之过程是实、是有，而不是因为有什么外在的主宰者。王廷相说"元气之上无物、无道、无理"，这就是认为元气是造化之本原，在元气之上没有主宰者，离开元气并没有万物之生化过程，也没有理。王廷相之所以要从气之阴阳对立面上说明气之能动性的根源，并由此论证气才是造化之本原，其目的也正如王廷相自己所说：

> 以造化本体为"空"为"无"，此古今之大迷。虽后儒扶正濂溪无极之旨，曰"无声无臭，实造化之枢纽，品汇之根柢"，亦不明言何物主之，岂非谈虚说空乎？②

所谓造化就是生，就是在宇宙论意义上的一个前后相继的呈现出时序性的过程，按照王廷相生成之序列与生成之实体不可分的主张来看，造化之本体就是有、是实，这其实是在说造化之实体就是气。周敦颐《太极图说》有"无极而太极"语，王廷相认为太极是指"道化至极之名，无象无数，而天地万物莫不由之以生"③，其实质就是元气，因此，太极之上并没有无极。从王廷相说"扶正濂溪无极之旨"的意思看，他是不赞同无极之说的，虽然他对于朱熹解"无极而太极"为"造化之枢纽，品汇之根柢"也没有明确反对，但是，只从"造化之枢纽，品汇之根柢"这句话中还是不能确定到底是什么在主持造化，王廷相因此认为这还是空虚之谈。事实上，朱熹之解"太极"是采取了理本论的立场，认为太极就是至极之理，是理之极致，"总天地万物之理，便是太极"，太极是不可分割的全体，又是普遍而超越的绝对。从这样

---

① （明）王廷相著，王孝鱼点校：《王廷相集》，第971页。
② （明）王廷相著，王孝鱼点校：《王廷相集》，第972页。
③ （明）王廷相著，王孝鱼点校：《王廷相集》，第849页。

第三章 王廷相论人性

的观点出发，朱熹又吸收了张载的气论观点，在将理与气并提的前提下讨论了宇宙万有的生成问题，他说：

> 天地之间，有理有气。理也者，形而上之道也，生物之本也。气也者，形而下之器也，生物之具也。是以人物之生，必禀此理然后有性，必禀此气然后有形。①
>
> 未有天地之先，毕竟也只是理。有此理，便有此天地；若无此理，便亦无天地，无人无物，都无该载了！有理，便有气流行，发育万物。②

这就是朱熹一贯主张的理气不离不杂的看法。从构成论上看，理是事物的法则、规律，气是构成事物的材料，没有不体现法则、规律的气，也没有脱离具体构成材料的法则。就具体的物的现实存在状态上看，无不是理与气合而成者，理气不可分先后，即所谓"在物上看，则二物浑沦，不可分开各在一处"，③ 但同时，朱熹又从本原上将理确定为在先者，说"若论本原，即有理然后有气"④。从本原上说的先后问题其实涉及生成问题，是就宇宙论意义上的前后相继的具时序性的过程来说理气关系的，这样的理显然就是一个造化之本原了。⑤

王廷相对于以理为造化之本原的说法极为反对，认为理是虚而无著之名，气则是实有，"世儒谓'理能生气'，即老氏道生天地矣"⑥，说理能生气就与老氏无能生有之说没有区别。⑦ 王廷相认为造化之过程必然是实体性的气在主持，是气展现其固有性能的一个实在的过程，正是在宇宙生成论的意义上，

---

① 朱杰人、严佐之、刘永翔主编：《朱子全书》，第2755页。
② （宋）黎靖德编，王星贤点校：《朱子语类》，第4页。
③ 朱杰人、严佐之、刘永翔主编：《朱子全书》，第2146页。
④ 朱杰人、严佐之、刘永翔主编：《朱子全书》，第2863页。
⑤ 陈来对朱熹理能生气之论曾有讨论，认为朱熹"理生气这一思想，就思想资料的直接来源说，一是来源于'易有太极，是生两仪'，一是来源于'太极动而生阳'"。同时又指出朱熹关于理气先后的问题可以从本原论和构成论上做出不同的回答：朱熹所谓"若论本原，即有理然后有气"的说法是从本原上说的理先而气后，朱熹所谓"若论禀赋，则有是气而后理随以具"的说法是从构成上说理随气以具。见氏著《朱子哲学研究》，第91—92页。
⑥ （明）王廷相著，王孝鱼点校：《王廷相集》，第753页。
⑦ 事实上，朱熹也曾说："无极而太极，言无能生有也。"见（宋）黎靖德编，王星贤点校《朱子语类》，第2368页。

王廷相对于宋儒性即理的说法提出了批评。

王廷相曾有《答薛君采①论性书》一文，其中说：

请以来谕绎之："伊川曰'阴阳者气也，所以阴阳者道也。'未尝即以理为气。"嗟乎！此大节之不合者也。余尝以为元气之上无物，有元气即有元神，有元神即能运行而为阴阳，有阴阳则天地万物之性理备矣，非元气之外又有物以主宰之也。今曰"所以阴阳者道也"，夫道也者，空虚无着之名也，何以能动静而为阴阳？

又曰"气化终古不忒，必有主宰其间者。"不知所谓主宰者是何物事？有形色耶？有机轴耶？抑《纬书》所云十二神人弄丸耶？不然，几于谈虚架空无着之论矣。老子曰："道生天地"，亦同此论。皆过矣，皆过矣！②

程颐曾将《易·系辞》中"一阴一阳之谓道"一语在形上依据与形下现象之对立结构中进行解释，认为阴阳指气，道则是一阴一阳之所以，即一阴一阳之阖辟往来过程的内在根据，一阴一阳是形而下之现象存在，道则是形而上之根据。王廷相将"所以阴阳者道也"之"所以"当作"能"，"所以阴阳"即"能使阴阳运动"，以"道"为"所以阴阳者"，即"道"能动静而生出阴阳的意思，这当然是王廷相自己对程颐之解的看法，是从生成论的角度理解的。程颐的解释包含构成论的意思，但就程颐把道当作形下之气的存在、运动依据而言，王廷相的理解大致没有脱离程颐的本意。王廷相认为阴阳之气本来就有内在的运动之性能，道则是气化的整体过程，但伊川又在阴阳背后别立一"道"以为气之往来运动的主宰，这就是一种架空之论。王廷相认为程颐所谓的"道"以及宋儒所概括出的"理"概念都是从一阴一阳之实在过程中经过思维抽象而得到的概念、名词，"道""理"都是"空虚无着"之名，是不能脱离气化之实有而独立存在的，"有阴阳则天地万物之性理备矣"，而且，"理无机发，何以能动静？理虚无象，阴阳何由从理中出？"③

---

① 薛君采名薛蕙，号西原，正德九年（1514）进士，曾在王廷相任亳州判官期间接受王廷相之教诲，与王廷相有师生之谊，后成为王廷相的亲密学友，并有多篇诗文往来，在学术上"以复性为要"。（清）黄宗羲著，沈芝盈点校：《明儒学案》，第1276页。
② （明）王廷相著，王孝鱼点校：《王廷相集》，第517—518页。
③ （明）王廷相著，王孝鱼点校：《王廷相集》，第596页。

所以，从根本上说，以"道""理"为造化之本原是与老氏"道生天地""无能生有"说相同的异端之见。

事实上，王廷相对于性即理的批评主要聚焦于作为造化之主体的实在性及由此而必然要涉及的造化之动力的问题。王廷相说：

> 气附于形而称有，故阳以阴为体；形资于气而称生，故阴以阳为宗。性者，阴阳之神理，生于形气而妙乎形气者也。①

王廷相这里讨论了气、形、性的关系，他认为形之有无缘于气之聚散，气聚成形即成为有形有象而可见的存在，形资于气而有生，气附于形而称有，万有之形体则是由气所生成。王廷相以阴阳之互为体、宗的关系说明形气之关系，这与其对阴阳的界定有联系，王廷相曾指出：

> 阴阳在形气，其义有四：以形言之，天地、男女、牝牡之类也；以气言之，寒暑、昼夜、呼吸之类也；总言之，凡属气者皆阳也，凡属形者皆阴也；极言之，凡有形体以至氤氲葱苍之气可象者，皆阴也；所以变化、运动、升降、飞扬之不可见者，皆阳也。②

这里对阴阳的说法未免有些粗疏、简陋，如把气皆归为阳，形皆归为阴，但王廷相主要的意思是要说明阴阳不可离，阴注重于表出物之存在的现实状态、体段，阳则注重于表出物之存在的根源及继续存在、发展、延续的动能，任何事物的现实存在都是既有外在的形体的存在特征，又有内在的生存发展之动能，是存在与存在之根源的统一。这里所谓物之存在的根源并不是从构成论上说的本质、法则或存在之所以然。从程朱理学对道器、理气所做的形而上下之划分来说，具体的器物是形而下者，是实然存在；道、理则是器之为器的所以然，是形而上者，为器的存在提供存在的依据，即所以然之理。与程朱理学家从构成的角度探讨物之存在依据不同，王廷相从生成论的角度追溯物之所以能存在的理由，由此，其对于物的看法就不是关注于存在依据

---

① （明）王廷相著，王孝鱼点校：《王廷相集》，第767页。
② （明）王廷相著，王孝鱼点校：《王廷相集》，第752页。

与现实存在的本体论问题，而是注重于说明物之存在的根源，从宇宙生成论的角度探讨物之统一性的基础。这样，当王廷相说"性者，阴阳之神理"时，就意谓着阴阳乃造化之根源，性则是一个体现阴阳之气造化万有的规律、条理的概念，同时，性本身不能与阴阳之气分离而为独立的一物，是源于形气而又具有神妙作用即"生于形气而妙乎形气"的存在，因此又不能把性仅仅理解为一个形式化的原则。

在对于性的看法上，程朱理学家主张"性即理"，程颐说："性即是理，理则自尧舜至于途人，一也。"① 朱熹说："性，即理也。天以阴阳五行化生万物，气以成形，而理亦赋焉，犹命令也。于是人物之生，因各得其所赋之理，以为健顺五常之德，所谓性也。"② 朱熹又说："才是说性，便已涉乎有生而兼乎气质，不得为性之本体也。然性之本体，亦未尝杂。"③ 在理还未降付于人时，只可谓之理，有形气则理"堕入"气中，这时才可称之为性，而在与气质合而成的状态下就不能"专说得理"了。可见，理与性之间又有一个时序上的差别，性是从理已经付于人物、人物既生之后说，理则不管有无形气之聚散、人物之生成而自身是恒常存在的。④ 这种时序上的差别，以及由此而有的创生之气对于理的拘限⑤都说明性是与理不同的，但从性的本然状态上说，性即是理，在实质内涵上性与理并无不同。

---

① （宋）程颢、程颐著，王孝鱼点校：《二程集》，第204页。
② （宋）朱熹撰：《四书章句集注》，第17页。
③ （宋）黎靖德编，王星贤点校：《朱子语类》，第2430页。
④ 祝平次说："从时序行程而言，性的存在要在理气之理的后面；而这种时序在后的不同，代表了一种理气关系的转变。这种转变说明了理气关系的具实场景，已使性不能等同于一纯理的观念。"性、理在时序行程上的差异"非本质上的差异，而是关系上的差异；有如'在桌上的橘子'和'橘子'的不同。橘子固然还是橘子，然而'在桌上'却给予橘子一种限定，使得'在桌上的橘子'和'橘子'本身有所不同（如在桌上的橘子已失去往下掉的可能）。这种不同，却不是橘子之自身有了变化，而是橘子所处的场景，使得我们在概念不能只是再以对待'橘子'般地去对待'在桌上的橘子'"。理和性"主要的差别即在于性'已涉乎有生而兼乎气质''已涉乎气'。而这种关系限定，则因'生'而有。由此可知，性和'生'有着密切的关联"。见祝平次《朱子学与明初理学的发展》，台湾学生书局1994年版，第63—64页。
⑤ 朱熹说："'继之者善'便是公共底，'成之者性'便是自家得底。只是一个道理，不道是这个是，那个不是。如水中鱼，肚中水便只是外面水。"见（宋）黎靖德编，王星贤点校《朱子语类》，第2524页。这里，朱熹以理一分殊来说明天地之性（理）与万物之性的关系。鱼肚中水与外面水从理上说是一样的，但鱼肚中水是已经有了具体方所之限定性的水，以理喻水，则鱼肚中的水从形式上说就是被气质拘束限定了的理。理在天地之间是自由流行的，落实到人、物之中便有拘束，是一种转化形态的理，只可称之为气质之性了。但从本原即理上说，性并无不同。

第三章 王廷相论人性

与朱熹的看法不同，王廷相主张就气化创生之实在过程而不是就无形无象之理来解释性。他说：

> 精神魂魄，气也，人之生也；仁义礼智，性也，生之理也；知觉运动，灵也，性之才也。三物者一贯之道也，故论性也不可以离气，论气也不得以遗性。①

有气便有生，有人之生方有性。王廷相就人之生来论性，实质上是反对了性即理的说法，对此，王廷相自己也是清楚的，他因此设问并作答，阐明自己从气化生生之过程上论性，以"生之理"为性的依据：

> 或曰："子以生之理释性，不亦异诸儒乎？"曰："诸儒避告子之说，止以理言性，使性之实不明于天下，而分辨于后世，亦夫人启之也。"曰："子何以异？"曰："吾有所据焉尔。《易》曰：'穷理尽性'，谓尽理可乎？《孝经》曰：'毁不灭性'，谓不灭理可乎？明道《定性书》之云，谓定理可乎？故曰气之灵能而生之理也。仁义礼智，性所成之名而已矣。"②

王廷相又说：

> 存乎体者，气之机也，故息不已焉；存乎气者，神之用也，故性有灵焉。体坏则机息，机息则气灭，气灭则神返。神也返矣，于性何有焉！③

王廷相认为人物皆由气化而有生，人有生便有人之生理，王廷相沿用前人的说法，认为仁义礼智就是性，④ 是人之生理，而知觉运动则是人生之后所具有的才能。王廷相认为气、性、灵三者是"一贯之道"：气是指生之主体、

---

① （明）王廷相著，王孝鱼点校：《王廷相集》，第602页。
② （明）王廷相著，王孝鱼点校：《王廷相集》，第767页。
③ （明）王廷相著，王孝鱼点校：《王廷相集》，第766页。
④ 事实上，王廷相认为人性有善有恶，这里他只举出性善的一面。

· 153 ·

创化万有之主体；气化万有之过程中呈现出的条理是性，因为性有"妙乎形气"之作用，是与神关联在一起的，所以说是"神理"；从创生主体之内在的动能即化生之能上说，是灵，灵实质上与性关联在一起，是性之才。在这种气、性、灵一贯的理论框架中理解，性就是"特就人、物之气的灵敏而活动的生机来说的理，是基于有气便同时有神也有理而且即神即理的脉络下所说的理；虽然基本上说成一种'理'，但实际上却是与'神'合为一体地做为'生之主'而有其机发，能够使人与物'灵、能而生'的'神理'"①。

王廷相将气、性、灵说成"一贯之道"，这直接表达了他就气论性而不是就理论性的立场，他举出《易传》《孝经》以及程颢《定性书》等例证来支持自己的说法，在这些例证中寻找支撑自己论点的依据，从根本上说，王廷相是要表明自己性、气相资而有，不得相离的主张。而从性气相资的观点看，性内含着动之机发的意义。王廷相说：

> 人物之性无非气质所为者，离气言性，则性无处所，与虚同归；离性言气，则气非生动，与死同途；是性与气相资，而有不得相离者也。②

这是认为人物之性都是元气流行而凝于气质中之表征人物之存在特性的本质，此所形成的本质属性因其是与气结合在一起而构成一种实体与属性、性能的关系，所以是能动的、有创生义的存在。王廷相认为若无气质，则性亦不存；若离性论气，则气就成为干枯、死寂之物。从根本上说，性是阴阳之神理，无阴阳即无性，性并不是能独立存在的实有，而按照"离气言性，则性无处所，与虚同归"的字面意义，似乎性也是一"物"，须有"处所"来顿放，这似乎与朱熹的观点没有区别，但王廷相的意思显然不是如此。从其一贯的性气相资而有的说法看，气是实体性的存在，性是表征此实体之所以存在的根据，二者实为一有俱有、一无俱无的关系。分解来看，似乎性是一需要"处所"以安顿的"物"，但实质上，性的存在是基于气的，有气方有性，性的实质就是阴阳之气的推转、运动之性能。

---

① 刘又铭：《理在气中——罗钦顺、王廷相、顾炎武、戴震气本论研究》，台北五南图书出版公司 2000 年版，第 69 页。
② （明）王廷相著，王孝鱼点校：《王廷相集》，第 518 页。

第三章　王廷相论人性

事实上，王廷相从性、气相资的意义上说性，而不是以理释性，因为理是无感、无应、无动的，没有化生之性能，性则有运动之机发的意义。王廷相说：

> 文中子曰："性者五常之本。"盖性一也，因感而动为五，是五常皆性为之也。若曰"性即是理"，则无感、无动、无应，一死局耳，细验性真，终不相似，而文中子之见当为优。荀悦曰："情意心志皆性动之别名。"言动则性有机发之义，若曰"理"，安能动乎？宋儒之见当为误。①

在王廷相看来，性有机发，而理无机发。理是虚而无着者，只是附属于气的属性、条理；性则是就着气之创生之实在过程而说的创生之动能，所以说，性又是气之灵能而生之理，即气本身具有能动的亦即灵能而生的性能。从人生论上说，人之生乃气所成，因而也必然具有灵能而生之性，气之灵能而生之理在人身上的表现就是人性有"识灵于内"之质。②

值得注意的是王廷相对于仁义礼智的看法。程朱把仁义礼智直接当作性的实质内容，王廷相则将其当作"性所成之名"，并说"五常皆性为之"，这表明王廷相对性的看法一是认为性有一个发展的过程，是有始有终的；一是认为仁义礼智只是一描述性之完成形态的概念名词，而不是一种实体。另外，王廷相说仁义礼智是"性所成之名"，从存在的次序上说，这是把仁义礼智放在了性的后面，这起码具有两层意思：仁义礼智并不是先天的、人性中本有的，而是在人心的知觉、运动过程中形成的，是出于人心的感知、运动而后才有的，是人对于人心活动的不同方面而给予的名词称谓；③ 既然仁义礼智是后天形成的，则从最原初的意义上说，人心就是一种自然的存在，并不具有价值属性，性即是人心在其活动过程中所表现出来的、附属于人心这一实体的性能。

总体来看，从气本论的观点论性，性源于气，性不能脱离气而直接与理

---

① （明）王廷相著，王孝鱼点校：《王廷相集》，第847页。
② 王廷相说："识灵于内，性之质；情交于物，性之象。"见（明）王廷相著，王孝鱼点校《王廷相集》，第766页。
③ 王廷相说："出于心之爱为仁，出于心之宜为义，出于心之敬为礼，出于心之知为智，皆人之知觉运动为之而后成也。"见（明）王廷相著，王孝鱼点校《王廷相集》，第602页。

· 155 ·

对接。按照朱子学的观点，性即是理，天以阴阳五行生人，而理同时也就赋予其中，性即是理的转化形态。王廷相则说"性之有无，缘于气之聚散"，这显然是直接针对朱熹的说法。程朱，甚至张载都有一种将性单列出来以便与气区别开的倾向，将性分为天命、气质，是在为理这一价值本体求得一个超乎人的现实性存在、具体形质之外的形上根据，因为性不杂于形质，故无污染，是圆满无缺的、至善无恶的。王廷相则直接从气上论性，说朱熹之所谓"超然于形气之外，不以聚散为有无"的性，即是"佛氏所谓四大之外，别有真性"，这确实指出了朱熹之性论的特点。

王廷相认为"性者，阴阳之神理"，性是"气之灵能而生之理"，这是针对性即理的说法而发的。按照王廷相的说法，灵能而生之性是指气化生生之内在的、隐微的规律、本性，因其微妙不测，可称之为"神"，同时，这种本性又是能动的，事实上标志着创化之实体——气自身本具的动能。王廷相这样解释性就是为了把性直接与气贯通起来，使气成为一个自身能动的造化之实体，在他看来，性即理的说法最大的缺点或失误就在于脱离了气这一实体性存在而论性，并且在性即理的理论视阈中，性并不能标示出造化万有之主体所应具备的动能。

最后，需要补充的一点是，王廷相说性是"气之灵能而生之理"，朱熹也说："性者，人物所得以生之理也。"[①] 表面上二人都以"生之理"来解释性，但朱熹的说法是以"生之理"为性的来源，性是天道（生之理）赋予人的，这样，朱熹的以"生之理"为性的观点就有这样几个层次：一是从性的来源来说，一是从天地之创生的目的性来说，把"生之理"当作天地运转的目的，即是说天地之存在的目的就是生。从这个意义上理解，"生之理"并不是对于天地化生之具体规律、条理的表述，而是从天地之存在、演化、发展的完整过程来对其趋向所做的表达；王廷相所谓"生之理"则是从气的推衍、化生条理上说的，是性（气）之不得已的趋势。朱熹所谓"生之理谓性"，包含着一种人文价值在里面，他从《易传》"天地之大德曰生"的层面上来说明性就是"生之理"，结合"天命之谓性"的说法，天道其性就表现为"生之理"；王廷相"生之理为性"的说法则是从气运动化生的条理、性能上说，是落实在物质实体本有的运动生化性能显现于外的某种规律性的角度说，完全

---

① （宋）朱熹撰：《四书章句集注》，第297页。

第三章　王廷相论人性

是一个自然而然的过程，其中并没有什么价值或意义。

第三节　人性的特点与善恶标准

一　人性有善恶

王廷相批评宋儒划分人性为义理之性、气质之性，其中一个原因就是"宋儒只为强成孟子性善之说，故离气而论性"，按照王廷相的说法，性生于气，所以性气应合一而论才是默契道化之实的正确观点。王廷相说：

> 离气无道，离造化无道，离性情无道。①

这里，王廷相从气、造化、性情上说的道包含了道的本体层、实然层与价值层三个层面。从气本的层面上说的道是就性的本原而论，还没有说到性本身的属性。从造化而论的道则涉及性的实然层，由这种实然的气化流行而使得性的内容得以充实，这就是"气之灵能而生之理"，"阴阳之神理"。但是，若只是就气化而言，还体现不出价值的意义。②从气本的角度说，气化的自然流行是由于内在阴阳对立面的存在，王廷相说是由于阴阳有偏胜，这样，在气化的实然表现上就会有道之"常"与"非常"的不同。王廷相说：

> 道，常也。非常者，异象而干顺，寡见而骇众，故怪之；亦二气钧胚也，知道者亦常之。是故岐角山趾，赤发绿睛，人之生亦有然者矣。角端体甲，牛尾马蹄，物之生亦有然者矣。老槐生火，久血成磷，积冰

---

① （明）王廷相著，王孝鱼点校：《王廷相集》，第755页。
② 王俊彦说："对气本论来说，气化除在物质层流行外，气化本身之必然如此，应然如此之生生义，与阴阳偏胜有任何可能之生生不测义，所展现超时空限制之上的公平性，与原则性，及由元气凝为形气，使形气皆各具主体义；由形气散归元气，使元气确立其主体义等方向来说，气化是有其应然如此，可作为标准主体之价值义的。"见王俊彦《王廷相与明代气学》，（台北）秀威资讯科技股份有限公司2005年版，第91页。这是把气化之必然与应然直接过渡到了主体之价值论，是以为气化之必然、应然就是在说价值上的应当。其实，王廷相就元气之生生不息而论的必然、应然是完全就自然来说的，是说自然之气化因其内在的气机之发动而不得不如此的一种趋势。从气本论的角度说，这种趋势不仅是必然，也是应然，这种应然是完全就着气之内蕴的生生之能而说，并不是就主体的价值论意义而说。

育蚕，结石藏龟，变化不可测也。夔罔雨，龙罔象，鸟毕方，井贯年，常理不可执也，故世俗骇之。夫阴阳之化，杳无定端，有常气而禅者，有间气而化者，一人之世，不得以概睹也。惟圣人神明，通宇宙而观物，斯独见而不眩惑矣。故曰知道者亦常之。①

道是常，但也有不常。从气化生物的过程看，元气不息，故道化生物、育物亦不息，气化流行是本然如此的无息无止的过程，这说的是道之常。但是，阴阳之化，杳无定端，气化生物并不是都有一个确定的指向，气化之生物的过程也不是遵循一个固定的、事先就已经确定下来的原则，阴阳有偏胜的说法其实就已经预示了气化的过程是有着无限可能的，是生生不测的。一般而言，生生之不测是指阴阳相推、运转的神妙不可预知，王廷相以阴阳偏胜说与气种有定说相结合而论气化，气化的过程就不是朝着一个预先设计好的方向运行，而是有多种可能性的，所以说"角端体甲，牛尾马蹄，物之生亦有然者矣"，只是因为人的一生是短暂的，不能窥见造化之大，就以为是非常者，但非常者也是造化之中必然会有的现象，这也就是王廷相所说的："天地之间，一气生生，而常而变，万有不齐，故气一则理一，气万则理万。"

既然道化不齐，人性也就不会只表现为齐一的善。黄宗羲曾评论王廷相所谓的性有善有恶说："若执清浊强弱，遂谓性有善有不善，是但见一时之愆阳伏阴，不识万古常存之中气也。"② 黄氏此论，非议王廷相只看到阴阳之气运转中"愆阳伏阴"的暂时性存在，而不知宇宙中还有"万古常存之中气"，只是以暂时的气之"变态"为据就论定性有善有不善。黄氏之论其实恰恰就是王廷相所坚持的道化不齐的观点。在黄宗羲的评论中已经预设了气本就是一种善的存在，所以"愆阳伏阴"只可说是气化之"变态"。但在王廷相看来，"通宇宙而观物"，气化之常与不常是并行不悖的，若能识得此皆为"二气钧胚"，也就会以"常态"而非"变态"观之。正因此，王廷相说：

气不可为天地之中，人可为天地之中，以人受二气之冲和也，与万物殊矣。性不可为人之中，善可为人之中，气有偏驳，而善则性之中和

---

① （明）王廷相著，王孝鱼点校：《王廷相集》，第790—791页。
② （清）黄宗羲著，沈芝盈点校：《明儒学案》，第1173—1174页。

者也。是故目之于色，耳之于声，鼻之于臭，口之于味，四肢之于安逸，孟子不谓之性，以其气故也；刚善柔善，周子必欲中焉而止，以其过故也。①

在王廷相看来，气有善有恶，所以，不可以气为天地之中，这直接挑明了气本身是善恶夹杂的。王廷相说人可为天地之中，是由于人是阴阳二气之冲和所成，不同于万物虽亦是由气所成，但不是过阴便是过阳。这里，王廷相提出中和之说又与其所坚持的元气不息的观点相联系，也就是说，因为阴阳二气的相推、互转，其中体现出的既不过阴也不过阳的状态就是性之中和者。从气的运动化生的角度说，如果没有阴阳二气的相推、运转，也就谈不上中和不中和的问题。从这一方面说，性亦有善有恶，所谓善，就是"性之中和者"，是阴阳迭运而成之无偏无驳之形气的属性、功能。孟子曾说："口之于味也，目之于色也，耳之于声也，鼻之于臭也，四肢之于安佚也，性也，有命焉，君子不谓性也。"（《孟子·尽心下》）这是说耳目口鼻四肢之类对于特定对象的欲望虽是天生而有，但其欲望的满足取决于外在条件，各有其分限而不能皆如其愿，所以君子不以其为性。王廷相则按照自己的理解进行解释，认为孟子之所以认为"口之于味，目之于色，耳之于声，鼻之于臭"等不是性，是由于耳目鼻口之类都是气所成者，而色声臭味则是这些气所成之器官的功能，气所成之器官与其功能是实体与属性的关系，二者不能混同；同时就气运转化生的实然过程而言，由其所化生而成的所有形气并不都是阴阳之中和者，所以孟子"不谓之性，以其气故也"。王廷相又说：

孟子之言性善，乃性之正者也，而不正之性未尝不在。观其言曰"口之于味，目之于色，耳之于声，鼻之于臭，四肢之于安逸，性也，有命焉，君子不谓性也"，亦以此性为非，岂非不正之性乎？是性之善与不善，人皆具之矣。宋儒乃直以性善立论，而遗其所谓不正之说，岂非惑乎？意虽尊信孟子，不知反为孟子之累。②

---

① （明）王廷相著，王孝鱼点校：《王廷相集》，第768页。
② （明）王廷相著，王孝鱼点校：《王廷相集》，第850页。

王廷相心性思想研究

王廷相认为孟子所谓有命之性是不正之性，善性则是人之正性，这当然是王廷相以己意来解孟子，他与孟子对善性的理解并不一样，善在王廷相是属性概念，是对于中和之气的价值论界定。气有偏有驳，而中和之气则是善性的实体。

王廷相说"善则性之中和者"，这有两层意思：一是，善由气而成；二是，善不即是性。这第二层意思牵涉性与道合的问题，这里先不谈。从第一层意思看，善源于气，善由气而成，这和王廷相主张的"性生于气"是同一个意思。需要说明的是，这里所谓善由气而成并不是一种现成，而是在阴阳之相推互转中逐渐发展形成的，若阴阳之运行合乎中，则其所体现出来的能生之神理即性，就可称之为善。这种说法包含性是一个发展的、后天形成的意思，即性并不是生来如此、固定不变的，而是向着实践开放的、能够经过对于圣人所立之教的修习而加以改变的。因此，就不能说存在一个先天的本然之善性，王廷相说：

> 未形之前，不可得而言矣，谓之至善，何所据而论？既形之后，方有所谓性矣，谓恶非性具，何所从而来？程子曰："恶亦不可不谓之性"，得之矣。①

程颢曾说"人生而静以上不容说，才说性时便已不是性也"，又说"善固性也，然恶亦不可不谓之性也"，② 表现出在人性善恶问题上的浑沦性。但从程颢所坚持的性气不分的观点看，这也不是很难理解。从"生之谓性"上说，人禀气而生，必然会有善恶不一的可能性，但从"人生而静以上"的天命之性说，性又是超越善恶之对待的。人性的现实表现有善有恶并不说明天命之性本身有善有恶，而是由于气禀的不同使所禀得的天命之性之发用有偏正，恶是天命之性发用流行之偏，也属于性，所以说善与恶都是性。

但是，王廷相在借用程颢此语来说明不存在一个先天的本然之善性时，将程颢的原意进行了改造，以气之成形与否来说性善与性恶。按照王廷相的说法，气聚成形方有所谓性，"未形之前，不可得而言"，即是指还未有形，

---

① （明）王廷相著，王孝鱼点校：《王廷相集》，第765页。
② （宋）程颢、程颐著，王孝鱼点校：《二程集》，第10—11页。

就不能说性善或性恶。在王廷相看来,善恶是一种描述性的名词,其实质就是对于阴阳二气运转时状态的界定、评价,善就是用以描述气化运转的中和状态,恶则是描述气化之偏驳不纯的状态,所以,有气化运转之实,才会有对其所做的评价,相比于气化之实,善恶是后天而起的,是在性存在的基础上即有气化运转之实的基础上才有的对于性的一种价值评判。这里,王廷相所谓"未形"与"既形"的说法表明其对于性的理解是基于"生"的,如果没有生,就没有性的存在,何谈善恶呢?所以,性既然是后天形成的,是人有生之后才有的属性,则对其先天本原加以善恶的判断就是不恰当的。① 王廷相进一步解释说:

> 天地之化,人生之性,中焉而已。过阴过阳则不和而成育,过柔过刚则不和而成道。故化之太和者,天地之中也;性之至善者,人道之中也。故曰:"惟精惟一,允执厥中",求止于至善而已矣。②

天地之气有过阴过阳者,中和之气即是阴阳平衡的和气,此和气是天地之化的极致,是天地之中,所以单就气来说,还不能直接以其为天地之中。人虽可为天地之中,但因禀气有粹驳,也不能直接以人为天地之中,王廷相说:"圣愚之性,皆天赋也。气纯者纯,气浊者浊,非天固殊之也,人自遇之也。"③ 当人禀气而生时,若正好"遇"到阴阳之化的中和之气,则可为天地之中,若正好"遇"到阴阳之化之偏驳之气,就不能作为人性的标准。王廷相以中和之气所形成的至善之性为人道之中,认为是人道之极致,但同时也认为存在过柔过刚之性,而这就不能作为人道之中。在性善论的立场上,过柔过刚都不是性,但王廷相在气化成性的本体论基础上确定过柔过刚之性都存在的合法性。

程朱理学将性分为本然之性与气质之性,其中所蕴含的一个意义就是将

---

① 事实上,程颢所谓"恶亦不可不谓之性"之意并不是从性之本体上说性恶,而是就天命之性的发用流行说性恶,其语气的重点在性上而不在恶上。本质上,程颢之天命之性还是一种实体性存在,所谓性恶只能就后天环境的习染上说,性的本体是并不会污坏的。而王廷相所谓的性恶则是就实体性的气的流行本身说的,二人对性恶的理解并不同。
② (明)王廷相著,王孝鱼点校:《王廷相集》,第768页。
③ (明)王廷相著,王孝鱼点校:《王廷相集》,第768页。

本然之性当作实体性存在，程朱都以"性即理"说来为这种实体性的本然之性奠定本体论基础，而理是纯善无恶的，这样，性善论也就获得了终极证明。从某种意义上说，性善也是一种实体性的存在，也就是说，在气质、本然二分的性论结构中，善不是一个描述性的名词，而是一个宇宙万有之运动、发展所趋向的终极目标，是外在于万物的、超越性的、实体性的原则。从本体论的意义上说，善即理，是万物之存在的终极本原；在目的论的观照下，善就不仅仅是对于某种对象的主观描述，而是一种实体性的存在。

王廷相以气在迭运、推移的过程中显示出的能生之理为性，善是对于经由此一过程而凝成的中和之气的称谓，这意味着性善是处于第二位阶的属性概念。当然，恶的存在也可以气之迭运、推移的过程来得到说明，而不是像在朱熹的体系中那样要通过善之本体的发用流行来得到说明，因而成为从属于善的第二位阶的存在，在王廷相以气化之或中和或偏驳为性之存在基础的性论体系中，性善和性恶都是属性概念，彼此之间是相对存在的。经由此种解释，王廷相将程朱理学中的那种由实体性的善所体现出来的目的性意义予以了消解，这样，道化万有就是一个以自身为准则的自然的、实然的过程，其中有常，亦有不常，并没有一个外在的实体来为其运行设立规范、给定原则。①

王廷相在纯粹自然气化的基础上对于性之善恶的说明，使我们明确了善恶（之性）并不是一种固定不变的本体性存在，而只是我们用以描述道之流行过程、流行状态的属性概念。

最后，我们简单探讨一下王廷相在结合孟子的性、命之分论性时所展现出来的意义。程朱理学家一般从性气二分的角度对孟子之"性、命"之分进行理解，在把性先验地规定为仁义礼智之性，预先赋予了性以道德的内涵之后，性、命之分实质上意指人性的自然性存在与社会性存在。孟子说："求则得之，舍则失之，是求有益于得也，求在我者也。求之有道，得之有命，是

---

① 刘又铭以"自然气本论"来称谓王廷相的气本论哲学类型，认为这样的一种哲学类型"并不承认有那'价值满盈'的神圣的终极实体'理''心'或'气'的存在；在他们的心目中，作为本原、本体的气，应该是一种价值蕴藏在混沌生机中的自然主义意味的元气，也就是混沌、素朴但是潜在、蕴涵着价值而可以自行地、逐步地兴发开展的自然元气。……基于如此自然元气而来的本心和本性也就一样是混沌素朴只具有有限的道德直觉但却可以逐步兴发开展朝向美善的本心和本性了"。见氏文《宋明清气本论研究的若干问题》，载杨儒宾、祝平次编《儒学的气论与工夫论》，华东师范大学出版社2008年版，第145页。

求无益于得也，求在外者也。"朱熹注解曰："在我者，谓仁义礼智，凡性之所有者。有道，言不可妄求。有命，则不可必得。在外者，谓富贵利达，凡外物皆是。"① 朱熹的注解深得孟子之意。孟子认为本心所有只是个仁义礼智之性，人若能发明本心，则仁义礼智即此而在，求则必得；若富贵利达则是要看外在的条件是否允许，求则不能必得。孟子把求则必得者视为性，把求则不可必得者视为命，这种看法凸显了人的道德性存在的一面，并且确立了道德之主体性原则。王廷相完全从气化的角度解释孟子所谓的性、命，性是阴阳气化之过程中所体现出的能生之理，命则是指人生气禀或清或浊的先天性因素。一方面，王廷相将气化及其运转化生之实然状态与对它的外在价值评判从实体与对实体的概念描述的角度进行解释，另一方面以人生之"遇"到何种气化状态亦即偶然性解释善性与恶性的形成。从前一方面来说，这种解释是将事实性存在与价值判断进行了区分，不是像朱熹所做的那样，将物之所以然之故与事之所当然之则统合在理之中，王廷相这种事实与价值的区分有将物理从性理的约束下解放出来的意义；从后一方面说，以偶然性解释善恶，虽然这也是王廷相以气（作为自然性存在的气）论性的题中之义，但其中又有承认人性的多样化存在事实的因素，当然，这里我们还不能对这种多样性存在的价值提出什么确定的看法，但可以肯定的是，王廷相对这种多样化的人性事实并不持决然的诋斥态度。②

二 道心人心皆人性所本有

道心、人心的概念最早出现于伪古文《尚书·大禹谟》，其中有云："人心惟危，道心惟微，惟精惟一，允执厥中。"意为道义之心微而难明，众人之心危而难安，只有精一而不杂，才能保持中而不偏。这段话为宋儒所发挥，用来表示天理与人欲的对立性存在。朱熹对这对概念进行了改造，从主体意识发动的道德性与个体之生理欲望两方面界定道心与人心的内涵，虽然朱熹

---

① （宋）朱熹撰：《四书章句集注》，第350页。
② 王廷相是明代文坛"前七子"之一，从文学创作的一般规律说，要表达人性的真实、生活的真实，显然不能只关注人的道德性存在的一面，若一部文学作品中出现的人物都是道德完善的模型，这部作品就不仅是失败的甚至是可鄙的。丰富多样的生活是文学创作的源泉，以艺术的手法表现丰满复杂的人性为人认识自己、完善自己、发展自己提供了可资借鉴的途径，所以，我们在审读王廷相的哲学思想时万不能以其主张性有善有恶，就贬低其性有善有恶论的价值。

承认道心、人心都是人所具有的，但他强调"必使道心常为一身之主，而人心每听命焉"①，要求用"道心"主宰、节制"人心"。这种看法的实质就是要求以天理主导人欲，以人的道德性存在规范自然性存在，从主体意识活动的角度说就是要使个体意识服从社会伦理规范。

朱熹的这种看法给予了人的感性存在一定的地位，但感性存在的意义只有在顺从道德追求时才是正面的、应予以肯定的，朱熹所谓使人心听命于道心的说法其实是取消了人心存在的独立价值和意义，当然这又是与他对于人的道德性存在意义的提升相伴随的。王廷相则在心、性、情一贯的层面上将道心人心一并视为人性所本来就具有的内容，他说：

> 人心、道心，皆天赋也。人惟循人心而行，则智者、力者、众者，无不得其欲矣；愚而寡弱者，必困穷不遂者矣。岂惟是哉？循而遂之，灭天性，亡愧耻，恣杀害，与禽兽等矣，是以圣人忧之。自其道心者，定之以仁义，齐之以礼乐，禁之以刑法，而名教立焉。由是智愚、强弱、众寡，各安其分而不争，其人心之堤防乎！②

> 道化未立，我固知民之多夫人心也。道心亦与生而固有，观夫虎之负子，乌之反哺，鸡之呼食，豺之祭兽，可知矣。道化既立，我固知民之多夫道心也。人心亦与生而恒存，观夫饮食男女，人所同欲，贫贱夭病，人所同恶，可知矣。谓物欲蔽之，非其本性，然则贫贱夭病，人所愿乎哉？③

王廷相认为人心道心都是人天生就有的，是天赋的，这是从性生于气的前提所推出的必然结论。但为了强调人心道心"与生而固有"的先天性，王廷相又不顾他曾经说过"鸟兽鱼多，食不可尽，故狼藉陈之如祭耳。彼物也，岂知祭其祖先"这样的话，径以"虎之负子，乌之反哺，鸡之呼食，豺之祭兽"等自然现象为鸟兽也具有道心的证明，这不能不说是王廷相表述自己的思想时在事例的选择和使用上的失当。事实上，鸟兽等动物身上所表现出来

---

① （宋）黎靖德编，王星贤点校：《朱子语类》，第1487页。
② （明）王廷相著，王孝鱼点校：《王廷相集》，第784页。
③ （明）王廷相著，王孝鱼点校：《王廷相集》，第766页。

第三章 王廷相论人性

的社会性活动并不具有主动、自觉的性质。朱熹也经常使用类似的例子,不过朱熹使用这些事例是为了说明善性的先天性、先验性,而在王廷相,则是为了说明性生于气的普遍性、绝对性,为了说明人心道心都不过是自然性的存在,当然,这存在一种危险就是把人降低到动物性存在的层次,这一层意思王廷相虽然没有明确说明,但却是包含着的,这是其自然人性论必然有的结论。在这个问题上,我们看到,因为对于人的社会性存在的实质总是不能从人自身的社会实践活动出发去加以理解和说明,不论是主张先验的性善论的思想家,还是主张自然人性论的思想家,在对人性的说明上殊途同归,都犯了脱离人的社会性实践活动,抽象地讨论人性的错误。

不过,王廷相在这里要表达的意思还是基本清楚的,就是人心、道心"与生而固有",都是人性中本来就有的。王廷相本来反对本然之性说,认为将性分为气质之性与本然之性是"儒者之大惑",但是从气化成性的角度看,王廷相承认有本然之性,认为本然之性就是善恶夹杂的,即人性中既有人心又有道心。他说:

> 性之本然,吾从大舜焉,"人心惟危,道心惟微"而已;并其才而言之,吾从仲尼焉,"性相近也,习相远也"而已。恻隐之心,怵惕于情之可怛;羞恶之心,泚颡于事之可愧,孟子良心之端也,即舜之道心也。"口之于味,耳之于声,目之于色,鼻之于嗅,四肢之于安逸",孟子天性之欲也,即舜之人心也。由是观之,二者圣愚之所同赋也,不谓相近乎?由人心而辟焉,愚不肖同归也;由道心而精焉,圣贤同涂也,不为相远乎?夫是道之拟议也,会准于三才,参合于万物,圣人复起,不易吾言矣![1]

人性兼有人心、道心两方面,是善恶混的,此之谓性之本然。此性之本然若与才合而言之,则涉及"性相近,习相远"的成性问题。也就是说,性善还是性恶都是就后天的习练而言,并不存在脱离习练的纯粹的善性或恶性。这里要说明一下王廷相对于才的看法,王廷相说:

---

[1] (明)王廷相著,王孝鱼点校:《王廷相集》,第 766 页。

能有为者，才也。①

行足以成性谓之德，劳足以定国谓之功，道足以垂训谓之言，契乎天人之微谓之学，通古今之变而时措之谓之才。②

明决而断，好谋而成，仓率而能应，纠纷而能理者，才也。③

王廷相这几句话是在不同的环境中说的，其意义则比较明确，即以人处理实际事务的能力为才。对这种能力的来源王廷相有一句话可以说明，即"人为万物灵，厥性智且才"，④王廷相认为人之所以区别于万物并且能为万物之灵的地方就在于人有智慧、才能，这种智慧、才能是人性本有的。但是，虽然人性中本就有这种才能，若不在实践中进行锻炼，也不能有很大的增长。按照王廷相的实历、实习的主张，人的才能主要还是来自实际生活中的作为、行事，所以说："穷理在致知之精，养才气在行义之熟。"⑤

王廷相以为性（道心、人心）与才合即可说明孔子所谓"性相近，习相远"的意思，这意思就是指人本性上都是既有道心又有人心的，但因在后天环境中的习练不同，表现于人性中的才能就有高有低，这也是人性在后天表现出差别的原因。从这里我们看到，王廷相不仅仅是从善恶上即道德的意义上理解人性的，智能即认知、判断以及处理实际事务的能力也是其人性的内涵。

王廷相认为性不单是指仁义礼智或声色嗅味之类的静态的规定性，还包括智识方面的内容，即所谓的才，按照他"灵而觉，性之始也；能而成，性之终也：皆人心主之"⑥的看法，才在性之发展形成的过程中有着很大的作用。王廷相曾说："识灵于内，性之质；情交于物，性之象。仁义中正所由成之道也。"⑦性之本体就是个灵识，是一种认识能力，但这种能力无形无相，是通过情显发于外的，而情之发必然要有外物与其交接，在此交接的过程中性显而有象。王廷相认为仁义中正之道是在灵识的基础上形成的，这表明他

---

① （明）王廷相著，王孝鱼点校：《王廷相集》，第764页。
② （明）王廷相著，王孝鱼点校：《王廷相集》，第441页。
③ （明）王廷相著，王孝鱼点校：《王廷相集》，第469页。
④ （明）王廷相著，王孝鱼点校：《王廷相集》，第70页。
⑤ （明）王廷相著，王孝鱼点校：《王廷相集》，第772页。
⑥ （明）王廷相著，王孝鱼点校：《王廷相集》，第608页。
⑦ （明）王廷相著，王孝鱼点校：《王廷相集》，第766页。

是把仁义道德的观念与人的认识能力紧密联系的，仁义道德并不是主体内在的、自生的、先验的观念，而是基于人的灵识能力形成的。人以此天生就有的能力为基础，在后天的环境中不断进行习练、实习，就能成性，所谓"能而成，性之终"的意思就是说要在环境中通过实践锻炼自己与生俱来的灵识才能，才会最终形成性。由此，我们也就可以理解"恻隐之心，怵惕于情之可怛；羞恶之心，泚颡于事之可愧"这句话的意思。孟子在说到恻隐之心时是从内在的、自发的方面说，在排除了"内交、要誉、恶其声"等外在的因素影响以后，发现这种类的同情心是"天之所以予我者"的"天理之自然"，在这一推论过程中，孟子想要达到的目的就是使人的道德意识能够自我贞定、自身成为自己的目的而不是以任何其他的东西为道德意识之发动的原因、条件。王廷相之所谓"情之可怛，事之可愧"的说法则隐含着道德意识之发动是基于对情、事的判断与认知这样的意思，恻隐、羞恶之心总是与情、与事联系在一起的，并没有一个离事独存的恻隐、羞恶之心，因情之可怛、事之可愧，才有怵惕、泚颡之表现，才有恻隐之心、羞恶之心的产生。显然，这里是把情感的表现与具体的场景联系起来，并且也与人心对于事、情的认知联系起来。王廷相将道德情感之发与主体对于具体事实、场景的认知联系起来说明人的道德行为，这使我们感到一种强烈的智识主义的意味。

基于天生而有的"智且才"之能，人就可做到"由人心而辟，愚不肖同归；由道心而精，圣贤同涂"，虽然道心人心皆天赋，但如果可以发挥灵识智能的认知判断作用，"辟"人心而"精"道心，人皆可以上达圣贤之域。王廷相又说：

> 舜之戒禹而以人心道心言者，亦以形性为一统论，非形自形而性自性也。谓之人心者，自其情欲之发言之也；谓之道心者，自其道德之发言之也。二者，人性所必具者。但道心非气禀清明者则不能全，故曰"道心惟微"，言此心甚微眇而发见不多也；人心则循情逐物，易于流荡，故曰"惟危"，言此心动以人欲，多致凶咎也。人能加精一执中之功，使道心虽微，扩充其端而日长；人心虽危，择其可者行之而日安，则动无不善，圣贤之域可以驯致。此养性之实学，作圣之极功也。[1]

---

[1] （明）王廷相著，王孝鱼点校：《王廷相集》，第851—852页。

王廷相从形性结合亦即性气合一的角度解释道心与人心都是人性本有的内容，认为"道心惟微"是指道德意识的发动"微眇"而不多见，"人心惟危"是指易受情欲的左右而容易招致凶咎。值得注意的是，王廷相认为"人心虽危"，但选择人心之"可者"而行，也能达至"圣贤之域"，自然的情感欲望并不全是负面的因素，发挥认知能力对自然情感之种种表现进行辨别、分析与择取，在成德的过程中也具有重要的意义。王廷相以人心道心皆为人性所具，同时又认为心之灵识、知觉作用也是性的内容，这样理解所谓"养性"的说法，其实就是养心，指对道心加以精一之功，对人心进行辨别、择取。

对于人心道心的问题，朱熹也有所讨论。在心统性情的架构中，道心人心都是从心之已发上说，都是人心所本具者，但作为已发，作为知觉活动，又有觉于理与觉于欲的不同。朱熹说："人自有人心道心，一个生于血气，一个生于义理。饥寒痛痒，此人心也。恻隐、羞恶、是非、辞逊，此道心也。虽上智亦同。"[1] 又说："道心，是义理上发出来底，人心，是人身上发出来底。虽圣人不能无人心，如饥食渴饮之类，虽小人不能无道心，如恻隐之心是。"[2] 通过比较我们可以发现，王廷相所谓"自其情欲之发"即朱熹所说"人身上发出来底"，王廷相所谓"自其道德之发"即朱熹所谓"义理上发出来底"，二人都是从已发上说道心人心，道心是觉于理者，人心是觉于欲者。不仅如此，二人也都是从主体意识的认知作用上论心，认为因有此种认知作用而可以对人身血气之欲与恻隐羞恶之情进行辨别、判断。应当说，王廷相与朱熹在对于心的认知作用的说法上是比较一致的，但在朱熹，道心人心是在性二分的前提下讲的，道心源于义理，人心源于气质；而王廷相则以"形性为一统"论道心人心，二者之间是平行并举的关系，并没有像朱熹那样对人心道心进行细致的层次区分。而且最重要的是，王廷相是以性之质为灵识智能，朱熹则是以道心所发之仁义礼智之理为性，如果说朱熹所谓的性特重静态的存有义，则王廷相之所谓性则是能动的、能感能应的心、性、情的统一体。

---

[1]（宋）黎靖德编，王星贤点校：《朱子语类》，第1487页。
[2]（宋）黎靖德编，王星贤点校：《朱子语类》，第2011页。

第三章　王廷相论人性

三　性与道合则为善，性与道乖则为恶

前面我们在分析王廷相"善则性之中和者"的说法时曾提到，王廷相这种说法含有两层意思，一是善由气而成，阴阳之化的中和之气构成善的实体，善是对于中和之气的价值论说明；二是善不即是性。第二层意思需要结合王廷相对于善恶标准的看法来说明。王廷相曾自己设问并作答，曰：

> 问成性，王子曰："人之生也，性禀不齐，圣人取其性之善者以立教，而后善恶准焉。故循其教而行者，皆天性之至善也。极精一执中之功则成矣，成则无适而非善也，故曰'成性存存，道义之门'。"①

这里，王廷相表达了自己对于"成性"的看法，我们曾反复说明过，性在王廷相并不是一个静态的、圆满的实体性存在，而是表现为一个在后天环境中不断发展、变化、提升的动态过程，所以，王廷相说"灵而觉，性之始；能而成，性之终"。我们前面又曾指出，人心道心皆天赋，从天性上说，王廷相认为人性是善恶相杂的，此即"性禀不齐"，圣人"取其性之善者以立教，而后善恶准焉"。可见，王廷相虽然也承认有天生的善性，但主要还是把善作为一种既成之性的评价标准，现实人性表现上的善是圣人修道立教之后的结果，修习圣人所立之教至纯熟之后就可谓之"成性"，所以说并不存在一种先天至善的、圆满无缺的人性，"成性存存，道义之门"即是说不断对天性之善加"精一执中"之功，就能无往而不善。

王廷相又说：

> 性者缘乎生者也，道者缘乎性者也，教者缘乎道者也。圣人缘生民而为治，修其性之善者以立教，名教立而善恶准焉。是故敦于教者，人之善者也；戾于教者，人之恶者也。为恶之才能，善者亦具之；为善之才能，恶者亦具之。然而不为者，一习于名教，一循乎情欲也。夫性之善者，固不俟乎教而治矣；其性之恶者，方其未有教也，各任其情以为爱憎，由之相戕相贼肾此以出，世道恶乎治！圣人恶乎不忧！故取其性

---

① （明）王廷相著，王孝鱼点校：《王廷相集》，第765页。

之可以相生、相安、相久而有益于治者，以教后世，而仁义礼智定焉。背于此者，则恶之名立矣。故无生则性不见，无名教则善恶无准。①

这里，王廷相说明了善恶标准是圣人所制定的。按照王廷相的看法，人性中本就天赋有人心道心，圣人因道心而立教，然后以此为准来判定人性之善或恶，能够接受此标准以修习自性，则所成之性就是善的，否则即为恶。这里需要说明两点：一是从天赋自然的方面看，性中当然有善的元素，但这只是一种自然状态的善，还不足以在社会性的层面被确立为普遍性的评价或应遵守的标准；二是要从社会平治的层面上界定善。王廷相说：

善者足以治世，恶者足以乱。圣人惧世纪弛而民循其恶也，乃取其性之足以治世者而定之，曰仁义中正，而立教焉，使天下后世由是而行则为善，畔于此则为恶。②

《中庸》曰："天命之谓性，率性之谓道。"是性由于生，道由于性，明且著矣。但人生气禀不齐，性有善否，道有是非，各任其性行之，不足以平治天下，故圣人忧之，修道以立教，而为生民准。使善者有所持循而入，不善者有所惩戒而变，此裁成辅相之大猷也。若曰人性皆善而无恶，圣人岂不能如老、庄守清净任自然乎？何苦于谆谆修道以垂训？宋儒寡精鉴，昧神解，梏于性善之说而不知辩，世儒又复持守旧辙，曲为论赞，岂不大误后世？③

可见，王廷相心目中的善恶标准是奠定在社会治理层面上的，以社会平治的维度来观照，人性中那些能使社会性的主体存在"相生相安相久"的方面就是善，这也是所谓仁义礼智的实质内涵；人性中那些不能促进社会治理安定，反而造成社会成员之间互相戕残的方面就是恶。这里，王廷相从善的社会性存在的意义这一角度揭示了善的实质，认为能推进社会治理的、为社会成员提供价值的才是善。从这个意义上说，善不即是性，天性中虽有善的

---

① （明）王廷相著，王孝鱼点校：《王廷相集》，第765页。
② （明）王廷相著，王孝鱼点校：《王廷相集》，第609页。
③ （明）王廷相著，王孝鱼点校：《王廷相集》，第850页。

质素，但在还没有对社会性的主体存在提供任何价值时，只是一种自然状态的善，王廷相宁可不称其为善；当随着对于圣人所立之教的修习、实践而逐渐成性后，"则无道而非善"。

事实上，从王廷相所谓"性之可以相生、相安、相久而有益于治者"的话看，他已经涉及了社会主体间的互主体性问题。在王廷相看来，世道的治与不治其主要意义就是人之生的价值能否得到肯定，人在社会上的自我完成与对于他人的责任都应以肯定双方的生之价值为基础，而不应是其中一方的生之价值的完成以另一方的生之价值的毁灭为前提。由此来看，仁义礼智这样的道德原则的确立并不是基于一个超验的本体，而是以其在人之求生的活动中、在主体间性的圆成中所能达到的目的为依据的。圣人制定这样的标准就是要使善者有所持循而入、恶者有所惩戒而变，不断趋于社会平治的目的。因此，善恶的定义也就成为：

> 性与道合则为善，性与道乖则为恶。是故性出于气而主乎气，道出于性而约乎性。①

孟子以心善论定性善，在他看来，自然天成的恻隐之心之发动不是为着"要誉""恶其声"等这样的外在目的，完全是道德主体之自性的流露，善不是指向一个外在于主体的目的，其价值也不能以外在的标准，比如带来多少利益，是否达成社会平治这样的标准来衡量，这显然是一种道德论上的义务论，是把道德奠定在了主体的自由意志上，主体之行为之能为道德的，完全在于这种行为是以道德自身为目的的。王廷相对于善恶的界定则是脱离了主体之自由意志的范围，认为"性之足以治世者"是善，圣人取天性中的善的元素以修道立教，使人循此而行才可达到社会平治，性顺乎道为善，性逆于道为恶，道即圣人所定立的善恶之准则、规范，这样就使得主体的道德行为不是像孟子所意谓的那样源自于主体的自由意志，而是成为以外在目的为指向的、合规范性的行为。显然，王廷相的这种道德观不同于孟子那种带有义务论特点的道德观，从其把"性之可以相生、相安、相久而有益于治者"作为善的内容看，王廷相对道德的认识又有契约论的特点。

---

① （明）王廷相著，王孝鱼点校：《王廷相集》，第814页。

从孟子以来，儒家多是从内在道德意识、道德情感的自发性和无待性上说明善之于人性的先验性存在，心学家更强调本心的当体呈露、不假思索和自作主宰，借以说明道德意识、道德情感是与生俱来的、先天就有的，如王阳明就说："见父自然知孝，见兄自然知弟，见孺子入井自然知恻隐，此便是良知。"[1] 这样的解释说明了人作为一种道德性存在的价值和意义，将善确定为主体的本体性存在特征，相应地就把恶视为外来的，认为恶是因物欲遮蔽了原本纯善的本性所造成的。王阳明对此的说法就比较典型：

性无不善，故知无不良，良知即是未发之中，即是廓然大公、寂然不动之本体，人人之所同具者也。但不能不昏蔽于物欲，故须学以去其昏蔽，然于良知之本体，初不能有加损于毫末也。知无不良，而中寂大公未能全者，是昏蔽之未尽去而存之未纯耳。体即良知之体，用即良知之用，宁复有超然于体用之外者乎？[2]

这种说法所包含的矛盾是明显的，既然本体纯然就是良知，那么与之相对的物欲又是从何处来的呢？一方面说良知是"虚灵不昧"之体，一方面又说"不能不昏蔽于物欲"，心学家在对因物欲之蔽而致恶的解释上总是很勉强。

王廷相从社会主体间"相生相安相久"的互主体性角度解释善恶，从而脱出了"物欲遮蔽说"的范围。不仅如此，王廷相还认为不同主体的天性之善相互间也会有"蔽"，他作有《性辩》一文，对此进行了探讨：

"见孺子入井，必有怵惕之心，此何心耶？"曰："仁心之自然也。"曰："己之子与邻人之子入井，怵惕将孰切？"曰："切子。""救将孰急？"曰："急子。"曰："不亦忘邻人之子耶？"曰："父子之爱天性，而邻人缓也。""由是言之，孺子怵惕之仁亦蔽于父子之爱矣，而人不以为恶，何哉？以所蔽者圣人治世之道，而不得以恶言之矣，较其蔽则一而已。夫缘教以守道，缘法以从善，而人心之欲不行者，亦皆可以蔽论矣。

---

[1] （明）王阳明撰，吴光、钱明、董平、姚延福编校：《王阳明全集》，第6页。
[2] （明）王阳明撰，吴光、钱明、董平、姚延福编校：《王阳明全集》，第62—63页。

故曰：仁义中正，圣人定之以立教持世，而人生善恶之性由之以准也。"①

显然，较之以"物欲遮蔽说"论恶，王廷相"孺子怵惕之仁亦蔽于父子之爱"的说法通过设置一种极端的伦理困境，揭示了人的道德情感的社会性价值，其深刻意义就在于不是只从个体成德、修身的角度探讨天赋仁心的价值，而是更从人的社会性存在的角度提升天赋仁心的社会性意义。王廷相又说：

君子行仁必主于义，则事无不宜而仁矣。仁无义以持之，或固于不忍之爱，而反以失其仁。故君子任道不任情。②

礼所以约其仁也，约其义也，约其忠与孝也。忠孝仁义，所以约天下之心也。③

仁即恻隐之心（情），王廷相承认这是天性之自然，但正因是自然之情，所以必须要"以义持仁""以礼约仁"，要用理性原则、社会规范来调整、约束仁心的活动，使仁爱之情之发合乎礼义，不因为只顾着仁爱而背离了仁心之初衷。换言之，仁心虽可为德性之根基，但也是需要礼义来加以规制的，而且，礼义也是评判仁爱之情之合理性的标准。

朱熹以仁为心之德、爱之理，并不以仁为情，而王廷相恰恰是以仁为情。在王廷相，仁与情连在一起，义与理连在一起，仁可视为出于本能的自然素朴的情感，义则是社会性规范，是一种经过理性反思之后确立的普遍性标准、原则。在这一界定的基础上，王廷相主张"以义制情，以道裁性，而求通于治"④，要求以理性的社会规范、原则来节制、转化原始生命中存在的道德性情感，从而达到社会平治的结果。王廷相说：

干将、莫邪始出于型，不足以截茸草而割败肉；及砥砺其锋锷而淬制其神灵，则断蛟龙，剌犀象，如碎蘁粉。夫人之生也，使无圣人修道

---

① （明）王廷相著，王孝鱼点校：《王廷相集》，第610页。
② （明）王廷相著，王孝鱼点校：《王廷相集》，第768页。
③ （明）王廷相著，王孝鱼点校：《王廷相集》，第826页。
④ （明）王廷相著，王孝鱼点校：《王廷相集》，第610页。

之教，君子变质之学，而惟循其性焉，则礼乐之节无闻，伦义之宜罔知，虽禀上智之资，亦寡陋而无能矣，况其下者乎？儒者不重圣人修道立教之功，不论与孔子言性背驰与否，乃曰孟子之言性善有功于圣门，是弃仲尼而尊孟子矣。况孟子亦自有言不善之性者，舍之而独以性善为名，何哉？①

在王廷相看来，人生而有的善质是需要发展并加以转化提升的，在这样一个过程中，圣人修道立教的作用就显得很重要。但是，宋儒主性善之说，这不仅不符合于孔子论性之意，而且有同于庄老无为之旨，与圣人修道立教的作为是相背驰的。王廷相说：

天靡日，四时灭景；地靡海，百川大侵；人靡圣，万物大戾，夫奚宰而平之？故弃世而全形者，庄、周、庚桑氏之流，大乱天下者也。②

或曰："以自然治天下可乎？"王子曰："此庄、老之政也。天下可以自然治，羲轩尧舜为之矣。民无统主，则强食弱也，众暴寡也，智死愚也。极也必反之，相戕相贼，报覆相寻，民之获其生者寡矣。是故任其自然者，乱之道也。美色，人情之所欲也，强而众且智者得之。货利，人情之所欲也，强而众且智者得之。安逸，人情之所欲也，强而众且智者得之。得之则乐，失之则苦，人情安得宴然而不争乎？安能皆如老、庄之徒，淡然无欲乎？安不至于乱乎？故曰极也必反之，反之者，求报也。圣人之生于时，安得不为天下求安？故仁义道德之修，非徒为己也，将以化人也；礼乐法制之设，不徒治人也，亦以安己也，势之所必然者也。谓圣人得已乎？夫法以治之，而犹有意外之奸，况荡然自由乎？云自然者，谬幽之说也。"③

圣人的作用就像是日之于宇宙、海之于百川，有圣人，则社会平治，人情皆能各得其所。若无圣人，则人们完全处在自然欲望的支配下，在相互之

---

① （明）王廷相著，王孝鱼点校：《王廷相集》，第847页。
② （明）王廷相著，王孝鱼点校：《王廷相集》，第809页。
③ （明）王廷相著，王孝鱼点校：《王廷相集》，第785页。

间的利益冲突中人自身的生存很难得到维持。王廷相认为，仁义道德以及礼乐刑法的作用就在于"辩上下，定民志"，通过个体的修身与大众的教化、治人与安己双向并行的途径来达到社会群体间的整齐有序、万物各得其所，即所谓"圣人以礼防天下，使民各安其分而不争，是故或役或承，或亢或卑，或宠或夺，或泰或约，一受其正，奔命执分而无外慕，心定故也。是谓天下齐一，久安长治之道乎！"① 王廷相把这样一种上下整齐和谐有序的状态称为"仁"。他说：

> 仁者，与物贯通而无间者也。"万物并育而不相害，道并行而不相悖"，天地之仁也；"老者安之，朋友信之，少者怀之"，圣人之仁也。故物各得其所，谓之仁。②

这里，王廷相通过将"仁"解释为"物各得其所"，揭示出了仁这样一种道德原则所含具的社会性价值，这仍是仁、义并提，以义持仁的思想。事实上，王廷相对于义在转化天性之仁上的作用非常重视，他说：

> 夫善亦有所蔽者矣。且夫君臣之义，兄弟之仁，非人性之自然乎？臣弑君，弟杀兄，非恶乎？汤武之于桀纣，周公之于管蔡，皆犯仁义而为之。逆汤、武、周公之心，怼乎怛乎，所终不忍以安者，不能无也，而圣人终不以畔于仁义非之，何耶？惧夫世之徇私心而害治矣。是故以义制情，以道裁性，而求通于治焉。汤、武、周公仁义自然之性亦不得以自遂矣。③

从仁心之自然上说，汤武之于桀纣、周公之于管蔡皆不能不说是犯仁害义之举，即就汤、武、周公他们本人来说，其内心也不会对其所作所为心安理得，但从社会平治的角度看，他们的作为又是为了在更大的范围内实现、达成人的天性之仁。

---

① （明）王廷相著，王孝鱼点校：《王廷相集》，第784页。
② （明）王廷相著，王孝鱼点校：《王廷相集》，第762页。
③ （明）王廷相著，王孝鱼点校：《王廷相集》，第609—610页。

这里，王廷相所表达的思想是比较深刻的，在他看来，道德并非人天性中本来就有的，而是需要教化才能形成的，而且，若没有理性原则的转化与提升，善之原本的意义无法体现，善与善之间还会相互遮蔽，甚至使道德主体陷于伦理困境。本质上，王廷相是把仁视为天生即有的自然情感，如果说人生来就有本然之性的话，这就是情，是人与生俱来的自然情感，归根到底，这种自然情感又来自气禀。仁从最原初的形态上看就是一种同情恻隐之心，心学思想家以这种天生就有的同情恻隐之心为道德本心，以此奠定人皆可成圣的本体论基础。但是在王廷相看来，这种天性之仁若没有理性原则的护持，并不能推进人之生道的遂成，即使是圣人，也会陷入干犯仁义，而不能"自遂"其天性之仁的困境，所以，仅仅依靠这种天性之善（仁）是不能上达圣贤之域的。

第四章　王廷相论人心

王廷相的心论是在宋儒的思想背景下展开的,但与宋儒"心统性情"的逻辑架构不同,王廷相在性气一元论的基础上将心、性、情统合为一,以心为具有思维活动之机能作用的实体性器官,性为此实体性器官的神妙作用,情则是性之外在表现。从思想渊源上说,王廷相对于心的看法非常接近于道家与荀子,心知的意义极为鲜明,因而王廷相主张知识包括道德知识都是源于认知主体对外界的见闻、对经验见闻的思虑。基于这样一种认识,王廷相批判了理学中"德性之知不由见闻而有"的观点,认为人性中的道德因素是因主体的认识、习练以及环境的影响而形成的。

第一节　心之体用

一　虚灵者,心之体;知觉者,心之用

中国传统哲学中的"心"概念有时是指能够知觉、思虑的器官,可以做人的身体的主宰者,有时是指主观的精神、意念。[1] 明代,人们逐渐认识到思维意识的物质器官是大脑,[2] 此前,人们多把心当作意识所由发生的身体器官。《说文解字》中云:"心,人心,土藏,在身之中,象形。"心居于身体之中,其字象形,指人的一种身体器官,具有精神活动的功能,可以主宰人

---

[1] 张立文从七个方面将中国文化中所使用的"心"范畴进行了归纳,认为其含义可有:主体意识、万有的本原、心理活动或心理状态、道德伦理观念。见张立文主编《中国哲学范畴精粹丛书——心》,中国人民大学出版社1993年版,第1—5页。

[2] 明代著名医学家李时珍曾提出"脑为元神之府"(《本草纲目》卷三十四),明末哲学家方以智提出"人之智愚系脑之清浊","有生之后,资脑髓以藏受"(《物理小识》)。这都是认为脑是意识活动的器官。

的身体及其他器官。古代人们认识到心可以进行思维活动，因而引申为一种精神意识。一般而言，人的心中所形成的精神意识是主体对于客体进行认识、反映之后留下的主观映像，人们对于外在客观世界的认识或真实或虚幻，但都是主体以自身的利益和需要为尺度来反映、认识外界的，是从人文的角度来把握世界的。从这个角度看，心作为精神意识的器官以及由这一器官的活动所形成的思想文化成果，既是人区别于动物的标志，也是主体之为主体的一个标志。

心作为主体意识的标志，在传统哲学思想中的义蕴是逐渐丰富发展的，其意义从最初的意识器官及其精神思维活动逐渐演变为哲学上的一个重要范畴。就先秦时期而言，孟子的道德本心说和《管子》、荀子从认识论的角度探讨心的思维功能及特点的思想是两个比较鲜明的论心的进路。[①]

先秦时期，孟子和荀子都对心范畴进行了探讨。孟子说，"心之官则思"（《孟子·告子上》），"官"即官能，这是认为心与眼、耳、鼻、舌等器官一样都各有其功能，心之功能即是思，心就是一个思维、认识的器官。但这种"思"并不是漫无目的的思，也不是向外用力，寻找事物的内在规律，而是以求"放心"为目的的内在的自我反思。孟子说："心之官则思，思则得之，不思则不得也。此天之所与我者，先立乎其大者，则其小者弗能夺也。"（《孟子·告子上》）"得之"即是要通过"思"而认识到人心本就有仁义礼智之端绪，而不必向外寻讨；"不思则不得"即是说耳目口鼻之欲遮蔽了人心本有的能思之功能而使人心追逐于外在的诱惑，认识不到本心之仁德。所以孟子要人"求放心"，即是要发挥心之能思的功能体认本心固有的仁义礼智等道德观念。仁义礼智是人的道德属性，孟子认为仁义礼智根于心，这是认为人心中本就有先验的道德意识。可见，心范畴在孟子主要是从伦理道德的意义上说的，是指人天生就有的道德意识，而孟子之重视心之"思"也是由其本心的道德内涵所决定且限定在道德意识的反思方面。

[①] 此外，老子有"虚其心"的思想，即要求"无心"，去除人心的智巧、争夺和欲利。庄子将其发展为"心斋"的思想。"心斋"者，虚也，庄子说："无听之以耳而听之以心，无听之以心而听之以气。……气也者，虚而待物者也。"（《庄子·人间世》）气的特点是虚，能直接与天地万物沟通，道的特点也是虚而无形。人的耳目口鼻等感官所获得的感觉都来自有形之物，人心若能体现虚无之道，便可直接以自身之气知觉物理，而达到与道合一的状态。为此就要使心保持虚静自然的状态，这种精神状态就是"心斋"。道家对心的认识不同于儒家，不是把心视为道德意识活动的主体。

第四章 王廷相论人心

荀子论心较为详细，他认为心是主宰身体的器官，并称之为"天君"。"天职既立，天功既成，形具而神生，好恶喜怒哀乐藏焉，夫是之谓天情。耳目鼻口形，能各有接而不相能也，夫是之谓天官。心居中虚，以治五官，夫是之谓天君。"（《荀子·天论》）人的形神是自然界阴阳大化之流行所成就者，"好恶喜怒哀乐"是自然而有的情感，"耳目鼻口形"是自然生成的感官，各有其功能而不能互相为用，心则居于中虚之地而能主宰人身及人的意识活动，能会通其他感官所得到的映像，这也是自然而然形成的。在荀子看来，心不仅是身体器官的支配者，而且是人的精神活动的承担者，能独立地进行思考、判断并作出决定。荀子说："心者形之君也，而神明之主也，出令而无所受令。自禁也，自使也；自夺也，自取也；自行也，自止也。故口可劫而使墨云，形可劫而使诎申，心不可劫而使易意；是之则受，非之则辞，故曰心容其择也。"（《荀子·解蔽》）心能自主地作出抉择，经过思考判断，心能自己分清是非善恶，正确的、善的便接受，错误的、恶的便拒绝，显示出心的主体意识特征。同时，心生来就有"征知"的功能，"心有征知，征知则缘耳而知声可也，缘目而知形可也"（《荀子·正名》）。耳目等感官为心提供认识活动的材料，心则分析、判断和验证这些材料以获得规律性的认识。荀子把心天生就有的这种能力视为人之本性，"凡以知，人之性也；可以知，物之理也"（《荀子·解蔽》）。人就是靠着生而即有的思维主体——心来认识和把握万事万物的道理的。

荀子的心论阐明了心作为认识主体的独立性、自主性特征，这一思想与孟子以心为道德主体的思想形成鲜明对比。就道德人格的形成而言，孟子认为心本有仁义礼智之端绪，只须扩充本心，就能达到高度的道德自觉，成为圣贤，而不必向外寻求道理。所以，孟子的道德修养方法就是尽心知性，存心养性，"尽其心者，知其性也。知其性，则知天矣。存其心，养其性，所以事天也"（《孟子·尽心上》）。尽心就是反观内心，运用心之思的功能认识、扩充、发扬心中本有的仁义礼智之端绪。而在荀子看来，道德人格的形成并不能靠自心的扩充，而是要发挥心的思虑、择取功能，"性之好恶喜怒哀乐，谓之情。情然而心为之择，谓之虑；心虑而能为之动，谓之伪；虑积焉能习焉而后成，谓之伪"（《荀子·正名》）。荀子认为"人性恶，其善者伪也"，善并不是人性本有的属性，而是人为作用的结果，由恶向善，人的本性发生了改变，在这个化性起伪的过程中，心的思虑、择取发挥了很大的作用。孟子和荀子在道德人格形成之途径上的不同主张可以从他们对于心的不同认识上看出，心在孟子主要是就道德意识的源起、容受者和道德实践的发动者来说，在荀子则主要是从认识论的意义上说，所关注的是心的思维认识方面的内涵。

在宋代新儒家的儒学复兴运动中，孟子的道德本心说为儒者普遍接受，而荀子则因其"性恶"一句大本已失，其心论的主张也就没有引起多少讨论。新儒家力图排斥佛老的影响，两汉时期以研究儒家经典为对象的传注训诂之学并不能给予他们多少理论上的帮助，因而回复到先秦时期孔孟所创立的原始儒学就成为必然的选择。"宋明新儒学之'新'，在于其融合儒、释、道而建构了较完整的哲学体系；宋明新儒学之仍是'儒学'，在于其继承和发展了先秦和汉唐儒家的仁义道德学说。"① 新儒家要重建儒学的主体地位，其核心就在于坚持儒家的伦理道德，为此，新儒家中无论理学、心学还是气学等派别，虽然其本体论基础各不相同，但都是围绕着儒家伦理道德的价值取向开始自己的理论建构，因而，孟子的心性思想成为宋明新儒家各派共同的思想资源，其道德本心的观点基本上为大多数新儒家学者所接受。但是，荀子从认识的主体性角度对心进行探讨的思想脉络也是始终存在的，只是在新儒家的思想意识中并不占据主流的位置。

传统思想多是把心视为一个认识主体和思维器官，具有知觉和思维的属性。王廷相也持这种看法，认为："心者栖神之舍，② 神者知识之本，思者神识之妙用也。自圣人以下，必待此而后知。故神者在内之灵，见闻者在外之资。"③ 心是人的思维器官。王廷相称此思维器官的机能作用为"神"，即意识，④ 因为"人心之灵，贯彻上下，其微妙也，通极于鬼神；其广远也，周匝于六合"⑤。所以王廷相又将此思维器官的意识作用称为"在内之灵"，心的灵识作用在王廷相看来是可以与自然造化之神妙莫测相比拟的。

王廷相以"栖神之舍"来说明心是一个具有思维活动之机能作用的场所，

---

① 李存山：《气论与仁学》，第523页。
② 《淮南子·泰族训》中云："栖神于心，静漠恬淡。"
③ （明）王廷相著，王孝鱼点校：《王廷相集》，第836页。
④ 冯友兰认为："他（王廷相，引者注）认为认识是'神'的作用。这里所谓'神'，就是意识，他认为意识是从心发出来的。他这里所谓'心'也还是指的作为五脏之一的心。"见氏著《中国哲学史新编》（下），第280页。
⑤ （明）王廷相著，王孝鱼点校：《王廷相集》，第763页。

第四章　王廷相论人心

"神者知识之本",心的这种思维意识活动是产生知识的根本,没有心进行思维活动,知识就无从获得。王廷相之"栖神之舍"的说法使我们想起先秦《管子》书中"心者智之舍"的说法。《管子》从思维主体的角度规定心的内涵,认为心是"智之舍",其云:"洁其宫,开其门。宫者,谓心也。心也者,智之舍也。故曰宫。"(《管子·心术上》)心就像宫室,"智之舍"的比喻说明心是一个能够产生并储藏智慧的场所。王廷相与《管子》都把心看作思维活动的场所,但王廷相并不认为心本身就是智慧的源泉,心作为人体中产生和储藏思想智慧的器官,只是指出了思想智慧产生的主观条件,王廷相则在此基础上更进一步指出"见闻者在外之资",认为知识是主观之灵能与在外之见闻相合而成的结果。

王廷相又说:

> 目可以施其明,何物不视乎?耳可以施其聪,何物不听乎?心体虚明广大,何所不能知而度之乎?故事物之不闻见者,耳目未尝施其聪明也;事理之有未知者,心未尝致思而度之也。故知之精由于思,行之察亦由于思。①

王廷相以目视、耳听比拟心对于外界事物及其规律的认识。从目明而能视、耳聪而能听的例证我们可以看出,王廷相之所谓心完全是认识论意义上的心,是认识和意识活动的主体,心与其意识活动的关系是实体与其属性、机能的关系。正如目明则无物不视,耳聪则无物不听,心体虚明广大,万事万物皆可纳入其认识范围。王廷相说"事理之有未知者,心未尝致思而度之也",表明其对于心的认识能力是非常乐观的,认为只要保持心本身的虚明,发挥其能思的功能,就一定能认识万事万物的规律。

先秦时期,孟子和荀子、《管子》都以心为能思之器官,以思维念虑为这一器官所具有的作用,但与荀子、《管子》对心的内涵规定不同,孟子之所谓心具有道德的内涵,心之思维功能不是发挥于向外求得物理的过程中,而是向内反思本心生而即有的道德意识,是心自己认识自己,本心之能动的思维功能代表道德实践的主体精神和能动性;荀子、《管子》之所谓心则纯粹是一

---

① (明)王廷相著,王孝鱼点校:《王廷相集》,第777页。

个思维认识的器官，是认识论意义上的思维主体，心并不具有道德的属性，心的内涵中也没有先验的道德意识。

　　荀子认为心有"征知"，是"神明之主"，因为心天生具有这种能力，借助于感觉器官所提供的经验材料，心就可以"知道"。从认识论的意义上了解，心作为思维器官，要能认识"道"就必须保持心体（心的本然状态）的"虚灵"状态。我们看到，在谈到主体认识客体所需要做的心理准备时，"虚""静"等是经常被提到的名词。《老子》第十六章中载："致虚极，守静笃，万物并作，吾以观复。""虚极"就是指虚无的心境，亦即内心彻底排除了情欲杂念的澄澈、清明的认识状态，这种虚静的状态在老子看来就是认识"道"的必要条件。庄子以"心斋"阐发得道的状态，"心斋"的特点即是"虚静"，心虚静，便能体道。庄子说："水静则明烛须眉，平中准，大匠取法焉。水静犹明，而况精神。圣人之心静乎，天地之鉴也，万物之镜也！"（《庄子·天道》）圣人之心得道体道，故能虚静如镜而鉴照万物。"万物无足以铙心者，故静也。"（《庄子·天道》）心专注于道而不受外物干扰，这就是"静"。《管子·心术上》提出"虚""壹""静""因"的思想，"虚者，无藏也"，"静"则是指"毋先物动，以观其则"。《管子·九守》中又说："安徐而静，柔节先定，虚心平意以待须。"《管子》认为"心者智之舍"，心要能产生、储藏智慧还得要清扫、整理心这个宫室，其方法即是"虚静"。所谓虚静，即是内心空虚若谷、安详平静，对所要认识的对象没有成见，使"心"保持虚静无为，做到洁其宫，排除主观成见和情欲的干扰。这样，才能如实地观察、感知事物，安静、虚心、平意、客观地对待外在对象，便可以容受对象的各种知识，否则，"心有欲者，物过而目不见，声至而耳不闻也"（《管子·心术》）。

　　荀子继承并发展了《管子》中的思想，以"虚壹而静"的认识方法作为认识并得"道"的条件。荀子说：

　　　　人何以知道？曰：心。心何以知？曰：虚壹而静。心未尝不藏也，然而有所谓虚；心未尝不两也，然而有所谓一；心未尝不动也，然而有所谓静。人生而有知，知而有志。志也者，藏也，然而有所谓虚，不以所已藏害所将受谓之虚。心生而有知，知而有异，异也者，同时兼知之。同时兼知之，两也，然而有所谓一，不以夫一害此一谓之壹。心，卧则

梦，偷则自行，使之则谋。故心未尝不动也，然而有所谓静，不以梦剧乱知谓之静。(《荀子·解蔽》)

"藏"就是对于已获得知识的记忆、储藏，不因已获得的知识而妨碍接受新知识，就是"虚"。认识有差别，同时兼知不同事物就是"两"；但不因为见到彼物而妨碍认识此物，就是"壹"。心总是一直不停地活动，"卧则梦，偷则自行，使之则谋"，然而又有所谓静，不因为胡思乱想、幻梦错觉而扰乱正常的思维活动就是"静"。荀子在继承《管子》"静因之道"观点的基础上将"藏"与"虚"、"两"与"壹"、"动"与"静"统一起来，大大发展了稷下学派的认识论。他说："虚壹而静，谓之大清明。万物莫形而不见，莫见而不论，莫论而失位。坐于室而见四海，处于今而论久远，疏观万物而知其情，参稽治乱而通其度，经纬天地而材官万物，制割大理，而宇宙里（理）矣。"(《荀子·解蔽》)认为做到"虚壹而静"就能使认识主体处于"大清明"状态，这时万物的形象皆能显示于人，且显示出其本有的规律、法则，人就可以有所论断，且做出的论断没有不正确的。由此，主体就可以在获得对于宇宙之根本规律认识的基础上有效地统治宇宙万物。

荀子对于心的认识能力极为信赖，并抱持一种乐观的态度，认为只要心能实现"大清明"，主体便可以"材官万物"而"制割大理"，实现社会的"正理平治"。同样，王廷相也说："事理之有未知者，心未尝致思而度之也。"又说："虚明者，能求万物之情也已；公忠者，能正万物之实也已。虚无物淆，故明；忠无物挠，故公。虚明也者，智之体也；公忠也者，仁之用也。是故明王修之，则天德而致治；人臣修之，以王道而辅运；学者修之，和礼义而安身。"[1] 王廷相认为主体运用心之智思念虑的功能就能知道事理，心思"其微妙也，通极于鬼神；其广远也，周匝于六合，一有所不知，不足谓之尽性"[2]。神妙莫测是心的主体能动性的主要特征，此亦即是心之性，是心天生而有的一种认识能力。王廷相认为心一有所不知，就不足以说是尽性，此所谓"尽性"即心之认识能力之性能的发挥，这是从认识论意义上说的，而不是一种道德修养论上的反观内省。从认识论上说，王廷相认为若能保持

---

[1] （明）王廷相著，王孝鱼点校：《王廷相集》，第772页。
[2] （明）王廷相著，王孝鱼点校：《王廷相集》，第763页。

心体的"虚明""公忠",大则使天下致治,小则使个人安身。我们看到,王廷相与荀子对认识主体的理性能力同样怀有充分的信任,并将社会的治理、个体的修身都建立在主体的理性认知能力上。但是,王廷相与荀子之间还是有所区别的,王廷相说"气一则理一,气万则理万",承认在人道之外还有天道也是值得人去探索的,而荀子则主张"惟圣人为不求知天",要求以圣王为知识的源出者,[①]去除"不急之辩"。本来,按照荀子对心的认识论意义上的理解,心必有"征知",与外物相接方能"制割大理",但其以社会人伦的平治协调为认知之心的着力点,甚至是唯一的方向,这就堵死了探究天道、探究客观规律的路径。与之相反,王廷相则对人伦之理以外的物理也怀有极大兴趣,其"气一则理一,气万则理万"的说法承认在人道之外还有天道也是需要心去追究的,在一定程度上脱出了荀子的范围。

值得注意的是,孟子也谈到了"心之官则思",但却很少从认识的准确性、客观性的角度讨论如何使心保持"虚""静"的问题。孟子所谓"尽心知性""存心养性"的方法主要是指道德主体对于天之所赋之四端之心的体认、培植、扩充,如果说有什么养心的方法,在孟子那里也只能是反观地内省,而不是在准备好认识主体的心理状态后去接受外来的事物或现象。事实上,"虚""静"这样的概念更为道家所乐于谈论。孟子和荀子、《管子》以及庄老道家的这种理论上的差异归根到底还是在于他们对于心的认识不同:孟子之所谓心是已经充满着道德意识、道德原则的仁义之心,"先秦儒家……对心范畴作了多方面的论述,然而其核心内涵是仁义之心。儒家着重以主体道德和主体思维论心,强调通过向内反观善性和向外体认物理而达到主体道德的自觉,确立人的仁义道德之心,并推以治国安民,实现仁政德治的理想社会。以仁义道德论心,是儒家心的思想的特色"[②]。相较于道家"虚极""心斋""虚心"的说法,孟子之所谓本心是有具体内涵的,是实而非虚;荀子之所谓心代表着人的思维认识能力,在主体运用这种能力时,为了达到客观真实的认识结果就必须去除先入之见、主观的成见,以及主体精神状态对心的干扰,这样,心就必须保持虚静的状态。因为"本心"已经是实,就不

[①] 荀子主张知止于圣王,《解蔽》篇中云:"故学也者,固学止之也。恶乎止之?曰:止诸至足。曷谓至足?曰:圣王。圣也者,尽伦者也;王也者,尽制者也。两尽者,足以为天下极矣。故学者,以圣王为师,案以圣王之制为法,法其法,以求其统类,以务象效其人。"
[②] 张立文主编:《中国哲学范畴精粹丛书——心》,第44页。

第四章　王廷相论人心

需要再向外求索，只须反求自心，所以孟子说"万物皆备于我，反身而诚，乐莫大焉"，这表达了孟子对于心以及心之思维能力的运用方向的看法。荀子要心保持"虚壹而静"，说明其心并不是道德意识的含藏者，如果说心中有道德原则的话，这也是主体通过发挥其心的认识能力而从外界所获得的，并非内在自生的。

王廷相认为"心者栖神之舍"，与《管子》一样，王廷相以宫舍喻心，说明其所谓心是虚的，唯其虚，方可为舍。宫舍敞开大门，便可以储藏物品；认识主体只要清静心室，开放心扉，便可以接受外界事物的现象及道理。王廷相与《管子》、荀子一样都是把心当成人体中产生和储藏思想智慧的器官，是思维器官。作为思维认识活动的器官，心本身必须保持"虚""静"的状态，才能实现心对外界事物认识的准确、客观。王廷相说：

> 知觉者心之用，虚灵者心之体，故心无窒塞则随物感通，因事省悟而能觉。是觉者智之原，而思虑察处以合乎道者，智之德也。①

这里，王廷相以"体""用"论心，认为心之体是虚灵，心之用是知觉。此处所谓心之体可以从本体论上理解为虚灵之气是心之本体，② 但同时也可从认识论上说心之本然状态就是虚灵，是一种认识活动开展之前主观的心理意识状态。此所谓虚灵与"窒塞"相对为言，"窒塞"表明心中已经藏有成见，或其他影响认识的客观性、准确性的内在心理成分，如此，心就不能"随物感通"。王廷相说："人心有物，则以所物为主，应者非其物，则不相得矣，不戾于道者几希！故曰'与其是内而非外，不如内外之两忘'，盖欲其湛然虚静也已。"③ "虚明者，能求万物之情也已；……虚明也者，智之体也。"④ 又

---

① （明）王廷相著，王孝鱼点校：《王廷相集》，第838页。
② 有学者在引用"知觉者心之用，虚灵者心之体"语后，认为："在王廷相看来，心之本体即是虚灵之气，而心之用即是知觉。"见高令印、乐爱国《王廷相评传》，第146页。当然，从王廷相气本论的立场说，心之本体就是虚灵之气，但在此处，王廷相所要强调的意思是心作为认知主体，本身代表着一种认知能力，"虚灵"就是指这种能力若无滞碍则可感通万物的一种状态，这一说法是与"心者栖神之舍"相联系的，"虚灵"即指心之神。
③ （明）王廷相著，王孝鱼点校：《王廷相集》，第776页。
④ （明）王廷相著，王孝鱼点校：《王廷相集》，第772页。

说："人心中不著一物，则虚明，则静定；有物，则逐于物而心扰矣。"① 这都是讲为求得对于外物之实情的认识，心必须保持虚灵、虚静、虚明的状态。

王廷相有时又把影响认识之客观性、准确性的内在心理成分称为"成心"。王廷相说：

> 不直截语道，而穿凿以求通，其蔽于成心乎？不普昭于道，而强执以求辩，其蔽于私心乎？此二心者，学道之大病也。虽然，祛其偏倚，则私心可亡。学至于成心，则习识坚固，吝其旧学而不舍，虽贤者犹不能辨其惑，而况愚不肖之无识乎？故习识害道。②

"成心"一词见于《庄子》。《庄子·齐物论》中云："随其成心而师之。"成玄英疏曰："执一家之偏见者，谓之成心。"一般而言，在认识过程中，"成心"总是不可避免的，因为人对于外界事物的知识并不是在一片绝对空无的心灵土地上构建起来的，主体对外物的反映并不是完全照镜子式的，而总是在既有的、已成的知识基础上运用一定的知识结构去进行认识活动，所以，任何认识都不能摆脱"前见"的影响。但这并不是说认识的成果完全可以以主体自身的主观好恶为标准而对所要认识的对象进行任意的歪曲、取舍。荀子说"心未尝不藏也，然而有所谓虚"，即是说虽然人心有记忆、储藏的功能，但不能因已经获得的知识而影响将要认识的事物。王廷相指出，"心无窒塞则随物感通，因事省悟而能觉"，这即是说认识不能僵化、固结于"前见"，而应"随物感通"，心能"随物感通"，主体的认识活动就不是以"我"为主而是以物为主，反映物的实际情况，如此的知觉活动方能称为"智之原"；相反，"不直截语道，而穿凿以求通"，则是指在认识过程中穿凿附会、执着一隅，试图以自己既成的一偏之见去贯通全体。之所以会"穿凿以求通"，王廷相认为这是因为"成心"使然：主体"吝其旧学而不舍"，在固守旧有认识的基础上不能对认识对象保持客观的态度，日积月累，就会形成一种"习识"，日日沉浸于其中而不觉，最终就会妨害对"道"的认识。王廷相认为学道之大病就在于"成心"与"私心"。有"私心"，若去除其偏倚则可实现对

---

① （明）王廷相著，王孝鱼点校：《王廷相集》，第 888 页。
② （明）王廷相著，王孝鱼点校：《王廷相集》，第 815 页。

"道"的周遍体认,但"成心"既成则极难转变,因为"成心"是主体自身经过长期的思考、学习、体验之后所获得的认识,并且在这种认识过程中形成了极具个体性的固定的认知结构,新的认识活动又是在这种认知结构的范围中进行的。"成心"不同于"私心"的地方就在于"私心"是主体因蔽于一曲而暗于大理,这与认识主体的精神修养或认识主体的立场有关;"成心"则是经由主体自身的学习、思考所形成的,一旦形成,主体就会在自己的实践中反复运用,加以印证,如此就将原有的认识固定化而成为一种主体轻易不会舍弃的"习识"。

王廷相非常重视环境对于人性的影响,常讲"习与性成",同时,王廷相认为人在学道的过程中所形成的"习识""成心"也会对其性有影响,所以说"习识害性"。

> 习识害性,习性害道,善学者必察于旧习之非。大儒变之,小儒反哓之;圣人作之,众人乃疑之。其道也,揭于中正之途,非可哓、可疑也,要于习性固之也。夫人之生也,刍豢稻粱之味未尝入其口腹也,则夫菽藿之味以为至足矣。今夫学者不辨于中正之道,非智浅而识寡也,要于习性固之也。[1]

"习性"乃由"习识"而成,这是从知识背景的角度来说明"习识"对于主体之"习性"的形成,进而对于"道"之学习、体认的负面影响。在这里,我们也可以看出"生之谓性"虽是王廷相所坚持的观点,但他并不认为性就是自然而不可改变的,性之形成有环境之影响作用。此环境不仅有自然的环境还包括人文环境,而就人文环境来说,不仅有外在的人文环境还有内在的人文环境,此内在的人文环境就是指主体在学习、思考的过程中所形成的个体的认知结构和知识体系。个体的这种内在的人文环境用王廷相的话说就是"习识",由此"习识"就会形成"习性"。

王廷相认为学者要"辨于中正之道"首先就要保持虚灵之心体,不以"私心""成心"妨害学道。由此可见,王廷相在以"体""用"来说心时,其所谓心之体、心之用是有特定的含义的,其所谓的"虚灵者,心之体"既

---

[1] (明)王廷相著,王孝鱼点校:《王廷相集》,第812—813页。

是在认识论的意义上将心说成是一个容纳感性材料的无先入之见的"空虚"之场所,也是指一种认识论上的要求,即心体要充分发挥其认知能力,必须保持虚灵的状态。虚则中心无物,如此才能认识外物。王廷相还认为,认知主体运用此种天生之智思能力时必须"合乎道",亦即应遵循"道"的标准,如此方可避免偏倚、邪僻之见,主体之智思能力的品格即在固守中正之道,所以说:"君子之学,游心于造化之上,体究乎万物之实,求中正至诚之理而执之,闻也、见也、先哲也,参伍之而已矣。"①

王廷相对于心之体用还有另一种说法:

> 心有以本体言者,"心之官则思"与夫"心统性情"是也;有以运用言者,"出入无时,莫知其乡"与夫"收其放心"是也。②

这里,王廷相既把心理解为一个能思的实体器官,也把心理解为一个过程,一个认识主体之意识作用不断显发的、连续性的过程。"心之官则思"是指心理学意义上的思维意识活动的主体,心在王廷相的心性论结构中代表着主体意识;"心统性情"则是指心、性、情是一个完整的主体意识系统,③ 实质上,心、性、情因为"位虽不同,其实一贯之道也"④,所以三者是不可分的,若要强分,则心是从有形体的方面说,性是从虚灵景象一面说,情则是指感物而动的方面。可见,王廷相在这里虽然用了"本体"一词,但其意并不是说心有本体,而是指作为主体之思维意识的整体结构,心本来的样态(即王廷相所说的"本体")既有智思念虑的一面,也有虚灵应物的一面。王廷相曾说:

> 耳听,目视,口言,鼻嗅,心通,天性也。目格于听,耳格于视,

---

① (明)王廷相著,王孝鱼点校:《王廷相集》,第770页。
② (明)王廷相著,王孝鱼点校:《王廷相集》,第834页。
③ 刘又铭认为,王廷相所谓心有时是就其作为一个器官和作为有性有情的整体的本身来说的,有时则是就其出入收放的运用功能来说的。这一见解正确地揭示出王廷相以"体""用"来论说心、性、情的完整意义,这是不同于程朱理学的心性论思想的。见氏著《理在气中——罗钦顺、王廷相、顾炎武、戴震气本论研究》,第73—74页。
④ (明)王廷相著,王孝鱼点校:《王廷相集》,第834页。

第四章 王廷相论人心

口格于言，鼻格于嗅，① 器局而不能以相通也。解悟者心，注于听则视不审，注于视则听不详，注于言则嗅不的，注于嗅则言不成，神一而不可以二之也。②

人的自然感官各有相应的自然属性，相互间不能贯通，但心却能"解悟"，即会通各种自然感官所获得的感性材料。王廷相这一段话主要是说人的精神意识在认识活动中一般只能集中于一个对象，同时也说明了心能够将感性器官所得到的材料综合起来，形成一种抽象的、本质性的认识。王廷相又说：

耳目开而视听生矣，魂魄拘而思识生矣。万物之情，其入我也，以耳目之灵；其契我也，以魂魄之精。耳目虚，物无不入；魂魄之精有主，盖有不受之物矣。不受也者，逆于性者是已。③

王廷相说到认识时总是强调"思与见闻之会"，认为思必须与感官见闻结合才能展开认知活动，这里，"耳目之灵"即是说感官之灵能，这是认识主体能够闻见的物质基础，"魂魄之精"即是说进行理性思维活动的物质前提。在闻见的基础上，运用理性思维的综合概括，就可达到对万物之情的神解。耳目闻见与魂魄之神解有所不同，耳目作为视听感知器官，其对于外物的认识完全是照镜子式的反映，并没有一种主观的选择性，而经过理性思考所获得的知识则是经过了主体的主观取舍，也就是说，"魂魄之精"能够主宰耳目等感官的闻见活动，并主动择取耳目闻见所获得的材料，所以说，"魂魄之精有主，盖有不受之物矣"。王廷相在这里所阐述的仍是荀子"心者形之君也，而神明之主"的意思。

可见，王廷相所谓"心有以本体言者"之心既是指一种理性思考的能力，也是指主宰自然感官的感知活动并通过自然感官感应外界事物的能力。④

---

① （明）王廷相著，王孝鱼点校：《王廷相集》，第768页原文为"口格于嗅，鼻格于言"，不通，改之。
② （明）王廷相著，王孝鱼点校：《王廷相集》，第768页。
③ （明）王廷相著，王孝鱼点校：《王廷相集》，第767页。
④ 荀子"虚壹而静"之"壹"即是指在认识活动中不能同时认识两个以上的对象，心只能集中在一个对象上。王廷相则说心"注于听则视不审，注于视则听不详，注于言则嗅不的，注于嗅则言不成，神一而不可以二之也"，显然，他们都接触到了人的认识活动中所反映出来的心理学规律。

· 189 ·

从用上讲，王廷相认为心是指"出入无时，莫知其乡"和"收其放心"。"出入无时，莫知其乡"一语本是孟子引孔子之语。《孟子·告子上》中云："故苟得其养，无物不长；苟失其养，无物不消。孔子曰：'操则存，舍则亡；出入无时，莫知其乡。'惟心之谓与？"程颐曾说："心本无出入，孟子只是据操舍言之。"① 又说："心岂有出入，亦以操舍而言也。"② 程颐认为孟子所谓心之"出入无时"是指主体对于道德原则的持守和道德意识的培养，心只是一个心，并不是说有操持则心在，否则心就不存在。《河南程氏遗书》卷十五中载：

> 有言："未感时，知心何所寓？"曰："'操则存，舍则亡，出入无时，莫知其乡'，更怎生寻所寓？只是有操而已。操之之道，敬以直内也。"③

问者之意是要明确未感时心是否还存在，若存在则寓于何所，未感即指未发，也就是在问未发时心在何处。程颐认为心并不能用"出入""存亡"来说，只能是对已发之心而言操存。④ 孟子引孔子之语其实就是从道德本心上说，但并未区分已发、未发，程颐以未发为性，已发为心，操存就是指对已发之心所做的"敬以直内"工夫，所以说心"更怎生寻所寓？只是有操而已"，这本质上还是从主体的道德意识之培养的角度来说明"出入无时，莫知其乡"的意义。

朱熹认为：

> 孟子言"操则存，舍则亡，出入无时，莫知其乡"，只是状人之心是个难把捉底物事，而人之不可不操。出入，便是上面操存舍亡。入则是在这里，出则是亡失了。此大约泛言人心如此，非指已放者而言，亦不

---

① （宋）程颢、程颐著，王孝鱼点校：《二程集》，第297页。
② （宋）程颢、程颐著，王孝鱼点校：《二程集》，第208页。
③ （宋）程颢、程颐著，王孝鱼点校：《二程集》，第151页。
④ 朱熹《论语集注·学而》章引程子曰："人道惟在忠信，不诚则无物，且出入无时，莫知其乡者，人心也。若无忠信，岂复有物乎？"这里以"出入无时，莫知其乡者"为人心，结合道心理解，此处所谓人心就是无忠信之主的思维意识活动。

第四章　王廷相论人心

必要于此论心之本体也。

　　求放心，不是别有一物在外，旋去收拾回来。只是此心频要省察，才觉不在，便收之尔。①

朱熹曾说："心者，人之神明，所以具众理而应万事者也。"又说："虚灵自是心之本体，非我所能虚也。耳目之视听，所以视听者即其心也，岂有形象。然有耳目以视听之，则犹有形象也。若心之虚灵，何尝有物！"②"神明""虚灵"即是指心的活动难于把捉、不固守一端，所以说心本来的面貌就是"出入无时，莫知其乡"。正因此，对心就必须要时时省察，不可使之流于邪妄情欲，这也就是伊川所谓"敬以直内"的工夫。朱熹用"操则存，舍则亡，出入无时，莫知其乡"形容人心的活动状况，这说明在朱熹看来，心是从"虚灵"方面说的认知之心，并不是道德圆满的伦理主体。

王廷相以虚灵为心之体，其所谓心不是《孟子》语境中的道德本心，说心之运用"出入无时，莫知其乡"，这显然是指虚灵之心变动不居的活动状况，表达了心的认识活动的无限定性、开放性。王廷相曾说，"人心之灵，贯彻上下。其微妙也，通极于鬼神；其广远也，周匝于六合"，鬼神之情状与六合之广远皆可纳入这样一个虚灵之心的观照范围中，王廷相对心的这种理解与朱熹所谓"虚灵""神明"的意思是一样的。

从心为气之灵能的方面说，心是顺着气化之无限的过程而来，其知觉就是禀赋了气之无限的感通化生而来，所以也有着出入无时、无方所之限制的特征。换言之，气化流行是无限的，心之知觉也具有无限的表现，所以说"人心之灵，贯彻上下"。心体的这种无限性在阳明学中主要表现为良知本体的灵明无碍，无论是草木瓦石，还是人伦社会，都可以在良知的基础上贯通起来，这带有一种神秘主义的色彩。王廷相所谓的无限贯通之心体则是顺着气化生生之感通发用不已而有，这是从心体的本原（气）上说的无限。从心体之本原上说的无限表现在心的灵能知觉上就是这种灵能知觉的无限感通作用，并由此深思精察物理。显然，这是一种表现在理性认知上的无限。

对于王廷相来说，"心之官则思"并不是像孟子那样纯向内用力，反思固

---

① （宋）黎靖德编，王星贤点校：《朱子语类》，第1400页。
② （宋）黎靖德编，王星贤点校：《朱子语类》，第87页。

有的、先验的道德本心，而是要求思与见闻结合起来广泛地认识外界事物的现象和规律。王廷相说：

> 广识未必皆当，而思之自得者真；泛讲未必吻合，而习之纯熟者妙。是故君子之学，博于外而尤贵精于内，讨诸理而尤贵达于事。①

"博于外"即"广识"，就是广泛地从外部获得感性认识；"精于内"，即"潜心积虑，以求精微"②，就是专心深入地思考，以求得精微的道理。王廷相说"事理之精契于思，凭记问者粗"③，就是说认识不能停留在见闻、记问的层面，还要精思以求会通。在王廷相来看，心的思维活动并不局限于对道德原则的认知与道德意识的觉醒，从心所天生而有的灵识、解悟之性能上说，心是有着多方面的开放的活动空间的，所以，心之本体并不是如孟子、王阳明所理解的只是个良知，明确了这一点，我们就会理解王廷相为何会对于自然天道怀有浓厚的兴趣，其思想中为何会有较为鲜明的科学实证因素。④

王廷相认为心之运用还指"收其放心"。"放心"指道德意识的丧失，语出《孟子·告子上》，孟子曰："仁，人心也；义，人路也。舍其路而弗由，放其心而不知求，哀哉！人有鸡犬放，则知求之；有放心，而不知求。学问之道无他，求其放心而已矣。"程颐认为："'放心'，谓心本善而流于不善，是放也。"⑤ 此解甚为恰切，孟子以仁义道德为心之本体，认为这是人心中先天固有的实质内涵，人有此心而不能切己体认，甚而舍弃不用，此之谓"放心"。朱熹注曰："学问之事，固非一端，然其道则在于求其放心而已。盖能如是则志气清明，义理昭著，而可以上达；不然则昏昧放逸，虽曰从事于学，而终不能有所发明矣。"⑥ 朱熹此解扣紧孟子"学问之道无他"一句，发挥其

---

① （明）王廷相著，王孝鱼点校：《王廷相集》，第776页。
② （明）王廷相著，王孝鱼点校：《王廷相集》，第775页。
③ （明）王廷相著，王孝鱼点校：《王廷相集》，第771页。
④ 葛荣晋著《王廷相和明代气学》第四章"'探物及源'的科学思想"对王廷相的科学思想从天文、地理、生物等方面作了全面系统的整理论述，可谓详尽而准确。参见氏著《王廷相和明代气学》，中华书局1990年版。李存山《王廷相思想中的实证科学因素》一文深刻阐发了王廷相思想中包含实证科学因素，指出王廷相的这一思想为中国文化的转型提供了一种可能，有助于传统文化突破泛道德论的束缚。参见氏文《王廷相思想中的实证科学目录》，《人文杂志》1993年第6期。
⑤ （宋）程颢、程颐著，王孝鱼点校：《二程集》，第208页。
⑥ （宋）朱熹撰：《四书章句集注》，第334页。

第四章　王廷相论人心

下学上达之学术理路，其意毕竟与孟子还有缝隙。在孟子而言，"求放心"本身即是学问之道，舍"求放心"是无所谓学问的。朱熹则以为"学问之事，固非一端，然其道则在于求其放心而已"，这就扩大了学问的范围，不仅仅是"求放心"一事才可称之为学问，但同时，朱熹仍然认为学问之头脑、根基是"求放心"，如其所说："百行万善，固是都合着力，然如何件件去理会得！百行万善总于五常，五常又总于仁，所以孔孟只教人求仁。求仁只是'主敬'，'求放心'，若能如此，道理便在这里。""学者须是求仁。所谓求仁者，不放此心。"① 认为学问之道首先应是"求仁"，立定根基，方可下手去做工夫。但若直以道德意识的涵养为学问之道，而不着实用功，这也是朱熹所反对的。

王廷相所谓"收其放心"显然也是从主体之道德意识的培养方面论心，但在王廷相那里，心之内涵不是仁义道德，所以"求放心"不是说本有之道德心丧失之后再将其寻找回来，而是指通过发挥心之认知功能（思），在辨别是非善恶的前提下培养、固守主体的道德意识，提升主体的道德理性，这里"收其放心"一语表露出的是一种认知主体的主观能动性。王廷相说"'持其志'者，存其心而不放也；……心存，则所发者自不肆"②，认为存心就是"持志"，是主体内在道德意识的操持，王廷相认为这也是心之运用的一个方面。

与王廷相同时代的王阳明开创了明代心学的新局面，他与朱熹由格物穷理而致圣的学问路径不相契，因而提出致良知说，认为心外无物、心外无理，将朱熹格物致知论中研求物理与讲论经典的面向弱化，直接从主体道德意识的觉醒方面寻取成圣的根据。王阳明说：

> 知是心之本体，心自然会知，见父自然知孝，见兄自然知弟，见孺子入井自然知恻隐，此便是良知，不假外求。③

王阳明的良知说是承接孟子而来，孟子以爱亲敬长为人天生而有的道德

---

① （宋）黎靖德编，王星贤点校：《朱子语类》，第113页。
② （明）王廷相著，王孝鱼点校：《王廷相集》，第775页。
③ （明）王阳明撰，吴光、钱明、董平、姚延福编校：《王阳明全集》，第6页。

· 193 ·

意识、道德情感，① 王阳明也认为孝悌、恻隐之心是主体本有的内在特质，所谓心之本体就是指这种天生而有、不假外求的道德意识、道德情感。

王阳明说心之本体就是良知，见父兄自然知孝悌，但在具体的伦理场景中，道德主体对其行为之内容与仪节是否还应有一个认知、讲明的环节？阳明弟子便曾就此多次发问。《传习录》中载：

> 爱曰："如事父一事，其间温清定省之类有许多节目，不知亦须讲求否？"先生曰："如何不讲求？只是有个头脑，只是就此心去人欲、存天理上讲求。就如讲求冬温，也只是要尽此心之孝，恐怕有一毫人欲间杂；讲求夏清，也只是要尽此心之孝，恐怕有一毫人欲间杂。只是讲求得此心。此心若无人欲，纯是天理，是个诚于孝亲的心，冬时自然思量父母的寒，便自要去求个温的道理；夏时自然思量父母的热，便自要去求个清的道理。"
>
> 郑朝朔曰："且如事亲，如何而为温清之节，如何而为奉养之宜，须求个是当，方是至善，所以有学问思辨之功。"先生曰："若只是温清之节、奉养之宜，可一日二日讲之而尽，用得甚学问思辨？惟于温清时也只要此心纯乎天理之极，奉养时也只要此心纯乎天理之极，此则非有学问思辨之功，将不免于毫厘千里之谬。所以虽在圣人，犹加'精一'之训。若只是那些仪节求得是当，便谓至善，即如今扮戏子扮得许多温清奉养的仪节是当，亦可谓之至善矣。"②

一般而言，呈现于现象界中的道德总是与具体的道德行为联系在一起的，没有某种道德行为，我们很难说某人具有什么样的德性，所以，想要成就某种德性，就必须要有与之相联系的道德行为，而这种道德行为是有具体内容的。徐爱所说"温清定省之类"的"节目"即是指成就道德行为的内容，人如果不了解此种内容，则或者不能做出道德的行为，或者做出的道德行为在事理上流于乖谬。郑朝朔说要在如何为温清、奉养之节宜上皆须"求个是

---

① 《孟子·尽心上》中载："人之所不学而能者，其良能也；所不虑而知者，其良知也。孩提之童，无不知爱其亲者；及其长也，无不知敬其兄也。"

② （明）王阳明撰，吴光、钱明、董平、姚延福编校：《王阳明全集》，第2页。

第四章　王廷相论人心

当",这也是关注于对道德行为之具体内容的认知与了解,他认为正是在这一方面才显示出学问思辨之功的重要性。

但是,王阳明认为如何尽孝之事理"可一日二日讲之而尽",在温清、奉养之节宜上用不着学问思辨的工夫,若使主体意志"纯乎天理之极",使意志净化,则如何"温清、奉养"之知识即自然可得。这是以道德意志的确立问题掩盖或者说取代了对道德活动的认知与理解问题,也掩盖了道德意识如何落实于具体行为的知识问题。在阳明的视阈中,道德意志的呈现及其在主体行为中的贯注才是重点问题,而如何由道德意识落实到具体的道德行为上的知识问题则是次要的。同时,以阳明所谓"此心若……是个诚于孝亲的心,冬时自然思量父母的寒,便自要去求个温的道理;夏时自然思量父母的热,便自要去求个清的道理"这样的说法,人之求索事理的认知活动都是由道德意志所推动的活动。在道德意志的推动下,才会有冬时求温、夏时求清的道理的认识行为,如此一来,心之认知活动不唯没有独立的价值,若有价值也是由主体从事此活动的道德意志来赋予的。

王阳明对知识问题之态度,可以说是消极的,并不认为主体之知识活动有何独立价值,知识活动的价值只有在有助于道德行为之完成时才能成立,这反映出陆王心学"先立乎其大者"的学术特点。但是,这并不是说在阳明的体系中,"知"只是指良知而言,就对于心的规定说,阳明以道德意识、道德情感为心之本体,但同时也在一般认知的意义上说"知",如其说:

圣人无所不知,只是知个天理;无所不能,只是能个天理。圣人本体明白,故事事知个天理所在,便去尽个天理。不是本体明后,却于天下事物都便知得,便做得来也。天下事物,如名物度数、草木鸟兽之类,不胜其烦,圣人须是本体明了,亦何缘能尽知得?但不必知的,圣人自不消求知;其所当知的,圣人自能问人。[①]

可见,知识问题也是阳明所关注的,但本质上,阳明是以良知之呈现取代了对事物之理的认识,对于名物度数、草木鸟兽之类的具体知识,阳明认为这是不必知的,如果说阳明有某种知识结构的话,其心知的主要方面是完

---

① (明)王阳明撰,吴光、钱明、董平、姚延福编校:《王阳明全集》,第97页。

· 195 ·

全为道德意志、道德情感的体认与确立所覆盖的，完全是一种伦理意义上的道德本觉。①

与阳明心学将人的心知能力完全放在对于天理的认识与体悟的框架内，甚至直接以道德良知消解心之认知能力不同，王廷相虽然也关注主体道德意识的涵养、培育，但更主要的是从心之认知能力方面来阐发心的意义，以心之认知能力来达成主体的道德品格。王廷相说心之体是虚灵，这是对认知主体的存在状态所做的现象描述，同时王廷相又说心之运用既有"出入无时，莫知其乡"的一面，也有"收其放心"一面，这是从认识理性和实践理性两方面来确定心的内容。王廷相曾说：

> 天下之变故，其聚也不可纪，其散也不可一，其来也不可豫，其去也不可逐，其显设也不可迹，其倚伏也不可究。执一德，守一隅者御之，所不达者广矣。阖厄遏至，几于日中冥蔀矣。惟圣人之道术不固挚于一，而参之，而衡之，而交午之，而翕张之，而迟速之，而隐括之，譬百川委委各至于海也，济务长功，安有穷已？故曰："非天下之至神，其孰能与于此？"②

在王廷相看来，天下万事万物的具体情况和演变过程是多样的，人的应对之法应该也是多样的，在万变万化的世界面前若只是关注于内在的方面，执持一端，则"几于日中冥蔀"而不能有所作为，所以说"执一德，守一隅者御之，所不达者广矣"。王廷相又说：

> 人与天地、鬼神、万物一气也。气一则理一，其大小、幽明、通塞之不齐者，分之殊耳。知分殊，当求其理之一；知理一，当求其分之殊。

---

① 王阳明也谈到心的视听言动等方面的精神能力，如其所说："所谓汝心，却是那能视听言动的。"（《传习录》上）但这并不说明此所谓心就是一个认知主体，陈来说："（王阳明所谓的心的，引者注）'明''灵'并不是泛指知觉，也不是指认知意义的能觉，而是一种道德意义上的本觉，是'天理之昭明灵觉'。这种本然的明觉即心之本体，它能够自然地合于道德法则，从而，换言之，它本身即可提供道德法则，在此意义上，它与道德法则就是同一的"。见陈来《有无之境：王阳明哲学的精神》，生活·读书·新知三联书店2009年版，第86页。

② （明）王廷相著，王孝鱼点校：《王廷相集》，第762页。

故圣人与天地合其德，与鬼神合其吉凶，与万物合其情性，能同体故尔。①

这里，王廷相指出了之所以要博闻广识的本体依据在于"气一则理一，气万则理万"。人与宇宙万物皆为一气所化，但气化之生物有大小、幽明、通塞之不齐，所以，在懂得"气一则理一"的同时还应该寻求气之分殊之理。圣人之道术所以"不固挈于一"，即是由于圣人能由分殊而上达理一，并能由理一而探求分殊，并不是固守于某一个方面。王廷相对于圣人之境界的陈述或有过高、悬空的缺点，但从中我们还是能体会到其对于认识外在事理的重视，而不只是专注于内在的德性方面，不是像阳明那样只是向内用力，一意于发明本心良知之体，而是肯定心智的作用，要求积极地向外求索，发挥心智之能力，将修身、齐家、治国贯通为一。在王廷相看来，心性修养不是只有道德境界的提升这一个方面，心智之培养也是其中一个重要的内容，这不能靠"徒务虚寂，事讲说"，而要在人事上习练才能达到目的。

王阳明曾说："讲习讨论，下许多工夫，无非只是存此心不失其德性而已，岂有尊德性只空空去尊，更不去问学？问学只是空空去问学，更与德性无关涉？"②此语表面上似乎照顾到了德性与问学两个方面，实质上是以德性取消了问学，将为学的路途单一地导向内在的心性修养，以"价值优先"的立场将人的精神发展拘束于道德境界的培养这一个方面。我们如果将这种单一闭锁的精神发展取向与王廷相对于"执一德，守一隅者"的批评结合来看，便可以发现，王廷相所提出的问题是极有价值的，对于打破传统思想完全以道德境界的提升笼罩人的心知的帷幕，进而拓展人的思维能力及其活动的空间是有着积极意义的。

二 神必藉形气而有

"神"是中国哲学中经常被谈论到的一个词，在中国哲学中，"神"除了指神灵和精神作用之外，还表示微妙的变化。《易·系辞上传》中云："阴阳不测之谓神。"又云："神无方而易无体。"《说卦传》中云："神也者，妙万

---

① （明）王廷相著，王孝鱼点校：《王廷相集》，第764页。
② （明）王阳明撰，吴光、钱明、董平、姚延福编校：《王阳明全集》，第122页。

物而为言者也。"这都是以"神"来指称阴阳变化的"不测",表示万物变化的"妙"。

宋代哲学家张载说:"神者,太虚妙应之目。"① 又说:"天之不测谓神,神而有常谓天。"② 太虚即气,气之感应不可预测,因而称为"妙应",亦即"神","神"就表示太虚之气微妙的变化状况和感应作用。这种神妙感应作用从气本论的立场上说,是气固有的属性。张载说:"物之初生,气日至而滋息;物生既盈,气日反而游散。至之谓神,以其伸也;反之谓鬼,以其归也。"③ "气之性本虚而神,则神与性乃气所固有。"④ "神,天德,化,天道。德,其体,道,其用,一于气而已。"⑤ 从太虚气化的实际过程看,物之生是气之至,至即"神";物之灭是气之反,反即"鬼",是说逝去的东西都回归于太虚。宇宙万化归根到底就是一气之屈伸,这种屈伸变化是不可预测的,所以可用"神"之"妙应"来称述之,而"神"是气所固有的本性,此种本性内涵于太虚之气中并通过太虚之自然的运化过程表现出来,所以,气之运化及其神妙作用并不是分开的两样事物,而是统一于气的。对于这种气化之神的本性,张载以"一物两体"说来解释,"气有阴阳,推行有渐为化,合一不测为神"⑥。"一物两体,气也;一故神(自注:两在故不测),两故化(自注:推行于一),此天之所以参也。"⑦ 张载将气视为一个包含阴阳两个对立面的统一体,而对立的两方面又是相互统一的。因其对立面的相感、相荡,所以气有变化,发育万物;因其对立面统为一体,即"推行于一",所以其变化微妙不测。

张载说:"鬼神者,二气之良能也。"⑧ 鬼神就是"屈伸"。张载以气之"两体"解释宇宙万有的存在本质及其发展演化的微妙作用,这种理解是比较深刻的。王廷相继承了张载的"一物两体"说,认为:

---

① (宋)张载著,章锡琛点校:《张载集》,第9页。
② (宋)张载著,章锡琛点校:《张载集》,第14页。
③ (宋)张载著,章锡琛点校:《张载集》,第19页。
④ (宋)张载著,章锡琛点校:《张载集》,第63页。
⑤ (宋)张载著,章锡琛点校:《张载集》,第15页。
⑥ (宋)张载著,章锡琛点校:《张载集》,第16页。
⑦ (宋)张载著,章锡琛点校:《张载集》,第10页。
⑧ (宋)张载著,章锡琛点校:《张载集》,第9页。

第四章　王廷相论人心

阴阳也者，气之体也。阖辟动静者，性之能也。屈伸相感者，机之由也。缊细①而化者，神之妙也。生生不息，亹亹如不得已者，命之自然也。②

气之体有阴阳两个方面，所谓阖辟动静、屈伸相感、纲缊而化之种种情态皆以此阴阳之体为总的根源，具体而言，王廷相以阖辟动静为阴阳之气的变化性能，以屈伸相感为阴阳之气的变化之机，而纲缊则表示了气化之神妙不测。对于"神"的解释，王廷相承接了传统的说法，认为"神者，言乎化机之不可测也"③，是指气化万有之莫测；对于气化之"神"的所以然，王廷相延续了张载以"神"为气化之固有属性并从阴阳之气之内在的对立统一上解释神化的说法，并具体从形气上对阴阳之义加以说明，他说：

阴阳在形气，其义有四：以形言之，天地、男女、牝牡之类也；以气言之，寒暑、昼夜、呼吸之类也；总言之，凡属气者皆阳也，凡属形者皆阴也；极言之，凡有形体以至氤氲葱苍之气可象者皆阴也，所以变化、运动、升降、飞扬之不可见者，皆阳也。④

王廷相以有形可象者为阴，无形而变化不息者为阳，阴阳不可分，是一气之两体，宇宙万有皆为一气所化，所以，万物之现实的存在皆有形体与内在的生化机能两个方面，这两个方面不可分割地统一于具体的事物之中。

王廷相对于性的代表性观点是"性者，阴阳之神理"和"气之灵能而生之理"，这是从气化之生生不息的角度来理解"性"，所以，从与气化万有之实在合一的层面论，"性"所阐明的是气之化生的活动性能。这种活动性能因其神妙莫测又可以"灵"称之，所谓鬼神即是此种灵能之神理的另一种说法，所以说"鬼神一道，皆气之灵也"⑤，气与其灵能而生之性是不可分割的。王廷相有时以"气机"为生化之根源，这种灵能之性即是"气机"固有的本

---

① 原文如此，应为"纲缊"。
② （明）王廷相著，王孝鱼点校：《王廷相集》，第754页。
③ （明）王廷相著，王孝鱼点校：《王廷相集》，第767页。
④ （明）王廷相著，王孝鱼点校：《王廷相集》，第752页。
⑤ （明）王廷相著，王孝鱼点校：《王廷相集》，第846页。

性。王廷相说：

> 气通乎形而灵。人物之所以生，气机不息也；机坏则魂气散灭矣。恶乎灵？有附物而能者，亦乘其气机者也。顷亦散灭而已矣，故鬼者，归也，散灭之义也。①

这样来看，宇宙万有之灵都是禀赋自气而有，气机毁坏而魂气散灭，万有之灵能之性亦即神理，也就随之灭失。王廷相又说：

> 气附于形而称有，故阳以阴为体；形资于气而称生，故阴以阳为宗。性者，阴阳之神理，生于形气而妙乎形气者也。观夫心志好恶，魂魄起灭，精矣。相待而神，是故两在则三有，一亡则三灭。②

"两在"即是指阴阳，"三有"则是说魂气、魄质③及其相感、相荡、屈伸往来的神妙作用，有阴阳二气，即有魂魄与神，但本质上阴阳只是一气，所谓魂魄与神皆是附于形气而存在的，所以说"一（即气）亡则三灭"。王廷相以为，宇宙万有皆有形有气，形表示万有之存在样态，气说明万有之生成与存在的根源，气本身有灵能之性，万有之神化皆是气之灵能之性的具体呈现，所以说并没有脱离形气的"神"存在，此即所谓"神者生之灵，皆气所固有者也"④。

王廷相的这种解释坚持了彻底的气一元论立场，其对于形气之实体与神化之作用的说明是比较深刻的。但需要指出的是，由形气与灵能合一的立场出发，王廷相又走向了万物有灵论，他说：

> 山川林薮，岩洞岛泽，气所郁积，靡不含灵。人有魂魄知觉，物有变幻精怪，虽肖翘之微，蠕动之蠢，皆契阴阳妙合之道，况天得元气之全且大，而其神灵有不尤异者乎？但人物细众，与天相去远甚，譬诸蜣

---

① （明）王廷相著，王孝鱼点校：《王廷相集》，第753页。
② （明）王廷相著，王孝鱼点校：《王廷相集》，第767页。
③ 王廷相有"气之灵为魂"和"质之灵为魄"之语，见（明）王廷相著，王孝鱼点校《王廷相集》，第754页。
④ （明）王廷相著，王孝鱼点校：《王廷相集》，第966页。

第四章 王廷相论人心

蚖在人，不能尽摄耳。责以善恶赏罚之应，固不能一一尽然矣。①

王廷相认为"气所郁积，靡不含灵"，"灵"即灵能之性，既然宇宙万有皆为一气所化，那么万物皆禀有气之灵能之性而或表现为人之魂魄知觉，或表现为物之变幻精怪，就是合乎逻辑的结论了。

荀子曾说："水火有气而无生，草木有生而无知，禽兽有知而无义，人有气、有生、有知，亦且有义，故最为天下贵也。"（《荀子·王制》）在这一气—生—知—义的发展序列中，只有禽兽与人有知，水火、草木是无知的，知即知觉，是一种精神活动的能力。荀子又说："天职既立，天功既成，形具而神生。"（《荀子·天论》）说明人的精神活动不能离开形体。较早的《管子·内业》中云："气道乃生，生乃思，思乃知……"认为精神活动是物质发展的产物。王充说："形须气而成，气须形而知。天下无独燃之火，世间安得有无体独知之精？"（《论衡·论死》）认为精神不能离开形体而独自存在。王廷相反对气外言神、气外言性，所以，精神活动必然是以形体为基础的。但是具体到无生命的存在物，是不是能说因其具有了气质形体（气本身具有灵能之性），就会有精神活动，对此王廷相的说法并不明确，只是说"肖翘之微，蠕动之蠢，皆契阴阳妙合之道"，是阴阳神化之妙应的一种表现。

如前所说，"神"在中国哲学中除了表示气化生物之神妙莫测之外，还表示精神能力与精神作用，后一个含义就是古代思想中形神观要探讨的问题，主要是围绕人的形体之外是否还存在精神的问题展开。《左传》昭公七年中载子产曰："人生始化曰魄，（魄，形也。）既生魄，阳曰魂。"孔颖达云：

> 人禀五常以生，感阴阳以灵。有身体之质，名之曰形。有嘘吸之动，谓之为气。形气合而为用，知力以此而强，故得成为人也。……人之生也，始变化为形，形之灵者名之曰魄也。既生魄矣，魄内自有阳气。气之神者，名之曰魂也。魂魄神灵之名，本从形气而有。形气既殊，魂魄亦异。附形之灵为魄，附气之神为魂也。附形之灵者，谓初生之时，耳目心识，手足运动，啼呼为声，此则魄之灵也。附气之神者，谓精神性识，渐有所知，此则附气之神也。是魄在于前，而魂在于后，故云"既

---

① （明）王廷相著，王孝鱼点校：《王廷相集》，第870页。

生魄，阳曰魂"。魂魄虽俱是性灵，但魄识少而魂识多。①

按照这里的说法，人生而有形体，形之灵为魄，表现为"耳目心识，手足运动，啼呼为声"，体魄之中自有阳气，阳气之神为魂，表现为"精神性识"，即人的心知。因为"先形而后气"，"形有质而气无质，寻形以知气，故先魄而后魂"。其实形气并生，本无先后，所以魂魄俱有性灵，也没有先后。

说到中国古代形神观的发展，南北朝时期范缜的《神灭论》是必须要提到的。范缜认为："神即形也，形即神也。""形者神之质，神者形之用，是则形称其质，神言其用，形之与神，不得相异也。""神之于质，犹利之于刃。形之于用，犹刃之于利。"② 这里的"形"即指人的身体，而"神"则是人体之功用，二者的关系就像刀刃与锋利，"舍利无刃，舍刃无利"，所以说神依形存，形灭则神灭。这是以刀刃与锋利的体用关系来说明形体与精神的关系，这可谓中国古代形神观所达到的最高水平。

"形体神用"的观点在崔憬的《易探玄》中得到了更为明确的表述，其注《易·系辞》"形而上者谓之道，形而下者谓之器"时说："凡天地万物皆有形质，就形质之中，有体有用。体者，即形质也；用者，即形质之妙用也。言有妙理之用以扶起体，则是道也。其体比用，若器之于物，则是体为形而上，谓之为器也。假令天地圆盖方转为体为器，以万物资始资生为用为道；动物以形躯为体为器，以灵识为用为道；植物以枝干为器为体，以生性为道为用。"③ 崔憬所说，以形而下者为"体"，以形而上者为"用"，体即为器，用即为道。需要说明的是，这里的"体"并不是哲学意义上的本体，而只是感觉所把握的物质实体，"用"则是此物质实体的属性、功能。以这种观点来看王廷相的形神观，其对于形体与精神的看法就是从实体与其属性、性能的意义上理解的。王廷相说："凡以为神者，皆阴阳之妙用也。"④ 又说："神者生之灵，皆气所固有者也，无气则神何从而生？"⑤ 阴阳之气是造化之实体，

---

① 十三经注疏整理委员会整理：《春秋左传正义》，北京大学出版社2000年版，第1437—1438页。
② 北京大学哲学系中国哲学史教研室选注：《中国哲学史教学资料选辑》，中华书局1981年版，第471页。
③ 转引自（唐）李鼎祚撰《周易集解》，上海古籍出版社1989年版，第233—234页。
④ （明）王廷相著，王孝鱼点校：《王廷相集》，第488页。
⑤ （明）王廷相著，王孝鱼点校：《王廷相集》，第966页。

第四章 王廷相论人心

神则是此实体化生万物的妙用,从本原的意义上说,神是依附于阴阳的,是阴阳之气所固有的属性。王廷相又说:

> 神必藉形气而有者,无形则神灭矣;纵有之,亦乘夫未散之气而显者,如火光之必附于物而后见,无物则火尚何在乎?仲尼之门,论阴阳必以气,论神必不离阴阳。①

王廷相此论是针对其学友何瑭而发。何瑭著有《阴阳管见》《阴阳管见后语》《律吕管见》等书,认为"人死魂升为阳而能神"。何瑭之所以有此论,是因其持阴阳相分的观点,认为阴为形,阳为神,"阴形阳神,合则生人,所谓精气为物也;离则人死,所谓游魂为变也"②。人之生,有形、有神,形神合一;人之死,神去而形存,但形虽在却"已无所知矣",所以说,"阳有知而无形,阴有形而无知"③。何瑭对于形神的这种说法是由其宇宙论所得出的必然结论,何瑭认为:

> 造化之道,一阴一阳而已矣。阳动阴静,阳明阴晦,阳有知阴无知,阴有形阳无形,阳无体以阴为体,阴无用待阳而用。二者相合,则物生;相离,则物死。④

何瑭这种观点是将阴形、阳神看成了两个独立存在的实体,阴形阳神相合则生,相离则死,这在对于人之生死的理解上还是"天出其精,地出其形,合此以为人"的陈说。针对何瑭这种观点的理论实质,王廷相指出:"大抵柏斋欲以《易》卦之象,附会于造化,故不觉其牵合穿凿至此耳。"⑤

---

① (明)王廷相著,王孝鱼点校:《王廷相集》,第963—964页。
② (清)黄宗羲著,沈芝盈点校:《明儒学案》,第1170页。
③ (清)黄宗羲著,沈芝盈点校:《明儒学案》,第1170页。
④ (清)黄宗羲著,沈芝盈点校:《明儒学案》,第1165页。
⑤ (明)王廷相著,王孝鱼点校:《王廷相集》,第970页。朱伯崑认为:"他(何瑭,引者注)将传统的阴阳鬼神说同易学中的阴阳说结合起来,用来说明造化之道和《系辞》文'一阴一阳之谓道',便导出其阴阳观。此说以阳神和阴形为独立的实体,可以称之为阴阳二元论和形神二元论。其哲学意义是不承认天地万物为气化的产物,不赞成以阴阳二气解释两仪和以元气解释太极,反对气一元论。"见氏著《易学哲学史》第三卷,第213页。

事实上，将形体与精神分属于阴气和阳气，视阴形与阳神为两个不同的实体，这种观点从《管子》"天精地形"、《左传》中子产"阳为魂"之说，以及《礼记》"魂气归于天，形魄归于地"之语以来一直为人们所接受。王充说："夫人所以生者，阴阳气也。阴气主为骨肉，阳气主为精神。"（《论衡·订鬼》）范缜也有以"资气于天，禀形于地"来解释人之生成的思想，因而认为人死之后，其形体销毁于地，其气则灭失于天。宋代程颐说："魂只是阳，魄只是阴。魂气归于天，体魄归于地是也。"① 朱熹也说："'形既生矣'，形体，阴之为也；'神发知矣'，神知，阳之为也。"② 对儒家学者的这种思想倾向，王廷相是很清楚的，他说："神形之分，魂升而魄降也。古今儒者，孰不知之？"③ 虽然有着形神二元论的倾向，但一般来说中国传统思想还是坚持气为精神之本原的观点，即"形具而神生""形既生矣，神发知矣"，这与佛教以"心法"起灭天地、以精神意识为永恒存在的实体的观点是不同的。

何瑭虽然也认为精神活动脱离了人的形体是不存在的，但却"离绝阴阳为两物"④，将阴阳、形神看成了两个独立的实体，这实质上否认了气一元论。对此，王廷相说：

> 元气之中，万有俱备，以其气本言之，有蒸有湿。蒸者能运动，为阳为火；湿者常润静，为阴为水。无湿则蒸靡附，无蒸则湿不化。始虽清微，郁则妙合而凝，神乃生焉。故曰"阴阳不测之谓神"。是气者形之种，而形者气之化，一虚一实，皆气也。神者，形气之妙用，性之不得已者也。三者，一贯之道也。⑤

王廷相认为阴阳并不是分开各自独立的两个实体，而是统一于元气之中的，"气虽无形，而氤氲焄蒿之象即阴，其动荡飞扬之妙即阳，如火之附物

---

① （宋）程颢、程颐著，王孝鱼点校：《二程集》，第198页。
② （宋）黎靖德编，王星贤点校：《朱子语类》，第2380页。
③ （明）王廷相著，王孝鱼点校：《王廷相集》，第972页。
④ （明）王廷相著，王孝鱼点校：《王廷相集》，第488页。
⑤ （明）王廷相著，王孝鱼点校：《王廷相集》，第963页。

第四章　王廷相论人心

然，无物则火不见示是也"①。阴为可象者，阳为其动荡飞扬之性能，二者实为不可分割的统一体，因其内在的动力推动而有氤氲之神化，造化之神就表现在此种氤氲化生的过程中，并不是脱离开阴阳之化而另有一个"神"存在。何瑭认为阴无形而阳有知，对此王廷相说："凡有知者性也，性则阴阳妙合者也。"② 知，亦即精神活动，也属于阴阳之变化的性能，不能离开阴阳之实体而单独存在，所以，何瑭"既曰阳无形矣，又不丽于阴矣，何从而能知？"③

王廷相说"元气之中，万有俱备"，又说"元气未分之时，形、气、神冲然皆具"④，结合其对于阴阳在形气之义的四个方面的说明，这里实际上是指出：浑沌未分之元气为造化之本，而从造化之现实过程看，此造化之本之神妙莫测的内在规律、性能为其性、其神，实质上，没有脱离开造化之本的性、神，也没有不表现其性、神的不动的本体。在王廷相看来，何瑭离绝阴阳为两物而以阴形、阳神为独立的实体来解释人与万物之生成、死灭，以及魂魄、鬼神之实，其受病之源在于"酷嗜仙佛"，是"出自释氏仙佛之论"，其实，"推究阴阳之极言之，虽葱苍之象亦阴，飞动之象亦阳，盖谓二气相待而有，离其一不得者"⑤。

王廷相认为，何瑭以及那些主张阴形、阳神相离，并由此而论魂魄，以为魂附于气、魄附于体的儒者，其实在本体论上没有划清与佛老虚、无之论的界限。他说：

> 以造化本体为"空"为"无"，此古今之大迷。虽后儒扶正濂溪无极之旨，曰"无声无臭，实造化之枢纽，品汇之根柢"，亦不明言何物主之，岂非谈虚说空乎？但形神之分，能知阴阳果不相离，则升而上者气之精也，降而下者气之迹也。精则为神、为生、为明灵，迹则为形、为死、为糟粕。神之气终散归于太虚，不灭息也；形之气亦化归于太虚，为腐臭也。则造化本体，安得不谓之有？安得不谓之实？老释之所谓有"无"有"空"者，可以不攻而自破。世儒谓理能生气者，可以三思而

---

① （明）王廷相著，王孝鱼点校：《王廷相集》，第488页。
② （明）王廷相著，王孝鱼点校：《王廷相集》，第489页。
③ （明）王廷相著，王孝鱼点校：《王廷相集》，第489页。
④ （明）王廷相著，王孝鱼点校：《王廷相集》，第971页。
⑤ （明）王廷相著，王孝鱼点校：《王廷相集》，第965—966页。

自得矣。①

朱熹以"无形而有理"来解周敦颐"无极而太极"的说法，这在王廷相看来是谈虚架空之论，因为理是"虚而无著"者，气才是"实"、是"有"，因而才是造化之本。以理为本，在形神关系上就不免会离形论神、离气谈性。王廷相说：

> 诸儒于体魄、魂气，皆云两物，又谓魄附于体，魂附于气。此即气外有神、气外有性之论。以愚言之，殊不然。体魄、魂气，一贯之道也。体之灵为魄，气之灵为魂。有体即有魄，有气即有魂。非气体之外别有魂魄来附之也。且气在则生而有神，故体之魄亦灵；气散则神去，体虽在而魄亦不灵矣。是神气者又体魄之主，岂非一贯之道乎？知魂魄之道，则神与性可知矣。②
>
> 鬼神一道，皆气之灵也，不可分阴阳魂魄。神乃阴阳之所为，鬼亦阴阳之所为；无魂气则鬼神灭，魂气散则魄不灵，直是一道。③

这是认为鬼神、魂魄皆是指气化万有之灵能之性，"神"则标示出此灵能之性的神妙莫测，如果以为魂附于气、魄附于体（形），这实质上是将阴阳造化之本体与其固有的规律、性能脱离开来，是一种形神二元论的观点。王廷相从气本论的立场出发，主张气、性、神一贯，认为："天包地外，二气洞彻，万有莫不藉之以生，藉之以神，藉之以性"④，形气毁散，神、性也归于无有，从宇宙本原论的基础上坚持气对于神、对于性的根源性。以此而观王廷相对于心的看法，其心之体、用之说完全是从实体与其属性、性能的意义上理解的。

王廷相说："知觉者心之用，虚灵者心之体。"⑤ 心是主观精神，不是实有之物，然而却能认识、记忆、思维，是附属于实体的灵识作用，从根源上

---

① （明）王廷相著，王孝鱼点校：《王廷相集》，第972—973页。
② （明）王廷相著，王孝鱼点校：《王廷相集》，第837页。
③ （明）王廷相著，王孝鱼点校：《王廷相集》，第846页。
④ （明）王廷相著，王孝鱼点校：《王廷相集》，第971页。
⑤ （明）王廷相著，王孝鱼点校：《王廷相集》，第838页。

看，是气化之结果。王廷相说：

> 夫天地之间，何虚非气？何气不化？何化非神？安可谓无灵？又安可谓无知？①

又说：

> 气神而精灵，魂阳而魄阴也。神发而识之远者，气之清也；灵感而记之久者，精之纯也。此魂魄之性，生之道也。气衰不足以载魄，形坏不足以凝魂，此精神之离，死之道也。②

灵、识皆是气之性能，心之灵来源于气之精，认识能力的高低，如灵感、记忆、洞察力等，最终都以气为存在的根据。王廷相曾说："升而上者气之精也，降而下者气之迹也。精则为神、为生、为明灵。"阴阳的运动变化，上升者为精气，精气就表现出明灵之神的特性，此明灵之性便是心之体。如果气衰形坏，则此灵明之性随之而死灭，心之精神活动也随之消失。

需要指出的是，王廷相在使用"心"概念时，有时将其视为能思的物质器官，如其所云"心者栖神之舍"；有时是指主体意识、主观精神，如其所云"智之为性，统明万善，心体苟无昏昧，于仁［则］觉其所以为仁，于义则觉其所以为义，而于众善无不有觉"③，"心为道主，未有不能养心而能合道者，未有不能寡欲而心得养者"④。这两个方面王廷相并没有加以具体的区分说明。以王廷相气、性、神一贯的观点而言，无论是作为"栖神之舍"的"心"，还是能思、能觉、"心为道主"的"心"，其根源都在于气，从思维的物质器官说，心是气之精，从心之灵能的意识活动说，心是气之灵，都以气为存在的基础。

比较有特色的是王廷相从气之生生流行上解释主体之认识能力的形成与发展。他说：

---

① （明）王廷相著，王孝鱼点校：《王廷相集》，第969页。
② （明）王廷相著，王孝鱼点校：《王廷相集》，第768页。
③ （明）王廷相著，王孝鱼点校：《王廷相集》，第838页。
④ （明）王廷相著，王孝鱼点校：《王廷相集》，第773页。

> 气得湿而化质，生物之涂也，百昌皆然矣。气之灵为魂，无质以附縻之则散，灯火离其膏木而光灭是矣。质之灵为魄，无气以流通之则死，手足不仁而为痿痹是矣。二者相须以为用，相待而一体也。精也者，质盛而凝气，与力同科也，质衰则疏弛，而精力减矣。神也者，气盛而摄质，与识同科也，气衰则虚弱，而神识困矣。是故气质合而凝者，生之所由得也；气质合而灵者，性之所由得也。①

王廷相主要是说明气与质（形）、魂与魄相互依存的关系，强调精神作用对于形气之物质基础的依赖性。魂魄是形气之灵能之性，此种灵能之性与气联系在一起就表现为神识，与质（形）联系在一起就表现为精力。当然，气与质中所表现出的这两个方面并不是截然分开的两种性能，而是指一气之生生的过程中对于不同方面的侧重。因为从本原上说，气（魂）、质（魄）根本是一气流行之两种状态，二者虽两名而实一体，之所以有如此之性能上的差别，实因气、质偏胜而所侧重者不同。对此种不同，有学者分析甚明，现引述于下：

> 质胜凝气之精，乃由魄质重于魂气，强调活动重于生理之角度言，魄因魂而有活动，而此活动即指形气能运动之精力。气胜摄质之神，乃由魂气重于魄质，强调生理重于活动的角度言，魂借魄而显神用，但此神用非只是生生之用，另又指认知能力。亦即此神用乃魂气之神，藉魄之言行而显现认知之神用。故神既可指魂气生生之妙，亦可指无穷认知之作用。②

王廷相从气、质（形）之偏胜而具有相互"摄""凝"的作用来解释精力与神识的消、长变化，这是他基于气一元论所做出的对于人之物质存在与精神活动的关系的说明，是比较符合实际的。我们在现实生活中经常会体会到，人在精力充沛的时候记忆、思考、判断等精神活动就比较灵敏，而当体质发生变化变得衰弱时，这些精神活动就比较迟缓。当然，这只是就一般而

---

① （明）王廷相著，王孝鱼点校：《王廷相集》，第754页。
② 王俊彦：《王廷相与明代气学》，第118—119页。

· 208 ·

言，并不能排除有一些特殊人物他们的理性思考能力并不会因其体质、精力的衰落而减退。但就王廷相对于人的精神与物质形体的关系的说法本身看，其观点是比较符合实际的，是在当时人们的认识水平下所能做出的较准确的解释。而且，针对佛教以人生为幻妄，以人对于外界事物的认识为幻识，进而要取消人的认识活动的观点而言，王廷相的这种说法在认识论上具有更深刻的意义。王廷相说：

> 有元始之气，则天地之幻化不能离；有明觉之性，则人生之幻识不能离，不得已之道也。佛氏欲遣离幻心，必须灭性；性灭幻离，若复有觉，亦即是幻，况未必觉耶？能离自生之幻矣，能使天地离幻化耶？说经十二部，佛之幻识甚矣，而欲使众生解离，有是乎？①

天地之幻化是元始之气的性能，有元气这一实体，即有天地之幻化。人生之幻识是源于人有明觉之性，有明觉之性，则人必然会对外界现象有所反映，这是自然而然的"不得已之道"。明觉之性是心本有的性能，正如天地之幻化之于元始之气，所以释氏以人对于外界现象的认识为幻识，认为认识都是借助于六根而有的不真实的幻识，要获得真理性的认识，就要离心灭性，这在王廷相看来是不可能的。因为有人心则必有明觉之性，必有人生之幻识。当然，幻识一词可以从正反两方面去理解，总的说就是指人心对外界客观实在的反映。按照王廷相的观点，有人心就必会有对于外界的认识，无论其正确与否。这是人心所必具的属性和功能。如果按照释氏之说，必须离心灭性才能有真理性的认识，则推至其极，佛教之说经十二部皆是幻识，怎么能使众生赖此而得到解脱呢？

第二节 心缘外物而起

一 思与见闻之会

王廷相曾在其第一部哲学著作《慎言》的自序中说："予自知道以来，仰

---

① （明）王廷相著，王孝鱼点校：《王廷相集》，第875页。

观俯察，验幽覈明，有会于心，即记于册，三十余年，言积数万。"① 这里，王廷相说明了自己获得学问的方法，既有亲自观察、验证，也有精心思考而加以会通。

我们在前面曾经指出，王廷相之所谓心主要是一个认识论范畴，代表着认识器官及其所具有的认识能力，知识是这种认识能力与外界交接的过程中产生的，王廷相并不认为人的心中有什么先天的知识。他说：

> 心者栖神之舍，神者知识之本，思者神识之妙用也。自圣人以下，必待此而后知。故神者在内之灵，见闻者在外之资。物理不见不闻，虽圣哲亦不能索而知之。使婴儿孩提之时，即闭之幽室，不接物焉，长而出之，则日用之物不能辩矣，而况天地之高远，鬼神之幽冥，天下古今事变，杳无端倪，可得而知之乎？夫神性虽灵，必藉见闻思虑而知。积知之久，以类贯通，而上天下地，入于至细至精，而无不达矣，虽至圣莫不由此。孔子曰："盖有不知而作之者，我无是也。多闻，择其善者而从之；多见而识之，知之次也。"孟子亦曰："心之官则思，思则得之，不思则不得也。"周子亦曰："思则睿，睿作圣。"夫圣贤之所以为知者，不过思与见闻之会而已。世之儒者乃曰思虑见闻为有知，不足为知之至，别出德性之知为无知，以为大知。嗟乎！其禅乎！不思甚矣。殊不知思与见闻必由吾心之神，此内外相须之自然也。德性之知，其不为幽闭之孩提者几希矣。禅学之惑人每如此。②

知识之所以可能在于"思与见闻之会"，是"内外相须之自然"的结果。内即心之神，就是心的机能和性能，是指隶属于心这一物质器官的知觉、思考、意识活动等灵能之性，外即外物以及主体对于外物的感性认识，知识就是内在的心之灵明与外物及主体对外物的感性认识相合的结果。王廷相说"神者知识之本"，这是认为心的知觉、思考等精神活动是产生知识的基础。这里，王廷相涉及认识论的一些问题，冯友兰先生曾就此总结说：

---

① （明）王廷相著，王孝鱼点校：《王廷相集》，第750页。
② （明）王廷相著，王孝鱼点校：《王廷相集》，第836页。

第四章 王廷相论人心

第一，他（王廷相，下同，引者注）接触到了认识能力的问题。他认为认识是"神"的作用。这里所谓"神"，就是意识，他认为意识是从心发出来的。他这里所谓"心"也还是指的作为五脏之一的心。"心者，栖神之舍"，可见"心"是一种物质性的东西，"神"是人的"在内之灵"。

第二，他接触到了认识来源的问题。他指出，认识的来源是"见闻"，是人的感觉。因为认识的对象是"物理"，"物理"是"在外"的，如果没有"见闻"，是无论如何不能知道的。这是认识的"在外之资"。

第三，他接触到了认识过程的问题。有了感觉还必须加以"思虑"，这样，才可以把感性认识提高到理性认识，这种认识积累多了，就可"以类贯通"，得到比较广泛深入的知识。[1]

冯友兰先生对于王廷相认识论思想的总结是比较全面的。当然，王廷相此段文字之意义不仅限于对其心论——即认识论思想的阐发，而且也涉及他对当时风靡天下的王学之"致良知"说所持的批判性立场，而王廷相对"良知"说之批判是建立在其理性主义认识论基础上的。

王廷相的认识论思想是主张一种由物到心的反映论的认识路线。王廷相说心之神是"知识之本"，这并不是说只靠心之内在的灵能之性就能产生知识，其云，"神性虽灵，必藉见闻思虑而知"，见闻即人的感性经验、感性认识，心之"神"要与感官知觉所获得的感性经验结合起来，并且发挥心神之思的作用，才能获得知识。

王廷相自己有着长期的仕宦经历，在审理案卷、考核官员的过程中非常重视实际调查，因而对经验观察在人的认识中的重要作用有着比较客观的认识。他曾说：

鸠鸼之睹，不尽于蒿蓬，而鸾凤览于千仞之下。君子于天下之事，有见不见之差焉。以差然不齐之见而欲定天下之事，则趋向殊而好恶乖，是非得失之间，夫奚能辨之？……君子非游于蜀者，不知蜀之故；非处

---

[1] 冯友兰：《中国哲学史新编》（下），280 页。

于安绵威灌者，不知松茂之故；非受困于关堡之上番者，不知诸番之故。①

大抵人之知识，资于耳目。使耳无所闻，目无所见，虽积弊如山，民病如火，孰从而知之？且一己之聪明有限，而天下之事变无穷。古人载驰载驱，周爰咨诹，良以为此。况当职才绵质劣，恫恫无能，若不广求，安能尽职？②

一个官员要先对所辖范围内的事务多做实地调查，才能做出准确的判断和决策。这在认识论上的意义就是要求重视感性经验的积累。王廷相说：

世有闭户而学操舟之术者，何以舵，何以招，何以橹，何以帆，何以引筆，乃罔不讲而预也；及夫出而试诸山溪之滥，大者风水夺其能，次者滩漩汩其智，其不缘而败者几希。何也？风水之险，必熟其几者，然后能审而应之，虚讲而臆度，不足以擅其工矣。夫山溪且尔，而况江河之澎汹，洋海之渺茫乎？彼徒泛讲而无实历者，何以异此？③

真正的知识都是从实历、实践中得来的，脱离具体的认识对象、具体的环境，只是凭空模拟、想象、讲论想要认识的事物，终究是不能有所收获的，也不能帮助人推进实践的发展。王廷相提出在认识中关键是要"审几"，即审查、探究事物在发展过程中所呈现出来的规律以及在特定的发展时期的转折点。④ 王廷相说："欲成天下之事者，在得天下之宜。所谓宜者，事几之谓也。"⑤ "知，在物者也；几，在事者也。"⑥ 王廷相所谓的"几"是与具体的事联系在一起的，是存在于具体的事物发展过程中的准则、规律。人们若要在实践中取得预期的效果，必须了解事物发展之"几"，也就是"审其几宜"，而这都要通过实地考察、实地经验才有可能。王廷相认为"练事之知，

---

① （明）王廷相著，王孝鱼点校：《王廷相集》，第397页。
② （明）王廷相著，王孝鱼点校：《王廷相集》，第1166页。
③ （明）王廷相著，王孝鱼点校：《王廷相集》，第605页。
④ 葛荣晋将王廷相所谓的"几"的含义归纳为时机、规律、事物转化的契机三个方面，可谓切中肯綮。见氏著《王廷相和明代气学》，第179页。
⑤ （明）王廷相著，王孝鱼点校：《王廷相集》，第468页。
⑥ （明）王廷相著，王孝鱼点校：《王廷相集》，第790页。

第四章 王廷相论人心

行乃中几；讲论之知，行尚有疑"①，通过"练事（实践）"所获得的知识，才能指导人在行动中有合乎事物发展之"几宜"，只是凭空讲论，纸上谈兵，在实际行动中还是会有疑惑的。

王廷相注重经验见闻之知，他总是将知识与实践联系起来，要求人的行动应该有预期的成效。他说：

> 譬久于操舟者，风水之故审矣，焉往而不利涉？彼徒讲于操舟之术者，未涉江湖，而已不胜其恐矣，安有所济之哉？盖风水者，几之会也，非可以讲而预者也。②

若想在实际事务的操作中有所成就，就必须与认识对象接触，在认识主体与认识对象的交往中提升主体的认识水平和实践能力，如此方有所"济"。

从唯物主义反映论的立场看，一个科学的认识活动能够展开，其前提是必须承认认识主体与认识对象的二分，以认识对象为外在的、主体所观照的客观存在。王廷相说，"神者在内之灵，见闻者在外之资"，这里所谓的"内""外"分别指认识主体与认识客体、能知与所知。王廷相对于心的看法与荀子极为相似，荀子曾说："凡以知，人之性也；可以知，物之理也。"（《荀子·解蔽》）"凡以知"就是认识主体所具有的认识能力，此即王廷相所谓的"在内之灵"；"可以知"则是认识对象，即王廷相所谓的"在外之资"。

王廷相认为认识并不是认识主体主观自生的产物，而是经由耳目闻见即认识主体在接触外物的过程中形成的，认识主体必须凭借由外而得的闻见经验和内心之神识才能认识事物。如果没有耳目见闻从外部得到的感觉经验，即使是圣哲，也不能知道事物的道理。内心之神识虽然灵巧，但也必须凭借见闻和思虑，由此积累的时间久了，就能以类贯通。有人曾认为，没有"邦国天下之责者"，没有习练这些事务的机会，"终不可习而能之"，所以事先讲论还是必要的，王廷相回答说："君子不有身与家乎？学能修其道于身，通其治于家，于是乎举而措之，身即人也，家即国也，挈小而施之大，动无不准矣。何也？理可以会通，事可以类推，智可以旁解，此穷神知化之妙用也。"

---

① （明）王廷相著，王孝鱼点校：《王廷相集》，第790页。
② （明）王廷相著，王孝鱼点校：《王廷相集》，第790页。

彼徒务虚寂，事讲说，而不能习与性成者，夫安能与于斯？"① 按照王廷相的看法，虽然没有治理国家天下之责，但"身即人，家即国"，若能修身齐家，从自身和周围的环境入手进行习练，"挈小而施之大"，同样会在国家大事上"动中几宜"。这种说法还是《大学》"修齐治平"的套路，是在古代家国一体的结构中必然有的认识。在王廷相看来，修身齐家的道理与治理国家的道理是"会通"的，其中的操作方法也可以"类推"，只要发挥"思"的作用，加以融会贯通，能修道于己、通治于家，则必能在国家事务的治理上做出实绩。事实上，这种方法的有效性是值得怀疑的，但我们若了解到王廷相此论针对的是"徒务虚寂，事讲说"，他的观点的合理性是毋庸置疑的，而且，如果我们了解到同样重视格物致知的程朱理学家的说法，那就会对王廷相以见闻与思虑的结合为获得真知方法的观点有更深刻的认识。

　　程朱理学家比较重视格物穷理以致知，这与王廷相强调通过"思与见闻之会"获得知识是相通的，但是王廷相与程朱理学家的区别也是很明显的，这首先表现在对于即物穷理之"理"的认识不同。王廷相曾说："人与天地、鬼神、万物一气也。气一则理一，其大小、幽明、通塞之不齐者，分之殊耳。知分殊，当求其理之一；知理一，当求其分之殊。"② 理是万物各殊之理，是气之属性以及气运动的规律，气化万殊故理亦万殊，理既殊，则只求理一还是不够的，还须求分殊之理。王廷相又说："气一则理一，气万则理万。世儒专言理一而遗万，偏矣。"③ 按照这一说法进行推论，人类社会的道德原则、道德规范就不同于自然规律，虽然都是"理"，但有分殊之"理万"的不同，王廷相将这些不同的理进行了区分。程朱之即物穷理之"理"是"天理"，天理遍在于万物，理一而分殊，万物之理本质上都是天理的体现，因而总体上只有一个理。同时，程朱都认为性即是理，理又是本具于人心的，程颐认为人心中固有"理"，"'致知在格物'，非由外铄我也，我固有之也"④。朱熹也说豁然贯通之后，"吾心之全体大用无不明"，程朱的这种认识论观点类似于西方哲学中柏拉图的"回忆说"，认为人心中本来具有知识，后天的认识、思考、学习等只是将已经存在于人心中的知识重新唤起。也就是说，心之全

---

① （明）王廷相著，王孝鱼点校：《王廷相集》，第605页。
② （明）王廷相著，王孝鱼点校：《王廷相集》，第764页。
③ （明）王廷相著，王孝鱼点校：《王廷相集》，第848页。
④ （宋）程颢、程颐著，王孝鱼点校：《二程集》，第316页。

第四章　王廷相论人心

体本来已经"万理具足"，"然不穷理，则有所蔽，而无以尽乎此心之量"①，格物穷理即是将本心已具足的万理显现出来，这是一种先验论。同时，就"理"的实质内容说，是道德意识、道德观念和道德原则，程朱认为人心中本来具有道德观念，但因物欲的遮蔽而使之隐没，只有通过后天的格物工夫才能解蔽而使之呈露。所以，从根本上说，程朱的格物致知是一个认识论和修养论结合的命题。

相对于程朱之解蔽说，王廷相的认识论类似于西方哲学中洛克的"白板说"，人心中本没有知识，知识是外在的万事万物之理通过人的内在的认识能力而在人心中留下的映像。② 王廷相曾说："目可以施其明，何物不视乎！耳可以施其聪，何物不听乎！心体虚明广大，何所不能知而度之乎！"因而，王廷相极重视耳目见闻所获得的认识，认为"物理不见不闻，虽圣哲亦不能索而知之"，只有不断地接触事事物物，逐渐积累感性经验，才能有对于万物之理的确切知识。程朱虽然也说一物有一物之理，皆须体会、认识，但因为这个理是人心本就已有的道德性理，所以格物致知应从切近于身心处入手，程颐说："随事观理，而天下之理得矣。天下之理得，然后可以至于圣人。君子之学，将以反躬而已矣。反躬在致知，致知在格物。"③ 朱熹也说："格物，须是从切己处理会去。待自家者已定迭，然后渐渐推去，这便是能格物。"④ 这样，见闻之知就不是君子所当急务者，而应该以认识人心中本有的道德性理为首务。

其次，王廷相与程朱在对心的修养上的看法也是不同的。程朱主张以寡

---

① （宋）朱熹撰：《四书章句集注》，第349页。
② 在这个意义上，王廷相认为人的梦也是因外物的影响而有的，他说："梦，思也、缘也，咸心之迹也。梦较胜否，斯骄吝之心未灭已；梦较利，斯忮求之心未灭已。"（明）王廷相著，王孝鱼点校：《王廷相集》，第771页。"梦之说二：有感于魄识者，有感于思念者。何谓魄识之感？五脏百骸皆具知觉，故气清而畅则天游，肥滞而浊则身欲飞扬也复堕；心豁净则游广漠之野，心烦迫则局蹐冥窭；而迷蛇之扰我也以带系，雷之震于耳也以鼓入；饥则取，饱则与，热则火，寒则水。推此类也，五脏魄识之感著矣。何谓思念之感？道非至人，思扰莫能绝也，故首尾一事，在未寐之前则为思，既寐之后即为梦，是梦即思也，思即梦也。凡旧之所履，昼之所为，入梦则为缘习之感；凡未尝所见，未尝所闻，入梦则为因衍之感；谈怪变而鬼神罔象作，见台榭而天阙王宫至，歼蟾蜍也以踏茄之误，遇女子也以瘗骼之恩，反复变化，忽鱼忽人，寐觉两忘，梦中说梦。推此类也，人心思念之感著矣。夫梦中之事，即世中之事也，缘象比类，岂无偶合？要之漫涣无据，靡兆我者多矣。"（明）王廷相著，王孝鱼点校：《王廷相集》，第861—862页。
③ （宋）程颢、程颐著，王孝鱼点校：《二程集》，第316页。
④ （宋）黎靖德编，王星贤点校：《朱子语类》，第284页。

欲养心，是道德的路径；王廷相则主虚心，保持认识的客观性，了解事物的实际情况，以便于在具体事务的处理上取得成效。

程朱之格物致知是以心中本来就有的天理的呈现为目的，格物只是明此心之全体大用的助缘，所以，其格物致知所表达的并不是处于纯粹的认知理性指导下的认识论问题，而是在价值理性统率下的修养论与致知论的合一，其关键所在还是主体的心性修养。程朱非常强调即物穷理当中主体精神状态的存诚主敬对于致知的重要意义。程颐说："入道莫如敬，未有能致知而不在敬者。今人主心不定，视心如寇贼而不可制，不是事累心，乃是心累事。"[1]认为心体的专一、诚敬是致知的前提，只有主敬才能去格物穷理，否则心体驰骛就会因心而累事。朱熹一方面认为，欲应事先须穷理，而欲穷理又必须虚静其心，以使主体的认识活动保持客观性，才能够洞察事理之几微；另一方面也强调"静中有个觉处"[2]，这个静中之"觉"就是其所谓"常惺惺"，是静中心体的警醒、提撕，这还是继承了程颐的"敬"，但又强调敬通贯动静，要求处于认识活动中的心保持在主敬或专诚的理性支配的状态下，少受或不受外物和主体的情感、欲望等非理性心理因素的干扰，从而使心中有所得。

王廷相也强调认识活动中主体的主敬、专诚，强调心体的虚静，但更侧重于从认识的客观性和心之应事的实际出发来谈论心体的修养。他说：

> 儒者以虚静清冲养心，此固不可无者，若不于义理、德性、人事，著实处养之，亦徒然无益于学矣。故清心静坐不足以至道，言不以实养也。[3]

"以虚静清冲养心"就是保持心处在诚敬的理性状态下，排除情感、欲望的干扰。孟子说"养心莫善于寡欲"（《孟子·尽心下》），周敦颐也说"无欲故静"，认为："盖寡焉以至于无，无则诚立明通。诚立，贤也；明通，圣也。是圣贤非性生，必养心而至之。"[4] 强调寡欲是养心以成圣成贤的一种方法，

---

[1] （宋）程颢、程颐著，王孝鱼点校：《二程集》，第66页。
[2] （宋）黎靖德编，王星贤点校：《朱子语类》，第1503页。
[3] （明）王廷相著，王孝鱼点校：《王廷相集》，第833页。
[4] （宋）周敦颐著，陈克明点校：《周敦颐集》，第50页。

第四章　王廷相论人心

这都将寡欲和对心的修养联系了起来。程颐则直接说:"致知在所养,养知莫过于寡欲二字。"① 作为认知主体的心同时也是道德主体,之所以将寡欲与养心关联起来,是因为认识的目标是指向道德意识和道德实践的,其逻辑前提是致知论与修养论的合一。王廷相则不只是从虚静的意义上说心体的修养,他认为心的修养是全面的,既要从义理、德性上提高,更要靠人事之实历,而这后一个方面完全是从认知主体的角度来说心体的修养。从认知的角度看心体,此心就不是静坐独处时的纯粹内向的意识活动,而是以智思念虑回应外物体现主体之能动性的认知能力。就此而言,王廷相反对脱离了思的、不以应事接物为要旨的虚静。他说:

> 人心中不著一物,则虚明,则静定;有物,则逐于物而心扰矣。《大学》所谓人有所忿懥、恐惧、好乐、忧患,则不得其正是也。释氏之虚静亦是盗得此意思,但吾儒虚静其心,为应事作主,非释氏专为己身而然。②

王廷相认为先须虚静其心,心才能应事处物。这里所谓的"虚明""静定"是指不以先入之见影响对所要认识之事物的认识的心理状态,是指不以所已受害所将受,在一个具体的认识活动开始之前排除成见、欲望、情绪等因素,保持认识的客观性。在王廷相看来,心的虚静并不是从心体自身的涵养(道德修养)考虑,不是为虚静而虚静,而是为了应事的目的,是要求得心之应物(即认识物进而以理处事)之正、公的效果,不是如禅宗之纯内向的与外界绝缘的自我意识修炼。

显然,王廷相的致知论偏向于经验知识积累的一面,这与程朱合格物致知与主体的道德修养为一体而偏重于心体的道德修养一面不同。③ 归根到底,这是由于王廷相着重于从认识论的角度出发来理解心,亦即其所谓心是一个

---

① (宋)程颢、程颐著,王孝鱼点校:《二程集》,第365页。
② (明)王廷相著,王孝鱼点校:《王廷相集》,第888页。
③ 庞万里说:"二程要格的物是指包括自然、社会和精神界在内的一切现象。但其格物的主要目的是明人理,因此社会的伦理纲常关系是他们最重视的物。二程同样都主张道之大本应到君臣父子兄弟夫妇中去求得,因而程朱的格物致知理论仍被束缚在儒家内圣之学的心性道德涵养和践履的框架之中,未能进一步发展其合理性和科学性方面,也终于没能开出实证科学、科学的方法论和思维方式来。"见氏著《二程哲学体系》,第130页。

认识论上的自然器官，因此，他认为心之智思念虑活动以及喜怒哀乐等情感活动都是由外而起。王廷相说：

> 冲漠无朕，万象森然已具，此静而未感也，人心与造化之体皆然。使无外感，何有于动？故动者缘外而起者也。应在静也，机在外也。已应矣，静自如故，谓动以扰静则可，谓动生于静则不可，而况静生于动乎？①

心作为一种认识能力其原初状态是虚壹而静的，其动是因外物之"扰"，王廷相认为"人心与造化之体皆然"。显然，从动静上看，人心类同于元气，元气本身虽有造化之机，但其动则因感而有，心本身虽有认识的性能，但其动则是"缘外而起"。心可应万事，这是"静而未感"，人心之动是"感而遂通"，动全由外在之感决定，王廷相不认为动是人心自己在动，而认为动是由外以触内所引起的。

从王廷相对于心之修养的认识来看，他所讨论的主要是认识论的问题，是从知识的获得以及知识对于人的处事应物的影响方面看待心的，这显示出王廷相思想中较为鲜明的经验论倾向。从认识的获得和积累上说，必须首先承认认识主体与认识客体、内与外的区分，但王廷相同时也认为内外、主客之分只是获得知识的必要条件，思虑则在将感性经验转化为理性认识的过程中发挥着重要作用。他说：

> 耳目之闻见，善用之足以广其心，不善用之适以狭其心。其广与狭之分，相去不远焉，在究其理之有无而已矣。②

这里所谓心的"广""狭"是从认识能力的高低上说的。这种认识能力的高低在王廷相看来主要是通过主观认识能否深入事物的内部、达到对于事物规律性的把握为分隔标准，也就是说，认识不能停留在耳目闻见的层面，而是要达到理性认识的高度。所以，光有耳目闻见而不思，还是不能得到有

---

① （明）王廷相著，王孝鱼点校：《王廷相集》，第834页。
② （明）王廷相著，王孝鱼点校：《王廷相集》，第773页。

第四章 王廷相论人心

关事物的内在规律性的认识。王廷相说:

> 见闻梏其识者多矣,其大有三:怪诞梏中正之识,牵合附会梏至诚之识,笃守先哲梏自得之识。三识梏而圣人之道离矣。故君子之学,游心于造化之上,体究乎万物之实,求中正至诚之理而执之,闻也、见也、先哲也,参伍之而已矣。①

又说:

> 事物之实核于见,信传闻者惑;事理之精契于思,凭记问者粗。②

王廷相认为耳目见闻有其局限性,笃信先哲对主体自身认识能力的提升也有阻碍,因此,应发挥主体独立思考的能力。这样看来,经验观察与思维在认识中的作用就应是辩证的:一方面,知识的根源在于耳目闻见所获得的感性认识;另一方面,理性思维在综合归纳感性经验以获得真知中也有重要作用,缺少其中任何一方面都不可能有认识的产生,王廷相将此称为"内外相须之自然"。

王廷相认为,在经验知识积累的基础上运用理性思维的抽象分析才能获得真知,这也就是王廷相所谓的"心之官则思"的方面。另外,人在认识活动中对于认识对象总是有所选择,这种主观的选择与人本身是一种主观性的存在有关,这种主观性突出地表现在人的情感活动方面,从王廷相所理解的"心统性情"的意义上说,就是人的情感活动对其认识活动有影响作用。王廷相对此也进行了探讨,他说:

> 耳目虚,物无不入;魂魄之精有主,盖有不受之物矣。不受也者,逆于性者是已。③

---

① (明)王廷相著,王孝鱼点校:《王廷相集》,第770页。
② (明)王廷相著,王孝鱼点校:《王廷相集》,第771页。
③ (明)王廷相著,王孝鱼点校:《王廷相集》,第767页。

前面我们曾提到，王廷相认为"魂魄之精有主，盖有不受之物"，说明了认识活动的结果是经过了主体的主观取舍的，就是说，"魂魄之精"能够主宰耳目等感官的闻见活动，主动择取耳目闻见所获得的材料来进行理性思维的加工。王廷相同时又认为，这种主动的择取与主体的内心情感活动有很大的关系，他说"不受也者，逆于性者是已"，从其所坚持的心、性、情一贯的观点看，此所谓"逆于性者"之"性"是指情，就是说主体之所以对认识对象有所择取而有"不受之物"，是因为认识对象与认识主体自身在情感上没有产生共鸣。这种情感上的共鸣不同于经过理性思考而对认识对象进行的选择活动，它是人的一种直觉，是与人的天性紧密联系的直观感受，它在认识活动中对于认识结果的影响虽不像理性思考那样表现明显，① 但却是存在的。王廷相说：

先内以操外，此谓之动心，动心不可有；由外以触内，此谓之应心，应心不可无。非不可无，不能无也。鉴之明，不索照也，来者应之矣；能应矣，未尝留迹焉。《易》曰"无思也，无为也"，动心何有乎？"感而遂通天下之故"，固应心之不能无也。喜怒者，由外触者也。过于喜则荡，过于怒则激，心气之失其平，非善养者也。惟圣人虚心以应物，而淡然平中焉。故万事万物，以理顺应，而无定情，于迹也何有？是故虚则公，公则不为己有，不为己有则不见其迹。②

他又说：

喜怒哀乐其理在物，所以喜怒哀乐其情在我，合内外而一之道也。在物者感我之机，在我者应物之实。不可执以为物，亦不可执以为我，故内外合而言之，方为道真。③

---

① 理性的思考对于认识对象的选择和认识结果的影响，是以认识主体既成的文化意识积淀及由之所形成的思维范式为前提的，这较之认识主体内在的、隐微的情感心理活动对认识对象所发挥的选择作用表现得更明显。我们可以通过考察特定主体所接受的教育、成长环境来确定他（她）何以会有这样的或那样的认识对象选择和结论，但就某一特定的认识活动而言，他（她）的主观情感活动对认识对象的选择以至最终结论形成的影响则很难追溯。

② （明）王廷相著，王孝鱼点校：《王廷相集》，第839页。

③ （明）王廷相著，王孝鱼点校：《王廷相集》，第854页。

第四章　王廷相论人心

王廷相一方面说喜怒是"由外触内者",一方面又说"所以喜怒哀乐其情在我",这是"应物之实",这两种说法看似矛盾,但其实是从不同的层次来说"喜怒"之情的。作为"应物之实"的喜怒之情是就人的天性(情)说,是指心原本具有的一种性能,这类似于荀子所谓"好恶喜怒哀乐藏焉,夫是之谓天情"(《荀子·天论》);作为"由外触内者"的喜怒之情则是主体在与外物接触之后,因感受到外物之现象存在而在主体的心理上引发的一种情绪反应。[①] 王廷相认为,若还未与事物发生接触时,主观上就预先有一种喜怒之情,这是认识活动中的"动心";因接触外物而在主观上有心理反应,这是"应心"。"应心"之于主体来说不仅是必要的,而且也是必然的,因为这是人与生俱来的自然性存在,但"动心"是"先内以操外",是在认识主体接触外物之前已经预先有了活动,这就影响了主体对于事物认识的客观性和准确性,所以动心不可有。王廷相认为,引起喜怒哀乐的理,亦即是事物本身的现象存在,是外在的,是"感我之机";"所以喜怒哀乐"者则是主体本有的一种反映能力,是主体内在的"应物之实",既不能以为主体虚明灵妙的"应物之实"本身就是物,也不能将引发主体喜怒之情的外在的现象当成是主体的情感活动所形成的东西。王廷相说"内外合而言之,方为道真",这是主张在注意区分内在的反映能力与外在的现象基础上,将二者结合起来,这才是认识活动所应遵循的原则。

人的情感对认识的展开和形成有很大的影响作用,但认识反过来也会左右情感的表现。王廷相认为主观情感影响到认识对象的选择,但已经形成的认识对人的情感也有强化或减弱的作用。王廷相说:

> 内有所乐,然后可以托于物而乐之。彼人也,方且忧愁而戚促,将视海为穷荒魑魅之所而不堪矣,夫焉得取而乐之?是故钟鼓管籥之音一也,乐者闻之则畅其和,忧者闻之则益其悲。由是而观,则予之乐于海者,谓以海之故哉![②]

[①] "反应"与"反映"不同,"反映"一词侧重于认识活动中主体以既成的思维范式去归纳、总结所获得的感性材料,"反应"一词侧重于主体对于客观对象的直观感受或情绪体验。就王廷相这里所论,喜怒哀乐等情感应是没有事先准备的随物、随事而发,所以可用"反应"一词来表称。

[②] (明)王廷相著,王孝鱼点校:《王廷相集》,第414页。

为了弄清王廷相对于情感与认识关系的看法，这里我们稍稍偏离正在讨论的问题，说几句多余的话。

上面这一段文字是王廷相在正德九年（1514）以监察御史而被贬谪赣榆县丞后，为自己的诗文集《近海集》所作的序中的一段。从他当时所作的《梦讯帝赋》可以看出，王廷相当时的心情是比较苦闷的，其中写道：

> 彼谕嫚而浊媃兮，善淫朋而作俑；世不以为戮兮，反被华而服宠。术巧佞以糜蘖兮，教典刑于何有？既糅乎帝之纪兮，又加余以谗口。岁五改而再斥兮，余巅越其焉极？虽蹈海之不悔兮，余何忘情于鬼蜮？①

从这些语句中我们可以感受到王廷相当时对宦官专权的现实非常愤慨，对自己的遭遇则极不甘心，却又无奈。赣榆离海较近，县厅为农民起义军所毁，官吏"露幕视事久矣"，王廷相对此不以为意，施行轻徭薄赋政策，并重修县厅。从内心说，王廷相对自己时隔五年之后再次被贬的事实是比较沮丧的，但他却以赣榆之地的自然景观和丰富物产为"使我忘夫弃斥之琐尾，而乐于尘垢之外者"②，并不因身处贬谪之地而有失望、悲伤的情绪。事实上，与其说所乐者是赣榆之地，不如说是作为一个儒者业已在内心建立的价值体系提升了主体的情感体验，这种关系其实就是王廷相所说的"内有所乐，然后可以托于物而乐之"。

人的情感与认识是相互影响的，情感更多是人的一种自然能力，也就是王廷相所说的"应物之实"，情感的发生在很大程度上取决于主体对于引发情感之客体的认识。王廷相两遭贬谪，又身处荒僻之地，而心有所乐，是由于其业已形成的儒家价值观在其情感上有所共鸣。对此，王廷相在其《梦讯帝赋》中也有说明：

> 尼父相鲁而见沮兮，不脱冕而去之。尧挥逊以天下兮，许由遁迹而固辞。七十子惟回之贤兮，箪瓢何物而乐贫？轲不遇于齐梁兮，鲁何怨于天人？盍圣徒以为师兮，黜浮子之鄙陋。心与迹之相忘兮，抱至和而独守。③

---

① （明）王廷相著，王孝鱼点校：《王廷相集》，第50页。
② （明）王廷相著，王孝鱼点校：《王廷相集》，第414页。
③ （明）王廷相著，王孝鱼点校：《王廷相集》，第51页。

显然，对于儒家的知其不可而为之，以及穷达皆付之于天而始终兢兢于自身修养的固有价值观的认同是王廷相能够有所乐的深层认识论原因。当然，主体的情感也会反过来影响认识，对于特定对象的主观情感会左右人的认识结果的形成，"方且忧愁而戚促，将视海为穷荒魑魅之所而不堪矣，夫焉得取而乐之"，原本就有的"忧愁""戚促"情绪进一步加深了主体对这荒僻之所的凄凉感。王廷相又以对于同一种乐音的不同感受来说明这种关系。

这里，王廷相事实上已经认识到，任何道德品质的形成都包含有认识和情感的因素，只有认识而没有情感或只有情感而没有认识，都不能构成某种真正的道德品质。孔子说"唯仁者能好人，能恶人"，这意思就是只有具有仁德的人才能有爱人、恶人的真实情感，而不是从个人的主观情感出发的，但是这种仁德又是在理性认识的基础上形成的，是仁且智、仁智合一的一种情感。

总体来看，王廷相对"思与见闻之会"命题的讨论是结合着他对心的看法而进行的，从"心之官则思"的方面看，王廷相要求经验认识的积累和理性思维的扩展、加工；从心统性情的方面看，王廷相认为认识与主体的情感活动是相互影响的；从道德修养的角度说，王廷相主张一种道德情感与道德认识相互促进的方法。

二 王廷相对德性之知与良知说的批评

王廷相提出"思与见闻之会"的命题，认为人的知识都是通过经验见闻的积累加以"思"的加工得来的，这就是说人的知识不是内在固有的，而是得之于外的。王廷相常常用"幽闭之孩提"的例子来说明这一点。这个例子在明代确有所指，明太祖之孙即建文帝，其少子文圭，在成祖攻入南京时方二岁，后被关在明中都凤阳，五十多年后方被明英宗放出。[①] 孟子曾说及人生而即有孝亲敬长的"良知良能"，宋明理学家多沿用其说来论证人的道德意识、道德情感是固有的、非自外来的，而王廷相则常举"幽闭之孩提"为例，一则说：

---

① 《明史》卷一一八中载：少子文圭。年二岁，成祖入，幽之中都广安宫，号为建庶人。英宗复辟，怜庶人无罪久系，欲释之，左右或以为不可。帝曰："有天命者，任自为之。"大学士李贤赞曰："此尧、舜之心也。"遂请于太后，命内臣牛玉往出之。听居凤阳，婚娶出入使自便。与闻者二十人，婢妾十余人，给使令。文圭孩提被幽，至是年五十七矣。未几卒。（第3615页）

> 使婴儿孩提之时，即闭之幽室，不接物焉，长而出之，则日用之物不能辨矣，而况天地之高远，鬼神之幽冥，天下古今事变，杳无端倪，可得而知之乎？①

再则说：

> 夫心固虚灵，而应者必藉视听聪明，会于人事，而后灵能长焉。赤子生而幽闭之，不接习于人间，壮而出之，不辨牛马矣，而况君臣、父子、夫妇、长幼、朋友之节度乎？而况万事万物，几微变化，不可以常理执乎？彼徒虚静其心者，何以异此？②

王廷相都是要说明，人并不是生来就有所谓的知识，知识都是人在后天社会生活的基础上学习积累而成的。关于"良知""良能"，孟子的原话是："人之所不学而能者，其良能也；所不虑而知者，其良知也。孩提之童，无不知爱其亲者；及其长也，无不知敬其兄也。"（《孟子·尽心上》）朱熹对此注解曰："良者，本然之善也。程子曰：'良知良能，皆无所由；乃出于天，不系于人。'""爱亲敬长，所谓良知良能者也。"③ 这是认为人本来就有"爱亲敬长"的知识和从事"爱亲敬长"的能力，实际上是主张一种先验的道德论，认为人先天就具有道德理性。王阳明将《大学》的"致知"与孟子的"良知""良能"说结合起来，提出"致良知"说。王阳明说："心自然会知，见父自然知孝，见兄自然知弟，见孺子入井自然知恻隐，此便是良知，不假外求。"④ 又说："致者，至也，如云丧致乎哀之致。《易》言'知至至之'，知至者知也，至之者致也。致知云者，非若后儒所谓充广其知识之谓也，致吾心之良知焉耳。"⑤ 这是认为心之本体就是良知，所谓致知并不是人的知识的增加，而是推极本心之良知，在体认到本心之良知的基础上将其推扩出去，以达天地万物为一体的境界。

---

① （明）王廷相著，王孝鱼点校：《王廷相集》，第836页。
② （明）王廷相著，王孝鱼点校：《王廷相集》，第604页。
③ （宋）朱熹撰：《四书章句集注》，第353页。
④ （明）王阳明撰，吴光、钱明、董平、姚延福编校：《王阳明全集》，第6页。
⑤ （明）王阳明撰，吴光、钱明、董平、姚延福编校：《王阳明全集》，第971页。

第四章 王廷相论人心

王廷相所举的"幽闭之孩提"这个实例是直接针对孟子所说、后为宋明理学家经常提及的"良知""良能"而发。在王廷相看来，人的知识都是后天经验积累的结果，人心中并没有先天的良知、良能。他说：

> 婴儿在胞中自能饮食，出胞时便能视听，此天性之知，神化之不容已者。自余因习而知，因悟而知，因过而知，因疑而知，皆人道之知也。父母兄弟之亲，亦积习稔熟然耳。何以故？使父母生之，孩提而乞诸他人养之，长而惟知所养者为亲耳。途而遇诸父母，视之则常人焉耳，可以侮，可以詈也，此可谓天性之知乎？由父子之亲观之，则诸凡万物万事之知，皆因习因悟因过因疑而然，人也，非天也。近世儒者务为好高之论，别出德性之知，以为知之至，而浅博学、审问、慎思、明辨之知为不足，而不知圣人虽生知，惟性善近道二者而已，其因习因悟因过因疑之知，与人大同，况礼乐名物，古今事变，亦必待学而后知哉！①

王廷相提出，人的知识有"天性之知"和"人道之知"："人道之知"是指人在后天社会生活中因"习""悟""过""疑"而积累的经验知识；"天性之知"就字面上看似乎指人天生就有的知识，但是从王廷相所说"天性之知"的具体内容——"婴儿在胞中自能饮食，出胞时便能视听"来看，实际上是指人所具有的先天的本能、感知外界的能力，照王廷相的话说就是生而即有的灵能之性。王廷相认为人的认识能力是天生就有的，但这种"灵能之性"也要"借视听聪明，会于人事"，而后才能有所提升。②

良知说的实质是主张一种道德的先验论，从孟子到程朱再到王阳明，他们都认为人天生就知道"爱亲敬长"，具有善性，天生就有"爱亲敬长"的能力。但是，王廷相则提出，人在孩提时若让别人代为抚养，长大后只会与

---

① （明）王廷相著，王孝鱼点校：《王廷相集》，第836—837页。
② 荀子认为认识器官是自然形成的，这与王廷相是相同的，但荀子认为人的感觉、思维器官的发展也是自然的。冯友兰曾说："在荀况划分'天'和'人'的界限的时候，他认为人的感觉器官（'天官'）和思维器官都是自然界的产物，在一定意义下，这是对的。但是他认为，这些器官的发展也纯粹是自然方面的事情，完全是属于'天'的一方面，这就不对了。人类的进步主要是依靠生产劳动。在这种社会实践中，人不断地发展他的各种感觉器官，所以感觉器官的发展，是和社会实践分不开的。"见氏著《中国哲学史新编》（上），第698页。显然，王廷相认为心之灵能亦即认识能力的增长是要通过视听聪明的主观条件和人事实历的结合来达成，这是其高出于荀子的地方。

抚养人产生亲情,若他(她)没有见过或根本就不认识自己的亲生父母,则他(她)和亲生父母完全就是一种陌生人的关系,这样怎么会有"爱亲敬长"的知识和行为呢?所以,"父母兄弟之亲,亦积习稔熟然耳",亲情关系以及人对于亲情关系的认识和践行也是长期习练的结果。

　　王廷相这里所论涉及道德的起源问题。从王廷相"思与见闻之会"的说法看,一切知识包括道德知识都来自经验积累,这种说法事实上是认为道德知识也是通过学习获得的,这近似于古希腊苏格拉底"知识即美德"的说法。按照苏格拉底的看法,人都是由其理性作主宰的存在物。情感包括道德情感对人的行为当然有作用,但是情感不仅是可对可错的,而且它本身并不具有关于对错真假的判断能力,因而就无法正确支配情感本身,不能保证一个具体行为的善和美德。情感能力的这种不足,只有靠理性才能解决。唯有追求善和真的理性具有判断和选择对错真假的能力,它能分析和检查人的一切思想、情感和行为,用确切的知识来纠正种种错误和偏差,使人得到正确的思想和情感,从而支配人的行为,使之正确和合乎美德。苏格拉底"知识即美德"的说法基于人是理性存在的本体论说明,王廷相以为"智且才"是人性的本质内容,这与苏格拉底的看法有相近处,因而,在道德的来源上比较重视理性认识的作用,认为人必得先知道什么是道德,然后才会有道德的行为,人性中的善也是通过教化形成的。王廷相没有直接说德性也要通过学习而形成,但他强调见闻和习练在人的知识增长中的决定性作用,这事实上是主张了道德是后天形成的观点。当然,王廷相并没有刻意区分德性之知与见闻之知,他事实上是把凡属于知的问题都与经验见闻联系了起来,所以,他在谈到知时都是指认识论问题。

　　宋明理学家说到知时一般都不是单纯地讲认识论问题。儒家经典《大学》中有格物致知之说,朱熹作"格物补传"虽然说要"即物而穷其理",说"天下之物莫不有理",表现出一种客观认知的倾向,但这是为了达到"吾心之全体大用无不明"的结果,也就是提升人的精神境界,认识是为德性修养服务的。当王阳明将《大学》的致知与孟子的良知良能说结合起来时,朱熹的致知论中所具有的客观认知精神就完全为"致良知"的内向的德性修养所吞没,从而表现出一种贬斥见闻之知的倾向。

　　德性之知的说法最早为张载所提出,他说:"闻见之知,乃物交而知,非德性所知。德性所知，不萌于见闻。"① 又说："诚明所知，乃天德良知，非闻见小知而已。"② 这里"德性所知"就是德性之知，张载虽然承认有内外之合而有的见闻之知，但又强调这只是"小知"，而天德良知则是"知合内外于耳目之外"的"过人之知"，是"不萌于见闻"的。程颐区分了"德性之知"与"闻见之知"，认为："闻见之知非德性之知，物交物则知之，非内也。今之所谓博物多能者是也。德性之知不假于见闻。"③ 见闻之知和德性之知是两种不同来源不同性质的知识，见闻之知是通过感官对外物的感觉而获得的，德性之知则是不需要通过感觉的、人先天固有的理性知识。程颐这里所说类似于认识论上的感性认识和理性认识，但他没有看到这两种认识的联系，而是将二者割裂开来。将张、程的看法与王廷相"思与见闻之会"的命题对比，我们会发现，王廷相以"思与见闻之会"把理性认识和感性经验联系起来，既注重见闻经验对于获得知识的重要意义，又能看到经验知识的局限性，在理论的深度上是超过了张、程二人的。

但是，正如我们前面所指出的，宋明理学家不是孤立地谈知，他们总是结合着主体的德性提升来探讨知的问题。准确地说，知与良知是不同的，但宋明理学家往往并不在这两个概念间进行精细的区分，而是在事实上将见闻之知融进了德性之知，并表现出一种轻视、贬低见闻之知的倾向，这种理论倾向在王阳明那里发展到了极致。王阳明说：

> 良知不由见闻而有，而见闻莫非良知之用。故良知不滞于见闻，而亦不离于见闻。……若主意头脑专以致良知为事，则凡多闻多见，莫非致良知之功。④

王阳明以人人皆有的良知为道德判断的准则，见闻则是实现良知的工具，耳目闻见的作用或存在价值只有在致良知的过程中才能体现出来。见闻的意义就在于将良知呈现出来，见闻是附属于良知的，只具有工具性的价值而并没有独立存在的理由。基于这样的一种认识，王阳明将良知视为人的言行动

---

① （宋）张载著，章锡琛点校：《张载集》，第24页。
② （宋）张载著，章锡琛点校：《张载集》，第20页。
③ （宋）程颢、程颐著，王孝鱼点校：《二程集》，第317页。
④ （明）王阳明撰，吴光、钱明、董平、姚延福编校：《王阳明全集》，第71页。

止的根本准则，凡事只须凭良知做去，而朱熹非常讲求的读书、穷理等环节则被他视为无源之水，对于德性的提升不会有丝毫的帮助。《传习录》中载：

> 爱曰："伊川亦云'传是案，经是断'。如书弑某君、伐某国，若不明其事，恐亦难断。"先生曰："伊川此言，恐亦是相沿世儒之说，未得圣人作经之意。如书'弑君'，即弑君便是罪，何必更问其弑君之详？征伐当自天子出，书'伐国'，即伐国便是罪，何必更问其伐国之详？圣人述《六经》，只是要正人心，只是要存天理、去人欲。于存天理、去人欲之事，则尝言之。或因人请问，各随分量而说，亦不肯多道，恐人专求之言语，故曰'予欲无言'。若是一切纵人欲、灭天理的事，又安肯详以示人？是长乱导奸也。"①

在王阳明看来，只要能够体认得良知，念念以正心为本，圣人作经之意便不须看书、不须讲明经书中的事理就可自己体认出来。这种对于自己本心之德性完满具足的自信，以及由此而对读书究理的轻视可谓是心学家的共性。明代另一位心学家陈献章也说：

> 学者苟不但求之书而求诸吾心，察于动静有无之机，致养其在我者，而勿以闻见乱之，去耳目支离之用，全虚圆不测之神，一开卷尽得之矣。非得之书也，得自我者也。盖以我而观书，随处得益；以书博我，则释卷而茫然。②
>
> 夫学有由积累而至者，有不由积累而至者；有可以言传者，有不可以言传者。夫道至无而动，至近而神，故藏而后发，形而斯存。大抵由积累而至者，可以言传也；不由积累而至者，不可以言传也，……义理之融液，未易言也；操存之洒落，未易言也。夫动，已形者也，形斯实矣。其未形者，虚而已。虚其本也，致虚之所以立本也。戒慎恐惧，所以闲之而非以为害也。然而世之学者不得其说，而以用心失之者多矣。斯理也，宋儒言之备矣。吾尝恶其太严也，使著于见闻者不睹其真，而

---

① （明）王阳明撰，吴光、钱明、董平、姚延福编校：《王阳明全集》，第8—9页。
② （明）陈献章著，孙通海点校：《陈献章集》，第20页。

第四章 王廷相论人心

徒与我哓哓也。①

陈献章认为读书、见闻等活动不仅不能对精神境界的提升有帮助，反而可能扰乱自身心灵的自得、和乐。陈献章将学分为由积累而至、可以言传者和不由积累而至、不可言传者两种，朱熹格物致知、即物穷理之学是由积累而至的、可以言传的，自己"以自然为宗"的静悟自得之学则是"未易言"的只能靠自身体悟的。

王阳明的良知和陈献章的自然和乐都不是知识积累所达到的，并且二人都不主张从读书或者外在的言行上求取圣人的微言大义，这表现出一种神秘主义的倾向。王廷相则认为，离开外在的言语、行为是不能了解圣人之道的内涵的，圣人之道就是通过圣人的动作行事体现出来的。他说：

> 四时行，百物生，可以观天；动作行事，可以观圣人。内蕴不可知，而发外者可以概睹。天除却四时行，百物生，圣人除却动作行事，则其道隐矣，将何以为知天知圣之具？儒者好高，乃谓以动作言语求圣人为末，过矣。孔子欲无言，以门人因言求道，恐堕于言语之学而不践诸实行也，故曰"天何言哉"，观天之运行生育则知天矣。其意以为门人何事求诸予言，观予之行事，则道在是矣。今乃以圣人言语并其动作而为末焉，其亦不思甚矣。推此意也，真欲枯禅白坐以见性乎？②

王廷相认为，由四时之运行和万物之生生繁衍的现象可以了解天道，由圣人的动作行事可以了解圣人之道，而圣人之道的真意只能通过圣人的动作言语来了解。孔子说"天何言哉"，其真意就是要弟子通过观察天之运行来理解天道，这同时也是要告诉他们不要执持于言语讲论，而要实地用功，以自己的切实践履求道。

王廷相对于孔子"天何言哉"的解释表现出他的思想比较重视实习、实历，注重从外在的事功方面理解和把握儒家学说的意旨，在他看来，对圣人之道的认识必须要通过观察圣人的行事，离开圣人之事功，无从知道，而好

---

① （明）陈献章著，孙通海点校：《陈献章集》，第131页。
② （明）王廷相著，王孝鱼点校：《王廷相集》，第834—835页。

高之儒却离事功而直求圣人之心，以本心为本，以事功为末，意欲以静坐澄心的方法来求取圣人之道。与离事而求心、轻读书而重体悟自得的学术路径不同，王廷相注重为学求道的经世致用方面，因而要求从圣人的政治事功和道德实践的经验中总结领会圣人在其中所蕴藏的微言大义，而不是脱离圣人的言语和事功，凭空揣摩圣人之意。这里，王廷相对于好高之儒的批评也表明了他对于学与思、博与约的看法。他说：

> 事物之实核于见，信传闻者惑；事理之精契于思，凭记问者粗；事机之妙得于行，徒讲说者浅。孔门之学，多闻有择，多见而识也；思不废学，学不废思也；文犹乎人，而歉躬行之未得也。后之儒者，任耳而弃目，任载籍而弃心灵，任讲说而略行事，无怪乎驳杂日长而蔽其途矣。①

> "君子学以聚之"，博极其实也；"问以辩之"，求约于中也；"宽以居之"，广大自守也；"仁以行之"，公恕应物也。②

> 孔子曰："博学于文，约之以礼。"孟子曰："博学而详说之，将以反说约也。"盖博粗而约精，博无定而约执其要，博有过不及而约适中也。此为学为道，千古心法。世儒教人曰："在约而不在博。"嗟乎！博恶乎杂者斯可矣，博而正，何害约？不自博而出，则单寡而不能以折中，执一而不能于时措，其不远于圣者几希！③

从王廷相的这些说法中可以看出，他非常注重学习积累，注重通过经验观察、实际事务的历练来了解社会生活的实际并提升人的应事处物的能力和主体的精神境界，这种重视实际事务的操作、重实历的学风与王廷相对心的认识分不开。在王廷相而言，心是一个认识器官，是一个虚的能够容受知识并且能够总结积累经验材料的认识主体，而不是一个德性本体，人的知识以及对圣人之道的理解都是通过学习积累和经验观察得来的。因而，王廷相反对儒者中存在的静坐澄心和空谈讲论的学风，批评良知说和德性之知说，认

---

① （明）王廷相著，王孝鱼点校：《王廷相集》，第771页。
② （明）王廷相著，王孝鱼点校：《王廷相集》，第838页。
③ （明）王廷相著，王孝鱼点校：《王廷相集》，第837页。

第四章　王廷相论人心

为人的道德知识也要通过学习得来。

在博与约的关系方面，王廷相既讲泛观博览以求了解人事之实际，也讲"求约于中"，在学问思辨中执定事理之要旨。但根本上说，王廷相认为"学博而后可约，事历而后知要"①，主张通过不断的学习积累认清事物的本质，在实际事务的历练中把握其中的要领。王廷相对于博与约的说法实际上也表明了他对于德性与知识的立场，他认为知识不仅是德性的根源，而且德性也要靠知识来加以确证，王廷相说"内蕴不可知，而发外者可以概睹"，这里就蕴含内在德性的成就需要通过外在的事为来验证，并且要通过知识理性来加以确证的意义。

王廷相这种看法与王阳明完全不同。王阳明认为德性是统领人的一切活动的主脑，就人的认识活动来说，德性不仅推动着认识活动的展开，② 甚至德性本身就是知识。按照王阳明的说法，"知善知恶是良知，为善去恶是格物"，"良知只是个是非之心，是非只是个好恶，只好恶就尽了是非，只是非就尽了万事万变"，③ 良知就是"是非之心"，是判断意念之善恶的一种能力，只能是在善恶之价值判断的意义上成立，不是"充扩"其知识，而是与经验性的认识活动及认识活动中规律性的总结归纳完全无关的。所以王阳明直接以见闻为"知之次"，认为：

> 夫子尝曰"盖有不知而作之者，我无是也"，是犹孟子"是非之心，人皆有之"之义也。此言正所以明德性之良知，非由于闻见耳。若曰"多闻，择其善者而从之，多见而识之"，则是专求诸见闻之末，而已落在第二义矣，故曰"知之次也"。夫以见闻之知为次，则所谓知之上者果安所指乎？是可以窥圣门致知用力之地矣。④

---

① （明）王廷相著，王孝鱼点校：《王廷相集》，第772页。
② 王阳明说："此心若无人欲，纯是天理，是个诚于孝亲的心，冬时自然思量父母的寒，便自要去求个温的道理；夏时自然思量父母的热，便自要去求个凊的道理。这都是那诚孝的心发出来的条件。却是须有这诚孝的心，然后有这条件发出来。"（《传习录》上）这是说，若有道德意志的推动，主体自然会有求知的意向。张学智认为："道德修养可以带动知识探求。道德修养好了，知识便自然在其中了。即使知识在某些方面、某些情境下有欠缺和匮乏，道德心也会驱迫主体自动地去掌握必要的知识。"见氏著《明代哲学史》，第84页。
③ （明）王阳明撰，吴光、钱明、董平、姚延福编校：《王阳明全集》，第111页。
④ （明）王阳明撰，吴光、钱明、董平、姚延福编校：《王阳明全集》，第51页。

良知不由见闻而有，在知的层次上，见闻落在第二义，是隶属于良知的，按照王阳明的说法，有了良知，主体自然会去求取见闻之知。

王阳明从德性与实践统一的方面说明了主体的任何现实的道德实践都是在道德理性的指导下所进行的行为，要求从实践主体的意向上、意念之发动上纯化主体的道德意志，因而说"行之明觉精察处即是知，知之真切笃实处即是行"。王阳明的这种说法在强化道德行为的主体自觉性方面，以及道德意志对于道德行为的确证方面都是有所见的，但是，只是讲求道德意志之方向，而不讲求具体事理之了解，只是说冬、夏时自然思量父母的寒温，便自然会去求取温清之道理，而不探究温清之具体节目，这就未免将孝亲以至其他的伦理行为化约为主体的意念，而忽视了在道德意念的基础上其实还有进一步的求取道德行为之适宜、事理之正确的行为需要实践主体来完成，这在事实上是把道德行为的裁判权归属于个体，但忽视了对于具体道德节目的讲求，以及道德行为之选择的客观性标准问题。有学者指出："良知论者在道德实践问题偏重行为动机的纯善之余，动辄忽视道德判断与行为抉择的客观性规准问题。……阳明虽注意到'事上磨练'的必要，却未曾了解所谓'见闻之知'（这里专指为了获致正确的道德判断与行为抉择所必需的一切有关的事实资料的知识，包括搜集、调查、分析、判定等等手续）其实也构成了道德知识（是非对错）的一大要素。"[1] 这就是说，道德意志诚然可发动人对于道德知识的探究，但最终人是否能获得此种知识，人所获得的知识是否正确，特别是人的道德行为的客观判断问题也是需要在属意于道德意志的同时加以重视。王廷相曾说：

> 世儒曰："静而寂然，惟是一理，感而遂通，乃散为万事"，误矣。寂然不动之时，万理皆会于心，此谓之一心则可，谓之一理则不可；一理安可以应万事？盖万事有万事之理，静皆具于一心，动而有感，乃随事顺理而应，故曰"左右逢原"者此也。感之不同，应之不同，可推矣。[2]

---

[1] 傅伟勋：《从西方哲学到禅佛教》，生活·读书·新知三联书店1989年版，第271—272页。
[2] （明）王廷相著，王孝鱼点校：《王廷相集》，第889页。

第四章 王廷相论人心

王廷相说气一则理一，气万则理万，这是从本体论上说物有万殊，所以理亦有万殊。万事有万事之理，事变无穷，所以，应事不可以固守一理。王廷相的这种说法可以从知识论的意义上理解为针对不同的对象应采取不同的方法、原则来区别对待，但同时也蕴含着这样的意思，即只是固守良知本心无法应对万事万变，特别是具体的伦理处境中，实践主体所面对的应对其承担道德责任的对象不同，道德实践的内容也就不同，而且在践履道德义务时还应针对具体的对象讲求道德行为的适宜。王廷相"一理安可以应万事？盖万事有万事之理""感之不同，应之不同"的说法，要求通过学习积累增进对外界对象的了解，提高处理实际事务的能力，这当中也蕴含着应当通过见闻之知掌握德性原则以及具体的伦理规范，以便在具体的伦理处境中能够使自己的道德实践"随事顺理而应"，也就是使自己的道德实践与具体的伦理对象相适应并且能够合乎具体的伦理规范。

从道德实践的意义上说，王廷相所谓"万事有万事之理"的理论价值是值得重视的，他不仅指出了人所面对的伦理环境是多样的、复杂的，因而只是从纯化道德意志方面入手就未免显得单薄，用王廷相的话说就是"不自博而出，则单寡而不能以折中，执一而不能于时措"。同时王廷相这一说法也涉及了伦理实践的客观性标准问题。有学者曾指出：

> 良知论者如此偏重德性之知（良知）为本，而以见闻之知为末，在现代社会是有问题的。也许良知论者还不需要那么多的见闻之知，用来处理日常家事，如"温清之节，奉养之宜"，但他如果处在日日多元复杂化的现代世界，又如何以纯致良知的传统简易工夫去应付个人道德（微小规模的伦理道德）以外的政治社会道德（巨大规模的伦理道德）问题呢？再者，如果两个良知论者对于某一处境所采取的道德判断与行为抉择不尽相同，甚至完全相反，他们难道只靠彼此良知的比较来决定孰是孰非吗？[①]

王廷相说"内蕴不可知，而发外者可以概睹"，此论蕴含着内在德性的成就需要通过外在的事为来验证，并且要通过知识理性来加以确证的意义，这

---

① 傅伟勋：《从西方哲学到禅佛教》，第272页。

其实已经涉及如何确定道德实践、道德修养的"客观性归准"① 的问题，也就是如何判定处于一个具体的伦理环境中的道德行为的意义和价值，而王廷相"万事有万事之理"的说法，其意义也已经超出了个人道德的范围而将思想的触角伸展到社会政治道德的领域。

从王廷相对于德性之知和良知说的批评我们可以了解，王廷相是从认识论意义上的心智能力出发来理解心这个概念，并以此来批评德性之知和良知说的。在他看来，人的一切知识都从经验见闻中来，道德知识不仅也是源于见闻、"积习稔熟"的结果，而且一个具体的伦理实践是否正当、适宜也需要认知理性来为其提供评判标准并加以确证，而不能专任个体性的良知本心来为主体的伦理实践进行证明。如果说王阳明是以道德理性带动知识理性，那么王廷相就是以知识理性带动道德理性，王廷相从认识论的意义上来理解心体，并不认为人心中本来就具有天赋的道德属性和道德实践的能力，在德性与知识的关系上要求知识为德性做出保障，这表现出道德观上的理智主义特点。

第三节 心性关系

一 心统性情

"心统性情"这一概念来自张载，张载曾说："心统性情者也。有形则有体，有性则有情。发于性则见于情，发于情则见于色，以类而应也。"② 张载虽然提出了"心统性情"的概念，但没有深入展开说明，这也就给了后人极大的诠释空间。③ 但可以肯定的是，这一概念反映了张载对于心、性、情关系

---

① 借用傅伟勋语，所谓"客观性"即"人与人间的相互主体性"，不是科学意义的纯经验性；"归准"则指可望共同接受的（超越个人主观的）道理。见傅伟勋《从西方哲学到禅佛教》，第271页。
② （宋）张载著，章锡琛点校：《张载集》，第374页。
③ 林乐昌认为"心统性情"说是张载哲学系统中的修养工夫论，而非本体论。"心统性情"说与张载重视修养工夫的积累，并将此过程划分为不同阶段的思考是有密切关联的。因此，"心统性情说是张载前期对为学初级工夫形态的思考尚不成熟的产物，此说的缺陷是对心所统之性的表述尚嫌模糊，易生误解，因而并未成为张载终生坚持不变的学说。张载在其思想步入成熟期后，逐渐以变化气质、知礼成性等修养方法取代了早期的心统性情"。见林乐昌《张载"心统性情"说的基本意涵和历史定位》，《哲学研究》2003年第12期。

的理解。对于心、性的关系,张载有一个说法:"合虚与气,有性之名。合性与知觉,有心之名。"① 性是太虚气化之规律、理则,心是知觉之主体,其中又有性,② 此处内含于心的性是指天地之性与气质之性,也就是说,"'心'的属性统含了天地之性、气质之性与知觉,……形具而有'性与知觉',则'性'感物而发为情感"③。人之所以有"心"的精神活动,是由于人的天性使然。张载从天道神化的本原论层次探讨"心"之来源,他说:

> 天之明莫大于日,故有目接之,不知其几万里之高也;天之声莫大于雷霆,故有耳属之,莫知其几万里之远也;天之不御莫大于太虚,故必知廓之,莫究其极也。人病其以耳目见闻累其心而不务尽其心,故思尽其心者,必知心所从来而后能。④

针对佛教以心为本、万法唯心所生的观点,张载认为绝不能将人之耳目感官和心的知觉能力归因于个体本身,心之无限的知觉能力是由于人的天地本性,即来源于太虚的,是太虚之本性在人身的表现。所以张载又说:"成吾身者,天之神也。不知以性成身而自谓因身发智,贪天功为己力,吾不知其知也。"⑤ 这样,从心原本是天道神化之结果的层次说,心统性情的意思也可解释为心就是包括性即太虚本性,与情即知觉活动两个方面。⑥

心一般是指人的知觉、情感等精神活动的总体,是一个标志人的主体能动性特征的范畴,也是达到"性与天道合一"的最高精神境界的主体性依据。

---

① (宋)张载著,章锡琛点校:《张载集》,第9页。
② 朱熹不同意张载的看法,他说:"横渠之言大率有未莹处。有心则自有知觉,又何合性与知觉之有!"见(宋)黎靖德编,王星贤点校《朱子语类》,第1432页。
③ 李存山:《"先识造化":张载的气本论哲学》,《中国哲学史》2009年第2期。对于张载"合性与知觉,有心之名"的说法,蒙培元认为:"心包含性与知觉两个层次,性是本体,知觉是其作用,性通过知觉体认而呈现出来,不是心外别有性,而是心中先验地具有人之所以为人之性。"见氏著《理学范畴系统》,第199—200页。
④ (宋)张载著,章锡琛点校:《张载集》,第25页。
⑤ (宋)张载著,章锡琛点校:《张载集》,第25页。
⑥ 蒙培元认为:"性必须靠心之知觉而实现。情就是知觉作用。一方面,性者知觉之性,不在知觉之外;另方面,知觉是性之知觉,其发现处即为情。其实,性与情都不离心,这就是'心统性情'的全部含义。这一点很容易发展出性体情用说。"见氏著《理学范畴系统》,第200页。林乐昌认为心所统之性是指气质之性,而心所统之情则指与气质之性处于同一层次的情感和情欲等。见林乐昌《张载"心统性情"说的基本意涵和历史定位》,《哲学研究》2003年第12期。

张载又从主体能动性发挥的动态层次表达心性关系,他说:"心能尽性,'人能弘道'也;性不知检其心,'非道弘人'也。"① 心承担着性,心能尽性即意味着主体展现并弘扬天道所赋予的内在本性,道之能否发扬、实现,完全依赖于人是否能尽性。"性不知检其心"说明性没有知觉和意识,性为无意。率性而行即是顺应、遵循事物的本质属性和发展规律,性在这其中并没有主动的意识、行为。总的看,张载是以性为无意,心为有觉,二者是既联系又区别的。

朱熹曾说:"伊川'性即理也',横渠'心统性情',二句颠扑不破。"② "性即理"说明了人性与天道的关系,"心统性情"则揭示了人的本性与人的意识活动,亦即性与心的关系。正是凭借张载"心统性情"的概念,朱熹建立了自己的心性论体系。

作为表述心、性关系的概念,"心统性情"也为王廷相所接受。他说:

> 心有以本体言者,"心之官则思"与夫"心统性情"是也;有以运用言者,"出入无时,莫知其乡"与夫"收其放心"是也。乃不可一概论者,执其一义则固矣。大率心与性情,其景象定位亦自别,说心便沾形体景象,说性便沾人生虚灵景象,说情便沾应物于外景象,位虽不同,其实一贯之道也。学者当察其义之所主,得矣。③

这里,王廷相既把心理解为一个能思的实体器官,也把心理解为一个过程,一个认识主体之意识作用不断显发的、连续性的过程。"心之官则思"是从心理学意义上将心理解为思维意识活动的承担者,"心统性情"则是从心、性、情关系的角度规定心的含义。王廷相对"心统性情"的解释并不是如朱熹所说的那样,性为体、为静,情为用、为动,心则是统贯性情的总体,他说心、性、情"位虽不同,其实一贯之道也",其实就是说心、性、情三者是一贯而不可分的整体,但具体地说,三者又是从不同方面对此意识活动整体的规定:心是侧重于形体方面,性是侧重于虚灵一面,情则是从应接外物而

---

① (宋)张载著,章锡琛点校:《张载集》,第22页。
② (宋)黎靖德编,王星贤点校:《朱子语类》,第93页。
③ (明)王廷相著,王孝鱼点校:《王廷相集》,第834页。

第四章　王廷相论人心

有的主观表现方面说。

我们首先来看性与情的关系。王廷相说"识灵于内，性之质；情交于物，性之象"①，认为性的实质是人内在的一种虚灵知觉，是一种认识能力，性之外在的表现即情。结合王廷相从性气一贯、性气不可分离的角度论性的观点，即所谓"性者，阴阳之神理，生于形气而妙乎形气者也"②，以及"离性言气，则气非生动，与死同途"③的说法，性本身就具有能动的属性，当把性与情联系在一起理解时，情就是性应物而感发于外的表现。但性虽有能动性和机发义，它却是无形无相的，即"沾人生虚灵景象"，性只能通过情而显发于外，所以说是"情交于物，性之象"，性之发必然要有外物与其交接，在此交接的过程中性显而有象，④情便是性应物于外的"景象"。

需要指出的是，王廷相论性总是紧密结合情来说的。他曾说："情荡则性昏，性昏则事迷，迷而不复，则躁激骄吝之心滋矣，由灵根之不美也。庄子曰：'嗜欲深者天机浅'，亦善言性者与！"⑤嗜欲本是指情，"情荡则性昏"是说嗜欲多端则影响到性，性亦即主体的认知能力，处于昏昧不明的状态，就不能对于事物的发展演变做出正确的判断，若长期任由嗜欲左右自己的认知活动，就会产生急躁、骄吝之心。王廷相引用庄子"天机"一词也是要说明嗜欲之情与性之间的内在关联，而从根本上说，所谓"天机""灵根"之类的说辞即是气与其化生之机能的另一种称谓。⑥

在心与性的关系方面，王廷相一方面说性是"气之灵能而生之理"，是"阴阳之神理"；另一方面说"心者栖神之舍，神者知识之本，思者神识之妙用……思与见闻必由吾心之神"，可见，存在于阴阳之气化运行中的"神"是

---

① （明）王廷相著，王孝鱼点校：《王廷相集》，第766页。
② （明）王廷相著，王孝鱼点校：《王廷相集》，第767页。
③ （明）王廷相著，王孝鱼点校：《王廷相集》，第518页。
④ 此处也可结合王廷相对"动心""应心"的说法看，王廷相说："先内以操外，此谓之动心，动心不可有；由外以触内，此谓之应心，应心不可无。非不可无，不能无也。"王廷相认为动心不可有，是说不可以主观的先入之见去反映外界，"应心不能无"则是说主体的知觉认识能力是客观的存在，总是处于潜在的状态，当有外物交接时必然会有所反映，不可能只是一片空明静寂，徒具知觉之能而不显发于外。
⑤ （明）王廷相著，王孝鱼点校：《王廷相集》，第765页。
⑥ 王廷相曾说："存乎体者，气之机也，故息不已焉。存乎气者，神之用也，故性有灵焉。"所谓"性有灵"是指基于性气一贯而在性上所表现出的能动的属性，实即知觉灵识。这里，王廷相说"情荡则性昏"是"由灵根之不美"，是指性之灵识之根源不美，其实就是从气之清浊粹驳上解释情荡、性昏的原因。本质上，是气的性质决定着性、情的状态。

· 237 ·

沟通心、性的桥梁：性是基于性气不离而说的"神理"，心的思维知觉、认识见闻等又都是心之"神"的表现。按照王廷相"神必藉形气而有"的观点，心之"神"即是形气之"神"，心即形气。如此看来，心与性是一贯的。但是，这种"一贯"应从王廷相的理气观的意义上理解为实体与其属性、功能的一贯，而不能直接理解为心、性无差别的同质性。① 因为毕竟心、性各自的"位"还是不同的。

从意识活动的器官理解，心之本原是气，心是气所成者，心之知觉灵识源于阴阳气化之道。这在张载针对佛教万法唯心所生观点的批判中已经得到阐发，王廷相继承了这一观点，他说"气所郁积，靡不含灵。人有魂魄知觉，物有变幻精怪，虽肖翘之微，蠕动之蠢，皆契阴阳妙合之道"，人的魂魄知觉之灵能是阴阳妙合之道的一个表现，是因阴阳妙合而有。阴阳妙合之道内涵的"能生之理""神理"表现在人即为性，是人在气聚成形以后先天即有的知觉思维能力。将知觉视为心，亦即气所成的一种特殊形体②自然具有的一贯而不可离的作用、性能，这在王廷相是很自然的，但是从朱学理气不离不杂的立场说，知觉又不能直接就说是心之所为，必有知觉之理，心才能知觉。有弟子就曾问朱熹："知觉是心之灵固如此，抑气之为邪？"朱熹回答："不专是气，是先有知觉之理。理未知觉，气聚成形，理与气合，便能知觉。譬如这烛火，是因得这脂膏，便有许多光焰。"③ 这里，朱熹把理（性）置于心之先，以理为心之知觉的依据，有了知觉之理，理与气合，才有心之知觉。朱熹的这种观点在知觉与心之间硬生生插入一个理，其缺陷是非常明显的。就朱熹所举出的脂膏与光焰的例子来说，其意义也是不确定的。如果以脂膏喻气，光焰喻理，有脂膏方有光焰，那么这就与王廷相"神必藉形气而有"的观点一样了。但朱熹的本意应该是以脂膏喻理，光焰喻气，"因得这脂膏，便有许多光焰"意即先有知觉之理，才有心之知觉，这是基于朱熹理气观的必然结论。但是，在经验上看到的脂膏怎样能够与通过思维的抽象而得到的

---

① 刘又铭认为在王廷相心目中，"心与性具有相当的一贯性与同质性"，见氏著《理在气中——罗钦顺、王廷相、顾炎武、戴震气本论研究》，第75页。我们认为，在王廷相的心性论结构中，心是偏重于从实体的角度说，性则偏重于从附属于此实体的属性上说。二者之间的"一贯性"是可说的，"同质性"则是不可说的。

② 因为元气化生之道包罗万有，如物之变幻精怪、肖翘之微、蠕动之蠢，皆在其内，所以，人之有魂魄知觉只是此造化之道的一个方面而已。

③ （宋）黎靖德编，王星贤点校：《朱子语类》，第85页。

第四章　王廷相论人心

"理"联系起来,还是有一些困难的,朱熹的这个例子更可能被用来说明与他想要表达的意思相反的思想。事实上,王廷相就是从经验论的角度对朱熹的"理"做出了批评:"理,虚而无著者也",焉能生气?

把心与气联系起来,以心为气之灵处,这是朱熹与王廷相都承认的,但与气本论之基于性气一贯立场而将知觉直接隶属于心(气)之属性的观点不同,朱熹在形而上、下二元划分的理论框架内讨论心性情关系。按照朱熹一贯的说法,理是无情意、无计度、无造作的,能造作的都是气,所以朱熹说"灵处只是心,不是性。性只是理"①,知觉作为一种意识活动只能归属于气,是形而下者。但气之造作必先有造作之理,是依据理才有气的种种活动,心若知觉也必先有知觉之理,才能有知觉活动。这样看,在朱熹的理论架构中,心、性、情的关系就是:"性者,心之理;情者,性之动;心者,性情之主。"② 这也就是朱熹借张载"心统性情"概念而建立的心性论体系。

在朱熹那里,"心"的概念可以从两个方面去理解:一是就其作用或功能言,心即是知觉,是身之主宰。如:"心者,人之所以主于身者也,一而不二者也,为主而不为客者也,命物而不命于物者也。"③"心者,人之知觉,主于身而应事物者也。"④ 这也就是荀子所谓"出令而无所受令",王廷相所谓的"心者,体道应事之主"的意思。另一方面就其本质看,心是伦理本性(即"理")与道德情感的统一体,这涉及"心统性情"的问题。朱熹以体用、动静来区分性情。首先,心有体用之分,故有性情之别,"性是体,情是用,'心'字只一个字母,故'性''情'字皆从'心'"⑤。"心主于身,其所以为体者,性也;所以为用者,情也,是以贯乎动静而无不在焉。"⑥ 性是心之体,这是从超越的形而上层面说,有体必有用,心之用即情,情是从形而下的作用上说。需要注意的是心在形而上、下二元体系中的位置,如果从知觉活动的角度说,心就是形而下者,而按照"心统性情"的架构,就不能把心简单地划入形而下者,"就朱熹对形而上下的严格区分,他决不会把'知

---

① (宋)黎靖德编,王星贤点校:《朱子语类》,第85页。
② (宋)黎靖德编,王星贤点校:《朱子语类》,第89页。
③ 朱杰人、严佐之、刘永翔主编:《朱子全书》,第3278页。
④ 朱杰人、严佐之、刘永翔主编:《朱子全书》,第3180页。
⑤ (宋)黎靖德编,王星贤点校:《朱子语类》,第91页。
⑥ 朱杰人、严佐之、刘永翔主编:《朱子全书》,第1839页。

觉运动'、'精神魂魄'之类，归之于形而上者，只有自我超越的主体观念才是形而上者"①。

从动静关系上说，"性是未动，情已动，心包得已动未动。盖心之未动则为性，已动则为情，所谓'心统性情'者也"②。"'心统性情者也。''寂然不动'，而仁义礼智之理具焉。动处便是情。……心是神明之舍，为一身之主宰。性便是许多道理，得之于天而具于心者。发于智识念虑处，皆是情，故曰'心统性情'也。"③ 动静即是指已发未发，朱熹说："性情一物，其所以分，只为未发已发之不同耳。若不以未发已发分之，则何者为性，何者为情耶？"④ 朱熹所谓"性情一物"是指心，心既有未发又有已发，未发为性，是体，已发为情，是用，心则统合已发、未发，是动静、体用兼备的主体、总体。

从朱熹"心统性情"的架构看，朱熹所谓的"心"不仅仅是一个知觉活动的实体，不仅仅是单纯的心理活动，而是本体层面的本心（性）与作用层面的情感知觉的统一体。本体作为形而上之理，是无形无象、无声无臭的，故无所谓动静，但"性不能不动，动则情矣"。情则是心之用，是表现本体的形而下者。在心体用论的架构中，本体表现为作用，通过作用表现出来，作用则是本体的实现，这也就是朱熹所说："有这性，便发出这情；因这情，便见得这性。因今日有这情，便见得本来有这性。"⑤ 这是从形而上的体用方面进行的形式化论证，其实，本体与作用都是有着实质内容的，这就是仁义礼智之理与恻隐、羞恶、辞让、是非之情。朱熹通过这样的理论架构一方面从形式上论证了仁义之于人性的本体依据，从本体论上做了人性善的说明；一方面以性情动静的模式解释了现实层面中恶的来源。对这后一个方面，朱熹结合着《礼记·乐记》中有关"天理""人欲"问题来说明。《礼记·乐记》中载：

---

① 蒙培元：《理学范畴系统》，第207—208页。《朱子语类》卷九五中载：问："'心既发，则可谓之情，不可谓之心'，如何？"曰："心是贯彻上下，不可只于一处看。"（宋）黎靖德编，王星贤点校：《朱子语类》，第2439页。这里，朱熹把心看作贯通形而上下的整体，并不能简单归结为形而上或形而下者。

② （宋）黎靖德编，王星贤点校：《朱子语类》，第93页。

③ （宋）黎靖德编，王星贤点校：《朱子语类》，第2514页。

④ 朱杰人、严佐之、刘永翔主编：《朱子全书》，第1830页。

⑤ （宋）黎靖德编，王星贤点校：《朱子语类》，第89页。

第四章 王廷相论人心

人生而静，天之性也，感于物而动，性之欲也。物至知知，然后好恶形焉。好恶无节于内，知诱于外，不能反躬，天理灭矣。夫物之感人无穷，而人之好恶无节，则是物至而人化物也。人化物也者，灭天理而穷人欲者也。

对这一段话，朱熹注解曰：

人受天地之中以生，纯粹至善，万理具焉，所谓性也。然有是性则有是形，感于物而动，则性之欲出焉，而善恶分矣。性之欲，即所谓情也。情之好恶，本有自然之节，唯无所涵养，而大本不立，是以天则不明于内，外物又从而诱之，此所以流滥放逸，而不自知也。苟能于此反躬求之，则其流庶乎其可制也。不能如是，而唯情是徇，则人欲炽盛而天理灭息矣。[①]

以性情动静来区分天理、人欲是程朱理学解释善恶问题的一般理论模式。在朱熹看来，心之静、未发是性，是天理完具的本体；心感物而动则"性之欲出焉，而善恶分矣"，是谓情，亦即已发。朱熹以未发为情感的内在根据，认为："喜怒哀乐，情也，其未发，则性也，无所偏倚，故谓之中。"[②] 这就是说静为性本而动属人欲，静为天性而动属气质，从而形成天理人欲、天命气质的二元对分格局。对此，当时陆九渊即有批评，认为天理人欲之言盖出于老氏，并说："《记》曰：'人生而静，天之性也；感于物而动，性之欲也。'若是，则动亦是，静亦是，岂有天理物欲之分？若不是，则静亦不是，岂有动静之间哉？"[③] 认为动静皆属天性。与陆九渊一样，王廷相也对以动静区分理欲不满，他说：

"人生而静，天之性也；感于物而动，性之欲也"，此非圣人语。静属天性，动亦天性，但常人之性动以物者多，不能尽皆天耳。今日动乃

[①] （清）朱彬撰，饶钦农点校：《礼记训纂》，中华书局1996年版，第564页。
[②] （宋）朱熹撰：《四书章句集注》，第18页。
[③] （宋）陆九渊著，钟哲点校：《陆九渊集》，中华书局1980年版，第395页。

性之欲，然则圣人之动亦皆欲而非天邪？此论似为偏颇。圣人之言彻上彻下，旁通无滞，必不如此。且性者，合内外而一之道也。动以天理者，静必有理以主之，动以人欲者，静必有欲以基之。静为天性，而动即逐于人欲，是内外心迹不相合一矣，天下岂有是理！圣人德性养成，无欲无为，至虚至一，静亦以天，动亦以天，物来应之而已，夫何有欲以将迎于外？若曰性动于欲，此在常人则然矣。①

从动静的角度看，常人动以欲者多。但若说动皆为欲，圣人也有动，圣人之动难道也都是欲吗？这显然是偏颇之论。王廷相认为性是"合内外而一之道"，以动静分论欲与性就是"内外心迹不相合一"。在王廷相看来，动以天理，则必是静中涵养以理之功，动以人欲，则静中本就有欲，才会通过动显发出来。很明显，这是针对朱学以静为性真、动为客感，内外不能合一而发的。王廷相说：

动静者，合内外而一之道也。心未有寂而不感者，理未有感而不应者，故静为本体而动为发用。理之分备而心之妙全，皆神化之不得已也。圣人主静，先其本体养之云尔。"感而遂通"，"左右逢原"，则静为有用，非固恶夫动也。世儒以动为客感而惟重乎静，是静是而动非，静为我真而动为客假，以内外为二，近佛氏之禅以厌外矣。②

感应之机无端，故动静无常，皆性之不得已而然也。③

王廷相此处所论极似陆九渊，陆氏说"若是，则动亦是，静亦是，……若不是，则静亦不是"，而王廷相说世儒"以动为客感而惟重乎静"，以"静为我真而动为客假"，是静而非动，动静不能合一。王廷相与陆九渊都坚持以动静合一来论性。事实上，朱熹以形而上下二元论的立场处理性情问题，并结合《礼记·乐记》中"人生而静，天之性也，感于物而动，性之欲也"之语说明性情、理欲的体用动静之别，这其中本就暗含着性情、理欲、动静不

---

① （明）王廷相著，王孝鱼点校：《王廷相集》，第852—853页。
② （明）王廷相著，王孝鱼点校：《王廷相集》，第774页。
③ （明）王廷相著，王孝鱼点校：《王廷相集》，第834页。

第四章　王廷相论人心

能合一的成分，这在主张心即理（性）、心性不分的陆九渊与主张心性情一贯的王廷相看来就是以"内外为二"。

王廷相论动静分合，都是就性本身而论，认为这都是性之不得已而然。但与陆九渊不同，王廷相是在性气一元论的基础上，认为性之动静皆从气之神化而有，陆氏则以一心囊括心、性、情、才，反对朱熹的心有体用之说。应当说，王廷相和陆九渊都不主张对心性情做形而上下的划分，而王廷相的这一立场则是其气一元论在心性问题上的必然结论。王廷相以气为"通极上下之造化实体"，心、性、情之一贯就是气、性、灵一贯的本体论在心性论上的逻辑推衍，所以，就性之体而言，动静皆是性的表现，"静，寂而未感也；动，感而遂通也，皆性之体也"①。动静皆属于天性，所以，若说动以欲，必是静中"有欲以基之"，这实际上是主张性中有欲，是一种自然人性论的观点。

与王廷相几乎同时的另一个气论思想家吴廷翰也反对"人生而静，天之性也"之说，他认为：

>《乐记》："人生而静，天之性也；感于物而动，性之欲也。"此语未精，非孔子之言。夫性不可以动静言，而动静皆性也，岂可以静为天性而动为物欲乎？若静为天性，是性无动也。动为物欲，是性无感也。无动无感，亦空寂之物耳，岂得为性乎？②

与王廷相一样，吴廷翰也以"生"言性，认为有"生"则不能无动，所以"性不可以动静言，而动静皆性"，若说静为天性，则性就不能动，若说动为物欲，则性就不能有感，无动无感，这就成为王廷相所说的"一死局耳"③，偏离了儒家仁义之学的方向而走向空寂虚静之禅学。吴廷翰认为，正如阴阳寒暑、君子小人是天道自然一样，欲本就是天性之中理当含具的。他说：

---

① （明）王廷相著，王孝鱼点校：《王廷相集》，第846页。
② （明）吴廷翰著，容肇祖点校：《吴廷翰集》，中华书局1984年版，第40页。
③ 王廷相曾说："若曰'性即是理'，则无感、无动、无应，一死局耳。"（明）王廷相著，王孝鱼点校：《王廷相集》，第847页。

以性本天理而无人欲，是性为有外矣。何也？以为人欲交于物而生于外也。然而内本无欲，物安从而交，又安从而生乎？故阳与暑必处于春夏用事之时，阴与寒必居于秋冬退藏之地，而中国常尊，夷狄常卑，君子常胜，小人常负，此圣人之所以说教以法天，与遏人欲而存天理，其道一而已。若以人欲为外而非性，则性为有外，充其说，必去人欲而后可以有生乎？是异教之类也。①

按照宋儒的观点，人欲生于性之感物而动，是感外物而生的、外来的，而吴廷翰则认为若无内在的欲望，如何能感物，如何能生性呢？人欲与天理之于人性就像是阴阳寒暑、春夏秋冬的自然运行法则之于天道一样，是天道自然运行的必然表现。比较有特点的是，吴廷翰针对人欲之泛滥会害性的观点，提出过于仁义者亦会害性。他说：

耳目口鼻四支之与仁义礼知之同为一性者，何也？曰：性一也。仁义礼知，举其目之大者耳，其实人之一身皆性也。父子、君臣、宾主、贤哲，举其属之大者耳，其实耳目之类皆性也。天下无性外之物，而况一身之间乎？故曰"民生有欲"。不可以欲为非性，但流则有以害性耳。如仁义之于父子君臣，自有本性，其仁与义亦不可过，过则亦为性之害。如以人欲之害性为非性，则过于仁义者亦反害于仁义，而以仁义为非性可乎？故曰："性一也。"而以为有气质、天地之性者，是反疑于孟子之说者也。曰性无内外，何谓也？曰道无内外，故性亦无内外。言性者专内而遗外，皆不达一本者也。今夫阳之必有阴也，昼之必有夜也，暑之必有寒也，中国必有夷狄也，君子必有小人也，则天理必有人欲也，善之必有恶也，亦明矣。②

宋儒以仁义为人性，排斥人欲在人性中的位置，认为人欲是因性之动于外物而有。吴廷翰分析了不以欲为性的原因是由于看到欲望之流滥会伤害到人性，于是便否定耳目口腹之欲为人性。但是，同样的道理，极端的仁义，

---

① （明）吴廷翰著，容肇祖点校：《吴廷翰集》，第31页。
② （明）吴廷翰著，容肇祖点校：《吴廷翰集》，第31页。

第四章　王廷相论人心

过于仁义，也会伤害到人性，① 如此说来，仁义礼智是否就不能是人性呢？吴廷翰的这一推论是深刻的，抓住了宋儒论欲的罅隙，即不能以欲之流之不合乎伦理道德规范而否认欲本身的存在就是人性的基本内容。欲之流滥在一定的情况下会与仁义道德发生对立、冲突，但这只能是作为人性之实的两个方面的内在对立与冲突，而不是内在的仁义礼智与外在的人欲的冲突。所以，以人欲为外、以仁义礼智为内就是"专内而遗外，皆不达一本者也"。事实上，从吴廷翰"性一""性无内外"的观点看，人欲构成人性内在的一个方面，正是有了人欲，才有了交于物而生的性，因此说"内本无欲，物安从而交，又安从而生乎？"吴廷翰从道无内外，亦即"道者，以此气之为天地人物所由以出而言也，非有二也"② 的角度说明人只有一性，认为仁义礼智之性与耳目之类皆以天道阴阳，也就是太和之气为本，人得之而有性，所以，人性中本就是天理人欲并存的。

吴廷翰与王廷相一样，都是在坚持性气一元论的前提下，立足于自然天成的、与生俱来的本性的角度对人欲加以肯定，既不是非善即恶式的加以价值判断，也不是把欲从属于理，认为是理之过、不及方有欲，而是在对人欲的发生机理、性能、动态过程加以深刻认识的基础上对欲做了一种本体性的肯定。

朱熹"心统性情"说还有一个意义是以未发之中为性，已发之和为情，这在王廷相心性情一贯的立场看，是内外心迹隔绝，非圣人"致中和"之道。他说：

> 《中庸》"喜怒哀乐未发谓之中"，言君子平时有存养慎独之功，故未发而能中尔，非通论众人皆如是也。世儒乃谓人人未发皆能中焉，非矣。夫心性之于应事，如形之影，声之响，有诸此必见于彼矣。众人未发而能中，宜皆发而中节矣；何世之人喜非所喜，怒非所怒，哀忘其哀，乐淫其乐，发不中节者常千百乎？时有一二中节者，非天之赋性中和，必素达养性之学者；不然，既中矣，何呼吸出入之顷，而内外心迹辄尔

---

① 同样的思想在王廷相那里也有，王廷相说："仁无义以持之，或困于不忍之爱，而反以失其仁。"（明）王廷相著，王孝鱼点校：《王廷相集》，第768页。
② （明）吴廷翰著，容肇祖点校：《吴廷翰集》，第31页。

顿异，不相关涉如此乎？圣人又何切切教人致中和乎？由是观之，乃强于立言矣。强言无实谓之妄，妄言害道，且以惑世，贤者病之矣。①

从王廷相所谓"心性之于应事，如形之影，声之响，有诸此必见于彼"的话语我们可以看出，王廷相是从人的智虑思维和心理作用的过程方面理解心性，由此来看所谓"未发之中"，就是指主体平时对此心体加以"存养慎独之功"而达成的效果。从心性内外一贯的立场说，未发时有涵养才有已发之和，所以，"中和"之境界并不是自然如此，而是主体修养的结果。在朱熹那里，心不仅仅是一个知觉活动的主体，也是伦理本性与道德情感的统一体，未发之中主要是就心的伦理本性而说，这预设了人性本善的价值立场。但在王廷相看来，人心并没有先验的善性，所谓善都是性所成之名而已，若没有经验事实的验证，心之所发未必都是善。王廷相又说：

《中庸》曰："喜怒哀乐未发谓之中。"余以为在圣人则然，在愚人则不能然，向之所疑，正以是耳。故曰无景象可知其为中，以其圣愚一贯也。……夫中者，无过不及之谓也。惟圣人履道达顺，允执厥中，涵养精一，是以此心未发之时，一中自如，及其应事，无不中节矣。其余贤不肖、智愚，非太过则不及，虽积学累业，尚不能一有所得于中，安得先此未发而能中乎？若曰"人心未发，皆有天然之中"②，何至应事便至迷瞀偏倚？此则体用支离，内外心迹判然不照，非理之所有也。若以此章上二节，君子能尽存养省察之功，则喜怒哀乐未发之前可谓之中，似亦理得；不然，通圣愚而论之，则其理不通矣。③

未发之中是不能"通圣愚而论之"的，只有圣人因有涵养体道之工夫，才能做到未发之中，应事也就会中节。王廷相认为在性情未发还未显露于外的阶段，不能测知其是不是合乎"中"，换言之，对性情之是否合乎"中"

---

① （明）王廷相著，王孝鱼点校：《王廷相集》，第889页。
② 《王廷相集》原文此处缺右引号，今补之。
③ （明）王廷相著，王孝鱼点校：《王廷相集》，第520页。

第四章 王廷相论人心

的判断必须是在后天经验中才是可能的。王廷相把"中"理解为一种可经验的状态，是有形有象的，是从经验上所能体验到的未发之"中"，"中"之达成是需要一番切实的修养工夫的。

有人认为人心还未与外界接触而保持虚静的状态时，是否可以检验性善，王廷相回答："否。大舜孔子吾能保其善矣，盗跖阳虎吾未敢以为然。何也？发于外者，皆氏乎中者也。此物何从而来哉？又假孰为之乎？谓跖也、虎也心静而能善，则动而为恶，又何变之遽？夫静也，但恶之象未形尔，恶之根乎中者自若也，感即恶矣。诸儒以静而验性善者，类以圣贤成性体之也"①。王廷相否认寂然未感之未发之中是天理完具的本体，从经验上看，大舜、孔子静时为善，动时亦善，但若说盗跖、阳虎静时为善，为何动时只有恶而无善？这显然是动静内外不能合一之论。其实，王廷相此处所论除了从未发时的涵养角度说善之形成（即圣贤之"成性"）之外，主要还是从气化生人的层面说，因为气本身有善恶，所以，性动而有善恶之分实质上是说性本身就有恶的成分，"但恶之象未形尔，恶之根乎中者自若也，感即恶矣"。

从孟子以来，性善论者的一个经验性论据就是人有恻隐之心，实即恻隐之情，在朱熹"心统性情"的架构中，性情分属本体界与经验界，人的情感活动属于经验范围，由人的恻隐之情而上推至超验界，以知其有形而上的仁之理，亦即超验的道德本体，又由此超验的道德本体推下来论证情之为性的表现，使情有了内在道德根据。虽然超验界有别于经验界，但在体用论的框架下，以仁之理为未发之体，以恻隐之情为已发之用，将性情关系如此做本体与现象之分的处理并无任何不妥。但是，在一个经验论者看来，恻隐之情固然是事实，但怨毒之心在人群中也是存在的，不能说恻隐之情有内在的本体依据而怨毒之心就没有。北宋新学的创始人王安石就指出："孟子以恻隐之心人皆有之，因以谓人之性无不仁。就所谓性者如其说，必也怨毒忿戾之心人皆无之，然后可以言人之性无不善，而人果皆无之乎？孟子以恻隐之心为性者，以其在内也。夫恻隐之心与怨毒忿戾之心，其有感于外而后出乎中者，有不同乎？"② 王安石认为孟子的失误在于，仅看到人有恻隐之心的一面，就

---

① （明）王廷相著，王孝鱼点校：《王廷相集》，第767页。
② （宋）王安石：《王文公文集》，上海人民出版社1974年版，第316页。

说人性是善，而未看到与恻隐之心并存的还有怨毒忿戾之心。① 王廷相也是从经验观察上得出结论说"饮食男女，人所同欲；贫贱夭病，人所同恶"，认为性善论者只固守恻隐之心而陷于片面化，事实上，人的本性不只有善这一个方面。

通过对于王廷相心性情关系的考察，以及其对于朱熹心体用说、动静说的批评，我们可以知道，"心统性情"在王廷相性气一元论的体系中所表达的是基于性生于气、性气不离的一元论立场而有的内外、动静合一的心理活动与情感知觉的总体过程，完全不同于朱熹"心统性情"概念中那样体用、动静各自的内涵极为确定、性情相互之间可说是平行并举的心性论体系，借用牟宗三的话说，王廷相之所谓"心统性情"是一个"纵贯"的心性论系统，朱熹之"心统性情"则是一个"横摄"的心性论系统。究其根源，王廷相之所谓"心"缺少朱学系统中的伦理规定性，主要是从自然本有的认知能力和情感活动上说的，是从本体论的气化之道顺承而下直说至心、性、情。在王廷相的心性论系统中，"心体本具认知与主宰之能，心透过思之官彰显性理内涵，由思精察事物之理，进而藉由性理内涵回应以恰当之情，故心乃性与情发用之主宰。性为气之生理，情为气之发用，心为气之灵能，三者皆为一气之不同变化，功能、作用与位阶不同，但在本质上却皆为气化一贯之道"②。

但是，我们也必须承认，相比于王廷相心性论的纯经验论性格，朱熹在形而上、下的二元论体系中讨论性情问题，这提升了人的经验性情感存在的价值，表现出一种属人的、相对于经验性情感活动的自我超越性，有利于人对于自我的认识与提升。

二 心先性后

在心性关系上，王廷相持一种心性情一贯的观点，这是基于其性气一元论必然而有的结论，从心性情一贯的意义上说的性，就不是如朱熹所谓的只

---

① 王安石事实上是以恻隐之心与怨毒忿戾之心为情。而且在王安石看来，仁、义、礼、智、信，"五常不可以谓之性"，善恶则是"情之成名"，这正如有学者所指出的："王安石理论的一个重点，就是要把历来以仁、义、礼、智、信五常为根据判定人先天性善的做法颠倒过来，将五常规定为后天的社会道德评价，从而从基础上将性善论彻底消解。"见向世陵《理气性心之间——宋明理学的分系与四系》，第16页。

② 王俊彦：《王廷相与明代气学》，第145页。

第四章 王廷相论人心

是理在人身的体现，而是气之"灵能而生之理"，这样，性就带有一种能动性。① 王廷相说：

> 文中子曰："性者五常之本。"盖性一也，因感而动为五，是五常皆性为之也。若曰"性即是理"，则无感、无动、无应，一死局耳，细验性真，终不相似，而文中子之见当为优。荀悦曰："情意心志皆性动之别名。"言动则性有机发之义，若曰"理"，安能动乎？宋儒之见当为误。②

王廷相反对程朱性即理之说，认为性之本就是能成五常之性的寂然未感、感而遂通之体，若以理说性，则性就成为不能动的"一死局耳"。在王廷相看来，理只是气之属性，是"虚而无著"者，当然不具有能动的"机发"。这里王廷相所谓"性有机发"其实是指心有机发，心乃阴阳之化所生成的物质器官，性有机发即是说心有灵能而觉之能动的性能，在逻辑层次上，性是与心处于同一位阶的，所以，说性有能动性在王廷相看来并不矛盾。但是，在朱熹的立场上看，心不等于性，性也不就是心，心是气之灵处，"性者，人所禀于天以生之理也，浑然至善，未尝有恶"③。显然，心性的逻辑层次在朱熹的体系中是非常显明的：心有知觉，性（理）不能知觉，性是纯善无恶的天理，是外在的行为规范，若以为心就是性，那就等于说心之所觉都是天理，这无异于认知觉为性，与佛教作用是性的观点就没有什么区别了。对此，朱熹显然是不能接受的，他说陆九渊之学"分明是禅"④，就是指陆九渊心性不分。陆九渊曾说："苟此心之存，则此理自明，当恻隐处自恻隐，当羞恶，当

---

① 有的学者认为，王廷相所谓的性"具有主观能动性，即性有灵觉，能够反作用于气。这样性就具有类似于心的功能和属性，这是其性论的独特处，倾向于心学对性的某些规定，而与朱熹'灵处只是心，不是性'，性无知觉的观点相异"。见张立文主编《中国哲学范畴精粹丛书——性》，中国人民大学出版社1996年版，第262页。
② （明）王廷相著，王孝鱼点校：《王廷相集》，第847页。
③ （宋）朱熹撰：《四书章句集注》，第251页。
④ 《朱子语类》卷一一六中载：(曾祖道）曰："象山与祖道言：'目能视，耳能听，鼻能知香臭，口能知味，心能思，手足能运动，如何更要甚存诚持敬，硬要将一物去治一物？须要如此做甚？咏归舞雩，自是吾子家风。'祖道曰：'是则是有此理，恐非初学者所到地位。'象山曰：'吾子有之，而必欲外铄以为本，可惜也！'祖道曰：'此恐只是先生见处。今使祖道便要如此，恐成猖狂妄行，蹈乎大方者矣！'象山曰：'缠绕旧习，如落陷阱，卒除不得！'"先生曰："陆子静所学，分明是禅。"（宋）黎靖德编，王星贤点校：《朱子语类》，第2798—2799页。

辞逊，是非在前，自能辨之。"① 以为心之所发自然就合乎理，凡是知觉运动都是本心的流露。朱熹则以为这是以心之知觉运动为性，没有将心的知觉作用和伦理本性明确区分开，朱熹有时说陆九渊是告子，有时又说其学是禅学，都是指陆九渊所主"心即性"说无法与释氏"作用是性"说区别，其最终结果会使心失去客观的、普遍化的道德法则的制约，而流于猖狂恣肆、泛滥无归。

陆九渊在说心即性时总是以"目能视，耳能听，鼻能知香臭，口能知味，心能思"为例来说明，王廷相在说到无心则无性时也用到这样的事例，如他说："人有生气则性存，无生气则性灭矣，一贯之道，不可离而论者也。如耳之能听，目之能视，心之能思，皆耳目心之固有者，无耳目，无心，则视听与思尚能存乎？"② 从性生于气、性气合一的角度论性，性就是指气所具有的性能，视听与思等作用就是附属于耳目与心等物质器官的性能。从表面上看，在心性关系上王廷相与陆九渊的说法相同，都坚持心性一元论的观点，但实质上，王廷相的心性一元论是从性生于心（气）的角度说的，而且，其人性的内涵也并不是陆九渊所理解的只是恻隐、羞恶等内容。③

心学家从孟子"尽其心者，知其性也。知其性，则知天矣"的说法出发，把心、性、天理解成同一的概念，反对心、性之分，这样做是为了强调人的现实的道德本能，强化主体的道德自觉，从而将道德实践的动力奠定在主体内部，使学者能够确立内在的道德信念、保持精神人格的独立。陆九渊主张学者应"收拾精神，自作主宰"④，王阳明也说"心之本体，原只是个天理，原无非礼，这个便是汝之真己。这个真己是躯壳的主宰"⑤。这都说明心学家比较关注从内在的方面激发人现实的道德实践活动，而对于心、性概念所蕴含的形而上、下关系问题并不关注。朱熹坚持心性之分，认为心不即是性，从本体论上说是主张了一种形而上与形而下有别的思维模式，从人的现实道德修养角度说，则保持了道德原则的形上超越意义，以及道德规范对于人的生活实践的约束和规导作用。王廷相说"气载乎理，理出于气，一贯而不可

---

① （宋）陆九渊著，钟哲点校：《陆九渊集》，第396页。
② （明）王廷相著，王孝鱼点校：《王廷相集》，第851页。
③ 按照王廷相道心、人心皆天赋的观点，人性之中不仅有恻隐羞恶等道德情感，也有感性欲望。
④ （宋）陆九渊著，钟哲点校：《陆九渊集》，第455页。
⑤ （明）王阳明撰，吴光、钱明、董平、姚延福编校：《王阳明全集》，第36页。

离绝言之者也"①，在理气关系上主张理在气中、气为理本，在心性关系上主张性生于心、有心方有性。从思维形式上说，王廷相和心学家都不主张将心—性、气—理截然划分为形而上与形而下，这样，王廷相的心性合一论就与心学家所主张的心即性说有了相通处。但是，王廷相与心学家一个最大的不同就是王廷相并不是从道德意识的先天性或为了强化主体的道德自觉的角度说心性合一的，而是从性由心（气）生的角度主张心性一贯的。可以说，心即性在心学家是一个价值判断，而在王廷相则是一个事实判断。

对于心性关系，王廷相明确说：

"性之体何如？"王子曰："灵而觉，性之始也；能而成，性之终也：皆人心主之。形诸所见，根诸所不可见者，合内外而一之道也。"②

所谓"性之始"是指性之实质内涵，即王廷相所说"识灵于内，性之质"，就是心所具有的灵觉之性能。"性之终"则是从性的发展过程上说，王廷相认为"人之生也，性禀不齐"，人在刚出生的时候，人性是善恶混杂不一的，圣人因人之天性之善而修道立教，主体自身力加精一执中之功，就能成性，所以说"成性存存，道义之门"。这也就是说，成性是一个逐渐发展的过程，人并没有一个固定不变的性，在这一成性的过程中，人心发挥本有灵觉之认知性能，判别、择取天性之中的善质，对于性之成有很大的作用，所以说，性之始（质）与性之终（成）皆人心主之。所谓"形诸所见"即指主体精一执中之道德修养过程，"根诸所不可见"即心体内在的灵明之性能。王廷相认为性之体亦即性之本然，就是一个由心体的内在灵能与在心之灵能所发之判别、择取作用指导下的主体之外在实践两方面结合的过程。

应当说，在王廷相的心性论中，"成性"是一个非常重要的概念，它集中体现了王廷相对于性的看法。在王廷相看来，性是在心知灵觉的主导下形成的，儒家之所谓仁义礼智的道德原则也是在心的知觉运动中形成的。王廷相说：

---

① （明）王廷相著，王孝鱼点校：《王廷相集》，第596页。
② （明）王廷相著，王孝鱼点校：《王廷相集》，第608—609页。

王廷相心性思想研究

　　仁义礼智，儒者之所谓性也。自今论之，如出于心之爱为仁，出于心之宜为义，出于心之敬为礼，出于心之知为智，皆人之知觉运动为之而后成也。苟无人焉，则无心矣，无心则仁义礼智出于何所乎？故有生则有性可言，无生则性灭矣，安得取而言之？是性之有无，缘于气之聚散。……精神魂魄，气也，人之生也；仁义礼智，性也，生之理也；知觉运动，灵也，性之才也。三物者一贯之道也，故论性也不可以离气，论气也不得以遗性，此仲尼"相近""习远"之大旨也。①

　　王廷相曾认为："万物之生，气为理之本，理乃气之载，所谓有元气则有动静，有天地则有化育，有父子则有慈孝，有耳目则有聪明是也。"② 理在气中，无气则无理，由此看，仁义礼智之性也是人有生以后才有，无生则仁义礼智之性也归于无。王廷相此论是基于其性生于气、性气一贯的气本体论思想的必然结论。

　　心性问题是理气问题在人性论上的推演，正如黄宗羲所说："在天为气者，在人为心；在天为理者，在人为性。理气如是，心性亦如是，决无异也。"③ 理学之集大成者朱熹建立了一个庞大、精密的理气心性论体系，他的许多说法都成为明代思想家进一步深入探讨的思想资源。就理气问题而言，朱熹的说法中存在着一些矛盾，从明初曹端的"活人骑马"之喻、薛瑄的"日光载鸟"之喻，到胡居仁提出："'有此理则有此气，气乃理之所为。'是反说了。有此气则有此理，理乃气之所为。"④ 这都表明解决理气不能合一的矛盾是这一时期思想家比较关注的问题。但真正对理气问题作出较为合乎实际的解答的是明中期的罗钦顺，他说：

　　理只是气之理，当于气之转折处观之，往而来，来而往，便是转折处也。夫往而不能不来，来而不能不往，有莫知其所以然而然，若有一物主宰乎其间，而使之然者，此理之所以名也。⑤

---

① （明）王廷相著，王孝鱼点校：《王廷相集》，第602页。
② （明）王廷相著，王孝鱼点校：《王廷相集》，第597页。
③ （清）黄宗羲著，沈芝盈点校：《明儒学案》，第1107页。
④ （清）黄宗羲著，沈芝盈点校：《明儒学案》，第35页。
⑤ （明）罗钦顺著，阎韬点校：《困知记》，第68页。

第四章　王廷相论人心

罗钦顺此论很好地解决了理气关系问题，把理视为气之条理而不是如程朱认为的形上实体，这也被黄宗羲所称道。从理气合一的前提出发，罗钦顺认为："'天命之性'，固已就气质而言之矣；曰'气质之性'，性非天命之谓乎？一性而两名，且以气质与天命对言，语终未莹。"① 罗钦顺此论代表着明中期气本论思想家在人性论上的基本看法。但是，在心性关系的问题上罗钦顺则认为："盖天性之真，乃其本体；明觉自然，乃其妙用。天性正于受生之初，明觉发于既生之后。有体必有用，而用不可以为体也。"② 这是认为性为体，在先；心为用，在后。心、性是不可分割的体用关系，但决不可以用为体、视心为性。

对罗钦顺此论，黄宗羲认为是"大悖"，"不能自一其说"。③ 其实，说到罗钦顺心性论与其理气论不能合一的问题，这又不能不说到其早年参佛的经历。罗钦顺曾自述其为学历程时说：

> 愚自受学以来，知有圣贤之训而已，初不知所谓禅者何也。及官京师，偶逢一老僧，漫问何由成佛，渠亦漫举禅语为答云："佛在庭前柏树子。"愚意其必有所谓，为之精思达旦。揽衣将起，则恍然而悟，不觉流汗通体。既而得禅家《证道歌》一编，读之如合符节。自以为至奇至妙，天下之理莫或加焉。后官南雍，则圣贤之书，未尝一日去手，潜玩久之，渐觉就实，始知前所见者，乃此心虚灵之妙，而非性之理也。自此研磨体认，日复一日，积数十年，用心甚苦。年垂六十，始了然有见乎心性之真，而确乎有以自信。④

从罗钦顺参佛的经历看，他先是精思禅语而恍然有觉，以此心虚灵洞明之体为"见性"，但"潜玩"圣贤之书久之以后，发觉前所谓"恍然而悟"者只是此心之知觉意识活动，而非儒家性理。罗钦顺将其所悟之心体活动之

---

① （明）罗钦顺著，阎韬点校：《困知记》，第7页。
② （明）罗钦顺著，阎韬点校：《困知记》，第118页。
③ 黄宗羲说："明明先立一性以为此心之主，与理能生气之说无异，于先生理气之论，无乃大悖乎？""性者心之性，舍明觉自然、自有条理之心，而别求所谓性，亦犹舍屈伸往来之气，而别求所谓理矣。……先生之言理气，不同于朱子，而言心性则与朱子同，故不能自一其说耳。"（清）黄宗羲著，沈芝盈点校：《明儒学案》，第1107—1108页。
④ （明）罗钦顺著，阎韬点校：《困知记》，第34—35页。

· 253 ·

"虚"与儒家性理之"实"对举,表明其对"心"是从主体的知觉、情感等主观的意识活动方面理解的,"性"则是指具体的儒家的伦理道德原则。罗钦顺曾就儒佛学术之异进行说明:"释氏之明心见性与吾儒之尽心知性相似而实不同。盖虚灵知觉,心之妙也;精微纯一,性之真也。释氏之学大抵有见于心,无见于性。"[①] 佛教与儒家心性学说之异,就在于佛教有见于心,无见于性,把心当作性;而所谓性,不过是心之觉,而非性之理。基于这样的观点,罗钦顺认为心学之心即理说与佛教是同一宗旨,他说:"象山之学,吾见得分明是禅。……佛氏有见于心,无见于性,象山亦然。其所谓至道,皆不出乎灵觉之妙,初不见其有少异也,……释氏之自私自利,固与吾儒不同。然此只是就形迹上断,他病根所在,不曾说得。盖以灵觉为至道,乃其病根,所以异于吾儒者,实在于此。"[②] 陆九渊曾以自私自利为释氏之病根,这么说当也有回应别人攻击自己学术为禅学的意味。但在罗钦顺看来,这只是形迹之别,实质上,陆氏只以心之灵觉为至道,纯任本心之自然发露,遍弃儒家经典而不讲,这就使心体之活动失去了儒家性理的约束,一任流荡泛滥出去,所以说,"一言而贻后学无穷之祸,象山其罪首哉!"[③]

可见,罗钦顺之所以如朱熹一样主张心、性有别,而不顾自己思想体系上的矛盾,是有其具体的针对性的,就是针对佛教和心学认心为性,以为心之明觉自然即是性的观点而发。但是在反对佛教和心学认心为性,从而要求确立道德准则的至上性、权威性和恒常性的同时,罗钦顺不自觉地偏离了其原本坚持的理气合一的立场,而认为性(理)可以独立于心(气)而存在,认为心中本然就具有天理。这种性先心后的观点本质上还是一种先验性善论的思想。

虽然同主气本论,认为理在气中,但王廷相坚持彻底的气一元论思想并将其贯彻到心性论中,认为:"人有生,则心性具焉,有心性,则道理出焉。"[④] 因此说先有心后有性,仁义礼智之类的道德属性都是由人心之知觉运动形成的,无人则无心,无心也就谈不上道德属性,而且,"仁义礼智,性所

---

① (明)罗钦顺著,阎韬点校:《困知记》,第3页。
② (明)罗钦顺著,阎韬点校:《困知记》,第114页。
③ (明)罗钦顺著,阎韬点校:《困知记》,第72页。
④ (明)王廷相著,王孝鱼点校:《王廷相集》,第835页。

第四章 王廷相论人心

成之名而已矣"①。这样一种观点不同于先天性善论，而明显包含道德观念是后天形成的思想因素。事实上，王廷相之所以有这样一种道德观念后天形成论的思想，与其历史观有关系。王廷相说：

> 有太虚之气而后有天地，有天地而后有气化，有气化而后有牝牡，有牝牡而后有夫妇，有夫妇而后有父子，有父子而后有君臣，有君臣而后名教立焉。是故太虚者，性之本始也；天地者，性之先物也；夫妇父子君臣，性之后物也；礼义者，性之善也，治教之中也。②

从宇宙发展的过程来看，先有物质实体的存在，才有生物界的繁衍生息，有了人的生命存在，才会有人伦关系的产生，夫妇父子君臣之类的关系也都是在人性（心）先已存在的基础上发展起来的。这种说法显示出王廷相的历史观是一种发展的进化的历史观。王廷相认为：

> 鸿荒之初，未有圣人，皆夷狄也；未有名教，皆禽兽也。③
>
> 鸿荒之先，人与禽兽等，蚩蚩共居，丕丕并游，至与物合而不知择，故精气杂揉，有马人、犬人之异象。是以人入兽群不乱，鸟巢之卵可探而得。久而爱恶情盛，各利所生，人择其人相匹，遂与禽兽日远，而禽兽见之惊且疑矣。又久而人道日利，其类日广，禽兽日被其害，渐微而渐远矣。中古之时，犹有蛇龙犀象，遍于中国；今山泽开治，尽为民居，而毒虫猛兽之类灭其迹，岂非势所必至乎哉？④
>
> 鸿荒之世，犹夫禽兽也。唐虞之际，男女有别，而礼制尚阔也。殷人五世之外许婚，周人娶妇而侄娣往媵，以今观之，犯礼伤教甚矣！当时圣人不以为非，安于时制之常故尔。是故男女之道，在古尚疏，于今为密，礼缘仁义以渐而美者也。⑤

---

① （明）王廷相著，王孝鱼点校：《王廷相集》，第767页。
② （明）王廷相著，王孝鱼点校：《王廷相集》，第752页。
③ （明）王廷相著，王孝鱼点校：《王廷相集》，第800页。
④ （明）王廷相著，王孝鱼点校：《王廷相集》，第864页。
⑤ （明）王廷相著，王孝鱼点校：《王廷相集》，第819—820页。

· 255 ·

在王廷相看来，历史是发展的，与现在越近就越文明，与古越近则越蒙昧。鸿荒之世，人与动物杂处，同居并游，还没有意识到自身与动物的区别，还没有从动物界中分化出来。而后，人和动物逐渐分离，"爱恶情盛，各利所生"，由于生存的竞争和利益的冲突，人群相互集合在一起，而与动物展开生存资料的争夺，"遂与禽兽日远"。随着人类社会的逐渐发展，人与动物渐行渐远，人在与动物之间的生存竞争中也不断地提高了生存技能（人道日利），导致一些动物在中原逐渐绝迹。王廷相认为，中古之世，蛇龙犀象，遍于中国，现在，中原地区则很少能看到这些动物，这是"势所必至"。在此，王廷相以"势"来表述这种自然现象的出现，事实上已经接触到了人类社会是由低级阶段向高级阶段发展的，人类历史的发展有其必然的方向或趋势这样的历史进化论思想。王廷相又以人类早期婚姻礼仪的发展演变来说明礼教也有一个由疏阔而逐渐繁密、细致的演化过程，这表明，道德观念也是进化的。

总之，王廷相以气化论来说明人类及人类社会的起源，认为人类社会的人伦关系、道德规范都有一个从无到有、由有而逐渐美化繁复的过程。就个体的人来说，婴儿刚出生时自能饮食，但父子兄弟之人伦亲情则是后天"积习稔熟"而来，道德观念、道德意识都是在后天环境中因"习""悟""过""疑"而形成的，人的道德属性也是后天形成的。因此，人类的道德观念不是与生俱来、固定不变的。

第五章　王廷相的人生修养论

在人生修养论上，王廷相主张内外、动静交养。王廷相的心论与良知论者的看法不同，而以智思念虑为人心的本然状态，在人性论上反对先天性善说，因而，极力反对专主静坐、反观内省的修养方法，而主张一种因见闻、习练而提升主体道德境界的修养方法，对实地践履在道德修养、道德境界的提升上的作用非常重视，认为必知行兼举方可上达圣贤之域。虽然在心性论上，王廷相的看法表现出与程朱理学的诸多不同，但就人生修养论而言，其以致知带动德性的路径与程朱的观点是非常接近的。

第一节　明道莫善于致知，体道莫先于涵养

王廷相在修养论上的一个基本观点是动静交养，针对当时学者中流行的讲学之风和将静坐作为一种修养方法的现象，王廷相说：

> 近世学者之弊有二：一则徒为泛然讲说，一则务为虚静以守其心，皆不于实践处用功，人事上体验。往往遇事之来，徒讲说者，多失时措之宜，盖事变无穷，讲论不能尽故也；徒守心者，茫无作用之妙，盖虚寂寡实，事机不能熟故也。[①]

这里，王廷相指出存在于当时学者中的弊病一是泛然讲说，二是主静，归结到一点就是脱离实践，不从人事日用上习练，缺少处事应变的才能。王廷相此论反映出其在人性修养上的实用性立场。王廷相曾说：

[①]（明）王廷相著，王孝鱼点校：《王廷相集》，第478页。

近世好高迂腐之儒，不知国家养贤育才，将以辅治，乃倡为讲求良知，体认天理之说，使后生小子澄心白坐，聚首虚谈，终岁嚣嚣于心性之玄幽，求之兴道致治之术，达权应变之机，则暗然而不知。以是学也，用是人也，以之当天下国家之任，卒遇非常变故之来，气无素养，事未素练，心动色变，举措仓皇，其不误人家国之事者几希矣！①

处在明中期社会矛盾比较尖锐的背景下，而自身又有着长期的仕宦经历，王廷相非常重视实际事务的历练对于人的修养的重要性。他对于当时流行的王学"致良知"之说的批评也是从救时经世的角度而发，认为只是空守"心性之玄幽"而不注重实际事务的锻炼，最终所作养成的人才就不能担当起辅治经国的大任。这种人性修养上的实用性立场也突出地反映在王廷相的人才观上，他说：

世之平也，安静中和之士皆足以有为，缓急有用；苟无俊杰焉，诡特不羁之才亦可也。或曰："诡特无行，不可！"曰："时急其所长也，顾御之有道焉尔。德也岂悉求于众人哉？震之以敦大之气，入之以诚信之操，则受变于我而才无不效矣。"②

王廷相认为不能要求所有的人都成为圣贤，德性并不是衡量人才的唯一标准，从经时济世的缓急上考虑，即使"诡特无行"之人，只要能够以正直庄敬之气施以影响，坚定其诚信之操守，也可在国家事务中发挥其作用。王廷相说："不练事者安达治几？务文词者安知治道？"③ 因此，在人才的培养上，他把经国济世当作首要的目的，说：

诸生读书，务期以治事为本，而为有用之学。其于经书史传之中，但系圣贤讲论治世之道，及古人行事得失之迹，便当以自己身心处之，参之于古而验之于今，务求可行之具，以为后日居位治事之本。④

---

① （明）王廷相著，王孝鱼点校：《王廷相集》，第 873 页。
② （明）王廷相著，王孝鱼点校：《王廷相集》，第 786 页。
③ （明）王廷相著，王孝鱼点校：《王廷相集》，第 780 页。
④ （明）王廷相著，王孝鱼点校：《王廷相集》，第 1168 页。

第五章　王廷相的人生修养论

从为学的目的说，也要以济世安民为本：

> 人主用贤，要之在图治；君子为学，要之在具夫济世之资而已。不然，虽言语文辞与典谟雅颂相匹，要为驰骛于末，终不足以系天下安危之轻重。①

王廷相所处的明代中期，作为朱学之反动的王阳明心学正在崛起，而在此之前，陈献章的江门心学已经为之前驱。陈献章提倡"静中养出端倪"，此所谓"端倪"就是虚灵明觉的本心。湛甘泉继承江门之学而又提出"随处体认天理"之说，其实与陈献章之心学并无很大差别。心学家注重道德本心之自然发用的为学宗旨在王廷相看来都失之于玄远而不切于实用，所以他提出"实践处用功，人事上体验"，在人才观上注重实际经世技能的培养，这也是有很强的针对性的。但是，王廷相针对心学而发的批评并不表明他就不重视人才之德性养成，他说："为学不先治心养性，决无入处。性情苟不合道，则百行皆失中庸之度矣。故学当先养心性。"②"治心养性"仍是王廷相所主张的为学之入手处，但是王廷相并不赞成心学家的静坐涵养，或直任本心的自然流行，而是要求以诚敬为基、动静交养。王廷相说：

> 学者始而用功，必须（立）[主]敬存诚，以持其志，而后有进；久而纯熟，动静与道为一，则诚敬不待养而自存，志亦不待于持而自定矣。程子论持志曰："只此便是私"，此言亦过高，或恐非先生之言。儒者遂以主敬存诚以持其志为有意，而贬修治之学，殊失"下学上达"之义，近禅氏之虚静矣。③

陈献章强调在心上做工夫，主张静坐中养出"端倪"，同时在达至理想境界的工夫上主张"以自然为宗"④，此所谓"自然"即是指如天地化生、四时迭运一样自然而然，心之"自然"流行就是无滞无碍，不执着于一时一事，

---

① （明）王廷相著，王孝鱼点校：《王廷相集》，第814页。
② （明）王廷相著，王孝鱼点校：《王廷相集》，第855页。
③ （明）王廷相著，王孝鱼点校：《王廷相集》，第834页。
④ （明）陈献章著，孙通海点校：《陈献章集》，第192页。

由此而观程朱之主敬工夫便成为有意操持,完全没有了与天地同体的自然和乐的意味。对于白沙以主敬为有意,而专主静坐见心中有物的观点,胡居仁曾反驳说:"今人屏绝思虑以求静,圣贤无此法,圣贤只是戒慎恐惧,自无许多邪思妄念。不求静,未尝不静也。"①胡居仁认为:"静坐中有个戒慎恐惧,则本体已立,自不流于空寂,虽静何害!"②有主敬的工夫作为本体,所以,静并不是如佛教坐禅一样空寂无物、无思无虑。而且,主敬之为静作主也不是佛教所说的"著意","主敬是有意,以心言也。行其所无事,以理言也。心有所存主,故有意。循其理之当然,故无事。此有中未尝有,无中未尝无,心与理一也"③。主敬为本,则即使在静时心亦有所存主,因而有意,但这种有意并不是"执着",因为"心与理一",所有意者只是"循其理之当然",理得而心安,心自然不求静而自静。

胡居仁服膺程朱之主敬,很重视"下学"之工夫,他说:"程、朱开圣学门庭,只主敬穷理,便教学者有入处。"④王廷相说"儒者遂以主敬存诚以持其志为有意,而贬修治之学",这里提到的"儒者"显然是指陈献章。王廷相继承了胡居仁的观点,反对江门心学之主静,反对空无一物的静坐,认为"主敬"的"主"确有一个用意、着力的含义,主敬存诚以持其志即是"存心",要在心上进行诚敬的涵养工夫。但主敬纯熟后,便能达到心与气一、内外一致的效果,由此,不着意而视听言动无不中则,这完全是心性操养纯熟后达到的境界。王廷相说:

> 无事而主敬,涵养于静也,有内外交致之力;整齐严肃,正衣冠,尊瞻视,以一其外;冲淡虚明,无非僻纷扰之思,以一其内,由之不愧于屋漏矣。此学道入门第一义也。
>
> "持其志"者,存其心而不放也;"无暴其气"者,视听言动以礼而不任情也。心存,则所发者自不肆;气不暴,则所守者愈固。此内外一致之道,故曰"交相养"。⑤

---

① (清)黄宗羲著,沈芝盈点校:《明儒学案》,第41页。
② (清)黄宗羲著,沈芝盈点校:《明儒学案》,第31页。
③ (清)黄宗羲著,沈芝盈点校:《明儒学案》,第36页。
④ (清)黄宗羲著,沈芝盈点校:《明儒学案》,第31页。
⑤ (明)王廷相著,王孝鱼点校:《王廷相集》,第775页。

第五章　王廷相的人生修养论

在王廷相看来，不着意也就是无事，这种境界只有经过主敬的过程才能实现。与胡居仁一样，王廷相也是从下学入手，要求外则整齐严肃，内则无非僻纷扰之思。王廷相曾做有《室中杂物铭》多首，在此我们略举一二，以见其对于主敬之工夫的重视：

序：予端居诵暇，检所不逮，惕然恐惧，若履渊冰，乃托所御物，铭以自警。盖摘其阙于此，而寄其义于彼，则左右前后，皆吾师也。古谓约而言之，可以为子孙常者，其庶几乎！

屏铭：蔽其身，毋蔽于其心。蔽其身，安无害也；蔽于其心，暗莫大也。

枕铭：尔溺志于逸，自惰尔身乎？尔思力所不及，自戕尔神乎？

席铭：朴乎，毋淫于华靡！宴乎，毋惰其肢体！昭乎，毋愧于屋漏！

鉴铭：勿曰尔明，不见其后。勿曰尔仁，不掩其丑。

瓶铭：口弗守，咎乃兴；蓄弗固，德乃崩。①

胡居仁以程颐提出的主敬为存心的具体方法，批评心学和佛教不知主敬而徒守此心，或硬使心不动，或克制心使其无思无虑，都与儒家内则以诚敬养心、外则履行伦理义务的存心方法不同。他说：

禅家存心有两三样，一是要无心，空其心，一是羁制其心，一是观照其心；儒家则内存诚敬，外尽义理，而心存。②

这里，羁制其心即是指将心之意向用力凝定在某一具体事物上，使心不放纵、散乱。对此，王廷相也有相同的看法，他说：

张横渠云："读书以维持此心，一时放下则一时德性有懈。"此与维摩诘数念珠何异？学者贵收养其心，不令放纵耳，何必用书以为维持之

---

① （明）王廷相著，王孝鱼点校：《王廷相集》，第445—447页。
② （清）黄宗羲著，沈芝盈点校：《明儒学案》，第41页。

具？但能操在纯熟，则心有定向，不待持之而无不存矣。①

王廷相认为心之操存并不是指借助于外物以将心之意向固定下来，硬将心把捉在此，硬使心不动，而是要保持心处于诚敬的状态，在内外交养的作用下，心自然会有趋向于仁义道德的意识状态。王廷相认为这种内外交养的具体节目就是：

先以义理养其心，"志于道，据于德，依于仁"是也。复以礼乐养其体，声音养耳，彩色养目，舞蹈养血脉，威仪养动作是也。内外交养，德性乃成，由是动合天则，而与道为一矣。今人外无所养，而气之粗鄙者多，内无所养，而心之和顺者寡，无怪乎圣贤之不多见矣。②

以义理养其心即是心对于道德原则的体认、固守，礼乐养其体则是言行动止遵循道德规范。王廷相认为人心不是纯善，外在的环境影响又会使心在可善可恶之间摇摆，所以在心性修养上他主张以义理养心与以礼乐养体内外夹持以成其德。从外在的方面说，以圣贤古今名教为标准，学习六经典籍以为行为之楷式；从内在的方面说，注重心气的完养，一方面涵养省察，不断廓清气质之驳杂，另一方面要不断格物穷理，在人事上习练。如此则会达到言行检制无不中其则，心不待持而自存的境界。

王廷相论主敬有同于胡居仁处，也继承了程朱之主敬说。王廷相反对空寂寡实的一味静坐而坚持动静交养的修养观，这也是其本体论推导于修养论上的必然结论。他说：

圣人之学有养有为，合动静而一之，非学顾如是，乃造化人物之道，会其极，诣厥成，自不能不如是尔。周子倡为"主静立人极"之说，误矣。夫动静交养，厥道乃成，主于静则道涉一偏，有阴无阳，有养无施，何人极之能立？缘此，后学小生专务静坐理会，流于禅氏而不自知，皆

---

① （明）王廷相著，王孝鱼点校：《王廷相集》，第855页。
② （明）王廷相著，王孝鱼点校：《王廷相集》，第814页。

第五章　王廷相的人生修养论

先生启之也。嗟嗟！立言者，可不慎乎哉！①

王廷相认为为学之道有养有为，静则以义理涵养心性，动则以具体的事为展现心性之能，动静交养方能确立人道的根本，而与造化人物之道合一。从本原上说，动静交养的为学之道是由阴阳造化之体所决定的，体现了阴阳二气之动静阖辟神化不已的性能。王廷相说：

> 阴阳也者，气之体也。阖辟动静者，性之能也。屈伸相感者，机之由也。缊缊而化者，神之妙也。生生不息，叠叠如不得已者，命之自然也。②
>
> 元气之中，万有俱备，以其气本言之，有蒸有湿。蒸者能运动，为阳为火；湿者常润静，为阴为水。无湿则蒸靡附，无蒸则湿不化。始虽清微，郁则妙合而凝，神乃生焉。故曰"阴阳不测之谓神"。是气者形之种，而形者气之化，一虚一实，皆气也。神者，形气之妙用，性之不得已者也。三者，一贯之道也。③

阴阳之气相互配合则能造化天地万物，具体而言，阳代表着气化之生生不息的运动性能，阴代表着助养万物、使气化之生生能完成的性能。王廷相以蒸、湿为喻来说明阴阳在气之生成化育过程中所体现出的不同作用，阳为发用，阴则润成，气化之道生妙无穷，就在于阴阳得类配合而各有其用。如果只有阴而无阳，或只有阳而无阴，则是"偏阳不生，孤阴不育"，不能起生化作用，所以，生成、动静、养施作为造化之体之内在的两种相互依存的作用，只有相互配合才能彰显其造化万有的妙用。

王廷相说：

> 静而无动则滞，动而无静则扰，皆不可久，此道筌也，知此而后谓之见道。天动而不息，其大体则静，观于星辰可知已；地静而有常，其

---

① （明）王廷相著，王孝鱼点校：《王廷相集》，第857页。
② （明）王廷相著，王孝鱼点校：《王廷相集》，第754页。
③ （明）王廷相著，王孝鱼点校：《王廷相集》，第963页。

大体则动，观于流泉可知已。①

造化自然之本体有动有静而动静合一，有养有施而阴阳配合，所以体天道而明人事也必得是有养有为，周敦颐所说"主静立人极"则是涉于一偏，有阴而无阳，所以，不能作为人道之衡准。王廷相认为：

> 静，生之质也，非动弗灵；动，生之德也，非静弗养。圣人知乎此，精之于人事，和之于天性，顺之于德义，其机若谋，其成若符，其适若休。常之谓天道，纯之谓大德，是谓与神合机，非求于动而能若是哉？世之人知求养而不知求灵，致虚守静，离物以培其根，而不知察于事会；是故淡而无味，静而愈寂，出恍入惚，无据无门，于道奚存乎？谚有之曰："土闭不活，不蘄而塙；水闭不流，不蘄而溲"，言灵之不入也。②

又说：

> 静，寂而未感也；动，感而遂通也，皆性之体也。圣人养静以虚，故中心无物；圣人慎动以直，故顺理而应，此皆性学之不得已者。后儒独言主静以立本，而略于慎动，遂使孔子克己复礼之学不行，而后生小子以静为性真，动为性妄，流于禅静空虚而不自知，悲哉！③

王廷相曾说"阖辟动静者，性之能也"，又说气、性、神"三者，一贯之道也"。这就是说，从气化万有的本然状态看，性之体即是动静合一的。从人性论的角度说，性之静是寂而未感之体，表现为气质所成的能动的灵明之性，性之动是感而遂通之用，表现为人之知觉运动对于外界的反应，二者皆统一于人性之本。此处所谓"静，生之质也，非动弗灵；动，生之德也，非静弗养"，须结合王廷相"性者，气之灵能而生之理"的说法来理解，从存在上说，性代表着能生之理，从本原上说，性代表着能生之本体。借用牟宗三的

---

① （明）王廷相著，王孝鱼点校：《王廷相集》，第 774 页。
② （明）王廷相著，王孝鱼点校：《王廷相集》，第 772—773 页。
③ （明）王廷相著，王孝鱼点校：《王廷相集》，第 846 页。

第五章 王廷相的人生修养论

话说，性"即活动即存有"，性之静标示了蕴于存有之中的一种性能，性之动标示了此存有之创生不已的实际过程，只有在创生不已的具体过程中才能显现出性之能动的本质。王廷相说"性者，合内外而一之道也"，即是指人性是动静合一、内在的灵明与外在的反应合一的存在。由此来看，在人的心性修养上就不能只是静守其心。王廷相并不反对将主静本身当作心性之养成的一种方法，但认为必须察于事会才是实养。他说：

> 动静交相养，至道也。今之学者，笃守主静之说，通不用察于事会，偏矣。故仆以动而求灵为言，实以救其偏之弊也，非谓主静为枯寂无觉者耳。①
>
> 古人有身教焉，今人惟恃言语而已矣，学者安望其有得？近世复有以清心、静坐、解悟教人者，求诸义理、德性、人事之实，则茫然不达，此又言语之不如也。②

性之本只是一个灵明，若只是固守此灵明之性，致虚守静，则无异于离物以培其根，成为脱离了实际内容的、淡而无味的空洞的玄想。王廷相认为，察于事会，以义理、德性、人事之实修养心性，可以纠正专一主静之枯寂无觉，而且就性之灵明之能说，察于事会也是灵明之性不断得到发展、丰富的源泉。③

由以上分析可见，动静交相养的修习方法与王廷相对于性的理解有关。王廷相认为性是气之灵能而生之理，从心性角度说，性是人心的智虑思维能力，"识灵于内，性之质"，性之内在实质就是人心之灵识，在主体没有与外物接触的情况下，此心保持寂然不动，而当与外物发生交接，此灵明之体就会发挥作用，即所谓感而遂通。王廷相说："知觉者心之用，虚灵者心之体，故心无窒塞则随物感通，因事省悟而能觉。是觉者智之原，而思虑察处以合乎道者，智之德也。"④ 这里，窒塞的对立面是虚灵，王廷相说"心无窒塞"

---

① （明）王廷相著，王孝鱼点校：《王廷相集》，第667页。
② （明）王廷相著，王孝鱼点校：《王廷相集》，第855页。
③ 王廷相说："心固虚灵，而应者必藉视听聪明，会于人事，而后灵能长焉。"（明）王廷相著，王孝鱼点校：《王廷相集》，第604页。
④ （明）王廷相著，王孝鱼点校：《王廷相集》，第838页。

· 265 ·

即是类似于荀子说心时的"虚壹而静",虚则中心无物,没有先入之见和主观情绪的干扰,而能认识外物。心之能觉皆是因为外物,而觉者智之原,是人之知识的根本,所以王廷相强调必须察于事会才能使心性得到修养。

王廷相说:

> 动静者、合内外而一之道也。心未有寂而不感者,理未有感而不应者,故静为本体而动为发用。理之分备而心之妙全,皆神化之不得已也。圣人主静,先其本体养之云尔。"感而遂通","左右逢原",则静为有用,非固恶夫动也。世儒以动为客感而惟重乎静,是静是而动非,静为我真而动为客假,以内外为二,近佛氏之禅以厌外矣。①

王廷相认为主静以养心并非一无可取,但不能离开心之知觉运动,静养心体可使其清冲虚明,但这是为了感而遂通、左右逢源之具体发用而不得不有的工夫,不能脱离外在的实践、实历而一味静坐。单纯"致虚守静"的养心方法,无异于"离物以培其根",内外不能合一,"近佛氏之禅以厌外矣"。王廷相非常推崇张载,但对其所谓的心只须宁静固守,即使眼前出现任何事都不去反应的说法并不赞同。他说:

> 心固贵静定,目前之事有不得不动而应者,虽细小之感,亦当起而应之,所谓常静常应是也。《易》曰:"无思也,无为也,感而遂通天下之故",岂有事至目前而不恤者耶?若然,类禅定而无应矣,于道也奚益?②

这里王廷相对于张载的批评是与其"心未有寂而不感者,理未有感而不应者"的说法相一致的。按照王廷相的理解,心之体本是灵明之觉,心贵静定,是要求在应事之前去除心中原有的成见,做好心理准备,不以所已知妨害对未知的认识。但即使如此,心体上的虚心而静,也不等于说心就是一潭死水,对任何出现于眼前的事物都不作出反应,即使细小之感,心也是会产

---

① (明)王廷相著,王孝鱼点校:《王廷相集》,第774页。
② (明)王廷相著,王孝鱼点校:《王廷相集》,第852页。

第五章　王廷相的人生修养论

生反应的。在王廷相看来，常静即认识之前的心理准备，常应即是心所本有的智思念虑能力，有这种能力则对目前之事就有不得不动而应者也。

王廷相动静交相养的主张是其人性论在心性修养论上的逻辑结论，他主张察于事会以养心反映其注重见闻、注重思与见闻之会的倾向。比照心学贬低见闻之知，专以致虚守静为心性修养之要法，王廷相动静交相养的观点表现出一种心性修养论上的理智主义倾向，其所谓察于事会以养心、养性就含有主体认识能力的不断提升、知识内涵的不断丰富方面的意义。同时，"圣人养静以虚，故中心无物；圣人慎动以直，故顺理而应"，动静交养的另一方面的意义就是主体道德境界的提升，"中心无物"不仅是说为保证认识的客观性而去除成心，还指去除主观的好恶、情绪的波动，以及欲望，如此方能"顺理而应"。显然，这与程颢《定性书》中"情顺万事而无情"的主张是一致的。王廷相说：

圣人之心虚，故喜怒哀乐不存于中；圣人之心灵，故喜怒哀乐各中其节。是喜怒哀乐因事而有者也，惟中本无，故事已即已，虚如常焉。程子曰"圣人情顺万事而无情"，以此。①

又说：

作圣之途，其要也二端而已矣：澄思寡欲，以致睿也；补过徙义，以日新也。卒以成之，曰诚。

事物沓至，惟有道者能御之，盖心虚而气和尔。心虚，无先物间之；气和，无客意挠之。无间故能公，无挠故能平，君子可以御天下矣。②

无我者，圣学之极致也。学之始，在克己寡欲而已矣。寡之又寡，以至于无，则能大同于人而不有己矣。虽天地之度，不过如此。③

可见，"中心无物"即是心虚，既有为保持认识的全面与客观而去除先入

---

① （明）王廷相著，王孝鱼点校：《王廷相集》，第857页。
② （明）王廷相著，王孝鱼点校：《王廷相集》，第760页。
③ （明）王廷相著，王孝鱼点校：《王廷相集》，第764页。

之见的意义，也有澄思寡欲而以公、平的价值标准处事接物的意义，是一种道德修养的方法。王廷相认为克己寡欲对于保持道德标准的坚定性，以及做出正确的价值判断也有重要意义，如他说：

> 有所好，神志不得清泰，必动心于得失之际，岂不累于所好哉？①
>
> 人心澹然无欲，故外物不足以动其心，物不能动其心则事简，事简则心澄，心澄则神，故"感而遂通天下之故"。是故无欲者，作圣之要也。②

"所好"即"欲"，"嗜欲深者天机浅"，嗜欲会引起心动于得失之际，心为外物所牵引，而使心常处于患得患失的思虑之中，这样就会扰乱心智，使人心不能保持一种虚静自得的状态，无法从私我、小我的拘限中摆脱出来而实现"大同于人"。可见，王廷相虚心静养的修养方法也包含有道德的要求，是与去人欲具有同一内涵的成圣之要法。

从道德论的意义上说，心体上的致虚守静等同于寡欲、去欲，同时，心又是认识论上的主体，从心之知的角度看，致虚守静之法又是为了在对天理与私欲进行认识的基础上给予伦理原则一个容受的空间。王廷相说：

> 人心如匮，虚则容，实则否。道义者，心之天理也，知之必践之，以为宝而匮之；戾乎道义者，心之私欲也，知之且禁之，以为砂砾而弃之。匮之未盈，犹足容也，故私欲之感，或可以乘隙而入；至于天理充满，无少亏欠，匮盈而无隙可乘矣，夫安能容？故学者当蓄德以实其心。③

朱熹曾以壶喻心，认为壶中充满水则外水不能入，心中天理满盈则人欲不能容，王廷相显然是接受了朱熹的看法而以匮喻心，认为匮未盈则私欲或可乘隙而入，匮中天理充满则私欲就无隙可乘。但是有一点不同的是朱熹认

---

① （明）王廷相著，王孝鱼点校：《王廷相集》，第852页。
② （明）王廷相著，王孝鱼点校：《王廷相集》，第773页。
③ （明）王廷相著，王孝鱼点校：《王廷相集》，第777页。

第五章 王廷相的人生修养论

为心中本有天理,只是私欲间隔,遮蔽了天理而不能使其显现,王廷相却并不认为人心本就是道德完满的实体,心中本无天理,所以才需要心去认知天理,进而蓄德以实其心。王廷相说:

> 心理贵涵蓄,久之可以会通冥契。何也?心之神,敛而存,荡而亡者也。有所得而固存之,日见其充积也;有所闻而固蓄之,日见其畅达也。故"中心藏之,何日忘之",由于不言。道听途说,谓之弃德。①

得者自得,即"精心以察之,验诸天人,参诸事会,务得其实而行之"②。闻者见闻,即思与见闻之会。在道德论上,王廷相强调人之德性的养成须经一个由见闻所得而逐渐蓄充、积累的过程,这样,其所谓心之存养还是以心为本的积累贯通,这完全是与程朱"涵养须用敬,进学则在致知"相通的道问学的路数。王廷相始终不能对于心学之"良知良能"说有充分的信任,对心学家纯任本心良知而专主静坐的工夫论持激烈反对的态度,在为学之次第上自然就会向程朱之格物致知、集义养气的路径靠拢。王廷相说:

> 必从格物致知始,则无凭虚泛妄之私;必从洒扫应对始,则无过高躐等之病。上达则存乎熟矣。③
>
> 明道莫善于致知,体道莫先于涵养。求其极,有内外交致之道,不徒讲究以为知也,而人事酬应得其妙焉,斯致知之实地也;不徒静涵以为养也,而言行检制中其则焉,实致养之熟途也。④

格物致知在朱学中具有认识论的意义,但主要是一种道德修养的方法。朱熹说:"格物只是就事上理会,知至便是此心透彻","格物是物物上穷其至理,致知是吾心无所不知"。⑤ 所谓"无所不知",即是知天人物我贯通之理,朱熹的"理一分殊"说是达到这种"贯通"的逻辑前提。但这也不是说只须

---

① (明)王廷相著,王孝鱼点校:《王廷相集》,第776页。
② (明)王廷相著,王孝鱼点校:《王廷相集》,第772页。
③ (明)王廷相著,王孝鱼点校:《王廷相集》,第778页。
④ (明)王廷相著,王孝鱼点校:《王廷相集》,第778页。
⑤ (宋)黎靖德编,王星贤点校:《朱子语类》,第291页。

穷得一事一物之理便可以"贯通"，朱熹要求就物物上穷理，格物穷理之"物"不仅有外物，也包括自身在内，格物不可只向外物求，但亦不可只反求自身。从实际做工夫上说，要在"格物"处"致知"，"于这一物上穷得一分之理，即我之知亦知得一分；于物之理穷二分，即我之知亦知得二分；于物之理穷得愈多，则我之知愈广"①。多穷得一分理，即多扩大一分吾心之明或大用，积累渐多，终会至于"豁然贯通"，为学之目的或方向就在于推极吾知而达到吾心之全体大用无不明的境地。不难看出，朱熹的这种逐步积累的工夫进路是偏向于道问学一边的。陆九渊主张"道不外索"，②认为："人皆有是心，心皆具是理，心即理也。……所贵乎学者，为其欲穷此理，尽此心也。"③因此，陆九渊倡导"自存本心"的易简工夫，只要"敬此心之存，则此理自明"。从心即理的立场看，朱熹格物致知、即物穷理的逐渐积累工夫，自然是"支离事业"。明代心学运动之代表者王阳明格竹不得而发"圣贤是做不得的，无他大力量去格物"之叹，认为："纵格得草木来，如何反来诚得自家意。"经过龙场之悟，王阳明将学问的重心完全转向内心，提倡致良知的简易直截工夫，在打通格物穷理与心上做工夫之路径的同时，也取消了朱熹格物论中的认识论成分，否定了经典研究和探究外在事物之理的必要性。王廷相主张为学当以格物致知、洒扫应对为起始，上达则有赖于致知之精与事为之熟，这其中明显表达出一种实地用功、逐渐积累的特点，与朱学的道问学进路是一致的。但是，这种逐渐积累之最终目的并不是如朱熹所说的推极吾知而达到吾心之全体大用无不明，当然也不是将吾之良知致之于事事物物上，而是要求在人事酬应上能够顺理而为。王廷相说：

  心乃体道应事之主，故程子曰："古人之学，惟务养性情，其他则不学。"虽然，君子欲有为于天下，明经术，察物理，知古今，达事变，亦不可不讲习，但有先后缓急之序耳。④

  君子之学，博于外而尤贵精于内，讨诸理而尤贵达于事。⑤

---

① （宋）黎靖德编，王星贤点校：《朱子语类》，第399页。
② （宋）陆九渊著，钟哲点校：《陆九渊集》，第64页。
③ （宋）陆九渊著，钟哲点校：《陆九渊集》，第149页。
④ （明）王廷相著，王孝鱼点校：《王廷相集》，第852页。
⑤ （明）王廷相著，王孝鱼点校：《王廷相集》，第776页。

第五章　王廷相的人生修养论

明道莫善于致知，致知可以明道，但在王廷相看来，明道并不是致知的最终目的，致知以明理固然不可少，但更要应事通达。致知以明道，项目甚多，如"明经术，察物理，知古今，达事变"等皆在其内，但这许多项目最终都应指向一个目的，即有为于天下。

王廷相又说"体道莫先于涵养"，此所谓"体"即体认，是指主体涵泳于道之中，使自身之言行动止依理而行。依照王廷相动静、内外一致的修养论，涵养并不只是静坐，还有言行动止上的省察之功。王廷相说：

> 存养在未有思虑之前，省察在事机方萌之际。《大学》心有所忿懥，有所好乐，有所恐惧，有所忧患，则皆不得其正，是教人静而存养之功也。能如是，则中虚而一物不存，可以立廓然大公之体矣。《论语》非礼勿视，非礼勿听，非礼勿言，非礼勿动，以克去己私，是教人动而省察之功也。能如是，则己克而一私不行，可以妙物来顺应之用矣。圣人养心慎动之学，莫大于此，学者当并体而躬行之，则圣人体用一源之域，可以循造矣。①

在心性修养的方法上，王廷相反对独以静坐为功，但并不是否定静养对于心之思虑、情感、意念等心理活动的影响和作用，他认为《大学》"身（心）有所忿懥，有所恐惧，有所好乐，有所忧患，则不得其正"就是说心体上的静养之功，认为这是正心之本，②而《论语》中"非礼勿视、听、言、动"则是说动而省察。对于涵养与省察，王廷相有一个确切的说法：

> "夫何以谓存养？"曰："心未涉于事也，虚而无物，明而有觉，恐恐焉若或汨之也。""夫何以谓省察？"曰："事几方萌于念也，义则行之，不义则否，履冰其慎也，恐一念不义，蹈于小人之途也。"曰："存省善矣，亦有不可行者，何也？"曰："或时势之殊，始而穷理未至也，能中止以改图，亦不害其为善，故曰：'善无常主'，此既事体量之学也。"③

---

① （明）王廷相著，王孝鱼点校：《王廷相集》，第856—857页。
② 朱熹《大学章句》取程子义将"身有所忿懥"之"身"释为"心"。
③ （明）王廷相著，王孝鱼点校：《王廷相集》，第778—779页。

· 271 ·

仔细分析王廷相对于涵养与省察的说法，我们不难发现其与朱熹论已发未发的共同点。

朱熹的"己丑之悟"纠正了他以前所接受的湖湘之学以性为未发、心为已发的观点，而从心理活动的不同阶段或状态确定未发、已发，他说："……思虑未萌、事物未至之时为喜怒哀乐之未发，当此之时即是心体流行寂然不动之处，而天命之性体段具焉。以其无过不及、不偏不倚，故谓之中，然已是就心体流行处见，故直谓之性则不可。"① 这是认为思虑未萌时心的状态为未发，思虑已萌时心的状态为已发，心的活动是连续不间断的过程，但这其中有心之已发时，有心之未发时。朱熹如此区分未发、已发，是有鉴于湖湘之学先察识、后涵养的主张缺少静中涵养的工夫，在"己丑之悟"后，朱熹把修养工夫分为未发时的持敬和已发时的致知，从而使心贯通未发已发，将静中的涵养与动时的省察结合起来。陈来将朱熹"己丑之悟"对于朱学的意义说得很明白："未发的主敬不同于李侗的静中体认，已发的致知也超出了湖湘学派察识良心而更多容纳了知识论的内容，……表明朱熹已经确立了他自己的学问宗旨。"②

从朱熹的"已发未发"说反观王廷相对于存养、省察的看法，其所谓"心未涉于事"是指心之思虑未萌，即未发；"事几方蒙于念"是指心之思虑已现，即已发。王廷相说"心未涉于事也，虚而无物，明而有觉，恐恐焉若或汩之"，"虚而无物"可以从"无先物间之"的意义上理解，当然也有"人心澹然无欲，故外物不足以动其心"的意思，但是"明而有觉，恐恐焉若或汩之"则明确地指出了心之知觉的作用，虽然"心未涉于事"，但并不表明就没有心的活动，只不过是处于寂然不动的未发状态。"事几方蒙于念也，义则行之，不义则否"，此所谓念即是思维念虑，王廷相说"义则行之，不义则否"即指动时的省察，在思维念虑与外物发生交接的时候要注意察识心之思虑之发的正当性。

王廷相所说的动时省察指心要对于思虑之动的正当与否做出判断，这种判断建立在致知以明道的基础上，这不同于心学所谓的当体即知是知非的良知，而是包含有这样的意思，即在心之思虑做出判断之前已有一定的知识积

---

① 朱杰人、严佐之、刘永翔主编：《朱子全书》，第 3267 页。
② 陈来：《朱子哲学研究》，第 176 页。

累，内心已经确定了一个标准，如此才能对思维念虑之发的正当与否做出判断。王廷相针对已有存养省察之功而犹未能行事合道的现象的解释是："或时势之殊，始而穷理未至也。"时势是指外在环境的影响，而"穷理未至"则是说致知未能精确。王廷相说"义理明，天下无难处之事"①，这说明，在心对于义理有精确认识的基础上，心才能做出正确的判断，进而处事无误。

王廷相说：

> 人心当思时则思，不思时则冲静而闲淡，故心气可以完养。或曰："心不能使之不思。"曰："涵养主一之功未深固尔。苟未深固，则淆乱而不清，岂独思扰于昼？而梦亦纷扰于夜矣。深固则渊静而贞定，无事乎绝圣弃智，而思虑可以使之伏矣，然非始学者之物也。"②

心有感于外则动，心气不涵养省察，自会为物感所惑，或"思扰于昼"，或"梦亦纷扰于夜"，这是思虑之心扰动于外而不能契合于道的结果。王廷相认为心之内在的涵养省察若能深固，就会达到"当思时则思，不思时则冲静而闲淡"的境界。从王廷相动静一贯、内外一贯的立场说，心之涵养能否深固，关键在于心对于义理之体认是否契合于道，能契合于道，则不会为具体的事物、现象所迷惑、吸引、陷溺，这并不是如老庄般的绝圣弃智，而恰是在心之智思性能充分发挥、对义理加以精察而切己体会的基础上所形成的心理状态。

可以说，王廷相在心之存养与省察的问题上多接受朱熹的观点，但其中也是有一些不同的。比如，作为朱熹"己丑之悟"之前导的湖湘之学的察识良心，显然是王廷相不会认同的。按照湖湘之学的说法，良心之端倪的察识是涵养的前提，而在王廷相看来，心之察识的内容不仅有义，也有不义；在涵养的内容上有"恐恐焉若或汩之"的道德意识，但这却不是省察所得，而是不断致知明道的结果。事实上，从心之思虑活动与外物交接的阶段和状态上说，王廷相"存养在未有思虑之前，省察在事机方萌之际"的说法比较接近朱熹的已发未发说，但就内容上看，涵养与省察的主体在王廷相看来都是

---

① （明）王廷相著，王孝鱼点校：《王廷相集》，第 772 页。
② （明）王廷相著，王孝鱼点校：《王廷相集》，第 775 页。

认知心贯穿始终的，体现出一种鲜明的理智主义特点。王廷相这种理智主义的修养方法也体现在他的人才观上，如其所云：

> 古者四十始仕，经历多，涵养深，识见精，义理纯，天下之事可以数计而运之掌。以若人而御国，其于治也何有？今之士类以文辞举之，少年德性未成，义养未至，利害可以怵，疑似可以惑，虽才质有为，取败多矣，此谓之罔材。①

第二节　知行兼举

宋明理学家谈天道、谈心性，其实最终都是要归宿在如何实现天道与人道的贯通、个体如何实现自我价值以成德的问题上。本质上，儒学是一种道德实践哲学，宋明理学发展出一套周密、细致的理、气、心、性体系，最终都要落在主体的实践上。在个体的实践中如何实现人之为人的本质，修身以成德，最终达到天人合一的境界，必须经过一系列自我认识、自我实践和自我修养的过程。理学家无一例外都关注知行的问题，就是要解决如何成圣成贤的方法问题。当然，在这个问题上，理学家的看法并不一致，当时朱熹与陆九渊的论辩就突出地反映了他们这种为学之方的不同。对此，朱熹有自己的认识，他说："子寿兄弟气象甚好，其病却是尽废讲学而专务践履，却于践履之中要人提撕省察，悟得本心，此为病之大者。"② 当然，朱熹本人并不是完全弃本心而不讲，他只是对于陆学"脱略文字，直趋本根"的方法不满，同时也认识到自己专注于格物穷理的偏向而力图有所纠正，他说："大抵子思以来教人之法，惟以尊德性、道问学两事为用力之要。今子静所说专是尊德性事，而熹平日所论却是道问学上多了。……今当反身用力去短集长，庶几不堕一边耳。"③ 可见，朱熹提倡"去短集长""不堕一边"，将道问学、尊德性同视为学者进德修身之要法。朱熹在其《四书集注》中的说法应当说是他

---

① （明）王廷相著，王孝鱼点校：《王廷相集》，第859页。
② 朱杰人、严佐之、刘永翔主编：《朱子全书》，第1350页。
③ 朱杰人、严佐之、刘永翔主编：《朱子全书》，第2541页。

在这个问题上的基本态度,其云:"尊德性,所以存心而极乎道体之大也。道问学,所以致知而尽乎道体之细也。二者修德凝道之大端也。"①

陆九渊一开始否定通过读书求知而成圣的可能性,但在与朱熹往复辩论的过程中也逐渐改变了对读书穷理的排斥态度,如他说:"若事役有暇,便可亲书册,所读书亦可随意自择,亦可商量程度,无不有益者。"② 不仅如此,陆九渊还要求"后生看经书,须着看注疏及先儒解释,不然,执己见议论,恐入自是之域,便轻视古人"③。但是,对于陆九渊来说,读书仍是处于第二位的,只是涵养德性的手段,并不能像朱熹所做的那样将读书穷理摆在与尊德性同等的位置。

朱陆在为学之方上的争论经过其各自弟子、门人的继承、发展和深化,各自的长短、利弊也逐渐地暴露出来,迄至元代,出现了一股朱陆"兼综""和会"的思想动向。这其中的代表性人物如吴澄、郑玉等人虽有"右陆""右朱"的不同,④ 但皆认为朱陆为教本无不同,只是二家"庸劣"之门人植立门户、互竞短长,使人觉得朱陆之异好像冰炭之相反。比如吴澄就说:"朱陆二师之为教,一也。而二家庸劣之门人,各立标榜,互相诋訾。至于今,学者犹惑,呜呼甚矣,道之无传而人之易惑难晓也!"⑤ 郑玉也说:"近时学者,未知本领所在,先立异同,宗朱则毁陆,党陆则非朱。此等皆是学术风俗之坏,殊非好气象也。"⑥ 郑玉并且具体分析了两家的利弊:"陆子之质高明,故好简易;朱子之质笃实,故好邃密。盖各因其质之所近,故所入之途不同。及其至也,仁义道德,岂有不同者?同尊周、孔,同排佛、老,大本达道,岂有不同者?……朱子之说,教人为学之常也;陆子之说,才高独得之妙也。二家之说,又各不能无弊。陆氏之学,其流弊也,如释子之谈空说妙,至于卤莽灭裂,而不能尽夫致知之功。朱子之学,其流弊也,如俗儒之寻行数墨,至于颓惰委(萎)靡,而无以收其力行之效。然岂二先生垂教之

---

① (宋)朱熹撰:《四书章句集注》,第35—36页。
② (宋)陆九渊著,钟哲点校:《陆九渊集》,第38—39页。
③ (宋)陆九渊著,钟哲点校:《陆九渊集》,第431页。
④ 全祖望说:"草庐出于双峰(饶鲁),固朱学也,其后亦兼主陆学。"又说:"继草庐而和会朱、陆之学者,郑师山也。草庐多右陆,而师山则右朱,斯其所以不同。"见(清)黄宗羲著,全祖望补修《宋元学案》,第3036、3125页。
⑤ (清)黄宗羲著,全祖望补修:《宋元学案》,第3046页。
⑥ (清)黄宗羲著,全祖望补修:《宋元学案》,第3127页。

罪哉？盖学者之流弊耳。"① 郑玉之分析可谓持正，看到了朱、陆各自的学术特点。但事实上，元代的朱陆"和会"还是有所倾向的，"实际上是以朱学笃实的工夫，去弥补陆学'谈空说妙'的弊病，从而使陆学获得生机"②。陆学所获得的这种"生机"，其具体的展开就是明代所兴起的心学运动。③

王廷相对于朱陆之间的这种差别也有所认识，他说：

> 朱子与吴茂实书云："近来自觉向时工夫，止是讲论文义，以为积集义理，久当自有得力处，却于日用功夫全少点检。诸友往往亦只如此做功夫，所以多不得力。今方深省而痛惩之，亦愿与诸同志勉焉，幸老兄遍以告之也。陆子寿兄弟近日议论与前大不同，却方要理会讲学，其徒有曹立之、万正淳者来相见，气象皆尽好，却是先于性情持守上用力。此意自好，但不合自主张太过，又要得省发觉悟，故流于怪异耳。"观此则知文公先生亦曾悔悟自己偏于讲论文义之非，子静先生亦非不曾讲学者，但其门人无识，各竞门户之胜，自相排诋，遂致二先生有支离、禅定之异。后学不能深察详考，随声附和，眇无会通之见，崇朱者以讲论为真诠［，］守陆者以禅定为要轨，终身畔于圣人之学而不自知，由之各相沿习，误天下后学，至于今尚然。④

王廷相引朱熹本人的说法，也是为了说明朱陆之争实为无益，而之所以"崇朱者以讲论为真诠，守陆者以禅定为要轨"，都是其门人无识、各争门户之见的结果。其实，王廷相在这个问题上也是吸收了郑玉的看法，《王氏家藏集》卷三十有《策问》三十五首，其一云：

> 问：有宋晦庵朱子、象山陆子，皆以道学倡鸣于时。其始也，有相异之嫌；其终也，有道合之雅。今二先生遗文炳炳，可指其所以先异后同之实言之乎？说者曰：朱子之论，教人为学之常；陆子之论，高才独

---

① （清）黄宗羲著，全祖望补修：《宋元学案》，第 3128 页。
② 侯外庐、邱汉生、张岂之主编：《宋明理学史》（上），第 755 页。
③ 有学者指出：元代理学发展史上出现的朱陆合流"是后来明代王学的先声"。见侯外庐、邱汉生、张岂之主编《宋明理学史》（上），第 765 页。
④ （明）王廷相著，王孝鱼点校：《王廷相集》，第 848—849 页。引文中［，］为引者所加。

第五章 王廷相的人生修养论

得之妙。陆之学,其弊也卤莽灭裂,而不能尽致知之功;朱之学,其弊也颓惰(惰)委靡,而无以收力行之效。盖言学二子者,其流有偏重不举之失矣。果然乎?抑所入之途虽异,而所造之域则同乎?夫学者所以学圣人者也,合二子之道而一之,将近圣人之轨与?请言其用力之序。①

这里所谓"为学之常""才高独得""卤莽灭裂""颓惰委靡"等文字明显是郑玉的原话,而且,王廷相进一步对郑玉所说的朱、陆二人"各因其质之所近,故所入之途不同"的话做了解释,他说:

> 世之学者,所入之途二:颖敏者易解悟,每暗合于道,故以性为宗,以学为资;笃厚者待资藉,始会通于道,故以学为宗,以纯为资。由所造异,故常相诋焉,皆非也。②

事实上,从王廷相性气一本论的立场来看,人之禀气本就有清浊粹驳之多样性,具体表现在人的性格上,有的人天资聪颖畅达,易于领会高深的道理,有的人则敦笃厚重,需要通过读书学习逐渐理解复杂的问题,甚至有的人"心拘于气",而"至死不能尽虚尽明"③,不能通达事理。有意思的是,朱熹与陆九渊的个人性格似乎也显示出这种天生的差异。朱熹自己就多次说,"熹天资鲁钝,自幼记问言语不能及人"④,"熹自少愚钝,事事不能及人"⑤。而据陆九渊《年谱》记载:"先生八岁,读《论语·学而》,即疑《有子》三章。及看《孟子》,到曾子不肯师事有子,至'江汉以濯之,秋阳以暴之'等语,因叹曾子见得圣人高明洁白如此。又卯角时,闻人诵伊川语,云:'伊川之言,奚为与孔孟之言不类?'盖生而清明,有如此者。梭山尝云:'子静弟高明,自幼已不同,遇事逐物皆有省发。尝闻鼓声振动窗槛,亦豁然有觉。其进学每如此。'"⑥

---

① (明)王廷相著,王孝鱼点校:《王廷相集》,第537页。
② (明)王廷相著,王孝鱼点校:《王廷相集》,第771页。
③ (明)王廷相著,王孝鱼点校:《王廷相集》,第855页。
④ 朱杰人、严佐之、刘永翔主编:《朱子全书》,第1700页。
⑤ 朱杰人、严佐之、刘永翔主编:《朱子全书》,第1696页。
⑥ (宋)陆九渊著,钟哲点校:《陆九渊集》,第481—482页。

王廷相从个人的天资禀性上解释朱陆学术取径上的差异，认为气化生人，因禀气粹驳而有具体的性格表现之异，表现在为学入道的方法上就有"以性为宗，以学为资"与"以学为宗，以纯为资"的不同，揆之朱陆二人，这一说法不无一定的道理。

王阳明曾作有《朱子晚年定论》，乃其采录朱熹论学书信三十余封裒集而成。在该书序言中，王阳明认为："世之所传《集注》《或问》之类，乃其中年未定之说，自咎以为旧本之误，思改正而未及，而其诸《语类》之属，又其门人挟胜心以附己见，固于朱子平日之说犹有大相谬戾者。"阳明为此书之目的，他自己说得很明白："自幸其说之不谬于朱子，又喜朱子之先得我心之同然，……示夫同志，庶几无疑于吾说。"① 阳明自己也清楚其学术与当时作为正统的朱学有隔阂，为寻求正统学术理论的支持以张大自己的学术宗旨，阳明诉之于"朱陆早异晚同"说。② 王阳明这么做，也是为了弥合朱陆之间的差异。阳明远接陆学，但他并不像象山那样激烈、公开地反对朱子，而是"范围朱陆而进退之"③，在朱、陆之间精细地加以取舍、熔铸，既坚持"先立乎其大"，也要求在事上磨练，以"致良知"将朱、陆关于知行的分歧融合为一。

对于朱陆之异，王廷相也是有所认识的。除了从个人气质上说明这个问题，王廷相认为在为学之方上，朱子偏重于格物致知、讲论文义，陆九渊虽亦曾讲学，但固守一心而终不能尽致知之功。朱陆之门人"不能深察详考，随声附和，眇无会通之见"，所以"终身畔于圣人之学而不自知"。依照王廷相的看法，专注于讲论而不察于事会固然力行有差，但若只是"澄心白坐，聚首虚谈，终岁嚣嚣于心性之玄幽"，则其危害更大。王廷相主张会通朱陆，即将朱熹之致知与陆九渊之于日常性情持守上用力的方法结合起来，即是说，朱陆之间虽然方法有异，但若"合二子之道而一之"，则就不离于"圣人之轨"。表面上看，王廷相的主张与朱熹没有什么不同，也是在尊德性与道问学之间寻找一种平衡，主张"去短集长""不堕一边"，但王廷相在这种平衡中

---

① （明）王阳明撰，吴光、钱明、董平、姚延福编校：《王阳明全集》，第128页。
② 其实，王阳明所谓"朱陆早异晚同"之说法也不是什么新见，陈建在其《学蔀通辨·总序》中即称此说："盖萌于赵东山（汸）之《对江右六君子策》，而成于程篁墩（敏政）之《道一编》，至近日王阳明因之，又集为《朱子晚年定论》。"
③ （清）黄宗羲著，沈芝盈点校：《明儒学案》，第7页。

还是表现出一定程度上的倾向性。王廷相说:"养性以成其德,应事而合乎道,斯可谓学问矣。气质弗变,而迷谬于人事之实,虽记闻广博,词藻越众,而圣哲不取焉。"① 学问之内容是"养性""应事","养性"从内在的方面规定学问的方向要以成德为先,从外在的方面看,则应以"应事合道"为主,这仍是在说内外交相养。王廷相又说:"学博而后可约,事历而后知要,性纯熟而后安礼。故圣人教人,讲学、力行并举,积久而要其成焉。故道非浅迫者所可议也。"② 讲学、力行并举,也就是知行并举,这应当说是王廷相在知行观上的基本态度,与朱熹所主张的知行相须而并进的意思相同。但是,王廷相接着说"积久而要其成",这意思就是说无论是修身进德还是致知力行,都须有成效才行。正是在这一点上体现出王廷相会通朱陆而讲知行兼举的为学立场,而且这也是王廷相虽与朱熹同样主张知行并进,但又不同于朱熹的地方。

就朱熹与陆九渊的辩论内容来看,二人所争者在于究竟通过什么样的方法才能实现主体的道德完善,造就理想人格。朱熹主张格物穷理,将向外的格物致知与向内的"明心"结合起来,而陆九渊则坚持只有尊德性才是为学的根本。不管是朱熹还是陆九渊,他们都没有把"行"从尊德性的大根本上脱离出来,他们所谓"行"也不是指人的一切社会实践活动,而是关注主体的道德践履。王廷相所说的"知行并举"也包含这一方面,但又不是只局限于此,他将知、行的内涵扩大,而更加关注知、行的成效。他说:

> 古人之学,内外一道,达于治绩者,即其学术之蕴;修于文词者,即其操行之余。今之儒者,学与事恒二之,故讲性者,有不能变其质矣;论命者,有不知要于义矣;修仁义者,功利之媒矣;明经术者,刑法之资矣,皆蔽也。故习于己而不能达于事者,谓之腐儒,厥罪小;援圣假经而徇利于时者,谓之俗儒,厥罪大。③

王廷相认为学术之中蕴涵着外王事功的事业,学术之盛必达于治平之实

---

① (明)王廷相著,王孝鱼点校:《王廷相集》,第779页。
② (明)王廷相著,王孝鱼点校:《王廷相集》,第772页。
③ (明)王廷相著,王孝鱼点校:《王廷相集》,第779—780页。

方为真学术,而文词之美则是个人修身的成果,只有切实得自个人的修身实践而表现出来的文词才有实质内涵。王廷相认为"古人之学,内外一道",即是指内在德性与外在事业、学术与修治的统一,王廷相由此出发,批评当时的儒者将学术与事为歧而二之,认为他们或者虚谈性理而不能变化气质,或者徒说性命而不知以义为取舍之标准。王廷相认为学术与事为两歧的结果就是或者徒为讲说而不能施之于切实的事业,或者以修身为功利进取之媒,"奔竞以求""谀佞而餂"①。王廷相提出了自己对于学术之实的看法,他认为:

养心性,正彝伦,以成其德,此切问近思之实,孔孟之真传也。恤茕独、谨灾患,劝农积谷,修德怀远,此养民利国之实,尧舜之遗政也。暗儒过高,讲究玄远,学失其学,治失其治,涂蔽后世大矣。②

又说:

世未有不学而能者也。学之术二:曰致知,曰履事,兼之者上也。察于圣途,谙于往范,博文之力也;练于群情,达于事几,体事之功也。然而师心独见,暗与道合,亦有不博文者也。虽然,精于仁义之术,优入尧舜之域,必知行兼举者能之矣。③

在王廷相,学术之实既有"养心性,正彝伦"之类的成德内涵,也有"恤茕独、谨灾患,劝农积谷,修德怀远"之国家治理方面的外王事业。世上没有不学而能者,学则必知行兼举,其实质内涵就是致知、履事并进互发,致知是学习、认识过往圣王的治国实迹,及其制定的礼仪规范;履事则是亲自从事于社会性事务的历练,并能由此把握时变之机宜。王廷相曾有《水调歌头·奉和夏桂洲论学》诗一首,其中有"六经垂大训,千古治攸关。要在礼行分定,民物总归安","修身兼济物,此是圣门丹"④ 等语句,表达了自己对于儒家学术的看法。

---

① (明)王廷相著,王孝鱼点校:《王廷相集》,第854页。
② (明)王廷相著,王孝鱼点校:《王廷相集》,第809页。
③ (明)王廷相著,王孝鱼点校:《王廷相集》,第788页。
④ (明)王廷相著,王孝鱼点校:《王廷相集》,第953页。

第五章 王廷相的人生修养论

王廷相曾说:"《六经》之所陈者,皆实行之著,无非道之所寓矣。……学于《六经》,而能行之,则为实;反而能言之,则为华,斯于圣蕴几矣。"①王廷相认为"道寓于《六经》",《六经》是圣人平治天下之实事的汇集,《六经》之要义即在关乎世道人心之平治,因此修身、济物才是圣学之真谛,而"讲虚空,述训诂"总是悬绝于世道民物之安定,反使对于大道的理解支离破碎,在讲说者之间造成歧义百出,形成"任私智而弃人事之实,崇怪谬而伤造化之大"②的局面。王廷相多次提到"道寓于《六经》"的思想,但是,"异端起而洙泗之道离,世儒凿而《六经》之术晦"③,《六经》所阐明的治世之道被世儒的异端之言所遮掩。王廷相对于《六经》而非《四书》的看重显然可以看作其学术上注重外王事功之倾向的表现。

从王廷相对于学术之实的这种内外结合而更突出外在事功的解释出发,"行"自然就不只有个体的道德践履这一个向度,而是还有外在事为的方面;"知"也不只是讲求文义、格物穷理等泛泛的、庞杂的内容,而是以圣王为治之实事为核心内容的。王廷相说:

> 稽古典、谟、诰、训,尧、舜、禹、汤君臣之所施措者,无非致治之实,如"平章百姓""敬授人时""慎徽五典""播时百谷""六府、三事允治"是已。其君臣之所告诫讲学者,亦无非为治之实,如"惟精惟一,允执厥中""懋昭大德,建中于民""与治同道罔不兴,与乱同道罔不亡""监于先王成宪,其永无愆"是已。晋永嘉之后,谢鲲王澄旷达虚诞之风污被时流,而朝士大夫竞相祖习,以为高致。其于上古君臣致治之实,荡然隳败,一迹不存。当时虽有卞壶奏欲黜屏浮伪,以登豪贤,为镇安社稷,维植纪纲之谋,乃为王导、庾亮抑沮而止。卒之王敦、苏峻、桓玄父子相继作逆,使晋室陵夷,羯胡云扰,是谁之过哉?近世好高迂腐之儒,不知国家养贤育才,将以辅治,乃倡为讲求良知,体认天理之说,使后生小子澄心白坐,聚首虚谈,终岁嚣嚣于心性之玄幽,求之兴道致治之术,达权应变之机,则暗然而不知。以是学也,用是人也,

---

① (明)王廷相著,王孝鱼点校:《王廷相集》,第816页。
② (明)王廷相著,王孝鱼点校:《王廷相集》,第399页。
③ (明)王廷相著,王孝鱼点校:《王廷相集》,第604页。

以之当天下国家之任，卒遇非常变故之来，气无素养，事未素练，心动色变，举措仓皇，其不误人家国之事者几希矣！此于南宋以来儒者泛讲之学又下一等。为社稷计者不及时而止之，待其日长月盛，天下尽迷，则救时经世之儒灭其迹矣。谁主张是？谁纲维是？边镇梗而不能制，四夷强而不能御，盗贼横而不能灭，奸权肆而不敢犯，祸乱纷沓，谁为厉阶？主盟世道者不可不加之虑矣。①

这一大段话可说是对于王廷相知行观的详细注解，从中我们可以看出，王廷相之知行观已经不是个体的读书明理和道德践履所能范围的，而是在儒门圣学的名义下将经世救时的方面也纳入其中，重点则是聚焦于外王事功的方面。王廷相分析历史，认为上古三代圣王君臣所讲学的内容无过治国经世而已。降至晋代，兴起一股旷达虚诞之风，朝廷君臣和士大夫竞尚虚言玄谈而偏离了致治之实功。近世又有一种异端之学，即"有为虚静以养心者，终日端坐，块然枯守其形而立，曰：'学之宁静致远在此矣。'有为泛讲以求知者，研究载籍，日从事乎清虚之谈，曰：'学之物格知至在此矣。'"②这些所谓的学术皆缺少对"兴道致治之术，达权应变之机"的讲求，偏离于经世之实务，长此以往，则救时经世之儒灭其迹矣。

王廷相认为："学者读书，当以经国济世为务。"③"君子为学，要之在具夫济世之资而已。"④王廷相将为学的目的确定为经国济世，学者"谙古往之实，则邦家之治弘；达天人之蕴，则民物之生遂。学之时义大矣哉！"⑤按照王廷相的理解，为学必达于政事方为真学术，但是在世儒中间却存在种种脱离经世实务的学术，他说：

学非其所施者，世亦有之矣。探□坟籍，以为辞筌，假籍圣谟，用饬论说，此以文词为学者，即施之政，则芒芴莫适矣。笃守古经，解割义旨，辩析教典，引明来学，此以训诂为学者，即推之治，则杆格靡达

---

① （明）王廷相著，王孝鱼点校：《王廷相集》，第 873—874 页。
② （明）王廷相著，王孝鱼点校：《王廷相集》，第 604 页。
③ （明）王廷相著，王孝鱼点校：《王廷相集》，第 1168 页。
④ （明）王廷相著，王孝鱼点校：《王廷相集》，第 814 页。
⑤ （明）王廷相著，王孝鱼点校：《王廷相集》，第 427 页。

第五章　王廷相的人生修养论

矣。惟夫修仁义，兴礼乐，体道德，风四方，措之则内圣外王，可大可久；极之则裁成万物，裨赞两仪，斯圣贤经世之学，尧、舜、三王政治之究也，不亦大且远乎！古道漓散，至教靡宣，往哲之学，湮于俗尚久矣。君子志在天下者，其学犹有可观。不然，则学与政歧，有漠然不相系者矣。……

君子之志，诚在于天下，则国家之治忽，民物之荣瘁，靡不痛然切于身心，其为学术，自不外于经世，安有所谓学非其所施者哉?①

讲究"文词""训诂"当然不能说就不是学，但必须与政事治理相结合，即为学必以施行亦即经世为要旨。但近世儒者却不知国家养贤育才，将以辅治，而"专尚弥文，罔崇实学；求之伦理，昧于躬行；稽诸圣谟，疏于体验；古人之儒术，一切尽废，……已愧于经明行修之科，安望有内圣外王之业?"②

王廷相主张知行兼举，亦即学术与事功的结合，而更关注于事功的一面。这种思想倾向相比于把"行"只是聚集于道德践履来说，其范围是扩大了。一般而言，宋明理学家对于"行"的理解不能说没有外向的政事实践的一面，但在将"行"与"知"并提时，大多局限在道德实践这一个点上，这种狭隘化的理解到了王阳明可谓达到了极致。阳明道德思想的出发点，是基于孟子"是非之心，知也"之义而开出"致良知"的工夫。程朱以读书讲明义理为"知"多少包含着认识、体会往古圣王治化之迹的切实内容，阳明则径以"知"为先验的"良知"，只是个知是知非之心，"行"即是行此"良知"，这就完全取消了对客观世界的认识活动，甚而把内心一念之发也视为行，此种销行归"知"、销"知"归心的做法不仅使人的客观性认识活动与主观性意识活动混而不分，也使行完全脱离了外向性的事功事业。

客观地说，王廷相知行并进的修养论是比较偏向于外王事功方面的，这种注重实践、实历的为学倾向与宋代新儒家兴起以后注重内向体验、切己修身的路数有明显的差距，特别是与同时代的心学思潮致良知的工夫论更是显得格格不入，似乎在新儒家心性之学的大潮中是一个"异类"。但是，内圣与外王的紧张本就是儒学的一个难题，从王廷相学术与事功结合的修养论出发

---

① （明）王廷相著，王孝鱼点校：《王廷相集》，第427页。
② （明）王廷相著，王孝鱼点校：《王廷相集》，第1167页。

· 283 ·

是否能达到个体道德提升的目的，这当然是有疑问的，但是，从个体的正心、诚意入手进行训练是否一定就能自然发用为外王的事业，这也是值得怀疑的。对于新儒家修养论上注重内向自省的这种思想特征，有学者即已指出：

> 新儒家哲学中萦回着这样一个问题，这就是优秀的人，即所谓"儒家士绅"如何进行修身。就拿《近思录》这部著名的儒家入门读物的书名来说，它所要思的主要是士大夫、家境富裕的文人以及其他社会优秀分子的心之所关、情之所切。至于诸如农民、乡村生活、市井细民、宗教活动、社会现状以至统治艺术之类的实际问题，尽管新儒家的领袖们在其著述中偶尔也会涉及，但新儒家的训导与之关联不是很大。总的来说，新儒家哲学倾向于强调儒家道德思想中内向的一面，强调内省的训练，强调深植于个体人心当中的内在化的道德观念，而非社会模式的或政治秩序架构当中的道德观念。
>
> ……宋代的保守主义者和新儒家学者在本质内省的学说当中浸润的时间越长，对形而上学和宇宙论课题的思量越深刻，就越发难以转向平淡而客观的社会现实，难以将其哲学理论与同样"近"的实际联系起来去求验证。①

王廷相思想中的经验论性格非常鲜明，这使得他的修养论始终要求与现实生活对接起来，显得与宋代新儒家主要关注个体修身的主流方向有所偏离，但从儒家思想发展的整体脉络看，王廷相这种关注外王事功的为学倾向未必不是对过于注重内向体验之学的一种纠正，它对于儒家思想的未来发展具有值得肯定的意义和价值。

---

① ［美］刘子健：《中国转向内在——两宋之际的文化内向》，赵冬梅译，江苏人民出版社2002年版，第141页。

参考文献

一　经典著作

（明）曹端著，王秉伦点校：《曹端集》，中华书局 2003 年版。
（明）陈献章著，孙通海点校：《陈献章集》，中华书局 1987 年版。
（宋）程颢、程颐著，王孝鱼点校：《二程集》，中华书局 1981 年版。
（汉）董仲舒著，钟兆鹏编：《春秋繁露校释》（校补本），河北人民出版社 2005 年版。
（清）顾炎武著，黄汝成集释，栾保群、吕宗力校点：《日知录集释》，上海古籍出版社 2006 年版。
（明）何良俊：《四友斋丛说》，中华书局 1959 年版。
（清）黄宗羲著，沈芝盈点校：《明儒学案》，中华书局 2008 年版。
（明）李梦阳：《空同集》，文渊阁四库全书本。
（宋）黎靖德编，王星贤点校：《朱子语类》，中华书局 1986 年版。
（唐）柳宗元：《柳宗元集》，中华书局 1979 年版。
（宋）陆九渊著，钟哲点校：《陆九渊集》，中华书局 1980 年版。
（明）罗钦顺著，阎韬点校：《困知记》，中华书局 1990 年版。
（宋）王安石：《王文公文集》，上海人民出版社 1974 年版。
（明）王廷相著，王孝鱼点校：《王廷相集》，中华书局 1989 年版。
（明）王守仁著，吴光等编校：《王阳明全集》，上海古籍出版社 1992 年版。
（明）吴廷翰著，容肇祖点校：《吴廷翰集》，中华书局 1984 年版。
（明）薛瑄：《读书录》，文渊阁四库全书本。
（清）颜元撰，陈居渊导读：《习斋四存编》，上海古籍出版社 2000 年版。
（明）杨慎：《升庵集》，文渊阁四库全书本。

（明）杨慎撰，王云五主编：《丹铅杂录》，商务印书馆"丛书集成初编"1936年版。

（清）永瑢、纪昀等纂修：《景印文渊阁四库全书》，台湾商务印书馆1986年版。

（宋）张载著，章锡琛点校：《张载集》，中华书局1978年版。

（明）张瀚著，萧国亮点校：《松窗梦语》，上海古籍出版社1986年版。

（清）张怡撰，魏连科点校：《玉光剑气集》，中华书局2006年版。

（清）张廷玉等撰：《明史》，中华书局1974年版。

（清）章学诚：《文史通义》，辽宁教育出版社1998年版。

（明）郑晓撰，李致忠点校：《今言》，中华书局1984年版。

（宋）周敦颐著，陈克明点校：《周敦颐集》，中华书局2009年版。

（宋）周敦颐：《元公周先生濂溪集》，岳麓书社2006年版。

（宋）朱熹撰：《四书章句集注》，中华书局1983年版。

（宋）朱熹撰：《朱文公文集》，《四部丛刊》本。

（明）朱大韶编，周骏富辑：《皇明名臣墓铭》，明文书局1991年印行。

十三经注疏整理委员会整理：《十三经注疏》，北京大学出版社2000年版。

二　现代著作

蔡方鹿：《宋明理学心性论》，四川出版集团、巴蜀书社2009年版。

陈来：《宋明理学》，华东师范大学出版社2004年版。

陈来：《朱子哲学研究》，华东师范大学出版社2000年版。

陈来：《有无之境：王阳明哲学的精神》，生活·读书·新知三联书店2009年版。

陈俊民：《张载哲学思想及关学学派》，人民出版社1986年版。

陈荣捷：《朱学论集》，华东师范大学出版社2007年版。

程宜山：《中国古代元气学说》，湖北人民出版社1986年版。

丁为祥：《虚气相即——张载哲学体系及其定位》，人民出版社2000年版。

方光华：《中国古代本体思想史稿》，中国社会科学出版社2005年版。

冯友兰：《中国哲学史新编》，人民出版社1998年版。

冯友兰：《中国哲学简史》，北京大学出版社1985年版。

冯达文、郭齐勇主编：《新编中国哲学史》，人民出版社2004年版。

傅伟勋：《从西方哲学到禅佛教》，生活·读书·新知三联书店1989年版。
高令印、乐爱国：《王廷相评传》，南京大学出版社1998年版。
葛荣晋：《王廷相和明代气学》，中华书局1990年版。
葛荣晋：《王廷相生平学术编年》，河南人民出版社1987年版。
侯外庐、邱汉生、张岂之主编：《宋明理学史》，人民出版社1984年版。
金春峰：《朱熹哲学思想》，台北东大图书股份有限公司1998年版。
劳思光：《新编中国哲学史》，广西师范大学出版社2005年版。
李存山：《中国气论探源与发微》，中国社会科学出版社1990年版。
李存山：《中国传统哲学纲要》，中国社会科学出版社2008年版。
李存山：《气论与仁学》，中州古籍出版社2009年版。
李志林：《气论与传统思维方式》，学林出版社1990年版。
廖可斌：《明代文学复古运动研究》，上海古籍出版社1994年版。
刘又铭：《理在气中——罗钦顺、王廷相、顾炎武、戴震气体论研究》，台北五南图书出版公司2000年版。
马积高：《宋明理学与文学》，湖南师范大学出版社1989年版。
蒙培元：《理学范畴系统》，人民出版社1989年版。
蒙培元：《理学的演变——从朱熹到王夫之戴震》，方志出版社2007年版。
蒙培元：《情感与理性》，中国社会科学出版社2002年版。
蒙培元：《朱熹哲学十论》，中国人民大学出版社2010年版。
牟宗三：《心体与性体》，上海古籍出版社1999年版。
牟宗三：《道德理想主义的重建》，中国广播电视出版社1992年版。
欧阳祯人：《先秦儒家性情思想研究》，武汉大学出版社2005年版。
庞万里：《二程哲学体系》，北京航空航天大学出版社1992年版。
钱穆：《钱宾四先生全集》，台北联经文化出版公司1998年版。
石峻等编：《中国佛教思想资料选编》，中华书局1983年版。
唐君毅：《中国哲学原论（原性篇）》，中国社会科学出版社2005年版。
王宝玹：《今古文经学新论》，中国社会科学出版社1997年版。
王俊彦：《王廷相与明代气学》，台北秀威资讯科技股份有限公司2005年版。
王汎森：《晚明清初思想十论》，复旦大学出版社2004年版。
韦政通：《儒家与现代中国》，上海人民出版社1990年版。
向世陵：《理气性心之间——宋明理学的分系与四系》，人民出版社2008

年版。

徐复观：《中国人性论史（先秦篇）》，上海三联书店 2001 年版。

徐复观：《中国思想史论集》，上海书店出版社 2004 年版。

杨柱才：《道学宗主》，人民出版社 2004 年版。

杨国荣：《王学通论——从王阳明到熊十力》，华东师范大学出版社 2003 年版。

杨儒宾、祝平次编：《儒学的气论与工夫论》，台湾大学出版中心 2005 年版。

杨儒宾：《儒家身体观》，（台北）"中央研究院"中国文哲研究所筹备处 1996 年版。

余英时：《朱熹的历史世界》，生活·读书·新知三联书店 2004 年版。

余英时：《论戴震与章学诚》，生活·读书·新知三联书店 2000 年版。

余敦康：《汉宋易学解读》，华夏出版社 2006 年版。

张岱年：《中国哲学大纲》，江苏教育出版社 2005 年版。

张岱年：《中国古典哲学概念范畴要论》，中国社会科学出版社 1989 年版。

张岱年：《张岱年全集》，河北人民出版社 1996 年版。

张学智：《明代哲学史》，北京大学出版社 2000 年版。

张立文主编：《中国哲学范畴精粹丛书——心》，中国人民大学出版社 1993 年版。

周桂钿：《董学探微》，北京师范大学出版社 1989 年版。

祝平次：《朱子学与明初理学的发展》，台湾学生书局 1994 年版。

朱易安：《中国诗学史》（明代卷），鹭江出版社出版 2002 年版。

朱伯崑：《易学哲学史》，华夏出版社 1995 年版。

朱汉民：《宋明理学通论》，湖南教育出版社 2000 年版。

朱汉民、肖永明：《宋代〈四书〉学与理学》，中华书局 2009 年版。

朱维铮编：《周予同经学史论著选集》，上海人民出版社 1983 年版。

三 中文译著

［美］刘子健：《中国转向内在——两宋之际的文化内向》，赵冬梅译，江苏人民出版社 2002 年版。

［日］沟口雄三：《中国前近代思想的演变》，索介然、龚颖译，中华书局 1997 年版。

［日］小野泽精一、福永光司、山井涌编：《气的思想——中国自然观与人的观念的发展》，李庆译，上海世纪出版集团 2007 年版。

［日］丸山真男：《日本政治思想史研究》，徐白、包沧澜译，台湾商务印书馆 1980 年版。

四　论文

蔡方鹿：《王廷相道寓于"六经"的思想》，《现代哲学》2008 年第 6 期。

蔡方鹿：《张载与明代气学》，《陕西师范大学学报》（哲学社会科学版）2008 年第 9 期。

陈来：《郭店楚简之〈性自命出〉篇初探》，《孔子研究》1998 年第 3 期。

陈来：《元明理学的"去实体化"转向及其理论后果》，《中国文化研究》2003 年夏之卷。

陈书录：《王廷相的诗歌意象论与嘉靖前期诗学演变》，《文学遗产》2009 年第 5 期。

陈书录：《王廷相诗歌意象理论与气学思想的交融及其意义》，《文艺研究》2009 年第 9 期。

程方平：《王廷相教育思想散论》，《湖南师大社会科学学报》1986 年第 3 期。

高岸起：《王廷相认识的主体性来源思想及地位》，《沈阳师范大学学报》（社会科学版）2007 年第 5 期。

葛荣晋：《试论二程"洛学"与实学的关系》，《江南大学学报》（人文社会科学版）2002 年第 10 期。

葛荣晋：《吴廷翰哲学思想初探——兼论吴廷翰和王廷相哲学之比较》，《江淮论坛》1986 年第 3 期。

葛荣晋：《王廷相在中国哲学史上的地位》，《中州学刊》1991 年第 5 期。

葛荣晋：《王廷相的"文以阐道"论》，《中州学刊》1985 年第 5 期。

葛荣晋：《关于中国实学历史定位的理论思考》，《学术界》2006 年第 5 期。

葛荣晋：《明清社会的变迁与实学思潮的演化》，《晋阳学刊》1986 年第 3 期。

龚杰：《王廷相怎样批评理学的"讲求良知，体认天理"?》，《西北大学学报》（哲学社会科学版）1984 年第 3 期。

谷方：《王廷相与明代批判理学思潮》，《中州学刊》1990 年第 2 期。

蒋国保：《王廷相"气本"论的内在理路》，《江淮论坛》1996 年第 2 期。

姜广辉:《"实学"概念的历史内涵》,《中国哲学》第十六辑。

力涛:《王廷相的人性论范畴探索》,《社会科学辑刊》1987 年第 3 期。

力涛:《论王廷相无神论范畴体系》,《齐鲁学刊》1987 年第 3 期。

李存山:《"先识造化":张载的气本论哲学》,《中国哲学史》2009 年第 2 期。

李存山:《罗钦顺的儒释之辨——兼论其与关学和洛学的关系》,《中州学刊》1993 年第 3 期。

李存山:《王廷相思想中的实证科学因素》,《人文杂志》1993 年第 6 期。

林乐昌:《张载"心统性情"说的基本意涵和历史定位》,《哲学研究》2003 年第 12 期。

秦栓拄:《王廷相象数观刍议》,《石油大学学报》(社会科学版)1993 年第 3 期。

史小军:《明代七子派文学复古运动与儒学复兴》,《人文杂志》2001 年第 3 期。

王俊彦:《王廷相的元气无息论》,载善同文教基金会编《章太炎与近代中国学术讨论会论文集》,台北里仁书局 2000 年版。

王培华:《关于王廷相历史思想的几个问题》,《史学史研究》1995 年第 1 期。

吴根友:《明清之际三种人性论与中国伦理学的现代转向》,《学术月刊》2004 年第 5 期。

向世陵:《"生之谓性"与二程的"复性"之路》,《中州学刊》2005 年第 1 期。

谢丰泰:《王廷相的宇宙理论及此理论的哲学特色》,《西藏民族学院学报》(社会科学版)1991 年第 4 期。

许抗生:《〈性自命出〉〈中庸〉〈孟子〉思想的比较研究》,《孔子研究》2002 年第 1 期。

杨鑫辉:《王廷相的唯物主义心理学思想》,《心理学报》1984 年第 2 期。

岳天雷:《王廷相的实学思想及其精神品格》,《河南社会科学》2002 年第 1 期。

张学智:《中国实学的义涵及其现代架构》,《北京大学学报》(哲学社会科学版)2003 年第 11 期。

张嘉沧:《王廷相教育思想述论》,《河南师大学报》(社会科学版)1983 年第 1 期。

赵吉惠、吴兴洲：《论明清实学是儒学发展的特殊理论形态》，《齐鲁学刊》2004年第2期。

衷尔钜：《试探二程对明代气一元论的影响》，《中州学刊》1988年第6期。

周兆茂：《试论王廷相的朴素辩证法思想》，《安庆师范学院学报》1986年第3期。

周桂钿：《王廷相宇宙论述评》，《哲学研究》1984年第8期。

附 录

王廷相曾做有《二皇甫集序》一文,中华书局版《王廷相集》未曾收录,现附录于此。

《二皇甫集序》

唐大历中以诗名者,有钱起、卢纶、李端、吉中孚、韩翃、司空曙、苗发、崔峒、耿湋、夏侯审十人,当时以才子目之,后世之论恒不释于斯。较唐一代著作,神龙垂拱朴而实,开元天宝淳而畅,及大历则美丽矣。物至于丽削薄以之,而才之称反不出于盛唐诸君子之际,何耶?盖声获于偶然,而标榜起于所尚,古今之通途也。功相亚则以功并显,德相侔则以德并著,志相符则以志并传,文相拟则以文并美。故三杰二疏、七贤七子之见称于时,固然矣。今观十子之诗,其气骨类递相仿效者,虽间有才质缩舒,而其机轴如发于一,遽不得以参差论也。然则名称标榜之来,谓不自兹乎!虽然刘长卿二皇甫亦为同时,其才格当不在十子之下,而不得与其列,何哉?盖招摇之光属于斗外,济水泓然以渎并名。故曰:声称获于偶然,殊不足为定论也。同寅刘君润之,工于唐人之作,政暇取大历十子诗校正,命梓以传后,取皇甫诸君子诗续之。呜呼,君子之意可以识矣。仪封王廷相子衡序。

后　记

本书是在我的博士学位论文的基础上扩展而成。

读博期间以王廷相的心性论为研究课题，是因为认识到，作为明代气学思想家之代表的王廷相建立在理气一元论基础上的心性论呈现出与程朱理学将心性与自然脱钩的不同倾向，这有助于打破自先秦孟子以来而为程朱理学家精密论证的性善论传统。程朱以来的性善论传统将人文领域的道德价值扩展为宇宙存在的最高法则，在走向泛道德论的同时有忽视实证科学之客观观察、研究、论证的倾向。王廷相反对那种认为人性生而即有、非习所得的性善论，认为人性的形成有一个发展的过程，现实的人性是经过后天训练以及环境影响而形成的，这实际上看到了环境、教育对人的作用。

中国特色社会主义进入新时代，需要对中国优秀传统文化进行创造性转化和创新性发展，以构筑起增强中国特色社会主义文化自信的坚实根基。程朱理学坚持了道德价值对于人的存在的优先性、绝对性，但其理论缺陷也是明显的，正因此，才会有明代无论是心学还是气学都在努力克服、超越程朱思想中缺陷的思想演进，而这种理论上的超越未尝不是一种创造性转化和创新性发展。本书聚焦明代气学家的心性论开展研究，希望能在中国优秀传统文化的继承与发展上有所裨益。

本书能够完成，首先要感谢我的导师李存山先生。李老师治学严谨，学识广博，非常注重史料的整理，要求任何一种观点的提出都应有史料依据，这奠定了我从事学术研究的厚实基础。我还要感谢郑万耕、张广保、胡孚琛、王葆玹、陈霞、张践和向世陵等先生对我的帮助。

本书的出版获得了西北民族大学人才引进专项资金和甘肃省思想政治理论课马玉堂名师工作室教育教学和人才培养活动经费的支持，同时，中国社会科学出版社的韩国茹编辑也付出了大量心血，在此一并表示感谢！

李世凯

2021 年 12 月 26 日